The Korean Company growth's 100 Year History

한국기업성장 100년 史

박상하 지음

경영자료사

| 한국기업성장 100년史를 시작하며 |

소수의 선택된 사실들만이 살아남은 역사적 사실들만의 기록

　모두가 아는 명백한 사실이지만 우리의 공동체 한국은 지난 백여 년 사이 한 나라가 겪을 수 있는 온갖 고난과 시련을 온몸으로 통과해야 했다. 수천 년 동안 영속되어 왔던 왕조의 허무한 종말과 함께 일제의 잔혹한 강점으로 숨죽여야 했던 반백년 동안의 식민 지배, 이어진 해방 공간에서의 혼란이 채 물러가기도 전에 폭풍우처럼 밀어닥친 동족상잔의 처참한 잿더미 속에서, 하지만 우리는 그러한 폐허와 공허를 딛고 일어나 이른바 '반세기만의 기적'으로 불리는 오늘의 한국을 이룩해내었다.

　말할 나위도 없이 어느 나라 어느 민족도 고난과 시련이 비켜갔던 역사란 없다. 이 세상에는 더 우월한 역사 또한 존재하지도 않는다.

그렇다하더라도 오늘날 한국의 기업성장史를 되돌아보았을 때 새삼 이러저러한 수치를 동원할 필요도 없이, 분명 이 시대의 위대한 이야기 가운데 하나라는 데는 누구도 부인하지 못한다. 지난 1964년 처음으로 수출 1억 달러를 돌파한 이래 지난해(2012)에 5,481억 달러를 수출하면서 우리는 반세기 동안에 무려 5천배 넘게 성장해왔다. 이러한 경이로움은 지구촌 경제학자들의 관심과 상상력을 불러일으키기에 충분할 뿐더러, 나아가 이러한 경제적 위업에 당장 또 다른 찬사를 찾지 않으면 안 될 놀라운 기적이 아닐 수 없다. 더욱이 이러한 기적은 지구촌이 처음으로 목격한 현상일 뿐 아니라, 앞으로도 더는 나타나지 않을 것이라고 전문가들은 단언하고 있다.

오래 전부터 〈한국기업성장 100년史〉를 염두에 둔 채 만지작거리고 있었다. 끊을 수 없는 운명처럼 홀로 몸살을 앓아 왔었다. 하지만 이런저런 사료들이 한사코 쌓여가는 데도 두무지 쓸 엄두를 내지 못했다. 무엇보다 100년이라는 상거의 두께에 그만 압도되고 말아 속절없이 바라만 보고 있었다.

한데 두해 전의 일이다. A경제신문사에서 무슨 좌담회가 있었다. 몇 번을 고사한 끝에 마지못해 참석하게 된 좌담회는 신문사의 회의실에서 열렸는데, 회의실에 들어선 참석자들은 저마다 탄성을 자아냈다. 회의실 한쪽 벽면 서고에 빼곡히 꽂혀있는 장서를 보고 두 눈이 휘둥그레진 것이다. 특히나 우리 나라 기업사사企業社史 모두가 한 자리에 모여 있는 듯한 진기한 풍경 앞에 경영학 교수님들이 대부분이었던 참석자들은 좀처럼 눈길을 떼지 못했다.

그럴 때 참석자 가운데 유지수 교수님(지금 국민대 총장)이 문득 혼잣말처럼 중얼거렸다. "기업경영의 가장 탁월한 교과서가 여기에 다 모여 있었군요"라고.

물론 다른 참석자들은 어땠지 알 길이 없다. 아니 별다른 반응이 없었던 것으로 기억이 된다.

그러나 필자는 차마 그런 얘기를 흘러듣지 못했다. 다른 건 돌아보지도 않았다. 이제는 정말 더 이상 미룰 수도 그렇다고 달아날 수도 없어, 계시처럼 캄캄한 사명을 기어이 들춰내어 약속하지 않으면 안 되었다.

〈한국기업성장 100년史〉는 이렇게 쓰여졌다. 먼저 사실을 정확하게 수집한다. 그런 다음 해석이라는 변화하는 모래사장 속으로 뛰어든다라는, 역사의 경험주의적이고 지극히 상식적인 지혜를 뼈대로 삼았다. 다시 말해 '사실은 신성불가침이고, 의견은 자유롭다'고 했던 위대한 저널리스트 찰스 스콧 Charles Scott의 문법에 따르고 있다.

따라서 〈한국기업성장 100년史〉는 단순히 시간의 흐름을 자연적인 과정으로 열거한데 머물지 않는다. 요컨대 기업의 흥망성쇠라든가 기업의 일생만을 말하는 것이 아니라, 인간이 기업경영에 의식적으로 관여하고 의식적으로 영향을 미치는 특수한 연속이라고 생각했을 때 시작되는 고백임을 밝혀둔다.

〈한국기업성장 100년史〉의 구성은 비록 희미하기는 하나 한국 자본주의의 첫 시작점인 왕조 말기 조선 상계의 끄트머리에서부터,

기업적 학습과 단련을 끝내고 이제 막 본격적인 경제개발 계획이 시작되기 이전까지의 백 년 동안을 톺아본 것이다. 그런 만큼 여기서 한국기업성장史의 완결판을 만나볼 수는 없다. 환경이 마련된다면 한국기업성장史의 속살이랄 수 있는, 폐허와 공허 위에서 에너지를 폭발시킨 경제개발에서부터 IMF 외환위기를 넘어 오늘날 글로벌기업으로까지의 한국기업성장史 부분 또한 붓질해보고 싶은 마음 간절하다. 아니 누군가는 반드시 이 붓질을 완수해야만 마땅하다고 본다. 기업史란 과거와 현재와의 끊임없는 대화이며, 나아가 기업의 미래에 대한 통찰력을 길러가는 유일한 고백이라는 점에서 그렇다. 더욱이 과거에도 그랬으며 앞으로도 미래의 목적을 위해서 끊임없이 나아가야 하고, 또한 그런 과정 속에서 소수의 선택된 사실들만이 살아남은 역사적 사실들만이 또다시 기업성장의 지평을 확대시켜 나갈 수 있을 것이기 때문이다.

| 차 례 |

□ 한국기업성장 100년史를 시작하며 _ 3
 ─소수의 선택된 사실들만이 살아남은 역사적 사실들만의 기록
• 일러두기 _ 14

제1부 왕조의 붕괴와 상계의 몰락

조선의 마지막 상계 '종로 육의전' _ 19
종로 육의전의 어음을 휴지조각으로 만들다 _ 30
종로 육의전의 마지막 후예 '대창무역' _ 41
빼앗긴 조선의 상계에도 봄은 오는가 _ 51

제2부 식민 지배 속에서 싹튼 한국 자본주의

궁중의 비방으로 탄생한 동화약방의 '활명수' _ 63

조선 최고의 땅부자 민영휘의 기업경영 _ 73
종로 상계의 패권을 다툰 백화점 쟁탈전 _ 83
미인계로 종로 패권을 잡은 박흥식의 화신백화점 _ 93
맨손으로 이룬 한국 최초의 근대기업가 박승직 _ 103
이왕 전하도 개화 상품 고무신을 신었다? _ 113
영화사 조선극장과 단성사의 흥행전 _ 123
7억 원대 자가용 타는 최초의 여성 기업가 김옥교 _ 133

제3부 조선은행에서부터 '라초이'까지

은행의 탄생, 조선은행에서 동일은행까지 _ 145
호텔의 탄생, 대불호텔에서 손탁호텔까지 _ 155
1조 원대 정어리어장 놓고 벌인 조선어업과 일본어업 _ 165
'조선미창', 물류업계의 새벽을 열다 _ 175
전국 운송업자들의 고향이 된 '조선운송' _ 185

남북 종단 1천km 철도, 토목업계의 씨앗을 뿌리다 _ 195
해외에서 맨손으로 일궈낸 근대기업가들 _ 205
'라초이' 접고 미국에서 돌아온 유일한의 유한양행 _ 215
근대 방직산업의 원조, 김덕창의 동양염직 _ 225

제4부 근대 기업 '경성방직'의 탄생

김연수, 근대기업가를 넘어 한국 산업의 아버지가 되다 _ 237
첫 해외에 진출한 조선 제1 기업 '경성방직' _ 247
8 · 15 해방 전, 막 걸음마를 시작한 10대 그룹의 풍경(상) _ 257
8 · 15 해방 전, 막 걸음마를 시작한 10대 그룹의 풍경(하) _ 267

제5부 폐허와 공허 속에서 무역으로 비즈니스를 익히다

미군정청은 조흥은행을 중앙은행으로 밀었다 _ 279
해방 직후 '정크무역'은 황금알을 낳는 거위 _ 290
한국 기업들 마카오무역으로 비즈니스를 익혔다 _ 300
해방 전후 전국 최대 공업도시는 부산이었다 _ 310
해방 이후 혼란에 빠진 '조선중공업'을 살려라 _ 320

제6부 한국전쟁, 재앙과 기회가 공존한 시련

정치권력에 줄서기가 재계의 명운을 갈랐다 _ 333
임자 없는 황금 거위, 적산기업을 잡아라 _ 343
기업가들의 첫 수난사, 1949년 '반민특위' _ 353
경제 단체의 탄생, 상공회의소와 무역협회 _ 363
해방 공간에서 '미창'과 '조운'의 운명은? _ 373

'대군의 척후', 경제계의 판도를 바꾸다 _ 383
한국전쟁, 재앙과 기회가 공존한 시련이었다 _ 393

제7부 '망치산업시대'와 재벌의 탄생

오사카는 밀수 본거지, 대마도는 전진기지 _ 405
'중석불 사건'으로 수백억의 폭리를 취했다 _ 415
새벽의 전파를 타고 알려진 통화개혁 날벼락 _ 425
4대 업종 4대 광맥에서 '재벌' 탄생하다 _ 435
재벌로 가는 마지막 열차는 전후 복구였다 _ 445
첫 국산차 '시발' 서울 거리를 내달리다 _ 455
구경도 못한 참치 잡으러 원양어업에 나서다 _ 465
시중은행 민영화 특혜로 줄줄이 재벌 손에 넘어가 _ 475
1960년대 10대 재벌 삼성, 삼호, 개풍, 대한, 락희, 동양, 극동, 한국유리, 동립산업, 태창방직 _ 487

☐한국기업성장 100년史를 마치며 _ 501
　- 학습과 단련의 종횡무진 한 세기, 마침내 '미러클 코리아'
　　를 꿈꾼다

☐출전을 밝혀주는 참고 문헌 및 사진 출처 _ 508

일러두기

1) 이 책의 전반부 시대 배경이 되는 1910~1945년까지의 식민지 조선에서 통용되던 조선은행권의 단위는 '푼分, 전錢, 원圓'이었다. 그러나 당시 '조선은행'은 식민지 조선에서 형식적인 중앙은행의 기능을 하고 있었을 뿐, 실제로는 일본의 중앙은행인 '일본은행'의 지점에 지나지 않았다. 따라서 조선의 화폐 '원圓'과 일본의 화폐 '엔圓(흔히 속자 '円'으로 씀)'은 조선인과 일본인이 서로 발음만 다르게 했을 뿐 똑같은 한자를 썼고, 동일한 가치를 지니고 있었다.

2) 1930년대 당시 1원의 법정 평가는 화폐법(명치 30년 3월) 법률 제16호 2조에 의거 금 0.2돈(0.75g)이었다. 즉 10원이 금 2돈(7.5g)이었던 셈이다. 하지만 당시는 오늘날과 달리 물가와 소득수준이 낮았고, 경제 규모 또한 작았기 때문에 오늘날 돈의 가치와 직접적으로 비교하는 것은 불가능한 일이다. 따라서 이 책에서는 독자의 이해를 돕기 위해 위의 화폐 법정 평가에 의거 일괄적으로 당시 '1원'은 지금 돈 약 '11만원'으로 환산하였음을 밝혀둔다.

3) 일제 식민 시대 경성 인구의 시대별 변화표

년도	1914	1920	1924	1928	1932	1935	1936
인구	241,085	250,208	297,465	321,848	374,909	443,876	677,241
	1938	1939	1941	1943			
	737,214	774,286	974,933	1,078,178			

4) 지명 표기는 구한말, 일제 식민시대 당시에 쓰였던 고유명사를 기본으로 하되, 필요하면 현재 쓰이는 명칭을 섞어 표기하였다.

5) 신문, 잡지, 문헌 기록 등의 전문이나 주요 내용을 인용할 경우 당시 표기법 그대로 표기했으나, 부분만 따로 인용했을 때 의미 이해가 어려운 경우에는 현대어로 풀기도 하였다.

제1부
왕조의 붕괴와 상계의 몰락

한국기업성장100년史

조선의 마지막 상계 '종로 육의전'

우리 나라 재계사財界史에선 1945년을 매우 중요하게 여긴다. 이 시기를 기점으로 8·15 해방 이전을 선사시대로, 그 이후를 역사시대로 구분한다. 다시 말해 1945년 8·15 해방 이전의 재계사는 '문자가 없다'는 것이다. 바꾸어 말하면 그 이전의 시대는 우리 재계사에 편입될 수 없다는 얘기다.

하지만 그 어떠한 구분 짓기에도 으레 경계란 존재하기 마련이다. 그리고 그런 경계란 또 다른 일출을 기대케 하는 웅숭깊은 여명이라는 점에서 때로 남다른 의미를 갖기도 한다.

더욱이 애써 돌아보려 하지 않아서일 뿐, 그러한 '경계의 시대'에도 뭇사람들은 마르지 않는 눈동자로 어기차게 살아왔다. 또 그러한 뭇사람들이라면 어차피 누구나 그 무언가를 팔면서 살아올 수밖에 없었던 것처럼, 그러한 경계의 시대에도 달구리와 해넘이같이 또 나름의 흥망성쇠가, 그리하여 오늘날 우리의 글로벌 기업들이 하루 아침에 뚝딱 탄생된 것이 아니라고 한다면 이미 그 때부터 어떤 기업적 학습과 단련 같은 것이 존재했을 거라는 얘기다.

따라서 이 경계의 시대란 어떤 황당무계한 드라마가 결코 아니다. 지금이라도 우리가 애써 찾아야만 할 유효한 역사이다.

〈한국기업성장 100년사〉는 이같이 우리 재계사의 선사시대와 역사시대의 경계점에서부터 출발을 하게 된다. 그러니까 이미 드라마와도 같은 흥망성쇠의 재계가 엄연히 존재했던 5백년 조선 상계의 몰락에서부터, 가혹한 일제 식민 지배와 함께 우리가 요청하지 않았음에도 물밀듯이 밀려들어온 근대화의 경이, 그리고 해방 이후 동족상잔의 6·25 한국전쟁을 치르면서 철저히 파괴된 폐허와 공허 속에서 오늘날의 '미러클 코리아'로 성장할 수 있기까지의 지난 한 세기를 숨 가쁘게 관통하게 될 것이다.

그렇대도 우리 기업의 성장사는 이처럼 생각보다 그리 오래지가 않다. 그 상거를 지금으로부터 대략 백여 년 전으로 거슬러 올라가면 거의 틀림이 없다. 백여 년 전이라면 아직까지는 고종 임금이 경복궁의 근정전에 앉아 호령했을 조선왕조의 말기다.

한데 모두가 아는 것처럼 조선왕조는 유교 국가였다. 성리학을 국가의 통치 이념으로 삼은 나라다. 국초 이래 천하지대본天下之大本이라 하여 농업을 널리 장려한 반면에, 억말무본抑末無本이라 하여 상업에 대해서는 지극히 부정적이었다.

따라서 장사를 하고 싶어도 아무나 할 수 없었다. 상인이 되고 싶다고 해서 누구나 상인이 될 수 있는 시대가 아니었다.

그러나 이웃 나라들은 우리의 이러한 사정과 사뭇 달랐다. 중국의 향신들, 말하자면 지방의 양반들이 모이는 장소는 으레 시장과 밀접한 곳이었다. 일본의 지배층인 사무라이 계급 역시 에도江戶 막부 이후에는 대부분 도시에서 상업에 종사하며 살았다.

이와 달리 우리는 지방 양반들의 성격 자체가 농업에 그 기반을 두고 있는데다, 숭유적 관념으로 상업을 천시한 나머지 그들의 생활 영역에 시장이 개입할 여지가 없었다. 다시 말해 중국의 향교 제사나 일본의 신사神社 제사 때는 각기 그러한 행사에 맞춰 시장까지 열리곤 하였으나, 우리의 경우에는 향교 자체가 시장을 가까이 할 수 없는 규율을 지니고 있었다.

그리하여 우리의 시장은 오랫동안 대량 자본과 소비체인 양반들이 빠진, 소량 자본과 소비체인 하층민들만의 구조였다고 볼 수 있다. 또 그런 이유로 말미암아 오랫동안 자본 축적의 기회마저 상실하고 말았다. 더욱이 그렇게 형성된 하층민들만의 구조는 훗날 우리가 원했건 원하지 않았건 간에 개항을 전후하여 세계시장에 편입되면서, 그야말로 벌거벗은 무방비 상태로 치열한 생존 경쟁의 무대로 내몰리게 되고 말았던 것이다.

그건 그렇다 손치더라도 과연 시장이 없는 억말무본의 이상국가가 가능하기나 했던 것일까. 수염이 석 자라는 양반도 당장 먹어야 살 수 있고, 또 그런 먹거리를 구하려면 속절없이 시장으로 가야만 했다. 때문에 그러한 조선왕조에서도 억말무본의 논란 바깥에 자리한 시장이 딱 한 곳 있기는 했다. 한성의 도성 안이었다.

한데 백여 년 전이라면 한성의 도성 안은 지금은 상상조차 하기 어려울 만큼 동화 속처럼 작고 아름다운 도읍이었다. 흥인지문(동) · 돈의문(서) · 숭례문(남) · 숙정문(북) 등이 우뚝 선 사대문 안에는, 동대문에서부터 서대문까지 일직선으로 곧게 뚫린 56척(약 17미터) 너비에 15리(약 6킬로미터) 길이의 종루대로(지금의 종로)와 다시 종루대로에서 정궁인 경복궁의 광화문까지 폭 190척(약 58미터)에 달하는 육조 거리가 마치 광장처럼 훤히 뚫린, 도성 안의 인구라야 고작 20만 명 가량이 옹기종기 모여 살고 있었다.

더구나 도성 안의 주거 지역은 대부분 세습이었다. 외국인은 물론이고 지방 사람들조차 함부로 끼어들어와 섞일 일이라곤 없었다. 태조 이래 5백여 년 동안이나 서울은 시간이 정지하고 만 듯 한결같은 풍경을 그대로 유지해오고 있었다.

바로 이 같은 도성 안에서도 그 한복판이랄 수 있는 종루 네거리(지금의 종로 2가)에 여섯 시전(시장)이 자리하고 있었다. 예컨대 공단 · 대단 · 사단 · 우단 등 주로 중국산 비단을 거래하는 '입전', 견직물 등을 비롯하여 주로 국산 비단만을 판매하는 '면주전', 무명 옷감에서부터 세금으로 걷히는 군포목 · 공물목 · 무녀목 따위를 거래하는 '면포전', 주모 모시를 거래하는 '저포전', 다양한 종류의 종이와 그 가공품 따위를 취급하는 '지전', 그리고 종루에 자리한 내어물전과 서소문 바깥에 자리한 외어물전을 합친 '내 · 외어물전'까지, 모두 여섯 집단 시전을 통칭하여 이른바 '종루 육의전六矣廛'이라 불렀다.

서울은 아름답고 고요한 왕조의 5백년 도읍이었다. 청계천을 사이에 두고 북촌과 남촌의 크고 작은 촌락들이 대략 20여 호 정도이면 무슨 동洞으로, 그보다 좀 더 커서 40여 호 정도이면 무슨 계溪로, 그보다도 더 커서 60여 호쯤 되면 무슨 방坊으로 일컬었는데, 도성 안은 모두 49방 288계 775동으로 나뉘어 있었다.

이런 종루 육의전은 조선 건국에 때맞추어 태종 12년(1412)에 처음으로 시전을 연 이래 무려 5백여 년 동안이나 거의 매일같이 열리고 있었다. 더구나 그러한 시전들은 여러 대를 이어오며 한 종류의 상품만을 전문으로 취급하고 있었을 뿐 아니라, 놀랍게도 그 상품의 가짓수만도 수십 가지를 헤아려 다양하고 화려하기 짝이 없었다.

종루 육의전의 시전 풍경 또한 남달랐다. 웬만한 여염집 서너 채를 일렬로 잇대어 놓은 것처럼 모두가 동일하게 길쭉길쭉한 기와집을 하고 있었다.

물론 이런 풍경을 이루고 있는 데는 그럴만한 이유가 있었던 것으로 보인다. 길거리 쪽에 면해 있는 정면 앞 칸이 상품 진열장과 동시에 손님을 맞이하는 쓰임새라면, 좁고 긴 통로를 따라 여러 작은 방으로 나누어져 있는 뒤 칸은 주로 상품을 쌓아두는 창고로 이용하기 위해서였던 것 같다. 육의전은 이러한 전방들이 종루통을 중심으로 자그마치 3천여 칸이나 즐비하게 늘어서 있었다고 한다.

나라 안에 단 한 군데 밖에 없는 시장답게 규모 또한 상당했던 것 같다. 종루 네거리를 중심으로 동쪽으로는 지금의 종로 3가 끄트머리인 배오개까지, 서쪽으로는 지금의 광화문 우체국 맞은편 북청교 자리까지, 남쪽으로는 지금의 을지로 2가 일대까지, 북쪽으로는 지금의 견지동 일대까지 널찍하게 뻗어나가, 그야말로 종루 육의전의 바닥을 한바탕 둘러보는 데만 종일이 걸린다는 얘기가 나돌 만도 했다. 가히 '조선의 만물상' 이라고 부르는데 조금도 손색이 없었다.

이 때문에 시골뜨기가 어쩌다 한성의 육의전이라도 둘러볼라치면 정신을 홀딱 빼어놓기 일쑤였다. 시골 장터라야 기껏 골목길 양편으로 기다랗게 늘어선 풍경이 한눈에 들어오기 마련인데 반해, 종루 육의전의 바닥은 그러한 골목길이 두 겹, 세 겹, 심지어는 네 겹까지 겹쳐져 있었다.

더구나 골목길은 또다시 가로 세로로 교차해 있어, 교차로에 익숙하지 않은 시골뜨기들은 복잡 미묘하게 얽혀있는 미로에 갇혀 영락없이 헤맬 수밖에는 없었다. 마치 거기가 거기 같고 지나왔던 길이 전혀 새로운 길처럼 보여, 다람쥐 쳇바퀴 돌 듯 육의전 바닥을 마냥 맴돌기에 딱 알맞았다.

이 뿐 아니었다. 종루 육의전의 바닥으로 들어서면 언제 어느 때나 오가는 사람들로 바글바글 거려서 발 들여놓을 틈도 없이 온통 시끌벅적 북새였다. 더구나 대장의大長依에 검은 갓을 쓰고 소창옷에 한삼을 단 차림으로 전방 앞에서 서성이고 있다가 오가는 사람을 꼬드김으로 끌어들여 전방 주인으로부터 구전을 챙기는 여리꾼의 요란스런 호객이며, 물건의 흥정을 붙여주고 구전을 챙겨 담는 거간꾼의 쉿소리가 마치 오뉴월의 똥파리처럼 귓전에 연방 따갑게 엉겨 붙기 일쑤였다.

이처럼 종루 육의전의 시전 상인들은 도성 안 일반 대중의 소비 수요에 부응하여 갖가지 상품을 판매하는 한편, 관청의 수요품이나 생필품을 공급하는 대신에 일정한 국역을 부담해야 했다. 이들이 부담해야 할 국역은 상세(상업세)와 공랑세(육의전 건물세)를 내고, 책판과 잡역 등을 맡는 것이었다. 그리고 그러한 대가로 독점적 상업 활동을 국가로부터 허락받았다.

조선왕조의 법전인 「경국대전」에 따르면 상세는 시전의 등급에 따라 매월 저화(화폐로 통용되던 종이) 3~9장으로 정해졌고, 공랑세는 시전의 칸마다 봄과 가을 두 차례에 걸쳐 각기 저화 20장씩이 부과되었다. 책판은 국가의 임시 수요물이나 외국 사신을 응대할 때 필요한 물품을 공급하고 사신과의 무역에도 응해야 했다. 마지막으로 잡역은 국장國葬이나 산, 능 따위의 조성 공사에 출역하는 것이었다.

따라서 왕조는 종루 육의전의 시전을 제도적으로 보호하면서 시전 체제를 계속 유지하고자 애썼다. 그리하여 왕조와 종루 육의전은 오랫동안 공존공생 관계를 맺어왔다. 조정에서는 종루 육의전으로부터 필요한 국역을 안정적으로 공급받는 대가로 그들에게 자금을 대여해주기도 하고, 외부로부터 이들의 상권을 보호하고자 그들 이외의 모든 상업 활동을 불법 행위로 여기고 금지한다는, 이른바 '금난전권禁亂廛權'으로 일컬어지는 별도의 특권을 시전 상인들에게 부여했다.

여기서 금난전권이라 함은 누구나 장사를 할 수 있는 난전亂廛을 불법 행위로 금지하되 종루 육의전의 시전 상인들에게만 부여하는 권한, 다시 말해 난전을 막을 수 있도록 종루 육의전의 시전 상인들에게 일정 부분 권한을 내어주어 금지케 한다는 특혜였다.

그 특혜란 다른 것이 아니었다. 종루 육의전의 시전 상인들이 난전을 막을 수 있도록 집단 혹은 개별적으로 '먹여주고, 입혀주고, 재워주는' 일종의 사병私兵과도 같은 무뢰배들을 고용할 수 있도록 했다. 그리하여 국초 이래 5백여 년 동안이나 육의전의 체제를 철옹성처럼 지켜올 수가 있었던 것이다.

한데 여기서 잠시 종루 육의전의 상인들이 '먹여주고, 입혀주고, 재워주는, 무뢰배들을 고용했다'는 대목에 주목해볼 필요가 있다. 혹시나 일제 말기와 해방을 전후해서 아래위로 두툼한 양복을 빼입고 제법 중절모까지 눌러쓴, 한때 종로 거리를 주름잡았다던 주먹들이 새삼 떠오르는 건 아닌지 모르겠다.

그렇다. 좀 더 뒷날의 얘기이긴 하지만 임권택 감독의 영화 〈장군의 아들〉로 널리 알려진 종로 우미관(종로 2가에 있던 극장) 골목의 주먹 김두한을 필두로 한 구마적과 신마적, 또한 그들을 꺾으려고 호시탐탐 날이 선 '니뽄도'를 뽑아들었던 진고개 일대 혼마치(지금의 충무로)의 하야시 역시 이러한 금난전권과도 무관치 않은 일이었다. 그들이 조선 상계의 메카였던 종로 거리를 무대 삼아 한 시대를 살아간 것은 결코 우연이 아닌 역사적인 필연이었다. 그것은 마치 동전의 양면과도 같이 바늘 가는데 실 따라가는 것처럼 상업과 주먹은 일찍부터 그 궤를 같이하는 숙명적인 함수 관계였던 것이다.

어쨌든 조선왕조와 종루 육의전은 오랫동안 공존공생의 매우 밀접한 관계였다. 조정은 종루 육의전으로부터 필요한 국역을 공급받는 대신에, 예의 금난전권을 비롯하여 보부상裸負商처럼 전국적으로 상권을 확장시켜 나갈 수 있도록 별도의 특권을 그들에게 부여해 주면서 국초 이래 군건한 조직체를 형성해올 수 있었다.

하지만 바람 불지 않는 곳이 세상 어디에 또 있을까. 제아무리 군건한 조직체를 형성했다 하더라도 시작이 있으면 반드시 끝이 있기 마련이다.

무엇보다 자연스러운 인구의 증가는 돌이키기 어려운 변곡점이었다. 인구 증가에 따른 생산력의 중대, 왕조 말기에 이르러 신분을 사고파는 신분제의 변동과 같은 누적된 요인으로 말미암아 그간 철옹성으로 불리던 조선 상계도 점차 바람을 타기 시작했다.

더욱이 임란과 호란을 겪으면서 나라가 까딱 거덜 나고 말 뻔한 것도 이유였다. 그러면서 백성들의 요청을 더 이상 외면할 수만은 없게 되었다. 마침내 정조 연간(1791)에 식유민천食有民天, 곧 백성들의 기본 호구는 충족시켜야 한다는 유교적 이념에서 일반 백성이면 누구나 장사를 할 수 있도록 하는 조치, 이른바 '통공정책通共政策'을 실시하기에 이른다. 도성 안의 종루 육의전을 제외한 나라 안 어디에서나 금난전권을 폐지케 한다는 것이었다.

그런 결과 국가로부터 유일하게 허락받은 종루 육의전의 시전 상인들 말고도 (한강변에 상권을 이룬)경강상인들과 같은 사상私商들이 증가하기 시작했다. 또 이런 사상들이 증가하면서 왕조 말기의 조선 상계는 마침내 독점 체제에서 벗어나 경쟁 관계를 이루고 되었고, 결국 종루 육의전의 시전 상인들은 사상들로부터 거센 도전을 받기에 이르렀다.

그러나 이런 금난전권의 폐지라는 것도 따지고 보면 기껏 한성 바깥에서나 가능한 이야기였다. 중요한 것은 여전히 도성 안에 자리하고 있는 상권이었다. 알토란같은 도성 안의 상권을 종루 육의전의 시전 상인들이 여전히 움켜쥐고서 독식한 체 그 찌꺼기나 다를 게 없는 나머지의 것들, 그러니까 도성 바깥으로 나가 서민들을 상대로 푼돈이나 주고받는 상거래에 한정한다는 논의에 불과한 것이었다. 다시 말해 봉건적 왕정 체제에서 길거리의 소상인 정도는 눈감아 줄 수도 있다는, 본격적인 상인의 출현은 아직 꿈도 꿀 수 없는 일이었다.

한국기업성장100년史

종로 육의전의 어음을 휴지조각으로 만들다

일반 백성이면 누구나 장사를 할 수 있도록 하는 조치가 내려지자 종로 육의전에도 당장 발등에 불이 떨어졌다. 곧 통공정책을 전면적으로 실시하라는 사상들의 날로 커지는 목소리에 언제까지나 안심할 수만은 없는 일이었다. 더구나 오랜 공존공생 관계였던 조선왕조가 급속히 힘을 잃어가면서 종로 육의전의 시전 상인들조차 그 세력을 하나 둘 잃어갈 수밖에 없었다.

그러다 20세기 벽두에 종로 육의전은 급기야 역사의 뒤안길로 사라져버렸다. 조선 상계를 지배해왔던 그 화려함과 시끌벅적함은 온 데 간 데 없이 어느 날 갑자기 해체되고 마는 비운에 처하고 만 것이었다.

그러나 종로 육의전이 어느 날 갑자기 해체되고 만 데에는 그러한 사상의 거센 도전 때문도, 급속히 힘을 잃어가기 시작한 왕조 때문만도 아니었다. 5백년 전통의 종로 육의전이 그처럼 허망하게 종지부를 찍고 만 데에는 정작 그 이유가 딴 데 있었다.

임진왜란 이후 근 230여 년 만에 다시금 모습을 드러내기 시작한 일본인들에 의해서였다. 우리보다 한 발 앞서 근대화를 이룬 일본인들에 의해 그렇듯 하루 아침에 붕괴되고야 말았던 것이다.

다시 말하지만 한성은 무려 5백여 년 동안이나 시간이 정지하고만 듯 한결 같은 풍경을 유지해왔다. 주거 지역은 대부분 세습적이었으며, 외국인은 물론이고 지방 사람들조차 함부로 끼어들어와 섞일 일이라고는 없었다.

그러던 한성에 낯선 이방인들이 처음으로 들어와 살기 시작한 때가 1880년 4월이었다. 일본의 강압으로 마지못해 체결할 수밖에 없었던 강화도조약(1876)에 따라 같은 해 일본 공사관이 만들어졌다.

하지만 일본 공사관은 아직 도성 안으로 들어오지는 못했다. 돈의문 밖 청수관에 자리를 잡아야 했으며, 그나마 2년 뒤에는 습격을 받고 말았다. 조선 정부가 일본의 후원을 받아 신식 군대를 선별하여 훈련하는 과정에서 구식 군대를 차별 대우하자, 구식 군대가 민간인들과 합세하여 임오군란(1882)을 일으킨 것이다. 이때 일본 공사관이 성난 군중에 의해 불타버리고 말았다.

그러나 일본은 물러서지 않았다. 같은 해 일본 육군의 다카시마 소장이 1,200여 명의 정예 병력을 이끌고 한성으로 진군해 들어왔다. 그리곤 지금의 종로 2가 관훈동에 자리한 철종의 사위 박영효의 사저를 공사관으로 삼았다.

이때 일본 공사관의 직원은 30여 명 남짓이었다. 또 그들을 호위하기 위한 일본군 200여 명이 도성 안에 주둔하게 된 첫 외국인이었다. 이어 일본은 그들을 상대로 물품을 조달해야 한다는 구실을 내세워 자국 상인들을 불러들였다. 처음 한성에 들어온 일본 상인들은 협동상회와 대창조大倉組, 경전조慶田組 등지에서 파견한 10여 명 수준이었다.

하지만 한성에 진출한 이들 일본 상인은 아직 도성 안의 조선인을 상대로 상거래를 벌이지는 않고 있었다. 피차 서로 준비가 되어 있지 않았던 것이다.

그러던 1884년 일본 공사관은 또다시 소실되고야 마는 운명에 처했다. 관훈동의 박영효 사저에서 지금의 종로 3가 경운동 소재 신축 건물로 자리를 옮겨 앉은 일본 공사관은, 그러나 김옥균·박영효·서광범 등 개화파가 일으킨 갑신정변이 '3일 천하'로 끝나고 말면서 다시 한 번 성난 군중들에 의해 불타버렸다.

이렇게 되자 일본 공사관은 다시 남산 아래 녹천정(옛 안기부 자리) 터에 신축 건물을 지어 옮겨가야 했다. 그와 함께 도성 안 여기저기에 흩어져 살던 일본인 거류민들이 일본 공사관의 발치인 진고개(지금의 충무로 일대) 일대로 모여들자, 일본은 자국민들을 보호해야겠다며 그 지역을 일본인 거류 구역으로 지정해버렸다.

조선 정부 역시 처음에는 별 대수롭게 않게 여겨 승낙해주고 말았다. 당시 진고개라면 깡그리 가난한 샌님들이나 모여 살던 남촌의 변두리인데다, 진고개라는 지명 그대로 온통 진흙 구덩이나 다름없는 곳이라서, 그만 거주 환경만을 과소평가한 나머지 그래 어디 한 번 실컷 살아 보거라 했던 것 같다.

더구나 이 무렵 조선으로 건너와 상주하기 시작한 일본인들의 꼬락서니가 말이 아니었다. 이 시기 진고개 일대 일본인 거류 구역의 일본 상인들은 도무지 칠칠찮아 보였다. 거의 모두가 이미 자국에서 거덜이 나 야반도주하다시피 허둥지둥 건너온 몰락한 상인들이거나, 아니면 영세한 자금만을 손에 쥐고서 흘러들러온 자들이 대부분이었다.

그래서 당시 진고개, 아니 그들이 훗날 일컫게 되는 이른바 '혼마치本町'에는 일본인 소유의 가옥이라곤 단 한 채도 없었을 만큼 가난에 찌들었었다. 그저 얼마 안 되는 푼돈을 밑천 삼아 행상이나 노점, 중개, 매춘 등 저마다 돈이 되어 재물을 축적할 수 있는 일이라면 무엇이든 닥치는 대로 해치웠다.

물론 거기에는 조선인 소유의 가옥도 예외가 아니었다. 그들은 근대적 땅 소유 개념에 서투른 가난한 샌님들을 살살 꾀어내어서 터무니없는 헐값에 땅을 사들이거나, 가옥을 저당 잡는 대신에 적은 돈을 빌려준 뒤 기일이 되면 일부러 다른 곳으로 피해 숨어 있다가 뜬금없이 나타나선 기일이 지났다며 가옥을 가로채는 등 온갖 수단 방법을 가리지 않았다.

때문에 얼마 지나지 않아 일본 상인들은 조선인 소유의 가옥을 적극적으로 소유하고 사들일 수 있게 되었다. 땅을 산 자는 그들만의 일본 전통 가옥을 지어 일본인 촌락을 야금야금 확장시켜 나갔.

그와 함께 일본 상인들은 식민 지배 의욕도 숨김없이 드러냈다.

자신들의 이익 집단인 거류민회나 상업의회를 결성하는가 하면, 진고개 일대를 근거지로 한 일본인 시가지도 발 빠르게 조성해 나가기 시작했다.

이같이 진고개 일대를 자신들의 거류 구역으로 삼은 지 불과 3년이 지난 1887년에는 이미 상권의 구축까지 들어갔다 해도 과언이 아니었다. 벌써 그들 소유의 상점들이 우후죽순처럼 생겨나, 그 지역의 일본 거류민과 도성 안의 조선인들을 상대로 장사를 벌이기 시작한 상점만도 50여 호에 달할 정도였다.

그리하여 이즈음에 이르러선 진고개 일대 아니 혼마치에만 벌써 일본인들이 어느덧 수천 명이나 모여 살게 되었고, 일본 기생인 게이샤를 둔 일본 요릿집 화월루까지 영업을 시작하여 장안의 새로운 구경거리로 등장했다. 왜각시를 구경한다고 눈깔사탕을 사러 가는 조선인들이 얼마나 많았던지, 일본 과자점 주인은 불과 몇 해만에 떼돈을 벌어 큰 부자가 되었다는 소문이 나돌 지경이었다.

하지만 이들은 좀 더 훗날에 현해탄을 건너올 일본 거대 자본의 척후 정도일 따름이었다. 초기 이들 일본인 상인들은 종로 육의전의 시전 상인들에겐 예고된 위협일 수는 있었으나, 붕괴의 직접적인 원인으로 보기에는 때 이른 감이 없지 않았다.

그 다음으로 일본은 인천 제물포를 개항(1883)케 했다. 인천 제물포의 개항은 강압적인 강화도 조약에 따라 이미 개항을 한 부산과 원산과는 또 다른 개항으로 눈여겨보아야 할 대목이었다.

무엇보다 제물포는 한성에서 겨우 80리(약 30킬로미터) 바깥이었다. 조선의 문턱이나 다름없는 지리적 이점 때문에 서구 열강들이

1899년 9월에 열린 노량진에서 제물포 간 철도 개통식. 조선의 수탈 도구로 일본이 들여온 기차는 지금껏 경험해보지 못한 물질문명의 쓰나미였다. 결국 개항장 제물포에서 한성의 턱밑이랄 수 있는 노량진까지 개화 상품을 기차로 실어 나르기 시작하면서 5백년 전통의 종로 육의전을 무기력하게 만들어 조선상계를 붕괴시키는 결과를 낳았다.

진즉부터 눈독을 들여오던 터였다. 따라서 제물포에는 개항과 동시에 서구의 신문물인 개화 물품들이 앞 다투어 마구 쏟아져 들어왔다.

그리고 그것은 지금껏 유교적 정신주의 생활 풍조 속에서만 호흡해 오던 이 땅의 뭇 백성에게 물질문명이라는 경이적인 신천지를 보여주었다. 눈앞에 펼쳐지는 근대화의 물결이 거침없이 휘몰아쳐 들어왔던 것이다.

그리하여 개항장 제물포에는 지금껏 본 일조차 없던 서구의 이양선들이 속속 드나들기 시작했다. 한가로이 떠있는 황포 돛단배와 바닥이 평평한 세속선들 사이로 덩치가 산더미만한 서구의 화륜선과 철선들이 진기하다는 개화 물품을 가득가득 싣고서 하루가 다르게 밀려들곤 했다.

사실 장사라는 게 그 때나 지금이나 별반 다르지 않다. 사람을 편리하게 만들어주는 물건, 그러한 상품을 만들어서 사람들의 주머니를 열도록 하는 것이 곧 장사다.

한데 개항장 제물포에 쏟아져 들어온 서구의 개화 물품은 사람들의 생활을 편리하게 만들어주는데 조금도 모자람이 없었다. 분명 기대 이상의 획기적인 것들이었다. 일일이 부싯돌로 불을 지펴 생활하던 시절에 사용이 간편한 성냥이며, 빨래를 손쉽게 해주는 양잿물, 토포에 비해 값이 월등하게 저렴한 양포, 지긋지긋한 질환을 금세 낫게 해주는 간단한 양약, 가볍고 편리한 각종 양재기, 작고 가늘어서 두루 쓸 수가 있는 왜못을 비롯하여 등잔용 석유 따위는 진기하다는 소문까지 더해지면서 당장 없어서 못 팔 지경이었다.

사정이 이쯤 되자 개항장 제물포에 상인들이 떼 지어 모이는 일은 시간 문제였다. 진기하다는 개화 물품을 사가려고 한성에서는 물론 소문을 듣고 경기, 충청, 황해도 지방의 상인들마저 돈 보따리를 싸들고서 꾸역꾸역 몰려들었다.

그런 개항장 제물포에 일본이 들여온 '검은 괴물'의 출현은 또 다른 충격이 아닐 수 없었다. 화륜거 또는 철마라고도 불렸던 검은 괴물 기차의 출현은, 하루가 다르게 밀려드는 근대화의 물결을 싣고 개항장 제물포에서 한성의 턱밑까지 한달음에 들이닥칠 수 있게 되었다.

물론 개항장 제물포에서 한성의 노량진 사이를 기차가 달리기까지는 말썽도 적지 않았다. 무엇보다 당시 사람들의 쇳길(철로)에 대한 공포심을 불식시키는데 무진 애를 먹어야 했다.

하기는 집 한 채를 새로이 지을 적에도 풍수지리설에 따라야 했던 당시에 땅과 쇠는 도저히 함께 어울릴 수 없는 상극이었다. 쇠는 항상 물을 말리는 음양오행의 원칙을 가진 탓에서였다.

그렇대도 기차가 달리려면 도리 없이 땅 위에다 쇳길을 깔아야 했다. 또 그 쇳길은 그냥 쇳길이 아니라 번갯불을 번쩍번쩍 태우면서 검은 괴물이 달리기 때문에 그 때마다 땅 속의 물기가 과연 얼마나 빨아버릴지는 아무도 알 수 없는 일이었다.

더구나 당시까지만 하여도 천하의 근본은 단연 농사였다. 바로 그 농사를 지으려면 반드시 물이 있어야 하는데, 기차가 번갯불로 땅 속의 물기를 다 말려버려서 결국에는 황폐해진다고 본 것이다.

게다가 이번에는 좀처럼 목청을 높이지 않던 양반들까지 가세하고 나섰다. 기차가 달리기 시작하면 땅이 요동쳐 흔들린다는 것인데, 그렇게 되면 조상의 묘지가 흔들려서 결국에는 집안이 패망케 될 것이라는 우려 때문이었다. 그러한 이유를 들어 기찻길이 양반 집 묘지 인근을 지나가려 할 적마다 입에 게거품을 물어가며 결사적으로 반대를 하고 나섰던 것이다.

어쨌든 이런저런 탈을 겪으면서도 끝내 철도가 개통되고 만 것은 1899년 9월이었다. 화통에서 시커먼 연기를 연방 숨 가쁘게 뿜어내며 칙칙폭폭 우레와도 같은 바퀴소리를 내더니만, 천지가 진동하는 기적소리를 길게 울리면서 개항장 제물포에서 한성의 노량진 사이를 힘차게 내달리기 시작했다.

하지만 어렵사리 쇳길을 깔아 개통한 기차는 또다시 애를 먹어야 했다. 근대화의 물결을 싣고서 치달려온 철마인데도 처음 한동안에는 통 승객이 없어 파리만 날려야 했던 것이다.

그래서 개통 첫해엔 기차를 탄 손님이 하루 고작 20여 명 남짓 밖에 되지 않아 적자를 면치 못했다. 결국 일본의 철도회사가 나서야 했다. '철도선무학사'를 모집하여 양반들을 계몽시키고 다니는 웃지 못 할 촌극마저 벌어졌다.

아무렇든 기적 소리도 씩씩하게 개항장 제물포에서 한성의 노량진까지 개화 물품을 한달음에 속속 실어 나르기 시작하면서, 지난 5백여 년 동안이나 조선 상계를 지배해왔던 종로 육의전의 금과옥조와도 같았던 금난전권은 그만 하루 아침에 유명무실해지고 말았다. 굳이 육의전의 시전 상인들을 통하지 않고도 진기하다는 개화 물품을 손쉽게 손에 쥘 수 있게 되면서, 조선의 만물상이라던 종로 육의전의 거리는 눈에 띄게 그 위세를 잃어갔다.

그러나 아직은 종로 육의전의 마지막 숨통마저 끊어지고야 만 것은 아니었다. 일본 역시 그러한 사실을 모를 리 만무했다.

때문에 일본은 가뜩이나 재정이 어려워 쩔쩔매고 있는 고종에게 난데없이 돈을 빌려주기 시작했다. '고문정치'라는 허울 좋은 구실을 내세워 마치 선심이라도 쓰듯이 조선 정부로 하여금 자꾸만 차관을 빌려 쓰게 한 뒤, 이내 손발을 꽁꽁 묶어버렸다. 그리고 나선 막대한 돈을 빌려주었으니 이제는 그 돈을 되돌려 받을 수 있게끔 간섭(?)을 좀 해야겠다고 나섰다. 그 첫 번째 간섭이 생전 듣지도 보지도 못한 1905년의 기습적인 화폐 개혁 단행이었다. 조선왕조의 경제를 아주 결단내고야 말 속셈이었던 것이다.

그야말로 조선 상계로서는 청천벽력과도 같은 재앙이 아닐 수 없었다. '재무 고문 용빙 계약'이라는 제법 그럴싸한 간섭을 앞세워, 조선 정부의 재무고문으로 건너온 일본 대장성의 주세국장 메가다 다네타로에 의해 전격적으로 단행된 화폐 개혁은, 정말 말도 안 되는 강도짓이나 다름없었다. 무거운 돈궤 대신 전통적으로 널리 유통되고 있던 조선 상계의 어음 거래를 전면 금지케 하여 한낱 휴지 조각으로 만들어버린데 이어, 구 화폐와 신 화폐의 환전마저 사보타주했다. 이로 말미암아 가뜩이나 어려워진 종로 육의전의 시전 상인들은 그냥 가만 앉은 채 날벼락을 맞고 말았던 것이다.

결국 육의전이라는 구심점을 잃게 되면서 그 많던 시전 상인들은 저마다 뿔뿔이 흩어져야 했다. 가까스로 살아남은 몇몇 시전 상인들마저 이내 자금난에 허덕이다 종래에는 집단 도산하는 사태를 빚고 말면서, 5백 여년을 이어오던 종로 육의전도 그만 20세기 벽두에 그 최후를 맞이해야 했다.

한국기업성장100년史

종로 육의전의 마지막 후예 '대창무역'

나라 안팎으로부터 거센 도전과 함께 하루가 다르게 변화해 가는 상업 환경에 적응치 못하고, 20세기 벽두에 그만 역사의 뒤안길로 사라지고 만 종로 육의전의 최후는 실로 허망한 것이었다. 국초 이래 무려 5백여 년 동안이나 조선 상계를 주름잡았던 그 수많은 시전 상인들은, 새로운 상업 질서에 끝내 편입되지 못한 채 도성 안의 한복판이랄 수 있는 종로 네거리 일대에서 밀려나 지리멸렬 스러져갔다.

그러면서 종로 네거리로 집중되어 있던 한성의 상권은 손가락 사이로 세어 나가버린 물처럼 사분오열 뿔뿔이 흩어졌다. 외어물전이 있던 서대문 바깥으로, 또한 동대문과 남대문 인근으로, 심지어 일본 상인들이 새로운 시가지를 이루며 집단으로 거주하고 있는 진고개 일대 혼마치(지금의 충무로) 등지로 제각기 분산되어 빠져나갔다. 그렇게 빛을 잃고 만 종로 일대는 다시금 새로운 주역들이 나타나기만을 하염없이 기다리는 무주공산이나 다를 것이 없게 되었다.

그러던 1911년 〈시사신보〉에 재미있는 신문 기사가 실렸다. 당시 조선에서 50만원(지금 돈 약 500억원) 이상을 소유한 자산가가 모두 32명으로 집계된 것이다. 물론 이들은 왕족 아니면 관료 출신의 한성 양반 계급, 그리고 일부 지방의 토호가 대부분이었다.

이희李熹 ; 흥선대원군의 장남

이강李堈 ; 고종의 아들인 의친왕

박영효朴泳孝 ; 철종의 사위

이완용李完用 ; 고관대작

이재완李載完 ; 흥선대원군의 동생인 흥안군 이최응의 아들

송병준宋秉畯 ; 친일단체 일진회 회장

민영휘閔泳徽 ; 고관대작

민영달閔泳達 ; 고관대작

김진섭金鎭燮 ; 한성의 마포 거상

김여황金麗煌 ; 경기도 개성 거상

강유승姜裕承 ; 평안도 진남포 거상

백윤수白潤洙 ; 한성의 종로 거상

…〈중략〉

한데 이 가운데 맨 끄트머리에 적바림하고 있는 백윤수라는 이름 석 자가 단연 눈길을 끌었다. 비디오 아티스트로 널리 알려져 있

는 백남준의 조부인 그는, 이미 전멸하고 만 종로 육의전에서 이때까지도 유일하게 살아남은 시전 상인들 가운데 한 사람이었다.

백윤수는 원래 종로 육의전에서 조상 대대로 견직물 시전을 경영해온 거상이었다. 그런 그가 일본의 전격적인 화폐 개혁의 고비를 힘겹게 넘어서며, 1907년에는 전통적인 시전 상인의 모습에서 탈피하여 기업 형태의 '백윤수상점'을 열었다. 이어 1916년에는 지금의 종로 2가 종각 건물 바로 뒤쪽에 '대창무역주식회사'를 설립하면서, 종로 육의전의 마지막 후예가 여전히 건재하고 있음을 확인시켜 주었다.

이때 백윤수의 대창무역은 자본금 50만원(지금 돈 약 500억원)에 불입자본금拂入資本金 50만원 규모였다. 더욱이 남들보다 앞서 주식회사 체제를 갖추었을 뿐만 아니라, 같은 시기에 설립된 민족자본 기업들 가운데서도 보기 드문 대기업이었다. 백윤수의 대창무역보다 3년 늦게 설립된 김성수 김연수 형제의 경성방직 규모가 자본금 100만원(지금 돈 약 1,000억원)에 불입자본금 25만원(지금 돈 약 250억원)이었고, 백윤수와 함께 장안의 3대 상인 자본가로 불렸던 박승직상점(지금의 두산그룹)'이 6만원(지금 돈 약 60억원) 수준이었던 점을 감안하면, 당시 백윤수의 재력이 어느 정도였는지를 가늠해볼 수가 있다.

백윤수는 이런 대창무역을 통해 청나라에서 각종 견직물을 수입해 들여왔다. 그리고 그의 사업은 한동안 순탄한 듯이 보였다.

한데 1920년에 들자 조선총독부가 억압하고 나섰다. 청나라에서 견직물을 수입해 들여오지 못하도록 엄금한 것이다. 이에 따라 대창무역은 단박 경영의 어려움에 빠지게 되는데, 백윤수는 이를 타개하고자 1924년에 '대창직물'을 설립하여 직접 견직물 생산에 들어갔다.

당시 대창무역 청량리 공장에 설치된 직조기 대수는 모두 300대로, 당시 국내 최대 규모라던 일본 미쓰이물산의 조선방직 부산공장의 인견 견직기 대수 319대의 수준과 거의 맞먹는 대규모 공장이었다. 그만큼 백윤수는 정황 판단이 빨랐고, 또한 시류에 민첩하게 적응해 나갈 줄 알았다.

그러나 종로 육의전의 마지막 후예였던 백윤수는 같은 해 그만 타계하고 말았다. 그는 슬하에 낙원, 낙중, 낙삼, 낙승 모두 4형제를 두었는데, 먼저 장남 백낙원이 대물림하여 바통을 이어받았다. 하지만 그 역시 1930년대 말에 타개하고 말면서, 이번에는 막내아들인 백낙승이 후계자로 나섰다.

대창무역의 새 후계자 백낙승은 일본 메이지대학 법학과에서 근대교육을 받은 엘리트였다. 사업적인 두뇌도 뛰어났을 뿐더러, 정치적인 수완까지 탁월하여 시대의 흐름을 정확히 꿰뚫어볼 줄 알았다.

그리하여 태평양전쟁 중에 어떻게 뚫었는지는 몰라도 서슬 퍼런 일본 관동군 헌병대에 손을 뻗쳐, 대창직물에서 사명을 바꾼 '태창직물'을 통하여 만주로 포목을 밀수출할 수 있었다. 이때 태창직물의 상표는 일본의 국화인 벚꽃 속에 '태泰' 자를 써넣은 것이었는데, 일본의 마루베니나 이토추상사와 같은 대기업들도 백낙승의 태창직물을 거쳐야 만이 비로소 만주에 직물을 수출할 수가 있을 정

한국기업성장100년史

지금의 충무로 일대에 자리 잡은 일본인 거류 지역인 혼마치 거리 풍경. 일본 상인들은 근대적 땅 소유 개념에 서투른 깡그리 가난한 남산골샌님들을 살살 꾀어내어서 터무니없는 헐값에 땅을 사들이거나, 가옥을 저당 잡는 대신에 적은 돈을 꾸어주고는 기일이 되면 일부러 다른 곳으로 피해 숨어 있다가 나중에야 기한이 지났다며 가옥을 가로채는 수법으로 땅과 가옥을 점유 나갔다.

45

도였다.

　말하자면 일본의 대규모 상사들이 태창직물에 포목을 공급하면 이 포목에다 벚꽃 속에 '태' 자 상표를 눌러 찍어, 일본 관동군 헌병대의 호송 아래 만주로 밀수출한 것이었다. 백낙승의 태창직물은 이런 간 큰 포목 밀수로 막대한 돈을 벌어들였고, 그 막대한 돈을 다시 일본 동양면화에 투자하여 이 기업의 주식을 절반 가량이나 소유하게 되었다.

　하지만 꼬리가 길면 언제인가는 반드시 밟히기 마련이다. 태평양전쟁이 막바지로 치닫던 어느 날, 그동안 관동군 헌병대의 비호 아래 아이들 미끄럼타기 만큼이나 손쉬웠던 밀수출이 그만 일본군 감찰대에 적발당하면서 밀수 품목 전량이 법원에 압류당하는 위기에 처하고 말았다.

　하지만 백낙승의 시운은 거기서 끝나고 만 게 아니었다. 밀수 품목을 전량 압류당한 채 지루한 재판을 받던 도중에 예기치 않은(?) 8·15 해방을 맞이하게 되었다.

　압류당한 밀수 품목은 지금의 서울역 앞에 있던 조일창고 세 동에 나누어 고스란히 쌓여 있었다. 그리고 그 압류된 물자는 밀수품인지 아닌지 미처 가릴 새도 없이 미 군정 법무관의 해제 명령에 따라 물주인 태창직물에 즉각 반환되었다.

　더구나 해방 직후에는 포목이 없어서 못 팔 정도였기 때문에 곧 부르는 게 값이었다. 태창직물은 다시 한 번 거금을 손에 쥘 수가 있었다.

　거금을 손에 쥔 백낙승은 눈을 돌려 이번에는 정크junk무역에 나섰다. 종전이 되었으나 중국에서 미처 가져가지 못한 일본 군수품이나 상가의 창고를 중국 상인들이 털어 정크선에 싣고 인천항으로 들어와서는 다른 물자와 교 환해가곤 했는데, 사실상 허락될 수 없는 밀무역이었다. 백낙승은 초기부터 이러한 정크 무역에 뛰어들어 다시금 거대 무역상으로 변신할 수 있었다.

그러나 정크무역은 그리 오래 가지 못했다. 해방 직후 1년 남짓 반짝 기승을 부리다 슬그머니 자취를 감추어버리게 되자, 그는 새로운 돈줄을 찾아 이번에는 정치에 눈을 돌렸다. 서슬 퍼런 일본 관동군 헌병대를 뚫었던 솜씨를 또다시 유감없이 발휘하여, 이번에는 귀국한 지 얼마 되지 않은 이승만 에게 접근해 들어간 것이다.

그 무렵 이승만은 돈암장에서 마포장으로 새로운 거처를 옮기면서 정치자금이 절실하게 필요하던 때였다. 백낙승은 그런 이승만에게 접근하여 정치 자금으로 거액인 70만원(지금 돈으로 약 30억원)을 헌납한데 이어, 이후에도 매달 빠짐없이 상당액을 가져다바쳤다.

마침내 이승만은 백낙승이 의도한 대로 대통령이 되어 경무대(지금의 청와대)로 들어갔다. 그러면서 이승만은 그동안 신세를 진 백낙승에게 은혜를 보답했다.

"백 사장, 그동안 도와주어 고마워. 내가 돈이 있으면 갚아야겠으나 나에게 먹고 살라고 준 것이 아니고, 나라일 하라고 준 것이니 고맙게 받았어. 백 사장도 국리민복을 위해 일하면 도와주겠어."

경무대에서 오찬이 끝난 뒤 이승만은 백낙승에게 약속했다. 백낙승은 이 말을 듣고 눈물을 글썽이며 감격했다고 한다.

백낙승은 확실히 줄을 잘 선 셈이다. 무소불위의 정치권력을 잡았기 때문에 이후 반민특위反民特委에 구속되었다가도 이내 풀려날 수가 있었다.

뿐만 아니었다. 그는 일본의 귀속 재산이었던 고려방직공사 영등포공장을 이승만의 도움으로 인수받을 수 있었음은 물론, 식산은행(지금의 산업은행)으로부터 무려 500만 달러까지 융자받을 수 있었다. 이밖에도 백낙승의 계열 기업인 대한문화선전이 전국의 홍삼 판매권을 인수받은데 이어, 또한 조선기계의 인수와 함께 일본에서 대량으로 기계를 들여와 태창방직을 보다 확장시킬 수 있었던 것도 따지고 보면 이승만의 비호가 있었기에 가능한 일이었다.

더구나 달러가 금보다도 더 귀하게 여겨지던 당시에, 그래서 달러 얘기라면 대통령 이승만마저 벌벌 떨던 그 시절에도 백낙승은 외화를 아무런 부족함 없이 쓸 수 있었다. 자신과 맞수라고 볼 수 있는 상계의 별들이 정치권력으로부터 무상이 떨어져 가는데 비해, 유독 그만은 정치권력과 더욱 끈끈히 밀착되면서 정부의 지원을 맘껏 끌어다 썼다.

백낙승은 이같이 풍부한 자금과 정권의 든든한 지원 엄호를 받아가며 기업의 영토를 줄기차게 넓혀 나갔다. 1948년 전후에는 태창방직을 모기업으로 태창공업, 태창직물, 해전직물, 대한문화선전, 조선기계 등 계열기업을 즐비하게 거느렸다. 그리하여 우리 나라 최초로 '태창재벌'을 탄생시키기에 이르렀다.

그러나 너무 지나치면 반드시 탈을 일으켜 다시금 균형을 잡아 주는 것이 역사다. 한데도 그는 이미 맛에 길들여진 달콤한 정치바람을 좀처럼 끊지 못했다. 다시금 6·25 한국전쟁 이후에는 파괴된 공장을 복구하면서 지나친 특혜를 받아 말썽을 일으키더니, 이후에도 이른바 삼백 파동과 연계자금 등 불미스러운 사고사건이 터져 나올 때마다 그의 이름 석 자가 단골손님처럼 등장하여 세간의 이목을 집중시키고는 했다.

결국 1960년 4·19 학생의거가 일어나 이승만 정권이 붕괴되기 직전에 백낙승은 최후를 맞이하고 마는데, 그의 장례식은 명성에 어울리지 않게 찾는 이가 없어 매우 쓸쓸하기만 했다. 5백년 전통을 자랑하던 종로 육의전의 마지막 후예이자, 최초로 집단 기업과 거대 자본을 일궈낸 재벌 총수의 죽음으로 보기에는 너무도 보잘 것이 없었다고 한다.

백낙승은 타계하기 전에 자신의 아들인 백남일을 후계자로 삼았다. 또 어떻게든 태창재벌을 다시 일으켜보려고 안간힘을 다했던 것으로 보인다.

하지만 권력의 바람을 타고서 떠오른 거대한 풍선은 그 바람이 빠져나가기가 무섭게 이내 추락하기 시작했다. 또 한번 추락하기 시작한 태창재벌은 백약이 무효일 만큼 돌이킬 수 없었다. 거칠게 휘몰아친 정치권력의 소용돌이 속에 너무 깊숙이 빠져 들어가 있어 끝내 헤어나기 어려웠다.

아니나 다를까. 태창재벌은 백낙승이 타계하고 말자 기다렸다는 듯이 경영 악화에 빠져들어 심한 몸살을 앓기 시작했고, 이후 부정 축재 처리 과정에서 전 재산을 국가에 헌납하고 백남일 등은 일본으로 귀화하고 말았다. 할아버지 대부터 꾸준히 투자해 놓은 일본 동양면화의 주식이 그들의 마지막 안식처를 제공해주었던 것이다.

물론 태창방직은 곧이어 새 주인이 나타나 아주 큼직한 문패를 다시 내걸었다. 일본에서 개인 종합 소득세 순위 1, 2위를 3년 연속 차지하여 일본 재계를 놀라게 만든, 1949년에는 당시 시가 50억엔 규모의 주일 한국대사관 건물을 국가에 기증하면서 이번에는 한국 재계마저 놀라게 만든 재일교포 기업인 서갑호가 그 주인공이었다.

그런 서갑호가 1961년 육군 소장 박정희가 일으킨 5·16 군사 쿠데타 이후 경영 위기에 빠져있는 태창방직을 인수하면서 화려하게 금의환향했다. 태창방직의 문패가 그렇게 바뀌면서, 조선왕조 건국 이래 5백여 년 동안이나 조선 상계를 지켜왔던 종로 육의전의 마지막 후예마저 끝내 그 명맥이 끊어지고 말았던 것이다.

한국기업성장100년史

빼앗긴 조선의 상계에도 봄은 오는가

19세기 말 일본의 조선 침략은 대단히 정교하고도 치밀한 것이었다. 1883년 무력으로 인천 제물포를 개항시켜 개항장이 들어선데 이어, 1899년 제물포-노량진 간 기차 개통과 함께 1905년에는 맑은 하늘에 날벼락과도 같은 화폐 개혁까지 기습적으로 단행시키고 맒으로써, 전통적으로 널리 유통되고 있던 조선 상계의 어음 거래를 한낱 휴지 조각으로 만들어버렸다. 5백년 전통의 종로 육의전은 그야말로 하루아침에 그만 숨통이 끊어지고 만 것이다. 이것은 곧 조선 경제의 숨통을 끊어놓는 것을 뜻했다.

결국 종로 거리를 중심으로 한 조선 상계의 메카는 눈에 띠게 그 빛을 잃어갔고, 끝내 바람처럼 허망한 종말을 맞이하고 말았다. 끝까지 버티던 몇몇 시전 상인들마저 결국에는 종로의 중심에서 밀려나 멀리 서대문 바깥으로, 동대문과 남대문 주변으로 저마다 뿔뿔이 흩어져갔다.

그러면서 종로 거리는 공허 속의 동토로 남게 되었다. 사람의 발길조차 끊긴 불모의 땅으로 잊혀져갔다.

그러나 역사는 항상 그렇게 시작이 되었다. 사람의 발길조차 끊긴 공허 속의 동토에도 시나브로 봄은 찾아들고, 또 언제 어떻게 뿌려졌는지 모를 씨앗들이 그 불모의 땅을 뚫고 움터 올랐다. 일본은 대단히 정교하고 치밀하게 조선 경제의 숨통을 끊어놓는데 성공했지만, 그리하여 조선의 시전 상인들이 끝내 썰물 빠져나가듯이 모두 사라지고 말았으나, 하지만 썰물처럼 빠져나간 그 빈자리에 언제부터인지 새로운 상인들이 또 새싹처럼 돋아나와 속속 등장하기 시작했다.

남대문 안 제생당약방의 이경봉李庚鳳같은 이도 그 중 한 사람이었다. 아주 어렸을 적부터 약방에서 먹고 자란 그는, 일찍이 자신의 경험을 한껏 살려 한약재에다 제물포 개항장에서 들여온 양약 종류를 한데 버무려 '청심보명단'이란 제법 그럴싸한 만병통치약을 만들어냈다. 동양과 서양의 약재를 한데 버무려놓았으니 소화제로서는 약효가 그만이었다.

그러나 제아무리 약효가 뛰어나다 하더라도 가만히 앉아서 약을 팔순 없는 노릇이었다. 약을 보다 많이 팔기 위해서는 대중 속으로 깊숙이 파고들어가야 했다.

한데 이경봉의 눈을 번쩍 띄게 하는 게 있었다. 1899년 9월 18일자 경인선 철도 개통을 알리는 신문 기사였다.

'수레 속에 앉아서 영창을 내다보니 산천초목이 모두 활동하야 닫는 것 같고 나는 새도 미처 따르지 못하더라. 대한 잇수로는 80리 되는 인천을 순식간에 당도하얏는데…'

신문 기사에서도 밝히고 있듯이 인천에서 서울까지는 80리 거리. 새벽밥을 일찍 먹고 인천에서 출발하여 부지런히 걸어야 점심때쯤 서울 삼각산이 아스라이 바라다 보이는 오류동에 닿았다. 오류동 주막집에서 점심을 배불리 먹고 막걸리 두어 사발을 들이켠 뒤, 다시 기운을 차려 부지런히 걸어야 성문이 닫히기 전에 서울 남대문 안으로 들어설 수 있었다.

그러한 80리 거리를 불과 두 시간 남짓 만에 '검은 괴물'이라는 기차가 달렸다. 그것도 한두 사람이 아닌 수백 명에 달하는 승객들을 한꺼번에 싣고서 기운차게 칙칙폭폭 내달렸다.

소문은 삽시간에 전국으로 퍼져나갔다. 소문을 듣고 난 설 멋든 개화꾼들에서부터 완고한 상투쟁이 영감들은 좀이 쑤셨다. 어쩌다 서울에라도 올라치면 일부러 노량진까지 나가 이 '검은 괴물' 기차를 타보는 것이 무슨 유행처럼 되다시피 한 것이다.

이경봉은 그런 신문 기사를 보고서 무릎을 쳤다. 때마침 개통되어 인천에서 서울을 오가는 경인선 기차 안에서 승객들을 상대로 자신이 직접 나서 만병통치약을 팔기로 한 것이다.

하지만 여기서도 이경봉다운 상재가 번뜩였다. 조금은 남다른 방식으로 대중 속으로 파고들었는데, 지금껏 입어오던 도포 차림을 벗어버린 채 개화 양복을 걸쳤다. 구두를 신고 가죽가방까지 든, 말쑥한 개화쟁이 신사 차림으로 이런저런 풍도 적당히 뒤섞어가며 청산유수의 달변으로 약을 팔았다. 거기에다 약효까지 뛰어났으니 청심보명단의 인기가 어떠했으리라는 건 짐작이 가고 남았다.

이쯤 되자 청심보명단을 파는 말쑥한 차림의 개화쟁이 젊은 신사 이경봉은 경인선 기차 안에서도 빼놓을 수 없는 명물이 되었다. 또한 경인선 기차 안을 무대로 행상으로 팔기 시작한 청심보명단 역시 '검은 괴물' 기차와 더불어 전국 방방곡곡으로 소문이 퍼져나갔다.

청심보명단이 점차 명성을 얻어가자, 이경봉은 약봉지 겉면에 검은 거미 한 마리를 그려 넣어 그것으로 상표를 삼았다. 청심보명단을 찾는 사람들 역시 약의 이름보다는 그냥 '거미약'으로 부르는 이가 많았다.

이경봉은 이런 이유 때문에 1908년 청심보명단을 거미표로 상표 등록을 하려고 나섰다. 밀려드는 일본 제품들 사이에서 자신의 상권은 물론 제품의 차별성을 지키기 위해서였다.

'한성 남대문 안 제생당약방은 청심보명단을 창제 발매한 뒤 우금 8년에 영업이 발달하므로 사무가 번다하여 주무 이하 제약원이 주야를 불문하고 각지 직무를 수하야 비상히 호번浩繁한 상태를 정한다더라…'

이 신문 기사로 미루어 짐작건대 이경봉의 제생당약방은 여러 해가 지난 뒤에도 여전히 상승세를 타고 있었음을 알 수 있다. 그리고 그 상승세 속에는 다름 아닌 이경봉만의 숨은 상재, 약장사는 곧 '선전이 5할'이라는 상술이 번뜩였다. 누구도 따를 수 없었던 그만

한국기업성장100년史

개항에 이어 일본의 기습적인 화폐개혁으로 말미암아 공허 속의 동토로 변하고 만 종로거리에 새로운 상인들이 속속 등장한다. 서양종이 사업으로 큰돈을 벌어 화신상회를 인수하여 화신백화점(사진 위)으로 변신을 꾀한 박흥식과 청심보명단이란 만병통치약을 시판하면서 세간의 이목을 모은 남대문 안 제생당약방(사진 아래)의 이경봉 등이 그 주인공이었다.

55

의 '시끌벅적한' 선전 전략이 비상처럼 그 효과를 유감없이 발휘하고 있었던 것이다.

그 무렵 남대문 안 이경봉의 제생당약방 앞에는 매일 저녁때만 되면 소란스러워지면서 큰 구경거리가 났다. 수십 채의 인력거를 불러 모아 인력거의 몸체에다 '청심보명단'이라고 쓴 화려한 깃발을 꽂은 뒤, 그 인력거에다 당대 일류의 기생들을 태워 장안의 화제와 이목을 끌게 하는 '시끌벅적한' 광고 전략 때문이었다. 볼거리가 그리 많지 않았던 시절에 수십 채의 인력거마다 울긋불긋한 깃발을 꽂고서, 북이며 장구·피리·징·꽹과리·날라리 등 신나는 풍악을 울리면서 거리를 유유히 지나는 풍경이란 지금 생각해보아도 여간 큰 눈요기가 아닐 수 없다.

비단 서울만이 아니었다. 중부 지방은 물론이고 평안도와 충청·경상·전라도 지방을 석권한 뒤, 멀리 만주의 안동까지 그가 직접 나서서 판매 영토를 넓혀나갔다.

그러나 이경봉이 정작 대박을 터뜨렸던 건 1909년 이 땅을 휩쓴 호열자(콜레라)가 창궐하면서였다. 세상이 온통 호열자로 죽어나가는 판에 이경봉은 때아닌 특수에 그야말로 돈벼락을 맞았다.

당시 호열자가 어떻게나 심했던지 서울에서만 2백여 명의 사망자가 속출했다. 또한 상주들이 입는 상복의 삼베 값이 덩달아 뛰어오를 정도였다. 그런가하면 동학농민전쟁 당시 전라 감사였던 이도재도 이 괴질에 걸려 죽었으며, 친일의 나팔수 조직이었던 일진회 이용구 회장의 어머니도 이 병에 걸려 죽었다.

이쯤 되자 죽어 나가는 이야 어쩔 도리가 없다 하더라도 살아 있는 사람에게는 큰 걱정이 아닐 수 없었다. 몸에 조금이라도 이상 신호가 오게 되면 호열자가 아닌가 하고 공포에 떨어야 했다. 때문에 뜬소문에도 불구하고 사람들이 소주와 마늘을 찾는 통에 그 값이 폭등하는가 하면, 역질이 돌 때마다 감초처럼 사람들의 입에 오르내리던 소금 값이며, '구례싱'이란 이름의 개항장으로 들어온 크레졸 소독약 값도 자고 나면 천정부지로 뛰어올랐다.

그럴 때 누군가가 "호열자에 청심보명단이 좋다더라"고 칭찬을 했다. 그리고 소문은 들불처럼 거침없이 번져나갔다. 사람들이 이경봉의 청심보명단을 마치 만병통치약이라도 되는 양 너도나도 맹신하여 찾게 된 것이다.

그러나 비상한 상재로 당시 약업계에 혜성처럼 등장했던 이경봉은 1909년 세밑에 그만 갑작스럽게 요절하고 말았다. 이때 그의 나이 겨우 33세였다.

어쨌든 이경봉은 모두가 경이의 시선으로만 바라보고 있던 제물포의 개항을 자신의 무대로 적극 수용한 새로운 상인이었다. 개항장에서 양약을 들여오고, 또 개항장에서 서울 노량진까지 오가는 기차를 이용하여 약품을 팔면서 명성을 얻은 개항장 상인이었다.

이에 반해 민병호閔竝浩는 대대로 내려온 비기秘技를 상재에 접목시킨 새로운 상인이었다. 그는 원래 지금으로 치자면 경호실 간부에 해당하는 궁중의 선전관이었던 사람이다. 그러나 돌이켜보면 국운이 다하여 나라가 풍전등화의 위기에 놓여 있던 시절이다.

이 시절 민병호는 궁중의 선전관으로 있으면서도, 평소 의약에 대한 관심이 깊어 전의典醫(왕실의 의료원)들과 교류하면서 틈틈이 궁중 비방을 습득하곤 했다. 또한 그는 기독교 신자로 서양 선교사들과 접촉하면서 서양 의약에 대해서도 눈뜨게 되었다.

민병호는 이같이 동양 의학과 서양 의학에 대한 지식을 토대로, 궁중 비방에다 양약의 편리함과 이점을 더해 자신만의 약품을 만들어냈다. 그로부터 백년이 훨씬 지난 지금까지도 시장에서 변함없이 선두 자리를 굳건히 지켜오고 있는, 1897년 동화약방의 활명수가 그것이다.

한데 민병호의 활명수는 이경봉의 고민이나 '시끌벅적한' 선전과 달리 비교적 손쉽게 시장에 진입할 수 있었다. 왕정 국가에서 궁중의 비방으로 만들어진 약이 일반에게 판매된다는 것은 당시로서는 하나의 사건이 아닐 수 없었기 때문이다. 더구나 국왕을 지근거리에서 모시는 선전관을 지낸 인물이 만든 제품이고 보니 소비자의 신뢰가 어떠했을지 짐작이 간다.

이를 뒷받침하는 것이 초기 활명수의 가격이다. 당시 신문 기사에 실린 활명수의 가격은 무려 설렁탕 두 그릇 값인 40전. 오늘날의 가치로 환산해보면 1만원이 넘는 고가이다. 이경봉의 청심보명단이 '시끌벅적한' 광고 전략으로 소비자를 찾아 나섰다면, 민병호의 활명수는 궁중 비방이라는 신뢰를 바탕으로 소비자를 불러 모은 셈이었다.

같은 시기 새로운 상인들 가운데에는 전통적인 땅 부자들도 있었다. 놀랍게도 지금 돈 10억여 원을 호가하는 유선형 자가용 승용차를 끄는 부자들이 경성 거리에 십여 명이나 헤아리는 가운데 그중 단연 돋보이는 인물이 민영휘閔泳徽였다.

당시 조선 최고의 부자로 불린 민영휘는 오랜 세월 고관대작을 지낸 인물이었다. 영변 부사, 한성 좌우부윤, 평안도 감사, 시종원경겸임 내대신을 지낸 그의 자산 규모는 자그마치 1,000만원대. 지금 돈으로 환산해보면 대략 1조 2천억원쯤 되는 액수다.

이런 그가 기존의 5만석지기에 달하는 대규모 지주경영 외에도, 개항과 함께 물밀 듯이 쏟아져 들어온 새로운 상계에 전격적으로 뛰어든 것이다. 은행과 자동차, 부동산회사 등지에 손을 뻗치고 나섰다.

또한 같은 시기 새로운 상인들 가운데는 지방의 소규모 지주들도 적지 않았다. 그 대표적인 인물이 종로 거리의 화신백화점으로 유명한 박흥식朴興植을 꼽을 수 있다.

평안도 용강 출신의 박흥식은 그 지방 제일가는 부잣집이었다. 그의 집안은 10여 대째 내려오는 2천석지기 지주였다.

그러나 부잣집 아들 박흥식은 마치 우물 안 개구리처럼 자랐다. 16살이 되던 해 용강 읍내에 나가 쌀장사를 시작할 때까지 그는 자신의 고향을 떠난 일조차 없었다. 그 무렵 웬만하면 현해탄을 건너갔던 도쿄 유학은 고사하고, 경성에 있는 고등보통학교 문턱에도 가보지 못했다.

이런 그가 보다 넓은 세상을 찾아 경성 상계에 뛰어들게 된다. 그리고 끝내 조선 상계의 메카랄 수 있는 종로 (2가)네거리에 당시 국내에서 가장 크고 화려한 화신백화점을 세우기에 이른다. 혼마치 (지금의 충무로) 거리의 일본 거대 자본 백화점들과 경쟁하면서 조선 상계의 자존심을 지켜냈던 것이다. 이때 그의 나이 불과 31살이었다.

 그러나 개항장도, 대대로 내려오는 비기도, 더욱이 크고 작은 지주도 아닌 전연 새로운 상인의 등장 또한 없지 않았다. 그야말로 얼어붙은 빈한의 맨손으로 상계에 투신하여 입지한 상인들이다. 그 가운데 대표적인 인물로 1898년 '박승직상점(지금의 두산그룹)'의 박승직朴承稷을 들 수 있다. 뒤에 좀 더 자세히 살펴볼 기회가 따로 마련되겠지만, 종로 육의전의 허망한 붕괴 이후 바로 이러한 다섯 유형의 새로운 상인들 가운데서 마침내 우리 나라 최초의 근대 기업과 기업가가 탄생케 되는 것이다.

제2부
식민 지배 속에서 싹튼 한국 자본주의

한국기업성장100년史

궁중의 비방으로 탄생한
동화약방의 '활명수'

19세기 말은 조선 상계의 종말과 함께 새로운 상인들이 다시금 등장하는 시대였다. 5백년 전통을 자랑하던 종로 육의전의 허망한 붕괴 이후 새로이 등장하게 된 이들 상인 가운데는 앞서 살펴본 이경봉이 개항장을 무대로 삼은 개항장 상인이었다면, 궁중의 선전관이었으면서도 전의들과 교류하면서 틈틈이 궁중 비방을 습득하곤 했던 민병호는 대대로 내려오는 비기를 들고서 상계에 뛰어든 새로운 상인이었다.

동의보감에도 나오지 않는다는 궁중의 비방을 토대로 계피 4그램, 정향 3그램, 감복숭아씨 6그램을 침출기에 넣고 적포도주 150그램을 가해 잘 혼합한 다음 3일간 침출시킨 뒤, 이 침출액에 다시 박하뇌 0.15그램, 장뇌 0.03그램을 넣고 백설탕 40그램과 증류수 70그램을 가한 후 잘 혼합해 용해한 후에 여과시켜 60밀리리터 작은 병에 담은, '목숨을 살리는 물'이라는 뜻의 이름을 가진 활명수活命水를 개발하면서, 동화약방을 창업한 것이다. 이때가 1897년 가을이었다.

이 무렵 국내 의약계의 사정을 살펴보면, 1877년 부산포가 개항되면서 그곳에 최초의 서양식 병원인 제생의원이 세워졌고, 1885년에는 우리 정부가 세운 최초의 서양식 의료기관인 광혜원이 문을 열었다. 이같이 활명수는 나라에 빗장이 열리고 서양의학이 들어오기 시작하던 거의 같은 시대에, 마침내 궁중 바깥으로 걸어 나와 일반 대중을 위한 약품으로 등장케 된 것이다.

그러나 이미 불혹의 나이에 접어든 민병호는 약방 경영에는 직접 참여치 않았다. 대신 후견인을 자처하며 자신의 아들인 민강閔橿을 초대 사장으로 내세웠다.

한데도 동화약방의 활명수는 순식간에 인기를 끌었다. 오랫동안 내밀하게 전해 내려오던 궁중의 비방으로 만들어졌을 뿐더러, 국왕을 지근거리에서 모시는 선전관을 지낸 인물이 만든 제품이라는 신뢰가 입소문을 탔다. 더욱이 전래의 한약처럼 굳이 달여 먹지 않아도 되는 편리함과 함께 복용하는 즉시 나타나는 신속한 효과로 손쉽게 대중 속으로 파고들어 안착할 수 있었다.

하지만 순식간에 인기를 끌어 모은 게 화근이었다. 동화약방의 활명수가 빠르게 성공하자 이내 모방의 위험에 노출되고 만 것이다.

그리하여 1912년경에는 선발 주자인 활명수를 모방한 유사 상표가 시장에 범람했다. 당시 유명하다는 약방들까지 나서 발매한 활명수의 유사 제품으로는 천일약방의 통명수, 화평당약방의 회생수, 모범매약의 소생수, 조선매약의 약수, 낙천당약방의 낙천약수, 조선상회의 활명회생수, 심지어는 이경봉의 제생당약방마저 보명수라는 짝퉁을 내놓았을 뿐 아니라, 일본인이 경영하는 나카무라약관의 활명액까지 모두 10여 종에 달할 정도였다. 더구나 조선상회의 활명회생수와 같은 경우는 라벨에 회생이라는 글자만을 일부러 작게 표기해 활명수로 오인하게끔 노골화하는가 하면, 나카무라약관의 활명액은 선정적이기까지 했다. 여체의 상반신을 드러낸 자극적인 그림을 신문 광고에 지속적으로 싣기도 했다.

이쯤 되자 우선 모방을 방지할 수 있는 제도적 장치를 마련하는 것이 시급했다. 활명수의 상징이랄 수 있는 부채표를 1910년 국내 최초의 상표로 등록한 것이다.

부채표는 〈시경〉에 나오는 '紙竹相合지주상합 生氣淸風생기청풍'에서 얻은 말로, 대나무와 종이가 합해져야 비로소 부채를 이뤄 맑은 바람을 일으킨다는 뜻이다. 이것은 '민족이 합심하면 잘 살 수 있다'는 '동화'라는 회사 이름의 의미하고도 일맥상통하는 것이었다.

나아가 제품의 다각화에도 힘을 쏟았다. 창립 10주년이 되었을 즈음엔 활명수 외에도 인소환·백응고 등을 연이어 개발해, 당시 유명 약방 중에서도 가장 많은 98종의 의약품을 생산했다. 창업자인 민병호와 초대 사장 민강이 활명수의 인기에 안주하지 않고 그동안 제품 개발에 얼마나 심혈을 기울였는지 알 수 있다.

좀 뒤늦긴 하였으나 그동안 좀처럼 눈길을 주지 않던 선전에도 관심을 기울이기 시작했다. 1910년 〈대한민보〉에 근하신년 광고를 게재하면서부터 신문 광고 전략에도 본격적으로 나서게 된다.

이때에도 동화약방이 내보낸 광고는 다른 약방들의 광고와는 차별성이 뚜렷했다. 무엇보다 활명수나 인소환·백응고 등과 같은 주요 제품에 대해서만 알린 것이 아니라, 약방의 창업정신과 특약점의 관리 규정 등을 함께 내보냈다는 점이다.

또 같은 해 9월에는 국내 최초의 광고대행사인 한성광고사가 특집 기획해 〈매일신보〉에 실은 광고에도 참여하여, 관허 품목이 90여 종을 헤아린다고 알렸다. 그 후 1913년의 근하신년 광고에서는 당시로선 매우 이례적으로 과감히 전면 광고를 통해 동화약방의 사세를 과시하는 한편, 화장품부와 건재부·서류부 등과 함께 특영영업부의 활약을 알리기도 했다.

이같이 초창기 신문 광고는 대개 사세를 내세워 소비자로부터 신뢰를 쌓는 기업광고 중심이었다. 따라서 광고 제작 역시 요란스럽거나 화려하지 않았다. 제품 위주에서 벗어나 카피 위주의 제작이었다. 등록 상표인 부채표 말고는 딱히 이렇다 할 다른 비주얼 요소를 일체 찾아볼 수 없었던 것이다. 또 그러한 선택과 집중적인 광고 전략이 있었기에 1백여 년이 지난 오늘날까지도 소비자에게 '부채표 활명수'로 각인되어 남아 있는 계기가 되었는지 모른다.

그런가하면 일찍부터 기업의 사회공헌 활동에도 깊은 관심을 나

▲동화약방의 초대 사장 민강

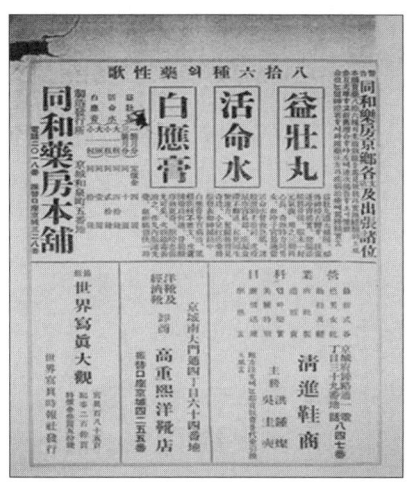 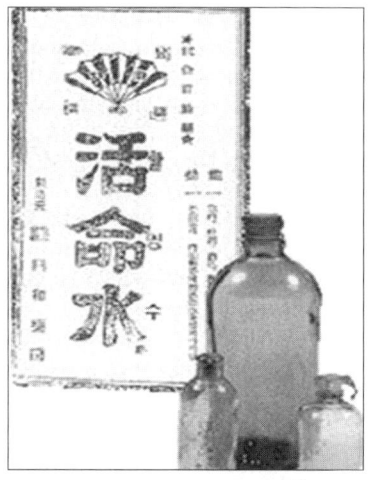

동화약방의 활명수 등 주력 제품 신문 광고

동화약방의 활명수는 고종 임금이 복용하던 궁중의 비기를 들고 나와 만들어진 것으로 알려져 선풍적인 인기를 끌어 모았다. 하지만 초대 사장 민강(사진 위)이 동화약방을 상해 임시정부의 국내 연락 거점으로 삼아 자금조달 활동을 벌이는 등 독립운동을 펼치다 감옥에 갇히거나 해외 망명생활 등을 하면서, 끝내 경영의 어려움을 이기지 못해 정미업으로 큰돈을 번 윤창식에게 넘기고 만다.

타냈다. 1915년에는 초대 사장 민강이 설립에 참여하고 교장으로 재직하기도 한, 사립 소의학교에 이익금 전액을 기부하겠다는 내용으로 경품 없는 경품부 광고를 내보내기도 했다.

그러나 동화약방의 신문 광고는 이후 크게 줄어든다. 사세를 과시하던 전 품목 기업광고를 지양하는 대신에 활명수 등 주력 제품의 광고만을 간간이 볼 수 있었을 따름이다. 다시 말해 경쟁 약방들에 비해 상대적으로 광고가 줄어든 셈인데, 이것은 아무래도 초대 사장 민강의 경영철학과도 밀접한 관계가 있지 않나 싶다.

그도 그럴 것이 초대 사장 민강은 1919년 3·1운동이 일어나자 만세 시위 운동에 적극 참여하는 한편, 일제의 눈을 피해 이승만을 집정관 총재로 하는 한성 임시정부의 수립과 함께 국민대회 개최를 추진했다. 그는 연락과 준비 임무를 맡았으며, 국민대회 취지와 임시정부의 약법約法 등을 작성했다. 뿐만 아니라 자신의 동화약방을 연락 거점으로 삼아 자금 조달 활동까지 펼치고 나섰다.

그는 이 일로 결국 일본 경찰에 체포되어 옥고를 치르다가 보석으로 출옥한다. 하지만 출옥 이후에도 독립운동 단체인 대동단에 가입하고, 자신의 동화약방을 국내의 대동단과 국외의 상해 임시정부가 비밀 행정부서로 설치한 서울 연통부의 거점으로 제공했다. 연통부는 국내 각 도·시·군·면 단위까지 조직을 갖추면서 각종 정보와 군자금을 임시정부에 전달하는 역할을 했다. 연통부 활동은 1922년 일제에 의해 일제히 적발되어 와해될 때까지 계속되었다.

초대 사장 민강은 이같이 민족주의자이며 교육자이길 더 바랐던 것은 아닐까. 그는 기업을 단순히 영리 추구를 위한 수단으로 보기보다는, 그런 자신의 이상을 추구하기 위한 도구로 삼았던 게 아니냐는 의심을 지우기 어렵다. 실제로 그는 약방 경영을 독립운동의 자금 조달을 하기 위한 창구로 사용하고 연락 거점으로 활용했던 흔적을 동화약방의 역사 곳곳에서 발견할 수 있게 된다.

따라서 그가 미시적 경영 기법인 광고에 그다지 관심을 보이지 않았던 건 어쩌면 당연한 일이었는지도 모른다. 더욱이 병마에 시달리는 대중을 자신이 개발한 약으로 구제하겠다는 신념을 가진 그에게 판매를 촉진시키기 위해 소비자를 설득해야 하는 광고가 그리 탐탁지 않았으리라는 것도 쉽게 짐작할 수 있는 대목이다.

그러나 초대 사장 민강의 이러한 비기업가적인 경영철학, 다시 말해 독립운동에 깊이 관여하면 할수록 동화약방의 경영은 어려움에 처할 수밖에 없었다. 최고경영자가 감옥에 가있지 않으면 해외에서 망명생활을 하느라 회사를 제대로 돌보지 않는데 경영 상태가 좋을 리 만무했다. 동화약방이 보유했던 약품 허가 품목 수만 하더라도 전성기의 87종에서 24종으로 줄어들 정도로 사세가 크게 위축된 형편이었다.

물론 이러한 경영상의 어려움을 타개하고자 하는 몸부림 또한 전혀 없지 않았다. 경영의 위기를 모면하기 위한 신규 사업 진출도 그 중 하나였다.

그렇잖아도 동화약방의 전국 영업장에는 고객들이 약품을 주문하면서 심심찮게 각종 혼수용품이나 문방구, 시계, 축음기, 생활 잡화 등을 서울에서 구해달라는 주문이 들어왔다. 이러한 주문이 적지 않자 1913년 동화약방은 사내에 부속 영업부를 신설하면서 새로운 사업 영역으로 진출했다.

그런가하면 이 시기 화장품 사업에도 진출을 꾀했다. 동화약방이 이미 관허를 획득한 품목 가운데 동화백분은 여성용 화장품이었으며, 옥용수는 주근깨나 마른버짐 제거에 좋고, 위생유는 비듬을 제거해주고 향가를 풍기는 머릿기름으로 알려진 제품이다. 하지만 1919년 이후 동화약방의 화장품 광고가 신문에서 종적을 감춘 것으로 보아 화장품 사업 진출도 별 신통치 않았던 것으로 보인다.

그 다음으로는 기업 공개였다. 동화약방을 주식회사 체제로 전환하여 외부 자금을 수혈 받은 것이다.

1931년 정월 동화약방은 액면가 50원(지금 돈 약 600만원)의 보통주 2,000 주를 발행하고, 주식회사 동화약방으로 경성지방법원에 등기를 완료했다. 당시 주식 분포를 보면 민병호와 민강 부자가 각기 650주와 1,000주를, 그 나머지 주식은 인척이거나 외부 인사 6명에게 돌아갔다.

그러나 동화약방은 주식회사 체제로 침체에 빠진 기업의 면모를 일신하고 경영을 개선해보기 위한 노력을 미처 펼쳐보기도 전에, 초대 사장 민강이 그만 세상을 뜨고 마는 비운에 처하게 된다. 그의 나이 겨우 48세였다.

그리고 그의 갑작스런 죽음은 그렇지 않아도 어려움에 처한 동화약방을 혼란에 빠뜨렸다. 동화약방의 창업자인 그의 아버지 민병호는 이미 74세의 고령인데다, 민 사장의 장남 민인복은 이제 17살의 고등학생이었다. 최고경영자로서 민 사장의 뒤를 이을 적합한 인물이 없었다.

하는 수 없어 민 사장의 인척인 민영덕이 2대 사장으로 취임했다. 하지만 주식 150주를 보유한 민영덕은 바지 사장에 불과했다. 경영의 실제 권한은 초대 사장 민강의 부인인 이효민이 쥐고 있었고, 그녀는 자신의 친정 조카인 이인영을 지배인으로 내세워 실질적인 회사 경영을 전담케 했다.

그러나 민영덕 사장이나 이인영 지배인 모두가 경영에는 문외한들이었다. 동화약방의 경영이 호전되기는커녕 점점 더 어려워져갔다.

결국 2년 뒤인 1935년 중앙고보를 갓 졸업한 19살의 민강 초대 사장의 아들 민인복이 새로운 사장으로 취임했다. 하지만 침몰해가는 동화약방을 구해내기에는 역부족일 수밖에 없었다.

그 사이 동화약방의 영업 실적은 눈에 띄게 줄어갔고, 부채는 눈덩이처럼 불어만 갔다. 1936년 총매출액은 4만3,000원(지금 돈 약 47억8천만원)에 불과했으며, 부채는 식산은행에만 8만원(지금 돈 약 96억원)을 넘어서고 있었다. 활명수 판매는 30만 병을 채우기도 힘들 지경이었다.

연일 장고 끝에 민씨 일가가 내린 결론은 어떻게든 파산의 불행만은 피하자는 거였다. 동화약방을 되살리고 키워나갈 수 있는 역량 있는 인물에게 회사를 넘기기로 결심한다.

민씨 일가와 회사 간부들이 상의하고 물색한 끝에 결국 동화약방을 윤창식尹昶植에게 넘기기로 뜻이 모아졌다. 그는 일찍이 보성전문 상과를 졸업한 뒤 정미업을 시작으로 큰돈을 모아 재력이 풍부한데다, 독립운동과 빈민구휼사업을 펼치면서 당시 민족 기업인으로 많은 사람들로부터 존경받던 인물이었다. 창업 40년의 동화약방은 그렇게 민씨 일가에서 윤씨 일가로 넘겨져 오늘에 이르게 되었다.

　동의보감에도 없다는 궁중 비방으로 만들어진 동화약방의 활명수는 분명 당대 블루오션이었다. 그러나 따지고 보면 경영 악화를 이기지 못해 초래한 결과였다. 과연 민강 초대 사장은 일제 강점기라는 시대를 잘못 타고난 것인가. 아니면 그의 반기업가적인 기업가의 경영철학이 끝내 선대 창업을 지키지 못한 것인가.

한국기업성장100년史

조선 최고의 땅 부자 민영휘의 기업경영

20세기 초 경성의 거리는 아직 누구도 경험하지 못한 혼란과 암울함 또한 경이의 연속이었다. '저녁에 숯헤 너홀 쌀이 업서' 어쩔 수 없이 고리대금업자에게 돈을 빌려 썼다가 미처 갚지 못해 '쥐 잡는 약을 먹고 죽어나는 이들'이 있는가하면, 자그마치 지금 돈 10억여 원에 달하는 유선형 자가용 승용차가 '아스팔트 우으로 쏘 단이면서 시정인들의 말쑥말쑥한 옷자락에 몬지를 피우는' 시대였다.

그러나 이 시기 상계에 새로이 등장하게 된 상인 가운데는 뿌리 깊은 나무 바람에 흔들리지 않는다는 전통적인 지주경영자들도 다수 포함되어 있었다. 그 대표적인 인물 가운데 한 사람이 민영휘였다.

〈삼천리〉 잡지 1930년 11월호를 보면 그는 '조선에서 제일가는 부자가 누구이냐 하면 어른이나 아해이나 이구동성으로 민혜당(면 영휘를 일컬음)이라고 똑가티 대답을' 한다는, 평안 감사와 시종원경 겸임 내대신을 지낸 고관대작이었다.

그러나 '민씨는 재리財利에 선각자이엇든지 관직을 띄고서도 일면 축재에 조끔도 겨을리지 안코 각 방면으로 부력의 증대에 열중하엿섯다 한다. 그래서 오늘의 부명을 듯고 잇는 재물이란 것도 당시에 모은 것이다. 하여간 민씨는 치부에 잇서 남 유달리 물질이 잇섯든 것만은 사실이다(어떠한 방법으로 모앗든지).

조선에서 제일가는 부자라 하니 그 재산이 얼마나한 액에 달하는지 알고 십흔 생각이 날 것이다. 그러나 남의 재산을 너무 똑똑히 공개하는 것도 신용 관계가 될 뿐 아니라, 정확한 수자를 아러내기도 가장 난사이다. …그런데 민씨의 재산에 대하여 모처의 조사를 근거로 한 숫자가 알에와 갓다.

1. 농토 약 5만석지기— 600~700만원(지금 돈 약 7,200~8,400억원)
1. 소유 가옥 건물 기타— 100만원 가량(지금 돈 약 1,200억원)
1. 소유 주식— 100만원 가량(지금 돈 약 1,200억원)

이상의 숫자로 보아서 민씨의 재산이 1,000만원(지금 돈 약 1조 2,000억원)이라고 세상에서 말하는 것이 그다지 오산이 업는 말이다….

민씨의 부력을 말할 때에는 세상 사람들이 민씨의 재산 출처를 가지고 시비를 말한다. 아닌 게 아니라 민씨의 재산에 대하야 출처를 차저서 말한다면 얼마든지 시비가 나올 것이다.

　그러나 조선에는 조선 사람을 위하야 할 일이 너무도 만허 갈피를 차리기 어려웁다. 이런 때인 까닭에 사업가가 무엇보다도 필요한 터이다. 머(똥) 무든 돈이라고 내어바리고 깨끗한 돈만 찻고 잇슬 때인 조선 사회가 아니라고 생각한다.'

　그렇다면 20세기 초 나라 안에서 가장 돈 많은 부자라 일컬어지던 민영휘는 과연 어떠어떠한 자산을 경영하고 있었던 것일까. 당시 그는 조선 최고의 땅 부자라는 5만석지기의 대규모 지주경영 외에도, 70만원(지금 돈 약 840억원) 가량을 내놓아 설립한 휘문고등보통학교를 비롯하여, 150만원(지금 돈 약 1,800억원)을 들여 인수한 조선한일은행, 경영난을 겪고 있던 조선제사회사를 인수하여 매년 77만5,000원(지금 돈 약 924억원)의 생산고를 올리고 있었다.

　이밖에도 민영휘는 '재리에 눈이 밝은 만큼 지금에도 남모르게 뒤에 안저서 식리殖利를 한다는 말이 잇다. 어떠한 방면이든지 리만 남을 것 가트면 뒤돈을 대어준다 한다. 종로 상계라든지 대금업이라든지 어떠한 방면을 불문하고 민씨와 관계를 매진 곳'이 상당히 많다는 소문이 끊이지 않았다.

　그러나 민영휘는 그 때 이미 팔순의 고령이었다. 그런 만큼 뒷전에 물러나 있는 상태였으며, 장성한 두 아들 민대식과 민규식이 고령의 아버지를 대신하여 경영을 도맡고 있었다.

　나라 안에서 가장 돈 많은 민영휘는 일찍이 영국 검교대학(케임브리지대학교) 경제학과를 유학하고 돌아온 자신의 장남 민대식에게 조선한일은행의 경영을 맡겼다. 민대식은 이를 다시 호서은행과 인수 합병시켜 자본금 400만원(지금 돈 약 4,800억원)의 동일은행으로 재출범했다. 당시 경성에서 조선인이 경영하는 은행으로는 민대식의 동일은행을 비롯하여 박영철의 조선상업은행과 김연수의 해동은행 등 단 세 곳 뿐이었다.

막내아들 민규식에게는 자동차회사를 맡겼다. 당시 제물포 개항장을 통하여 들어오기 시작한 자동차는 '번갯불을 먹으면서 쇳길을 달리는 검은 괴물' 기차 못지않게 경이로운 문명의 이기였다.

생전에 보도 듣지도 못한 자동차가 얼마나 신기했는지 사람들은 '이것이 요술차냐, 신통차냐, 제갈공명의 목우유마 같은 것이냐'고 했다. 임종국의 〈한국인의 생활과 풍속〉을 보면 자동차에 대한 당시 사람들의 느낌이 어땠는지 보다 실감나게 그려진다.

'당시 자동차는 네모반듯한 차체에 휘장을 둘러친 것인데, 사람들은 그 포장 속에 번갯불이 들어있는가 보다고 수군거렸다. 올라타기만 하면 타 죽는다는 소문이 도는 판이었다. 타보고 싶기는 하고 죽기는 싫고…. 그런가하면 이게 무슨 짐승이냐고 하면서 막대기로 꾹꾹 찔러보는 사람조차 없지 않았다. …쇠당나귀가 산모퉁이라도 돌라치면 구경꾼들의 돌 세례를 맞는 것쯤 예사였다.'

'쇠당나귀'라고 불렸던 자동차가 이 땅에 처음으로 등장한 것은 1910년 전후였던 것으로 보인다. 지금도 경복궁의 궁중박물관에 가보면 전시되어 있는 것을 볼 수 있는데, 왕실용으로 영국제와 프랑스제 자동차 한 대씩을 들여왔다. 하지만 '궁궐에 이상한 소리를 내며 제 스스로 달려가는 괴물이 있다'라는 소문이 퍼진 걸 보면 궁

◀민영휘

나라 안에서 가장 돈 많은 민영휘는 지금 돈 약 4조8,000억원 가량의 막대한 유산을 두 아들인 민대식, 민규식에게 남겼다. 일찍이 영국의 케임브리지대학에서 수학한 민대식은 동일은행을, 민규식은 택시회사와 부동산회사 등을 경영하면서 한 시대를 호령했었다. 사진은 지금의 종로 2가 종각 뒤에 자리했던 민영휘의 장남 민대식이 은행장이었던 동일은행 본점 건물이다.

궐 안에서만 맴돌 듯 자동차를 타지 않았나 추측이 된다.

그러나 궁궐 밖에서는 이미 총독부 관료들을 비롯하여 일본 조선군사령부의 장성, 외교관, 선교사, 이완용과 박영효 등 친일 귀족들이 다투어 자동차를 사들였다. 이밖에도 금광 부자인 박기효·최창학, 친일 재벌 한상용, 대지주 배석환·김종성·백명권 등이 그 뒤를 이었다. 그러면서 1919년경에는 경성 시가지를 누비는 자동차가 50대 안팎으로 늘어났다.

이런 가운데 1917년 민규식이 국내 최초로 택시회사를 경영하게 되었다. 그의 택시들이 경성 일대를 누비고 다녔음은 물론 멀리 충청도 충주까지 노선을 갖고 있었다.

하지만 민규식의 택시는 다른 교통 수단에 비해 요금이 너무 비싸 서민들은 감히 엄두조차 내질 못했다. 처음에 시간 당 5원(지금 돈 약 60만원)을 받다가 점차 값을 내려 1928년경에는 4인 기준의 택시 요금이 1원(지금 돈 약 12만원)이었다. 승객 한 사람이 더 추가될 때마다 20전(지금 돈 약 2만4,000원)을 더 받았고, 교외로 나가면 별도의 요금이 또 붙었다. 경성 시내를 한 바퀴 도는 데는 3원(지금 돈 약 42만원), 1시간 빌리는 데는 5원을 받았다.

그럴대도 택시 드라이브는 '시내 요정 가튼 데서 권태감을 늣기는' 일부 부유층에게는 신바람 나는 색다른 취미가 아닐 수 없었다. 또 이런 유행에 편승해서 민규식의 자동차회사는 한때 순풍에 돛을 단 듯했다.

그러나 뛰는 놈 위에 나는 놈이 있었다. 위풍당당하던 조선의 자동차왕 민규식은 어느 날 갑자기 나타난 강력한 맞수 앞에 그만 휘청거리기 시작했다. 함경도 북청의 시골뜨기인 방의석의 거센 도전을 받기에 이른 것이다.

'함경도 북청의 유수한 실업가 방의석씨는 일즉부터 함흥택시회사를 경영하고 있거나와, 금번에 서울에다가 대규모 택시업을 개시하고자 경성택시회사를 조직하는 한편, …2층 양식의 사옥을 건축 중이더니 얼마 전에 벌써 낙성되야 영업을 개시하는 중인데, 택시 5, 60대를 두어….'

결국 민규식은 함경도 북청의 시골뜨기인 방의석에게 밀려 택시회사를 접어야 했다. 이후 택시업계에서는 물론 상계에서조차 그의 종적을 찾아보기 어려웠다.

하지만 민규식이 누구이던가. 나라 안에서 가장 돈 많은 민영휘의 막내아들이 아니던가.

그런 민규식이 다시금 상계에 모습을 드러내게 된 것은 1930년대였다. 경성 시내에 때 아닌 빌딩 건설 붐이 요란하던 시기였다.

이 무렵 서울의 대규모 양대 건설회사는 단연 '한청사'와 '영보합명회사'였다. '종로 네거리를 가노라면 반듯이 길 양편으로 하늘을 찌를 듯이 높이 솟아 제 키를 하늘에 자랑하듯 하는 두 삘딩을 볼 수 있으니' 한 쪽은 영보합명회사의 종로빌딩이고, 다른 한 쪽은 한청사의 한청빌딩이었다. 이중 한청사는 장안의 대부호 한학수 소유였고, 자본금 250만원(지금 돈 약 3,000억원)의 영보합명회사는 민규식이 사장이었다.

이처럼 건설회사 사장으로 돌아온 민규식의 종로빌딩은 원래 4층 높이였다. 그러던 것을 대화재가 일어난 이후 한 층을 더 높여 5

층까지 올림으로써 종로 거리에서는 최고층 빌딩이 되었다. 길 맞은편에 들어서게 될 경쟁사인 한청사의 현대식 호텔에 조금도 뒤질 생각이 없음을 분명히 하고 있는 것이다.

하지만 이런 두 아들의 기업 경영은 별 신통치 못했던 것 같다. 막내아들 민규식은 개항장을 통해 들여온 택시회사에 이어 막대한 자본을 앞세운 영보합명회사로 재기를 노렸으나, 끝내 뚜렷한 성과를 올리지 못한 가운데 이후 상계에서 잊혀져갔다.

장남인 동일은행장 민대식 또한 다르지 않았다. 1918년 합병 전 조선한일은행과 호서은행의 수익률은 각기 10.7%와 7.9%였다. 인수 합병 되기 전인 1930년까지만 하여도 각기 8.0%와 9.6%로 비교적 양호했으나, 민대식이 인수 합병한 그 이듬해부터 6.0%로 떨어진 이래 계속 곤두박질쳐 1936년에는 5.1%까지 하락했다. 같은 해 경성합동은행 10.9%, 호남은행 14.3%, 조선상업은행 6.4%, 한성은행 6.6%로 전체 평균 7.8%에도 한참 못 미치는 저조한 수익률을 기록하는데 그쳤다.

한데도 은행장으로서 교제하는 범위가 특수하기 때문인지 아니면 자신의 취향 탓인지는 확인할 길이 없으나, '명월관'이나 '식도원' 같은 조선요릿집을 내버려두고 굳이 남촌의 혼마치 거리에 자리한 일본요릿집 '화월'이나 '그 별장' 등을 찾는 경우가 잦았다 한다. 그리고 그런 일본요릿집에서 으레 고주망태가 되어 대개 밤 11시나 자정이 돼서야 자가용으로 귀가한다는 소문만이 당시 기록에서 찾아볼 수 있을 따름이었다.

물론 이후에도 수익률이 악화되었으나 은행 경영 말고 또 무슨 사업에 투자를 했다거나 벌였다는 소문은 들리지 않았다. 사치와 향락, 돈 쓰는 일 말고는 눈에 띄는 활약상을 찾을 수 없었다.

더구나 이 시기는 세계가 대공황에 접어드는 시점이었다. 전통적으로 토지를 많이 소유한 지주경영 또한 수익이 현저히 줄어들어 토지를 붙잡는 대신에 무언가 2차 산업을 찾아야만 했다.

한데 이런 중요한 시기에 민영휘가 향년 83세를 일기로 세상을 떴다. 세간의 관심은 그가 남긴 막대한 유산에 쏠렸다. 이럭저럭 합산해도 4,000만원(지금 돈 약 4조8,000억원)에 달한다는 유산 말고도, 중국 상하이 모 외국계 은행에 적립시켜 놓은 것만도 수천만원에 달한다는 소문이 끊이지 않은 터였다.

하지만 상하이 은행 돈은 민영휘의 명의로 국가에서 공금을 맡겨놓았던 것으로 밝혀지면서, 그가 남긴 유산이 1,200~1,300만원(지금 돈 약 1조4,000억원) 정도인 것으로 알려졌다. 두 아들의 잇따른 사업 실패로 말미암아 과거에 비하면 재산이 반 이상 줄어들었음을 알 수 있다.

아무렇든 민영휘의 유산은 그의 아들에게 분배되었다. 장남인 민대식에게 4만석지기 토지에 현금 수백만원이 돌아갔고, 둘째아들 민천식(이미 사망하여 미망인의 몫)에게는 4만석지기의 토지와 현금 수만원이, 그리고 막내아들 민규식에게는 3만석지기 토지와 현금 수만원이 나누어졌다.

그러나 이후 동일은행의 민대식도, 영보합명회사의 민규식도 이내 상계에서 종적을 감추고 만다. 다만 태평양전쟁 말기인 1944년 10월, 화신백화점의 박흥식이 주동이 되어 경성 상계의 유력한 기업인들과 공동으로 조선비행기공업주식회사를 설립했을 때 잠깐 민대식의 이름이 이사 명단에 오른 것이 마지막이었다. 이듬해 곧바로 해방이 되면서 일본인들이 한국에 남겨두고 떠난 공장이며 산업시설, 기업체 등 숱한 적산기업을 사실상 국내 기업인들에게 거저 나누어주다시피 한 명단에서조차 그들 형제의 이름은 끝내 찾아보기 어려웠다.

그리고 그와 같은 전환기의 역사 속에서 기업의 몸집을 불리는 데 실패했다는 것은 이미 경쟁력을 상실한 채 일찌감치 뒷전으로 밀려나 있다는 것을 반증했다. 결국 '부자 3대 가기 어렵다'는 옛말은 당대 조선최고의 부자였던 천만장자 민영휘와 그의 아들들에게도 예외가 아니었던 셈이다.

한국기업성장100년史

종로 상계의 패권을 다툰 백화점 쟁탈전

20세기 초 상계에 새로이 등장하게 된 전통적인 땅 부자들 가운데는 지방의 소규모 지주 경영자들도 다수 포함되어 있었다. 그 대표적인 인물이 평안도 용강 출신의 박흥식이었다. 그의 집안은 10대째 내려오는 2천석지기 지주로 용강 땅에서 제일가는 부자였다.

그는 고향에서 초등학교를 졸업한 뒤, 16살 때 쌀장사를 시작하면서 처음 상계에 뛰어들었다. 젊음을 내던져 기꺼이 도전해볼 만한 가치가 있다고 생각한 것이다.

22살 때는 사업을 더욱 확장시켜 나갔다. 인쇄소와 함께 용강 철도역이 화물 집산지로 발달하자 몇몇 사람과 자본을 한데 모아 물류, 운송, 금융, 창고업을 겸하는 서선산업주식회사를 공동으로 설립했다.

2년이 더 지나자 이번에는 고향을 떠나기로 마음먹는다. 지난 8년여 동안 나름대로 경영수업을 충분히 쌓았다고 생각한 그는, 좀 더 넓은 세상을 찾아 상경케 된다.

경성으로 올라온 박흥식은 지금의 을지로 2가인 황금정 2정목에 서양종이 도매상인 선일지물주식회사를 설립했다. 조선에서 제일이라는 야심을 품고서 '선일鮮一'이라고 상호를 작명한 것이다. 박흥식이 설립한 이 종이 판매회사는 당시 경성 시내에서 문을 연 조선인 최초의 종이 도매상이었는데, 고향에서 인쇄소를 경영하면서 착안한 사업으로 보아진다.

선일지물을 설립한 박흥식은 곧바로 경성 시내 조선인 종이 도매상과 인쇄업자, 그리고 학교를 낀 문방구업자들을 상대로 선일지물을 알리는데 주력했다. 안내장을 발송하는 것은 물론이고, 개인 명함을 돌고 일일이 찾아다니면서 조선인이 경영하는 회사라며 민족감정에 호소했다.

그 뿐 아니라 장사하는 방법에 있어서도 남다른 차별을 두었다. '한 푼이라도 값싸게 매입해서 한 푼이라도 값싸게 공급한다'는 선일지물만의 철칙을 지켜나갔다.

이러한 경영전략은 보기 좋게 적중했다. 얼마 지나지 않아 박흥식의 선일지물이 경성 시내 종이 소매업의 상당 부분을 점유케 된 것이다.

이쯤 되자 어느새 그는 조선의 상권을 수호하는 상계의 혜성으로 떠올랐고, 항상 일본 경찰의 감시가 뒤따르기 시작했다. 아니 그보다 선일지물에 시장을 빼앗긴 일본인 도매상들이 그를 노골적으로 견제하고 나섰다.

박흥식이 어쩌다 거래처 손님들을 모시고 기분 좋게 명월관이라도 가게 되면 출입을 막아버리는가 하면, '종이를 더 달라' 고 주문을 하여도 일본인 수입상은 '종이가 없다' 는 핑계를 대며 물량까지 규제하고 나섰다. 박흥식과 거래하는 소매상과 인쇄업자들은 아우성을 쳤다. 하지만 당장 종이를 공급해주어야 할 선일지물의 창고 안은 번번이 바닥을 드러내기 일쑤였다.

일본인 도매상들이 박흥식을 견제하기 위해 일본인 수입상에게 자금 공세를 펼쳐 종이를 선매해버린 탓이었다. 아니면 그들과 별도의 판매 계약을 맺어 박흥식이 종이를 충분히 공급받지 못하도록 숨통을 조였던 것이다.

결국 무언가 극약 처방을 찾아내지 않고서는 도저히 난국을 헤쳐 나갈 수 없다고 판단한 그는, 난생 처음으로 일본까지 건너가야 했다. 종이를 안정적으로 공급받기 위해서 일본의 왕자제지 본사를 직접 찾아가 담판을 벌이기로 한 것이다.

그러나 현해탄을 건너 물어물어 찾아갔으나 문전박대만 받고 그냥 돌아서야 했다. 러일전쟁을 비롯하여 제1차 세계대전을 치르면서 일본 국내에서도 인쇄물이 폭증하여 종이 수요가 날로 증가하고 있는 마당에 그가 내민 명함이 통할 까닭이 없었다.

그렇다고 빈손으로 그냥 돌아갈 수도 없는 노릇이었다. 며칠째 왕자제지 주위를 떠나지 못한 채 애만 태우고 있다가, 아주 우연찮게 엿듣게 된 사소한 정보 하나가 그의 귀를 번쩍 뜨이게 했다.

종이는 일본만이 아니라 북유럽에서도 생산되고 있으며, 특히 서전(스웨덴)이 세계 최대 종이 생산 국가라는 얘기였다. 그런 정보를 엿들은 박흥식은 왕자제지에 더는 연연하지 않고 일본 바깥으로 눈을 돌리기로 했다.

곧바로 택시를 불러 타고서 도쿄 도심 한복판에 있다는 스웨덴 영사관으로 무턱대고 찾아갔다. 그런 다음 일본의 왕자제지보다도 훨씬 더 저렴한 가격으로 스웨덴으로부터 종이를 직수입하는데 성공했다. 세상의 일이란 게 알고 보면 그토록 동전 뒤집기만큼이나 간단한 것이었다.

한데 그렇게 어렵사리 종이를 확보해놓자 이번에는 거래처가 말썽을 부렸다. 관공서, 회사, 은행 등은 물론이고 일본인 지물상마저 서로 결탁해서 조선인 박흥식의 종이를 구입하지 않았다. 일본에서 들여온 종이보다 가격이 훨씬 더 저렴한데도 전혀 관심을 보이지 않았던 것이다.

이런 절체절명의 위기에서 박흥식을 구한 것은 천운이었다. 그 무렵 조선왕조의 마지막 임금인 순종이 일본의 독살로 승하하고 만데 이어, 6·10만세 사건이 일어나자 정국은 그 어느 때보다 민족 감정으로 한껏 고조되어 있었다.

이런 분위기 속에서 가장 먼저 그를 불러준 이는 동아일보의 사주 김성수였다. 동아일보가 궁지에 처한 박흥식을 돕겠다며 자청하고 나섰다. 그동안 일본인 도매상에서 구입해오던 막대한 신문 용지를 박흥식의 선일지물로 바꿔 구입하기로 약속한 것이다. 뒤이어 조선일보의 방응모도 가세하고 나섰다. 박흥식으로선 가만 앉아서 조선 최대의 종이 거래처를 한순간에 확보케 된 것이었다.

이후 그는 순풍에 돛단 배였다. 막대한 종이 수입으로 돈방석에 앉게 되면서, 이윽고 조선 상계의 메카랄 수 있는 종로 네거리로의 진입을 시도하기에 이른다.

이때 그의 눈에 들어온 것이 종로 거리에서도 가장 화려하다는 화신상회였다. 소문난 귀금속 전문점이었던 화신상회는 장안의 고관대작들은 물론이고, 남촌의 혼마치에 거주하는 일본인들조차 탄복하여 단골로 드나들 정도였다. 이런 명성에 힘입어 화신상회는 기존의 귀금속점 말고도 양복점을 새로 들이고, 다양한 고급 잡화까지 취급할 정도의 대형 잡화점으로 한창 전성기를 누리고 있었다.

한데 그렇게 잘나가던 화신상회가 갑자기 주춤대기 시작한 건 1930년 남촌의 혼마치에 최초로 미쓰코시(지금의 신세계) 백화점이 들어서면서였다. 이 백화점에 북촌의 고관대작들과 돈 많은 부자들이 점차 드나들기 시작하면서 사정이 급변하기 시작했다. 무엇보다 미쓰코시백화점의 상품이 좋았다.

그러면서 종로 거리의 화신상회에 불똥이 떨어졌다. 귀금속점, 양복점, 고급 잡화 등으로 한창 사업을 다각화하고 있던 화신상회에 갑자기 손님들의 발길이 줄기 시작한 것이다.

더구나 당시의 화신상회는 겉모양새가 형편없는 기와집 건물이었다. 3층 르네상스식 미쓰코시백화점에 겉모양새부터 비교되지 않았다.

박흥식이 그런 화신상회를 인수받기 위해 봉투를 내밀었다. 일찍이 '풍요와 소비의 판타지, 상점의 왕'이라는 백화점을 남몰래 꿈꾸어 왔던 그가 인수전에 뛰어든 것이었다. 화신상회는 30만원(지금 돈 약 360억원) 미만으론 내놓지 않겠다고 단언했다. 박흥식이 내민 봉투 안에는 35만원(지금 돈 약 420억 원)이 들어 있었다.

그처럼 화신상회를 인수한 박흥식은 곧바로 기와집이던 낡은 건물부터 헐어냈다. 그런 뒤 혼마치의 미쓰코시백화점과 같은 높이의 3층 대형 건물을 산뜻하게 지어 올렸다. 일본 백화점을 상대로 선전포고를 한 셈이었다.

그러나 화신상회는 백화점이 아니었다. 엄밀히 말해 백화점이 아닌 대형 잡화점이었다. 그런 박흥식보다 한 발 앞서 조선 최초로 백화점을 세운 이는 정작 따로 있었다. 최남崔楠이었다.

최남은 고물 장사를 시작으로, 인사동 입구에 어렵사리 덕원상점을 열어 종로 상계에 진출한 이였다. 한데 상운이 따라주었다. 일제의 무단통치에 항거하여 3·1운동이 일어나 반일 감정이 고조되면서, 전통적인 조선 상계의 메카였던 종로 쪽으로 인파가 몰려들게 된 것이다.

하지만 최남은 거저 주어진 상운에만 결코 기대지 않았다. 당시로선 획기적이라고 밖에 표현할 길이 없는 '정가 판매'라는 대담한 상술로 큰돈을 벌어들였다.

하긴 당시만 하여도 에누리 없는 장사가 없다고 일컫던 시절이다. 이 때문에 조금은 약삭빠르고, 영악스럽고, 떠벌리기 잘하고, 사람 속여먹는 것이 곧 장사꾼의 전형처럼 여겨지던 때였다.

한국기업성장100년史

화신상회를 인수하는데 성공한 박흥식은 내처 화신백화점으로 만들고 싶어 했으나 총독부가 끝내 허가해주지 않자, 최남의 동아백화점으로 눈길을 돌린다. 같은 민족끼리 피 흘리는 쟁탈전 없이 순순히 항복을 받아낸다는 전략을 세우게 된다. 사진은 일본인 거류 지역인 혼마치 입구에 자리한 미쓰코시백화점 전경. 지금의 신세계백화점 본관의 모습 그대로이다.

최남은 이러한 악습에 과감히 승부수를 띄웠다. 그의 덕원상점은 때마침 밀려들기 시작한 손님들에게 '정가 판매' 실시로 안심시키는데 성공했다. 상품의 가격은 물론 정직하게 판다는 안내문을 따로 내걸기까지 한 것이다.

그 같이 떼돈을 번 최남은 이내 종로 거리에서 다섯 개의 상점을 소유하는 거상으로 부상했다. 종로 상계에 진출한지 불과 8년여 만에 거둔 기적 같은 성적이었다.

그러던 1931년 종로 화신상회 바로 옆 자리에 이른바 새 '삘딩'이 지어져 올라섰다. 민규식의 영보합명회사에서 짓기 시작한 지하 1층 지상 4층 높이의 현대식 건물이었다.

한데 '풍요와 소비의 판타지, 상점의 왕'을 꿈꾸는 이는 비단 박흥식만이 아니었다. 최남 또한 진즉부터 백화점에 대한 꿈을 품고 있었다.

그리하여 민규식에게서 그 '삘딩'을 통째로 임대하여 조선 상계에서는 최초로 백화점을 개점했다. 혼마치의 일본 백화점에 비교해도 조금도 손색이 없는, 200여 명의 점원들이 손님을 맞이한다는 '동아백화점'이 그것이었다.

물론 백화점을 갖고 싶다는 꿈은 비단 이 둘만이 아니었다. 크든 작든 간에 종로 거리에 상점을 가진 상인이라면 누구라도 한번쯤은 그러한 생각을 해볼 만도 했다.

하지만 그들은 백화점 형태의 초대형 상점 경영은 결국 실패할 수밖에 없다고 판단하여 도무지 엄두를 내지 못했다. 무엇보다 일본 상인들의 막대한 자본력에 맞상대가 될 수 없는데다, 더군다나 일본에서 상품을 직접 들여올 수 없다는 뚜렷한 한계를 안고 있었다. 일본 상인들이 얼토당토 않는 일수판매 제도를 만들어 놓아 조선 상인들은 일본 상인들의 도매점에서만 상품을 구입할 수밖에 없었는데, 그러한 환경 속에서는 결코 가격 경쟁에서 살아남을 수 없다고 본 것이다.

한데도 박흥식과 최남의 생각은 기발했다. 일본인을 자신의 대리로 내세워 일수판매 제도를 보기 좋게 뚫고 들어간 것이다.

실제로 최남은 혼마치 거리의 미쓰코시백화점을 수시로 드나들면서 일본인 점원 와타나베를 덕원상점의 지배인으로 끌어들였다. 그런 다음 와타나베를 통하여 일본으로부터 직접 상품을 들여오면서 일본 상인들이 철옹성처럼 구축해 놓은 일수판매 제도를 간단히 따돌리는데 성공했다.

그러나 박흥식은 연일 울상이었다. 최남이 한 발 앞서 나가고 있는데도 자신이 제출해 놓은 백화점 허가가 총독부에서 좀처럼 나오지를 않고 있었다.

박흥식은 자신에게 백화점 허가를 내주지 않는 건 순전히 미쓰코시, 조지야, 미나카이, 히라타 등 혼마치 거리의 일본 백화점들과 총독부가 협잡한 꼼수라고 생각했다. 화신상회 바로 옆 건물에 최남의 동아백화점을 허가해줌으로써 같은 조선인들 끼리 서로 경쟁토록 꾸며낸 흉계라고 확신했다. 또 그럴 때 박흥식의 평소 성격으로 미루어 분명 동아백화점보다 우위를 점하려고 출혈 경영도 마다치 않을 것이고, 그러다보면 결국에는 혼마치의 일본 백화점들만 어부지리를 얻게 될 것이라고 보았다.

물론 박흥식의 이러한 생각이 사실이었는지, 아니면 경쟁 심리에 빠진 자가당착인지는 확인할 길이 없다. 어쨌든 중요한 것은 박흥식이 일본의 그러한 덫에 걸려들지 않았다는 사실이다.

마치 그러한 덫을 비웃기라도 하는 듯이 그는 전연 다른 방법을 찾아나섰다. 일본의 꼼수대로 휩쓸려들지 아니하고 자신이 의도한 대로 물꼬를 돌려놓은 것이다.

그것은 곧 허가권을 쥔 총독부 대신 최남의 동아백화점에 눈길을 돌리는 거였다. 같은 민족끼리 피 흘리는 쟁탈전 없이 동아백화점의 최남으로부터 순순히 항복을 받아낸다는 전략이었다.

하기는 종로 거리에 두 개의 태양이 빛날 수는 없는 일이었다. 세간의 이목 또한 박흥식의 화신상회와 최남의 동아백화점을 긴장된 눈길로 바라보기 시작했다. 최남의 수성이냐, 아니면 박흥식의 쟁탈이냐. 과연 종로 거리의 두 거상이 맞붙어 어느 쪽이 승자가 될지 벌써부터 불꽃 튀는 접전을 저마다 저울질하기에 바빴다.

한국기업성장100년史

미인계로 종로 패권을 잡은 박흥식의 화신백화점

'풍요와 소비의 판타지, 상점의 왕'이라는 백화점을 가져야 겠다는 박흥식의 꿈은 집요했다. 또한 그 전술로 복숭아 두 개로 세 장수를 제거한다는 '이도살삼사二桃殺三士', 곧 문제를 해결하려거든 힘을 쓰기보다는 머리를 굴리기로 작정했다. 그러나 경쟁자를 분석해 들어가면 갈수록 생각했던 것보다 훨씬 더 강적이었다. 최남의 동아백화점을 연일 주시하고 있었으나 일절 틈새라고는 보이지 않았다.

한데 박흥식의 눈길을 사로잡는 풍경이 있었다. 최남의 동아백화점이 개점 첫날부터 미모의 젊은 여점원들을 대대적으로 모집해서 매장마다 배치한 것이었다. 목적은 분명해 보였다. 당시 '숍걸'이라고 불렸던 젊은 여점원들을 동원한 일종의 미인계였다.

이것은 분명 종로 상계에선 일찍이 유례를 찾아볼 수 없는 매우 파격적인 발상이었다. 당시로선 난생 처음 보는 강력한 상술인데다, 고객 유치에도 상당한 도움이 되는 것 같았다.

박흥식의 참모들은 최남의 그런 동아백화점을 바라보면서 그만 아연실색했다. 마치 허를 찔리고 만 듯 벌레 씹은 얼굴로 박흥식만을 속절없이 돌아보았다.

"너무 걱정 마세요. 찾아보면 반드시 길이 보일 테니까."

사실 그는 최남의 미인계를 바라보면서 속으로는 모처럼 활짝 웃었다. 좀처럼 허점을 찾아보기 어려울 것만 같던 경쟁자에게서 비로소 그 틈새가 보이기 시작한 거라며 내심 쾌재를 불렀다.

"사장님께선 속 편한 말씀만 하시는군요. 동아백화점의 숍걸들 때문에 우리 손님들마저 다 떨어져 나갈 지경인데요."

하기는 참모들의 걱정이 공연한 기우만도 아니었다. 동아백화점 숍걸의 인기가 지금으로 치자면 연예인 못지않은 대단한 화젯거리인데다, 그것도 한두 명이 아닌 동아백화점 전체 점원 가운데 절반이나 된다는 100여 명이 우글거리는 판이었으니, 정말 환장할 노릇이었다. 더군다나 동아백화점에서는 벌써부터 '로-만스(로맨스)'까지 피어난다는 야릇한 소문마저 나돌 지경이었다.

'K라는 청년이 잇섯다. 동경 가서 K대에를 맞추고 나왓다. 그러나 여성이 그리운 년령에 달해엣건만 배필을 구할 길이라고 업섯다. 혹 녀학교의 선생이나 아는 이가 잇스면 그 길수를 알 수도 잇겟지만 이성을 만날 긔회라고 업서 번민하엿다. 그러다가 하로는 ○백화점에 갓다. 3층 문방구 파는데 올라가니 그의 눈 압헤 나이 딩겔가치 청초하게 생긴 엇든 어엽분 녀성이 점원옷을 입고 손님을 맞고 잇섯다.

K는 그 순간 크다란 충동과 흥분을 늣겻다. 그래서 별로 필요도 업는 만연필과 공책을 사고 도라왓다. 쓸쓸한 하숙에 오니 악가 그 얌전한 녀성의 모양이 이처지지 안는다.

…〈중략〉….

나는 K가 그때 점원감독의 눈을 슬슬 피하면서 그 점원(지금은 자긔 안해)에게 러브레타를 비밀히 주든 이약이를 K로부터 드럿지만, 그리고 그 편지도 내 손에 두 석장 드러와 잇지만 본인의 명예를 위하여 여기에 공개하기를 피한다.'

그러거나 말거나 박흥식은 침묵으로 일관했다. 동아백화점 숍걸의 미인계가 지금은 상당한 효과를 거둘지도 모르나, 하지만 그런 불안정한 상술은 이내 부메랑이 되어 반드시 그 대가를 치르게 될 것이라고 확신했다.

그렇다고 아무런 대응 전략조차 세우지 않고 있었던 것은 아니다. 동아백화점으로부터 항복을 받아내기 위한 숨은 전술로 그는 정공법을 택하고 나섰다. 머지않아 실증나고야 말 미인계보다는 고객들에게 실질적인 서비스를 제공하겠다는, 다시 말해 상품의 가격 경쟁에서 라이벌 관계인 동아백화점과 확실한 차별성을 강화시킨다는 것이었다.

그러기 위해 수년 전 종이 파동 때의 경험을 되살려 직접 일본으로 건너갔다. 최남의 동아백화점은 물론이고, 일본 상인들이 조선 상인들을 억누르기 위해 구축해 놓은 일수판매 제도를 완전 무력화시키기 위해서였다.

그는 우선 오사카에 지하 1층 지상 3층짜리 빌딩을 임대했다. 그런 다음 일본 현지에서 각종 상품을 제조회사들로부터 직접 공장도 가격으로, 거기에 다시 현금으로 몽땅 할인하여 구매한 뒤 경성으로 직수입해 들여왔다. 그렇게 저렴하게 들여온 상품들로 대대적인 사은 대매출의 할인 판매를 펼쳤다.

이쯤 되자 가격 경쟁에서 누구도 당해내지를 못했다. 종로 거리는 물론이고, 혼마치의 일본 백화점들마저 발칵 뒤집히고 만 것이다.

그러나 박흥식은 거기서 한술 더 떴다. 당시로선 상상도 할 수 없는, 현금 교환이 가능한 상품권까지 발매하면서 일찌감치 상권을 초토화시켜 버렸다.

참으로 신출귀몰한 상술이었다. 특히나 종로 상계에서 맨 처음으로 시도된 상품권 발매는 그야말로 공전의 히트였다. 당시 공공연히 성행하던 뒷거래, 예컨대 '와이로(뇌물)'를 주고 싶어 하던 사람들에게는 현금 교환이 가능한 상품권이야말로 가장 적합한 수단이 아닐 수 없었다.

반면에 화신상회 바로 옆 건물인 최남의 동아백화점은 비틀거렸다. 개점 초기 화려한 미인계로 기세등등하던 분위기는 온 데 간 데

한국기업성장100년史

박흥식은 일본 상인들이 조선 상인들을 억누르기 위해 구축해 놓은 일수판매 제도를 보기 좋게 무력화시키는 한편, 미인계로 최남마저 굴복시키면서 동화백화점을 손에 넣어 조선상계의 메카인 종로 상권의 패권을 잡는다. 이때 그의 나이 불과 29세였다. 사진은 종로 네거리에 그 위용을 뽐내고 있는 화신백화점의 풍경이다.

없이 썰렁하기만 했다.

그도 그럴 것이 숍걸로 장안의 한량들을 모조리 불러 모으는 데까지는 기가 막히게 적중했으나, 그렇다고 곧바로 매출과 직결된 것은 아니었다. 백화점을 찾은 사내들이 숍걸의 손이나 슬쩍 만져보려고 오는 터에 실속이 있을 리 만무했다.

더구나 동아백화점의 최남은 결정적인 실수를 범하고 말았다. 여점원을 선발하는 임원이 여점원들 여럿을 농락했다가 그만 신문에 기사가 터지고 마는 바람에 여론의 뭇매를 맞게 된 것이다.

결국 엎친 데 덮친다고, 두 번의 결정타를 허용한 동아백화점은 완전히 그로기 상태에 빠지고 말았다. 일찍이 박흥식이 의도한 그대로였다.

이미 승부가 판가름 났다고 생각한 박흥식은 그제야 비로소 최남을 찾아갔다. 최남도 더는 어쩔 수가 없었던지 순순히 백기를 들었다. 화신상회의 박흥식에게 동아백화점을 넘겨주기로 한 것이다. 1932년 여름, 이때 박흥식의 나이 불과 29세였다.

하지만 최남을 따돌리는 데까지는 성공했으나, 박흥식에게 경쟁자가 아주 사라진 것은 아니었다. 거듭 말하지만 당시 북촌의 종로 상계와 남촌의 혼마치 상계는 본질적으로 양분되어 도저히 공존할 수 없는 숙명적 경쟁 관계였다. 또 그러한 경쟁에 불을 붙인 것은 두 지역의 대표적인 상점, 곧 북촌의 화신백화점과 남촌의 미쓰코시·조지야·미나카이·히라타 등의 4대 백화점이었다.

그러나 4대 1이라는 수적 열세도 그렇지만, 자본력에 있어서도 혼마치의 일본 백화점들이 종로의 화신백화점을 크게 앞질렀다.

1935년 당시 화신백화점의 자본금이 100만원(지금 돈 약 1,200억원) 정도인데 반해, 도쿄에 본점을 둔 미쓰코시가 3,000만원(지금 돈 약 3조6,000억원)으로 무려 서른 배에 달했다. 나머지 조지야, 히라타, 미나카이백화점 역시 화신백화점보다 훨씬 더 많았음은 두말할 나위가 없었다.

그렇다면 혼마치의 이런 4대 백화점과 숙명적으로 경쟁하고 있던 화신백화점의 대응 전략은 과연 어떠한 것이었을까. 이 시기 박흥식은 신문 광고에 '약진하는 화신백화점' 운운하면서 곧잘 민족 감정에 호소했다. 백화점을 확장하거나 경영 위기에 처할 적에도, '민족백화점'인 화신을 살려주어야만 한다고 읍소했다. 또 1938년 봄에는 왕족을 초대하여 대대적인 행사를 벌이는가하면, 도산 안창호 선생을 병보석으로 석방시키는데 일조한 것 모두가 실은 그와 무관치 않다는 의혹이 줄곧 따라다녔다.

어쨌거나 상계의 비상한 관심을 끌며 새롭게 태어난 화신백화점은 새 단장을 하고 문을 연 개점 초기부터 문전성시를 이뤘다. 동아백화점과의 무혈 통합으로 일단은 성공적인 출범을 하게 된 것이다.

한데 이런 박흥식에게 예기치 않은 불운이 찾아들었다. 백화점 북쪽의 한쪽 구석에 움막을 지어놓고 과일 노점상을 하던 박태섭이라는 이가 촛불을 켜놓은 채 잠깐 자리를 비웠는데, 촛불이 넘어지면서 옮겨 붙는 바람에 그만 화신백화점에 불길이 휩싸이고 만 것이다. 1937년 1월 27일 밤이었다.

이날은 음력 12월 23일로 설날 명절을 며칠 앞둔 일요일이라서 백화점 고객이 어느 때보다 많았고, 백화점에 쌓아둔 상품 또한 엄청났다. 그 모든 것이 화마에 휩싸여 몽땅 잿더미로 변하고 만 것이었다.

다음날 아침 신문에는 회생이 어려울 정도로 막대한 손실을 입었다는 기사가 대대적으로 실렸다. 박흥식은 이제 망하게 되었다는 풍문이 장안에 돌았다. 자신의 잘못 때문은 아니라지만 지난 9년여 동안 공들여 쌓아올린 탑이 하루 저녁에 잿더미로 스러지고 만 것은 돌이킬 수 없는 현실이었다.

하지만 혼마치의 일본 백화점들이 바라는 대로 결코 그대로 주저 않을 수는 없었다. 박흥식은 총독과 마주앉았다. 화신백화점의 불길을 조기에 잡지 못한 점을 부족한 소방차 탓으로 돌렸다. 경성의 인구가 40만 명인데 소방차가 고작 30대 밖에 안 되었기 때문이라며, 화신백화점의 재건축이 끝날 때까지 길 맞은편에 자리하고 있는 종로경찰서 구관을 빌려달라고 줄기차게 요청했다. 말문이 막힌 총독은 결국 며칠 뒤에 박흥식의 청을 들어주었다. 언론이 일제히 들고일어났으나 총독부가 재빨리 수습을 하고 나섰다.

그로부터 2년이 지난 1937년 가을. 화재 보험금과 자산을 털어 지어올린 연건평 3,011평에 지하 1층 지상 6층 높이의 화신백화점 건물이 그 위용을 화려하게 드러냈다. 당시 이 건축물은 혼마치의 미쓰코시, 조지야, 히라타, 미나카이백화점보다도 더 크고 높은 경성 최대의 백화점을 자랑했다.

지하 1층 · 식료품점, 실연장, 사기그릇품점
　1층 · 양품점, 화장품점, 여행안내점

2층 · 신사양품점, 침구점, 주단포목점, 미술품점, 시계점, 귀금속점, 안경점, 견본실

3층 · 부인자공복점, 완구점, 수공품점, 조화점

4층 · 서적점, 운동구점, 문서구점, 신사양복점, 점원 휴게소

5층 · 대형 식당, 조선물산점, 모기매장, 사진기 재료점

6층 · 그랜드 홀, 스포츠랜드, 전기점, 가구점, 모델 룸

7층 · 옥상, 상설화랑, 사진점, 미용실, 원경용품점

더구나 그간 혼마치에서나 구경할 수 있었던 근대 르네상스식 건축 양식으로 화려하게 장식한 화신백화점은, '올라갈 때는 공중에 붕 떠오르는 것 같고, 내려올 때는 공중에서 스스로 떨어지는 것 같아서 누구든지 어지러워했다'는 엘리베이터와 에스컬레이터 시설까지 갖추어져 장안 사람들을 설레게 했다.

그 뿐 아니라 7층에는 드넓은 옥상이 설치되어 있었다. 거기에서 아래를 내려다보면 현기증이 나면서도 신기했다. 당시에는 '까마득하게 높다'고들 저마다 입을 모았다.

6층 꼭대기에 반짝이는 '네온사인'이라는 것 또한 참 신통했다. 저녁이면 촘촘히 꽂힌 전구에 자동으로 불이 켜졌다 꺼졌다 점멸하며 글자가 나타나 돌아가는 것처럼 느껴졌다.

그러나 1945년 일본의 패망은 세상을 온통 뒤바꾸어놓았다. 마침내 식민 지배의 사슬을 끊고 감격스런 8 · 15해방을 맞았던 것이다.

그렇다면 빼앗긴 고토를 되찾은 종로의 상계에서도 그 같은 해

방의 기쁨에 마냥 가슴 벅차오르기만 했던 것일까. 아니 다른 부호들은 차치하고서라도 한때 조선 상계의 메카라는 종로 거리의 총아였던 화신백화점의 박흥식은 어떠했을지 궁금하다. 전환기의 역사 속에서 그는 과연 어떠한 운명 앞에 서 있게 되었던 것일까.

해방 이후 박흥식은 친일 행각으로 말미암아 '반민특위'의 제1호 체포자라는 불명예를 안았다. 그와 함께 그의 화신그룹 또한 급속히 해체되어 갔다.

이후 반민특위에서 풀려나 화신그룹의 재기에 안간힘을 다했으나, 시대의 흐름마저 끝내 그를 등졌다. 1979년에는 계열사에 연쇄 부도가 일어나 창업 50년여 만에 화신 간판을 스스로 내려야 했다. 그리고 1989년에는 그가 40여년 가까이 살아온 종로의 가회동 일식 양옥을 30억원에 처분한 채 삼성동의 40평짜리 주택으로 옮겨 전세로 살다가, 5년 뒤 92세를 일기로 파란만장한 생을 마치고 말았다.

한국기업성장100년史

맨손으로 이룬 한국 최초의 근대기업가 박승직

몇 해 전이다. 두산그룹 박용만 朴容晚 부회장이 매주 주말이면 임원들과 함께 해남의 땅끝 마을을 향하여 4km씩 행군을 한다는 기사가 신문에 난 일이 있다. 자신의 조부이자 창업주인 박승직 朴承稷의 얼을 찾아 떠나는 남도 답사였다. 그때 필자 또한 그 주말 4km 행군에 초대를 받은 적이 있다. 도무지 시간을 내기 어려워 정중히 사양하기는 했지만, 그 무렵 전북 이리 가까이 행군 중이라는 얘기를 전해 들었던 기억이 있다.

그렇다. 19세기 말 조선 상계의 종말과 함께 새로이 출현하게 된 상인들 가운데는 소작농의 후예들 또한 적지 않았다. 앞서 살펴본

103

것처럼 대규모 지주경영자나 지방의 소규모 지주경영자도 아닌, 그렇다고 남들보다 눈이 빨라 개항장을 무대로 삼거나 대대로 내려오는 비기를 들고 나온 것도 아닌, 가진 것이라고는 쥐뿔도 없어 오로지 맨주먹으로 상계에 뛰어든 이들이었다. 그들 가운데 가장 대표적인 인물이 박승직이었다.

박승직은 1864년 경기도 광주에서 태어났다. 그가 말한 것처럼 자신의 집은 '전답이라고는 조금도 없고 남의 위토를 소작하여 겨우 밥을 굶지 않았으나 재산이라고는 한 푼도 없었던' 전형적인 소작농이었다.

이런 형편에 소년시절의 대부분은 가업인 농사를 돕는데 바쳐졌다. 당연히 그가 상인으로서 자신의 새로운 입지를 열어나가는 과정에 물려받은 재산을 밑천으로 삼거나 하는 일은 없었다.

그러나 5백년 왕조의 국운이 다하면서 서구 열강들의 세력이 속속 밀려드는 가운데, 하루가 다르게 들려오는 변화의 소리들은 그의 젊은 혈기를 자극하기에 충분했다. 더욱이 힘든 농사일에 등골이 휘도록 고생만 하는 부모를 보았을 때나, 한 해 한 해 세월은 흘러도 여전히 입에 풀칠이나 할 뿐인 소작농의 암울한 현실을 생각했을 때에 언제까지 남의 위토나 소작하고 있어서는 안 되겠다는 생각이 들었던 것이다.

결국 고향 집에서 30여 리 떨어진 송파 장터를 오가며 활기 띤 상거래 현장을 눈여겨보았던 그는, 일찍이 어린 나이에 가출하여 스스로 상인의 길을 열어가기 시작했다. 그가 가출하여 처음으로 취급했던 물품은 당시 개항을 통하여 들어온 등잔용 석유였다. 비록 등짐을 지고서 이 마을 저 마을을 떠도는 힘든 행상이었지만, 땀 흘린 만큼 얻을 수 있었던 이익이 그에게 용기를 주었고 희망으로 부풀게 했다.

그런 박승직이 좀 더 넓은 세상을 무대로 본격적인 상인의 길을 개척할 기회를 맞이한 것은 17세 되던 1881년이었다. 평소 몸가짐이 반듯하고 남달리 의지가 굳은 걸 바라보면서 그의 장래를 점쳤던 위토의 지주 민영완이, 때마침 전라도 해남의 신관 사또로 부임하는 길에 그를 책실(흔히 방자라고 일컫는 사또의 개인 비서)로 데려가고 싶어 했다. 그 또한 설레는 가슴을 안고 새로운 세상으로의 첫발을 내딛는데 주저하지 않았다.

그러나 박승직이 해남에 가서 무엇을 했는지는 구체적으로 알려져 있지 않다. 그가 민영완 사또 밑에서 얼마동안 관직 생활을 했는지도 알 수 없다. 다만 몇 해 지나지 않아 그러한 관직 생활을 그만두고 다시금 상인의 길을 찾아 나선 것으로 보인다.

1920년 자신이 쓴 〈심야중자필〉에 그가 해남에서 '엽전 3백냥을 모아 맏형(승완)에게 보냈고, 맏형은 그 돈으로 포목장사를 시작했는데, 3년 후 내가 와서 본즉 그 돈이 물건에 잡혔다' 고 기록한 것으로 보아, 확실한 것은 아니지만 고향집에서 가까운 송파 장터 아니면 한성의 종로 변두리 어딘가에서 작은 상점을 시작한 것으로 짐작된다. 그리고 그 상점은 맏형이 맡고, 그는 틈이 날 때마다 상점을 오가면서 상품 거래를 취급했을 것으로 여겨진다.

뿐 아니라 해남으로 내려가기 전에 이미 장사 경험이 있었던 박승직은, 해남에서 관직 생활을 하는 동안에도 틈틈이 그 지역의 특산물을 타 지역에 팔아 이윤을 남기는 또 다른 상거래를 개척했을 것으로 보인다. 그렇잖아도 당시 전라도의 해남과 강진은 제주도산 갓의 내륙 집산지였고, 그 때문에 중간상인들의 발길이 끊이지 않던 곳이었다.

바로 그곳에서 그는 어떤 형태로든지 상거래에 직접 관계했을 것으로 믿어진다. '해남에서 엽전 3백냥을 모아 만형에게 보냈고'라는 기록에서도 볼 수 있는 것처럼, 책실과 같은 하급 관직 생활만으로는 짧은 기간 안에 그 같은 돈을 모으기 어려운 까닭에서다. 더구나 훗날 한성으로 상경하여 '박승직 상점'을 개점하기 이전까지 나주, 무안, 영암, 강진 등지를 떠돌며 포목을 매입하고 개화 상품을 팔러 다니는 등, 전라도 남부 지역 일대를 자주 왕래하며 행상을 했다는 사실도 그러한 가능성을 뒷받침해주고 있다.

물론 그가 활동한 지역이 매번 꼭이 전라도 남부 지방에만 한정된 것은 아니었다. 3년여 만에 해남에서 고향집으로 돌아와(1883년) 다시 2년여 가량 농사일을 돕다가 본격적인 환포 행상으로 나선 이후로는 경상도, 강원도, 평안도는 물론이고, 멀리 북관(함경도의 딴이름) 지역까지 포함한 전국으로 넓혀나갔다.

이 시기 박승직은 지방에서 부녀자의 노동에 의해 가내 수공업으로 소량 생산된 직물을 모아 상품화하는 길로 나아가게 된다. 예컨대 포목 한 필을 양두돈(10전)에 매입하여 한성으로 가져와서 양너돈(20전)에 팔았다. 노자를 제외한다면 곱절의 이윤이 남는 장사였다. 장차 거상을 꿈꾸며 한성의 종로 거리에 자신만의 번듯한 상점을 열어보겠다는 열망으로 불타던 청년 박승직으로서는 더할 나위 없는 상거래였다.

  그러나 마땅한 교통수단이 따로 있을 리 만무했던 당시에 먼 산지에서 한성까지 포목을 운반해 올 수 있는 수단은 조랑말이 전부였다. 조랑말에 길마를 지워 한 번에 취급할 수 있는 물량 또한 고작 서른 필 정도가 한계였다. 그렇대도 무거운 포목을 지닌 채 끝없이 이어지는 산야를 조랑말과 이동해야 하는 일이란 생각처럼 간단한 일이 아니었다.

  또 어쩌다 좋은 포목이라도 만나게 되는 날에는 영락없이 고생을 사서 해야 했다. 좋은 포목을 한 필이라도 더 매입하느라 쌈짓돈까지 탈탈 털어 노자까지 죄다 떨어지고 마는 날에는 한참 먹어야 할 나이인데도 어쩔 수 없이 끼니를 건너뛰어야 했고, 그렇지 않더라도 한 푼이라도 더 아끼기 위해선 주막집 주모의 눈치를 보아가며 쌀밥과 고기 대신 조밥 한 그릇으로 허리띠를 졸라매야 했다.

  더구나 그가 포목을 구하러 다닐 때에는 머나먼 거리이거나 아니면 외딴 오지만을 일부러 택했다. 전라도의 해남이나 강진, 경상도의 의성이나 의흥, 강원도의 정선이나 원통 등지가 그러한 곳이었다. 그 같이 멀거나 오지를 택한 것은 교통 사정 때문에 힘이 들긴 하여도 다른 상인들이 덜 찾는데다, 대처보다 헐한 값에 포목을 매입할 수 있어 이윤 또한 그만큼 컸던 까닭에서였다.

  박승직의 이러한 환포 행상은 이후 10년 넘게 지속되었다. 그 사이 그의 발길이 닿지 않는 곳이란 전국 방방곡곡 그 어디에도 없다 할 만큼 치열하면서도 의지 넘치는 부단한 외길이었다. 또 그것은 훗날 그가 거상으로 발돋움 하는데 거점이 되는, 종로 거리에 자신의 상점을 가질 때까지 자본 축적의 과정이기도 했다.

또 그럴 무렵 급변하는 시대와 함께 변화상을 온몸으로 체험하며 자신의 입지를 착실히 다져가던 그가 선택한 것은, 이제 막 전파되기 시작한 초기 기독교였다. 새로운 문물에 대한 강한 호기심에서 비롯된 그의 기독교 귀의는, 이미 육화되어 있는 유교사상의 바탕 위에 서양의 진취성을 더함으로서 보다 성숙한 인생관을 갖게 되었다.

그런 박승직이 마침내 한성의 종로 거리(지금의 종로 4가)에 처음으로 자신의 좌처를 마련한 것은 그의 나이 33세 되던 해였다. 1896년 여름, 자신의 이름을 딴 '박승직상점'을 개점케 된 것이다.

그것은 실로 10여년 넘게 전국의 오지를 누비고 다니며 오로지 근면과 절약으로 이룩한 꿈의 실현이자, 오늘날 두산그룹의 역사가 시작되는 첫 걸음이었다. 나아가 머지않아 이 땅에 만개하게 될 한국 자본주의의 출발점이 되는, 최초의 근대 기업가로 적바림하는 순간이기도 했다.

'신용'을 중요 기치로 내건 박승직상점의 출발은 비교적 순조로웠다. 그가 환포 행상을 하면서 입지를 다졌던 만큼 박승직상점에서 초기에 취급했던 상품 역시 마땅히 포목이었다.

판매는 주로 전국 각지의 포목상을 대상으로 물품을 도매했다. 경기도 연천과 강원도 철원, 평강 등지에 지점을 설치하면서 판매망을 넓혀나갔다.

취급 품목도 점차 다양화시켰다. 이미 구축된 판매망을 통하여 기존의 포목 외에도 곡류, 염류, 도량형기에서부터 고급 모직 및 개

― 한국기업성장100년史

빈한의 문턱에서 얼어붙은 두 손을 불고 일어나, 오로지 포목 행상으로 1986년 지금의 종로 4가에 박승직상점을 열면서 최초의 근대기업가로 자리매김한 박승직. 여성 화장분인 박가분을 만들면서 상점을 도약시켜 조선상계에서 가장 큰 상업자본가로 이름을 떨친, 경건한 상인의 길을 걸어 오늘날의 두산그룹을 일구어내는 초석이 되었다.

화 물품을 비롯하여 면화, 저포 등에 이르기까지 상업 활동의 범위를 확대시켜 나갔다. 명실상부한 거상으로 발돋움하려는 박승직의 의지가 그대로 반영된 것이었다.

1915년쯤에는 이색적인 상품도 내놓았다. '박가분朴家粉'이라는 화장품이었다.

박가분은 그의 부인 정정숙이 집안에서 수공으로 소량 제조해 주요 고객에게 사은품으로 주던 거였다. 한데 박가분을 써본 여성들의 반응이 좋아 본격적인 제조 판매에 들어가면서, 단숨에 국내 화장품 업계의 선도적 위치에 올라서게 되었다.

이같이 인기를 끌었던 박가분의 수익금은 1920년대에서 30년대에 이르기까지 오랜 불경기 속에 빠져있던 박승직상점의 경영에 크게 기여했다. 뿐만 아니라 박가분의 인기는 박승직상점의 주력 상품인 포목의 선전에도 큰 보탬이 되어주었다.

그러나 1920년대 말부터 국내에 들어오기 시작한 일본의 고급 화장품에 밀려 박가분의 인기도 점차 수그러들었다. 박승직은 일본 화장품 업체에서 종사한 경력이 있는 한국인 기술자를 초빙해보기도 했으나, 소비자들은 이미 등을 돌린 뒤였다. 그리하여 박가분은 1930년대 말쯤엔 그 제조를 끝내 중단하지 않으면 안 되었다.

일본 상계의 압박은 비단 화장품에만 한정되지 않았다. 꼭이 박승직상점만도 아닌, 종로 상계 전체를 겨냥한 채 날로 노골화해갔다.

더욱이 1차 세계대전(1914)에 이어 세계 대공항(1919)까지 겹치면서 종로 상계는 누구랄 것도 없이 장기간에 걸친 심각한 경영난에 처하고 말았다. 박승직은 포목 상계의 권익 옹호를 목적으로 결성된 경성포목상조합의 조합장 자격으로 각 은행에 진정서를 보내 긴축 재정의 완화를 호소하기도 하였으나 불황만 깊어갈 따름이었다.

결국 경영의 위기를 타개하기 위한 수단으로 자산을 정리하고 기업 공개를 단행시켰다. 1925년 박승직상점은 전액 일시 불입한 자본금 6만원(지금 돈 약 72억원)규모의 주식회사로 개편했다. 1주당 50원(지금 돈 약 600만원)으로 총 1,200주의 주식을 발행했다.

이처럼 새로이 출발하게 된 '주식회사 박승직상점'은 국내외 경기 변동에 따른 부침을 겪으면서도 성장을 계속해 나갔다. 1931년에는 전년도의 적자를 만회하고도 남을 만한 순이익을 기록한데 이어, 이듬해에는 포목류의 수요 증가에 따라 전년도의 2배가 훨씬 넘는 순이익을 올리기도 했다.

또한 이 시기 그는 훗날 '동양맥주'의 출발점이 되는 소화기린 맥주의 주주로 참여케 된다. 한국인 회유책의 일환으로 당시 재계의 유력자였던 그를 가담시킴으로써 회사 설립 과정을 비롯하여 향후 판로 확보에 도움을 얻고자 한 일제의 책략에 의해서였다.

그러나 중일전쟁(1937)의 발발과 함께 일본이 전쟁을 수행하기 위하여 통화를 남발하면서 또 한차례 금융공황이 종로 상계를 휩쓸었다. (주)박승직상점 또한 심한 자금 압박을 받으면서 다시금 현상 유지에 만족해야 했다.

더구나 박승직은 이때 어느덧 고희를 넘긴 고령이었다. 그리하여 73세 되던 1936년에는 자신이 후계자로 낙점한 장남 박두병을 (주)박승직상점의 상무로 취임시켰다.

그러면서 8·15 해방을 맞이했다. 박두병은 종업원들에 의해 소화기린맥주의 관리지배인으로 추대되었다. 또한 박승직상점을 무역회사로 부활시키고자 했다. 그런가하면 무역업과 직접 관련이 있는 운수업 진출도 꾀하고 나섰다.

박승직은 그런 아들 박두병에게 '두산斗山'이라는 새로운 상호를 지어주었다. 어쩌면 그가 평생을 일관해오면서 터득한 경영의 요체인지도 모를, '한 말 한 말 차근차근 쉬지 않고 쌓아올려 태산같이 커져라'는 뜻이 담긴 의미였다.

이후 박승직은 1950년 경기도 광주의 향리에서 86세를 일기로 영면했다. 돌아보면 가난한 소작농의 아들로 태어나 얼어붙은 맨손으로 상계에 투신하여 꿈을 이룬, 그의 이러한 어기찬 도전은 '한국 최초의 근대 기업가'라는 영원한 유산으로 전해지게 되었다.

한국기업성장100년史

이왕 전하도 개화 상품 고무신을 신었다?

20세기 왕조의 말기에는 비단 새로운 상인들만이 등장케 된 것은 아니었다. 인천 제물포의 개항(1883)을 통하여 물밀 듯이 밀려 들어오기 시작한 새로운 개화 상품에 쏠리는 관심 또한 컸다. 신통한 과학 기술로 포장되어 진기하다는 입소문까지 얻은 서구의 개화 상품들을 선점하려고, 한성에서는 물론이고 경기와 충청, 황해도 등지에서 몰려든 상인들로 개항장 제물포는 연일 줄을 이었다.

또 그런 상인들에게는 개항장으로 쏟아져 들어오기 시작한 개화 상품들이 눈독을 들이기에 충분했다. 그래서 개항장이 아니면 보기 힘들다는, 진기하다는 상품을 구하기 위해 멀리 있는 상인들까지 돈 보따리를 싸들고서 애써 개항장을 찾았다.

그 가운데서도 단연 인기 품목은 고무신이었다. 착용감이 좋고 오래 신을 수 있는데다, 겉모양도 지체 높은 사대부들이나 신던 갖신이나 비단신과 조금도 다를 것이 없어 단박 사람들의 눈길을 사로잡았다. 사회적 평등에 목말라하는 일반 백성들의 심리적 충동까지 더해지면서 그 수요가 폭발적으로 늘어갔다.

물론 당시만 해도 일반 백성들의 신발은 일부 특수한 신분을 제외하고는 남녀노소 가릴 것 없이 모두가 다 짚신이었다. 과거시험을 치르러 한양 길에 오른 젊은 선비의 봇짐 꽁지에도 으레 짚신 네댓 켤레가 대롱대롱 매달려 있기 마련이던 시절이었다.

하지만 짚신은 너무도 빨리 닳았다. 볏짚으로 만든 탓에 기껏해야 사나흘 신을 수 있을 정도로 내구성이 형편없었다. 더욱이 새끼를 비벼 꼬아 만든 바닥은 울퉁불퉁해서 불편하기 짝이 없었고, 비만 내리면 속절없이 물기가 젖어들어 축축해지는데다 진흙마저 덕지덕지 엉겨 붙는 바람에 돌덩이처럼 무거워지기 일쑤였다.

그에 반해 개화 상품 고무신은 축축해지거나 진흙도 엉겨 붙지 않아서 비가 내린다고 해도 따로 나막신으로 갈아 신을 필요가 없었다. 더구나 일 년 정도 오래 신을 수 있어서 선풍적인 인기를 끌었다.

조선에서 이처럼 고무신의 수요가 폭증하고 있다는 시장 정보를 입수한 일본의 고무업계는, 우리 나라에 수출할 고무신 생산에 너도나도 뛰어들었다. 1919년부터 1920년까지 2년 동안 일본 고베에만 약 110개의 고무신 공장이 들어섰고, 그 공장에서 만든 고무신들이 부산과 인천 제물포, 그리고 원산 등지의 개항장에 산더미처럼 쌓여갔다.

그러나 이러한 고무신이 처음에 들어올 때부터 우리 입맛에 딱 들어맞았던 것은 아니다. 개항장 제물포를 통하여 처음으로 들어오기 시작한 일본의 고무 단화는 '호모화靴'라 하여, 바닥창만 고무이고 그 나머지는 가죽이나 천으로 만든 구두 모양을 한 것이었다.

한데 그런 구두 모양을 한 일제 고무 단화를 오늘날과 같은 고무신 모양으로 바꾸어 이른바 대박을 터뜨린 이가 이병두였다. 평양에 자리 잡은 일본 잡화상 '내덕상회'에서 사환으로 일하고 있던 이병두는, 개항장 제물포를 통하여 들어오기 시작한 일제 고무 단화가 인기를 끌자 내덕상점을 그만 두고 직접 행상에 나섰다.

그의 생각은 옳았다. 일본에서 고무 단화를 직접 들여와 행상으로 팔면서 쏠쏠한 재미를 보게 된 것이다.

그렇게 되자 내친김에 고무신 상점을 내기에 이르렀고, 종래에는 고무신 공장까지 차리게 되었다. 일본으로 건너가 거래하던 공장에 아예 수개월동안 눌러앉아 고무 배합 기술에서부터 제조 공정까지를 모두 다 배워 돌아왔다.

하지만 우리의 입맛에 딱 들어맞지 않는 고무 단화가 일반 서민들에게까지 널리 보급되는 데는 한계가 있었다. 이 점에 착안한 이병두는 마침내 고무신 모양을 획기적으로 바꾸어 내놓았다.

그는 남자 고무신은 전통적인 짚신 모양을 본뜨고, 여자 고무신은 앞머리가 볼록하게 솟아오른 코신을 본떴다. 폭이 좁고 굽이 높으며 발등을 덮는 일제 고무 단화를 우리 발에 알맞도록 폭은 과감히 넓히고 굽은 크게 낮추되 발등을 드러내어, 이른바 우리의 체질과 환경에 적합한 '조선식 고무신'으로 탈바꿈시켜 놓은 것이다.

이병두의 이런 조선식 고무신은 시장에 내놓자마자 시쳇말로 불티나게 팔려나갔다. 구두 모형의 일제 고무 단화를 한사코 외면하던 서민들마저 열렬히 선호하고 나서면서 잠시 선을 보였던 일제 고무 단화의 씨를 깡그리 말려버렸다.

이와 같이 조선식 고무신이 선풍적인 인기를 끌자 덩달아 고무신 공장도 우후죽순처럼 생겨났다. 1921년에 겨우 2개에 불과하던 고무신 공장이 1933년에는 무려 72개로 늘어났다.

생산액 또한 1920년에는 고작 4,000원(지금 돈 약 4억8,000만원)에 불과하던 것이 1935년에는 984만5,000원(지금 돈 약 1조1,814억원)으로 무려 2,500배나 껑충 치솟았다. 고무 제품의 95퍼센트 이상이 다름 아닌 고무신일 정도였다.

그러면서 반도고무공업사, 조선고무공업소, 서울고무공업소 등 굵직굵직한 고무신 공장이 곳곳에서 생겨나기 시작했다. 경쟁이 불가피하게 된 것이다.

그러나 뭐니 해도 대표 주자는 '대륙고무공업주식회사'였다. 농부의 아들로 태어났음에도 일찍부터 영어를 잘해 일약 미국 주재 대리공사를 거쳐 법무대신까지 오른 이하영이 설립한 이 회사는, 자본금 규모가 2만원에서 8만원 수준이던 다른 공장들과는 달리 자본금 50만원(지금 돈 약 600억원)에 불입자본 12만5,000원(지금 돈 약 147억원)을 자랑하는 대기업이었다.

이같이 고무신 시장이 크게 확장되고 덩달아 고무신 공장들이 난립하게 되면서 살아남기 위한 생존경쟁 또한 진풍경을 연출했다.

급기야는 업체들마다 신문을 동원해서 광고 공세까지 펼치기에 이르렀다.

역시나 실탄이 넉넉한 대륙고무가 선제 공격을 퍼붓고 나섰다. 1922년 9월에 연이어 동아일보 지면을 도배한 이 회사의 광고 문구 가운데 일부를 살펴보면 이렇다.

> 대륙고무가 제조한 고무화의 출매함이 이왕李王 전하께서 이용하심에 황감을 비롯하야 각 궁가의 용명하심을 몽하며 우 여관女官 작위의 사용을 수하며….

물론 대륙고무의 주장과 같이 국왕이 고무신을 신었는지 어땠는지는 확인할 길이 없다. 그렇대도 신문 광고 문구에 국왕이 이용한다는 설명까지 들먹이고 나선 것을 보면 당시에는 고무로 만든 신발이 꽤나 고급 상품이었던 것만은 틀림없어 보인다.

아무렇든 대륙고무가 이같이 선제 공격을 퍼붓고 나서자 이에 질세라 '만월표 고무신'이 부랴부랴 신문 광고 전쟁에 가세하며 뛰어들었다. '이강 전하가 손수 고르셔 신고 계시는…'이라는 신문 광고 문구로 잽싸게 응수하고 나섰다.

이강李堈 전하라 하면 곧 고종 황제의 둘째 왕자요, 순종 황제의 아우였던 의친왕을 일컫는다. 1919년 비밀결사 단체인 '대동단 사건'에서 볼 수 있는 것처럼 반일의식이 투철했던 이강 전하를 내세워 일제에 대한 국민의 저항심을 자사 제품의 신발 판매에 연계시키려 애쓴 것으로 보인다.

한데 이처럼 이왕 전하를 앞세운 대륙고무와 이에 질세라 이강 전하를 내세운 만월표 고무신의 양대 산맥에 새로이 도전장을 던지고 나선 이가 있었다. 호남 대지주가의 27세 청년 기업가 김연수였다.

어린 나이에 일본 유학길에 올라 교토대학 경제학과를 졸업한 뒤 귀국하여 상계에 뛰어든 김연수는, 고무공업에 뜻을 두긴 하였으나 처음부터 대륙고무와 만월표 고무신과는 차별을 두었다. 선발 주자인 대륙고무와 만월표 고무신을 이기기 위한 전연 다른 문법을 들고 나왔다.

예컨대 당시 국내 최대 고무공장이었던 대륙고무와 생산량이 맞먹는 규모의 공장을 일거에 세운다는 거였다. 그와 함께 생산공정과 원료를 혁신시켜 품질 좋은 고무신을 제조하여 선발 주자를 앞지른다는 전략이었다.

그를 위해 먼저 앞서 있는 일본의 고무산업부터 살펴보기 위해 현해탄을 건너갔다. 시모노세키행 관부연락선에 몸을 실었다.

일본에 도착한 김연수는 고베와 오사카에 자리한 고무공장을 두루 둘러보았다. 공장의 규모와 생산량, 원료공급, 생산 공정, 근로자의 대우, 경영상의 문제에 이르기까지 꼼꼼히 체크해 나갔다. 그리고 마지막으로 들러본 요코하마공업에서 공장 설립에 관한 업무 제휴를 맺었다.

일본의 고무산업을 두루 살피고 돌아온 김연수는 곧바로 공장 건설에 착수했다. 일본인 기술자 야나기에게 공장 설계와 기계 설비의 배치 등을 맡기면서 고무신 생산 준비에 들어갔다. 그는 야나

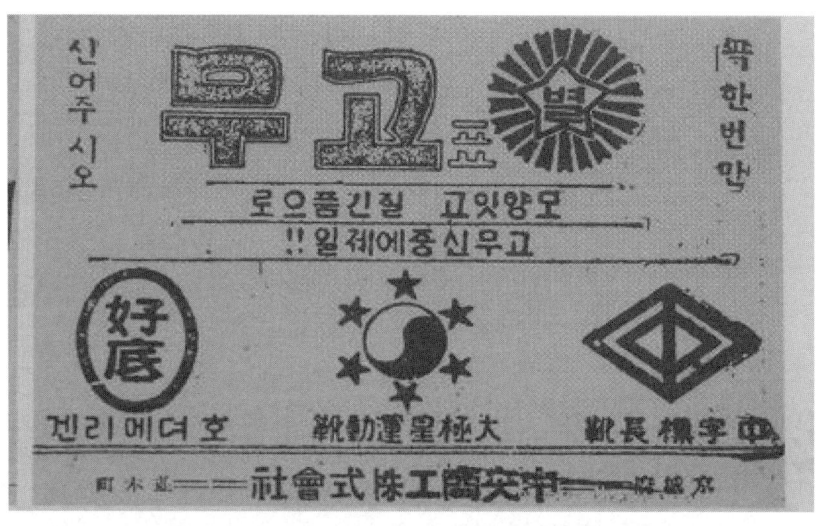

개항장 제물포를 통해 들어오기 시작한 개화 물품 가운데 가장 인기를 끌었던 건 단연 고무신이었다. 이런 인기를 몰아 고무신 공장이 전국에 우후죽순처럼 생겨났다. 사진은 김연수의 중앙상공(주) 고무신 신문 광고. 김연수는 '별표 고무신 품질 6개월 보증 판매'로 경쟁자들을 물리 칠 수 있었다.

기와 호흡을 같이 하며 필요할 때는 자신의 의지를 적극 반영시키기도 했다.

공장이 완공되자 고무신을 생산하는데 필요한 고무 원료와 화학 약품을 일본 고베의 무역회사를 통해 들여왔다. 생산 현장에서 일할 직공들도 선발하여 200명 정도의 규모를 갖추었다. 마침내 대륙고무와 만월표 고무신에 선전포고를 한 것이다.

그러나 당초 계획과 달리 차질이 있었다. 고무신 생산이 다소 늦어져 이듬해인 1923년에야 첫 제품을 선보였다.

김연수는 첫 제품에 별표를 찍었다. '별표 고무신' 이 탄생하는 순간이었다.

한데 별표 고무신에 대한 소비자들의 처음 반응은 미온적이었다. 공정과 원료를 혁신시켜 품질 좋은 고무신을 선보였음에도, 왕가를 내세워 시장을 이미 견고하게 구축하고 있는 대륙고무와 만월표 고무신의 아성은 높기만 했다.

초기 공장 건설에 막대한 자본을 쏟아 부은 김연수의 고민이 커져갔다. 어떻게든 시장을 뚫어내야만 했다.

궁리 끝에 마침내 생각해낸 것이 '별표 고무신 품질 6개월 보증 판매' 라는 구호였다. 결국 공정과 원료의 혁신이라는 초심 속에서 구한 아이디어였다.

그리고 그러한 아이디어를 발 빠르게 홍보하고 나섰다. 이제 막 창간되어 나온 동아일보에 '반개년 보증' 을 알리는 별표 고무신 광고를 내보내기 시작한 것이다.

강철은 부서질지언정 별표고무신은 찢어지지 아니한다
고무신이 질기다함도 별표고무신을 말함이오
고무신의 모양 조키도 별표고무신이 표준이오
고무신의 갑만키도 고등품인 별표고무신

이처럼 김연수의 별표 고무신은 민족감정을 부추기는 대신에 소비자들에게 직접 호소하는 새로운 전략을 들고 나왔다. 대륙고무나 만월표 고무신과 같이 왕가에 줄을 댈 수 없어서였는지 어땠는지는 모르겠으나, 처음부터 자사 제품의 내구성에 초점을 맞춰 소비자들을 집중 공략해 들어갔다.

그리고 그런 전략은 곧바로 주효했다. 왕가의 민족감정을 상품의 내구성이 거뜬히 뛰어넘었던 것이다. 김연수의 별표 고무신은 이내 자본금 100만원(지금 돈 약 1,200억원)으로 증자하면서 이하영의 대륙고무를 간단히 앞지를 수 있었다.

그러나 고무신 공장의 진화는 이후에도 지속되었다. 그 가운데 '거북선표 고무신' 이 단연 대중의 이목을 끌었다. 당시로선 이례적으로 신문 광고에다 자사의 거북선 상표가 양각된 고무신 바닥을 통째로 그려넣었을 뿐 아니라, 신문 광고 카피 또한 직설적이었다.

경고!
일 년간 사용, 확실 보증품.
가짜 거북선표가 만사오니 속지 마시고 거북선표를 사실 때에는 아래 그림과 같이 거북선 상표에 물결 바닥을 사십시오

거북선표 고무신은 이처럼 이중 전략을 펴고 나왔다. 대륙고무와 만월표 고무신이 그랬던 것처럼 임진왜란 때 일본 수군을 처부순 이순신 장군을 떠올리게 하여 민족혼에 호소함과 동시에 별표 고무신을 뛰어넘는 내구성에다, 오돌토돌한 물결 바닥으로 미끄럼까지 방지했다는 제품의 특징을 부각시켜 우위를 점하고 나섰다. 머지않아 만개할 한국 자본주의는 20세기 초 고무신 업계의 끝없는 경쟁 체제로 벌써 그 서막을 열어젖혀 가고 있었던 것이다.

한국기업성장100년史

영화사 조선극장과 단성사의 흥행전

1920~30년대에 접어들게 되면 서울의 거리 풍경도 사뭇 빠르게 변모해가고 있음을 어렵지 않게 목격할 수 있다. '쇠당나귀'라고 불렸던 자동차의 출현이나 '강철 같은 별표 고무신'과 같은 갖가지 개화 상품에서 볼 수 있는 것처럼, 낯설음과 신기함의 당대 문화현상을 그저 수동적으로 열광하는데 그친 것이 아니라 적극적으로 수용하고 있었던 것이다.

그리하여 견고하게 굳어 있던 전근대적인 화석에 균열이 가기에 이르렀고, 그 균열의 틈새를 통하여 새로운 시대를 열렬하고 심각하게 갈망하고 있었음이 드러났다. 무엇보다 그 같이 새로운 시대로의 불길을 댕긴 것은 '유행'이었다.

'유행은 사회를 화석化石으로부터 구언하는 것이라-고 하는 말이 잇다. 그럴듯한 말이다. 그래서 그런지 요사이 서울 길거리에는 여기 이 그림과 가튼 괴이한 형상이 하늘을 울어러 저주하는 듯, 길거리를 왕래하는 사람, 사람을 깔아보는 듯한 표정을 띄고 실성한 사람 모양으로 혼자 중얼대며 짧은 다리를 무거운 듯이 옴기는 사람들이 잇다. 그는 금칠한 책을 거미발 가튼 손으로 움키어 쥐고, 풀대님한 바지에 '레인 코-트'를 닙고 '사구라' 몸둥이를 들엇다. 그이 중얼거리는 소리는 이러하엿다. "조선 사람은 심각하지가 못해! 조선 녀성은 모두가 천박한 것들 뿐이야! 여긔서 무슨 문예文藝가 생기고 여긔에 무슨 련애戀愛가 잇겟는가? 아 강렬한 자극을 밧고 십다. 사랑이라도 아조 악독한 녀성과 더불어 하고 십다. 아 태양을 껴안고 십다. 아 아모 것도 취할 곳 업는 조선을 벗어나야만 한다!'고. 여보게, 련애시 짓는다고, 선술집 안주만 업새는 친고들! 길을 똑바루 걸어라!'

1925년 11월 3일자 〈시대일보〉에 안석영이 처음으로 그리기 시작한 한 컷짜리 만화에 짧은 글이 결합한 만문만화의 전문을 인용한 것이다. 안석영은 이 만문만화에서 연애시를 혼자 중얼거리며 비틀대는 모던보이에게 '길을 똑바로 걸어라'고 목소리를 높인다. 그러나 대모테 안경을 쓰고 쟁병 모자를 눌러쓴 모던보이나, 짧은 치마에 작은 양산을 든 모던걸은 조금도 아랑곳하지 않았다. 도리어 하루가 달리 이들의 유행은 경성의 거리로 급속히 번져나갔다.

그리고 그러한 모더니즘적 유행의 형성에는 다른 무엇보다 활동사진의 역할이 컸다. 활동사진이야말로 이들의 유행을 만들어주는 밤거리의 가로등이었다.

이런 활동사진이 처음으로 등장한 것은 1903년 6월로 거슬러 올라간다. 당시 한성 거리의 전차 증설 공사를 맡았던 미국인 기업가 콜브란이 설립한 한성전기회사가 동대문 근처에 있는 전차 차고 겸 발전소 부지에서 활동사진을, 그러니까 서구에서 들여온 토막 영화를 상영하기 시작했다. 전차 증설 공사장의 근로자들을 독려하고자 상영하던 것이었는데, 입소문이 나면서 일반인도 입장료만 내면 영화를 볼 수 있도록 개방했다.

물론 처음에는 단순한 노천극장이었다. 스크린을 대신한 흰 옥양목 장막과 함께 영사기 등 간단한 설비만을 갖춘 보잘 것 없는 시설이었다.

한데도 영화를 보겠다는 관객들이 꾸역꾸역 몰려들었다. 매일 밤 입장료 수입만 100원(지금 돈 약 1,200만원)에 달할 정도였다. 한 사람 관람료가 지금의 신문 한 달치 구독료에 맞먹는 10전(지금 돈 약 1만2,000원)인 점을 미루어 볼 때 어림잡아 매일 밤 1,000여 명에 달하는 관객이 몰려든 셈이다.

상영된 필름도 대부분 15~30미터 안팎의 단편영화 형식을 띤 짤막한 실사 작품이었다. 더구나 화질과 내용 모두 조잡하기 이를 데 없는 것이었다.

한데도 난생 처음 영화를 관람케 된 관객들에게는 바로 눈앞에서 생생히 펼쳐지는 것처럼 실감 나게 비쳐졌던 모양이다. 철마라고도 불렸던 기차가 씩씩거리며 달려오는 장면을 본 관객들은 스크린을 대신한 흰 옥양목 장막에서 기차가 금방이라도 뛰쳐나와 자신들을 덮칠까봐 곧잘 비명을 내지르곤 했다.

그래서 영화가 모두 끝나고 불이 환하게 켜지면 관객들은 저마다 안도의 한숨을 몰아쉬며 너도나도 장막 앞으로 몰려나갔다. 조금 전까지 실감나게 본 그 기차가 과연 어디서 어떻게 나타나 도깨비처럼 자신들을 깜짝 놀라게 한 것인지 못내 궁금하여 장막을 들춰보거나 두드려보고는 했다.

이처럼 노천극장으로 출발한 활동사진은 밀려드는 관객의 성원에 힘입어 이내 관람 시설을 갖춘 전문 영화관으로 자리를 잡아나갔다. 그리하여 1910년에는 경성고등연예관이, 1918년 무렵에는 황금관·우미관·단성사 등이, 1922년에는 조선극장까지 가세하면서 영화는 어느덧 서울문화의 한 축을 담당케 되었다.

최초의 조선 영화는 1923년에 만들어졌다. 영화를 찍어보겠다며 〈시사신문〉 기자직을 내팽개치고 뛰쳐나온 윤백남이 만든 〈월야의 맹서〉였다. 이 영화는 말할 것도 없이 변사가 해설하는 흑백 무성영화였다.

'아, 여기는 서울 변두리의 어느 조용한 동리. 아침이면 새벽닭이 울어 사람들의 잠을 깨우고, 저녁이면 개가 짖어 마실 가는 사람들의 발걸음을 재촉하는 한적한 마을. 이 마을에 영득이라는 총각과 정순이란 처녀가 있었으니 그들은 서로 사랑하는 약혼한 사이였던 것이다. …〈중략〉… 영득이는 서울에서 공부하고 돌아온 인텔리 청년이었으나 무엇이 못마땅하고 무엇이 뒤

우리 나라에 처음으로 영화가 들어오게 된 것은 미국인 사업가 콜브란에 의해 종로 거리에 전차 철로 공사가 시작되었을 때였다. 힘들게 일하는 노동자들의 근로 의욕을 북돋아주기 위해 공사장 숙소에서 천막에 영상을 비추는 무성 단편영화였는데, 소문을 듣고 몰려든 관객들의 성화에 못 이겨 돈을 받고 입장시킨 것이 그 시작점이었다.

틀렸는지 가사를 돌아보기는커녕 매일같이 주색잡기에 파묻히고 그로 인해 그래도 남부럽지 않던 가재를 탕진하고 말았다. 그렇게 되자 약혼자 정순이는 기가 막혔다. 기가 막힐 뿐 아니라 자기 약혼자가 그렇게 되매 정순의 고민은 이만저만 큰 게 아닌 것이었던 것이었다…'

어둠 속에서 영사기가 돌아가는 낮은 기계음이 물소리처럼 아련한 가운데 청산유수와도 같은 변사의 낭랑한 목소리가 관객의 심금을 쥐어짰다. 그와 함께 객석의 여기저기에선 남몰래 훌쩍이는 소리가 끊이질 않았다.

당시 변사는 대개 스크린 왼편에 자리한 일반용 탁자에 앉아 책상 전등이나 손전등으로 대본을 비춰가며 영화 내용을 해설해주었다. 영화 내용의 등장인물을 소개하는 재담 못지않게 분위기를 띄우는 것 역시 변사의 중요한 몫이었다.

그래서 영화가 시작되기 전에 악대의 연주가 흘러나오면 변사는 모닝코트나 프록코트를 애써 걸쳐 입고서 박자에 맞춰 뽕뽕이 춤을 추며 등장하곤 했다. 관객의 흥을 돋우려면 배꼽 뽑는 우스갯소리도 필수였는데, 변사의 이런 재주에 따라 관객의 수가 오락가락했기 때문에 영화 광고에서 아무개 변사의 독연(영화를 여러 변사가 분담하지 않고 혼자서 여러 역할을 도맡은 것)이라는 문구가 웬만한 주연 배우의 이름보다 더 크게 등장하는 때도 허다했다.

또 이러한 변사로 말미암아 경성 시내 극장들은 지역적으로 양분되기도 했다. 청계천을 중심으로 종로 일대의 북촌과 일본인들이 집단으로 거주하던 혼마치 주변의 남촌으로 양분된 것이다. 종로 쪽에는 우미관·단성사·조선극장 등이 조선인 관객을 놓고 삼파전을 벌이는 가운데, 남촌에서는 황금관 ·대정관과 같은 극장들이 일본인 관객을 끌어들였다.

물론 이들 극장이 관객을 따로 구분해서 입장시켰던 것은 아니다. 영화를 설명하는 변사들이 조선인과 일본인으로 나누어지면서 자연스럽게 관객들도 갈라진 것이었다.

한데 이런 영화에 관련된 1932년 4월호〈삼천리〉에 흥미로운 기사 하나가 실려 있다. '조선극장이냐, 단성사냐. 서울 장안의 수십만 관객을 쟁탈하는 극장의 쟁패전은?' 이라는 기고문이었다.

조선극장과 단성사는 서울에 잇서서 조선사람의 손으로 경영되어 나가는 오직 한낯의 민중 오락기관이다. 둘이 다 날마다 수백수천의 관중을 일일야야 日日夜夜로 포용하야 혹은 연극으로 혹은 음악으로 혹은 영화로 기름끼 업는 30만 시민의 생활을 윤색케 하여 주고 잇다. 이제 우리는 이 두개의 오락 진영을 부감하여 보리라.

단성사와 더불어 종로의 영화산업을 이끄는 양대 극장 가운데 하나였던 조선극장은 지금의 인사동 탑골공원 근처에 자리하고 있었다. 3층 근대식 건물로 극장 안에 상설부와 영화배급부 두 개의 부서가 있었는데, 특히 눈길을 끄는 것은 종래에 영화 배급을 전문으로 하던 기신양행을 인수하여 미국 파라마운트사와 직접 특약을 맺은 뒤 파라마운트 제작 영화를 조선극장에서 단독 상영한 것이었다. 그 뿐 아니라 파라마운트 영화를 전국의 상영관에 배급하기 시작하면서, 이 배급을 통하여 거둬들이는 수익금만도 월 3,000원(지금 돈 약 3억6,000만원)을 헤아렸다.

더구나 조선극장은 발성영화를 가장 먼저 수입하여 여기에 사활을 걸고 있었다. 종래의 변사가 해설하는 무성영화가 세계적으로 빠르게 자취를 감추고 있는데 착안하여 8,000원(지금 돈 약 9억6,000만원)의 거액을 투자해서 미국제 R.C.A. 영사기를 구매, 〈유쾌한 중위〉 〈카라마조프의 형제〉 등의 발성영화를 절찬리에 상영하고 있었다.

그런 만큼 발성영화라고 하면 장안에서 일본인이 경영하는 극장이건, 또 다른 외국인이 경영하고 있는 극장이건 간에 조선극장이 단연 우위를 차지하고 있었다. 때문에 경성의 각국 영사관 사람들은 대개 영화 구경을 할 때면 북촌의 조선극장으로 모여들곤 했다. 당시 소문에 따르면 발성영화가 상영되기 시작한 뒤부터 매일 밤 관객이 평균 700명 아래로 떨어진 적이 없었다고 하니, 발 빠르게 발성영화를 들여오기 시작한 조선극장의 전술은 일단 성공했다고 보아도 좋을 성 싶다.

그렇다면 이런 조선극장의 최대 맞수라는 단성사는 어땠을까?

단성사는 조선극장보다 4년 앞선 1918년 지금의 종로 3가 그 자리에 변함없이 자리하고 있었다. 조선극장은 초창기 10년 사이에 무려 10여 번이나 경영자가 바뀌고 또 여러 차례 휴관 위기에까지 처했지만, 단성사만은 설립자 박승필 사장 체제로 별다른 기복 없이 비교적 순탄하게 운영되어 오고 있었다.

그러나 심각한 경제 공황으로 말미암아 박 사장의 개인 재력만으로는 그 한계점에 달하고 있었다. 따라서 지금까지는 볼 수 없었던 전혀 새로운 경영 체제를 도입하게 되는데, 그것은 곧 20여 명에 달하는 단성사 직원 일동이 극장을 공동으로 경영한다는 처방이었다.

그 뿐 아니라 단성사는 지금까지 미국의 유니버설사와 특별 계약을 맺으면서 무성영화만을 들여오던 관행을 바꾸어, 드디어 조선극장과 마찬가지로 〈킹오푸〉〈짜즈〉와 같은 발성영화를 들여와 상영하기 시작했다. 이때부터 두 라이벌 사이에 다소 벌어져 있던 간극이 일거에 따라잡히면서, 단성사와 조선극장과의 경쟁 관계는 앞으로 더욱 치열하게 전개될 것이라는 전망이 우세해지고 있었다.

다시 말해 장안의 영화산업을 이끄는 양대 산맥인 조선극장과 단성사의 속살까지도 속속들이 들추어 내보이고 나서, 이제는 마지막으로 그 판정만을 남겨둔 순간이었다.

그러나 〈삼천리〉는 잠시 숨을 고르고 나서도 그만 판정을 유보하고는 만다. 조선극장이나 단성사 모두 당시 영화계에선 결코 누가 앞서고 있다고 말하기 어려운 쌍벽과도 같아서, 어느 한 쪽의 손도 선뜻 들어주지 못하고 있다.

다만 두 극장의 흥행전만이 뒷날 이어졌을 따름인데, 먼저 흥행의 대박을 터뜨리고 나선 극장은 단성사였다. 1935년에 만들어져 선보인 영화 〈춘향전〉은 한국 최초의 토키영화talkie(사운드트랙이 포함된 영화)라는 점에서 세간의 이목을 끌었다. 경성촬영소가 제작한 〈춘향전〉은 단성사에서 개봉하였는데, 입장료가 1등석 1원(지금 돈 약 12만원)과 2등석 70전(지금 돈 약 8만4,000원)으로 비교적 비쌌음에도 개봉 첫날 흥행 수입이 1,580원(지금 돈 약 1억8960만원)에 달했다. 당시 〈춘향전〉은 제작비가 8,000원(지금 돈 약 9억6,000만원) 가량 들어갔는데, 서울에서만 2주간 상영으로 벌써 제작비의 대부분을 건졌다는 소문이 파다했다.

　물론 경쟁 관계인 조선극장도 구경만 하고 있지는 않았다. 조선극장 또한 〈은하에 흐르는 정열〉이라는 영화를 개봉작으로 올렸는데, 첫날 흥행 수입이 1,300원(지금 돈 약 1억5,600만원)을 기록하면서 단성사에 뒤지지 않는 무한 경쟁을 이어나갔다.

한국기업성장100년史

7억원대 자가용 타는
최초의 여성 기업가 김옥교

앞장에서 '쇠당나귀'라 불렸던 자동차가 처음 등장한 것은 1910년 전후였다고 밝힌 바 있다. 궁궐에서 왕실용으로 들여온 영국제와 프랑스제 자동차였다. 하지만 이 어차는 궐 안에서만 맴돌았을 뿐이다. 궐 밖으로 나오는 일이라곤 없었다.

그러나 궐 바깥에서는 벌써 총독부 고관들을 비롯하여 일본군 사령부, 외교관, 선교사, 그리고 이완용과 박영효 등 친일 귀족들이 다투어 자동차를 구입한데 이어, 광산 부자와 대지주들까지 그 뒤를 이었다. 그러면서 1919년경에는 서울의 거리를 누비는 자동차 대수가 50대 안팎까지 늘어났다.

한데 자동차와 관련하여 〈삼천리〉는 1936년 6월호에 퍽이 흥미로운 기사 한 토막을 싣고 있다. 이른바 장안의 유명 인사들이 타고 다니는 자동차의 가격표를 공개하고 나선 것이다.

서울 장안에서 하루에도 수업시 '아스팔트' 우으로 구으러 다니는 신형 '씨보레' 유선형 자동차가 이 거리에 쏘다니는 시정인市井人들의 말쑥말쑥한 옷자락에 몬지를 피우며 달아나고 잇다.
그런 중에는 서울 안 '명사'들의 자가용 자동차가 한 둘이 아니다. 맷 해 전만 하드래도 그런 줄 몰으겟든데, 요즈음에 와서는 장안에서 누구누구하는 '명사'들이란 거지반 자가용 자동차를 한 대쯤은 가지고 잇다.
이제 이 분들이 사유하고 잇는 자동차란 도대체 얼마나한 가격의 것들인가? 알어보면 아래와 갇다.

최창학(금광 발견으로 벼락부자) — 1만 3,000원(지금 돈 약 15억6,000만원)

민대식(조선 최고 부자 민영휘 아들) — 8,000원(9억6,000만원)

김기덕(무역회사 동일상회 사장) — 8,000원

방응모(금광 발견으로 벼락부자) — 8,000원

임병기(대지주) — 8,000원

신석우(조선일보 사장) — 7,000원(8억4,000만원)

한학수(건축회사 한청사 사장) — 7,000원

박영철(조선상업은행 은행장) — 6,000원(7억2,000만원)

원인수 — 6,000원

김옥교(천향원 사장) — 6,000원

김연수(경성방직 사장) · 4,000원(4억8,000만원)

이밖에도 몟 사람 더 잇스련만도 위선 이만큼 해두기로 하겟다.

이때쯤이 되면 서울 시내를 무람없이 누비면서 '쏘단이는' 자동차 대수가 어느새 500대에 육박했다고 한다. 예컨대 앞에 열거한 이른바 '명사'들 말고도 '10전(지금 돈 약 1만 2,000원)짜리 인간들이 타고 다니는 뻐-스'가 떠나고 나서도 '80전(지금 돈 약 9만 6,000원)이나 하는 택시를 불러 타고 다니는' 팔자 좋은 이들이 그만큼 늘어났다는 얘기다.

그러나 서울의 거리에는 아직도 구부러진 어깨를 한 채 무거운 발걸음을 내딛는, '이 세상에서 제일 못 견딜 일은 ㅇㅇ(수사 기관의 고문을 일컬음)과 빚쟁이에게 졸리는 때' 라는 걸 뻔히 알고 있으면서도, 당장 오늘 '저녁에 솟헤 너흘 쌀이 업서서' 어쩔 수 없이 '흡혈마 전식동물 고리대금업자'를 찾아갈 수밖에 없는 고단한 인생들이 즐비한 것도 사실이었다.

이러한 인생이 곧 당대 식민지 서울의 거리를 오가는 대부분 보통 사람들의 삶이었다. 1936년 상업 중심의 근대도시 경성의 거리 풍경이었다.

그렇다면 당대에 그처럼 대부분 보통 사람들의 삶은 과연 어느 수준이었을까? 다음은 그들의 생생한 육성을 그대로 옮겨본 것이다.

- 가수

"전속 가수나 되면 월급 60원(지금 돈 약 720만원) 이외에 인세와 특별 출연에서 수입되는 것을 합하면 100원(1,200만원) 정도 됩니다만 의복 가지나 해입고 사교도 하자니 늘 회사에 빗지고 단임니다."

- 뻐스껄

"1일 수입은 75전(9만원)이고 노동 시간은 10시간인데 어머니와 동생과 나 세 식구가 사라감으로 보통 부족함니다."

- 신문기자

"월급 70원(840만원). 1일 노동 시간 오전 9시부터 오후 4시까지. 생활비는 하숙대 20원(240만원), 담배갑 6원(72만원), 양말갑 1원(12만원), 술갑 10원(120만원), 양복 등 월부 15원(150만원), 그 외 잡비 15원…. 잘 하면 10여원이 남지만…."

- 여직공

"1일 수입 45전. 노동 시간 오전 7시부터 오후 5시까지. 1개월 기숙사비 9원(108만원) 주고 그 남어지 옷을 해입슴니다."

- 의사

"월급 100원(1,200만원)은 보통이고 개업하며 현금 수입 300원(3,600만원) 이상은 됩니다. 노동 시간은 오전 9시부터 오후 4시까지. 밤중에도 환자가 부르면 가바야지요! 생활비가 상당히 나감니다."

- 카페 여급

"어듸 수입이 일정한가요. 이 집은 퍽 쓸쓸해요. 그래도 하로에 3, 4원 되는 때도 잇고 1원(12만원)도 못되는 때도 잇슴니다. 노동이라고 할 것은 업지만 오후 1시부터 밤 2시까지 일봄니

———————————————————— 한국기업성장100년史

장안의 1등 명기로 뭇 남성들 앞에서 명성을 얻었으나 일찍부터 스스로 기방에서 발을 뺐다. 이후 요릿집으로 큰돈을 벌어 정릉의 청수장에 이어 호텔까지 짓는 최초의 여성기업가로 변신하는데 성공했다. 사진은 조선 3대 부호로 알려진 금광왕 최창학이 타던 뷰익 자동차로 지금 돈 약 15억 6,000만원를 호가하여 가장 고가의 자동차로 세간을 이목을 끌었다.

다. 생활비로는 옷갑시만히 나가빗진담니다."
- 두부장사

"하로 잘 해야 3, 40전(3만6천원~4만8천원) 생기지오. 소리 지르고 도라 다니자니 막걸리 잔이나 먹어야지오."
- 인력거부

"잘해야 하로 50전(6만원) 벌지오. 비나 오면 돈이 생김니까? 만히 발면 만히 쓰고 벌지 못하면 굶는 것 밧게 업슴니다."

놀랍지 않은가. 어쩌면 이토록 지금의 생활 수준과 닮은 점이 많은지 한 세기 전의 얘기라고는 도무지 믿기지 않을 정도다.

암튼 얘기를 되돌려 앞으로 다시 돌아가 보기로 하자. 이른바 수억대의 고급 승용차를 타는 이른바 '명사'들의 명단을 다시 보아주길 바란다.

이 자료에 따르면 당시 서울에서 가장 고가의 자가용을 굴리는 이는 금광을 발견하면서 하루 아침에 일본광업으로부터 800만원(지금 돈으로 약 9,600억원)의 거금을 손에 쥔 벼락부자 최창학으로 나와 있다. 차종이 무엇인지는 알 수 없으나, 지금 돈으로 15억원이 넘는 자가용이라면 당대 최고급 승용차가 아니었나 싶다.

또 한 사람 눈에 띄는 이는 명단 가운데 유일한 홍일점인 김옥교 金玉橋다. 김옥교는 천향원이란 요짓집으로 큰돈을 벌어 당시 건설비용 60만원대의 대형 호텔을 건설하면서 이른바 '장안 명사'의 반열에까지 오른 젊은 여걸이다.

다음은 〈삼천리〉 1935년 11월호에 실린 여사장 김옥교가 짓는다는 호텔 관련 기고문이다.

'60만원을 던져 순 조선식 호텔을 서울에 설設한다는 신문 3면 기사를 여러분은 보셧스리라. 사실 서울에는 이러타 하고 내여노을만한 순 조선풍 호텔이 업다. 이것은 근대적 감각을 가진 사람치고 누구나 통절히 늣기는 유감이 아닐 수 업다.

지금까지 서울에서 그래도 조선 정취가 올르는 호텔이나 고급 여관을 찾다면 겨우 잇다는 것이 견지동의 전동여관典東旅館이다. 이 여관은 역사가 오래서 유명한 기독교의 스타·박사 등 몃몃 분도 유숙한 적이 잇기는 하나 그 가옥 구조라든지 정원의 천석泉石이라든지 손님에게 대접하는 음식범절이라든지 침구 모든 것이 조선을 유람하는 영미국 신사숙녀를 만족히 영접하도록 되지 못하고, 수 삼년 전에 요릿집〈식도원〉하든 안순환씨의 별장을 개조하여서 하는 광교 다릿까의 '중앙호텔'로 말할지라도 집은 비교적 드놉고 깨긋하나 모든 구조가 일류 호텔이라 할 수 업섯다. 나는 안도산安島山(안창호를 일컬음)께서 출옥 즉후 여기 체제하섯든관계로 누차 이 호텔을 삿삿치 구경할 기회를 가젓섯스나 외지에 비하야 엄청나게 손색遜色잇섯다. 그밧게 명동호텔 무슨 여관 모도다 40만이 사는 반도 대표 도시에 자랑할 숙사는 못되엇다.

우리는 각금 지방을 여행하느라면 평양이나 대구, 경주 등지에 실로 여관 시설이 훌륭함을 볼 수 잇는데 엇재서 서울만이 이러케 뒤떠러져 잇는가 하고 생각할 때 안타깝기 그지업다.

그런 까닭에 조선 정취를 맛보자고 일부러 만리타국에서 온 제외국諸外國 손님들은 조선 여관을 찾다가 그만 조선 호텔에 드러 겨우 순종께서 즉위 하시든 팔각당이나 어루만저 보고 만족하는 형편이고 가튼 조선 사람들도 지방에서 올너오는 실업가 등은 남촌의 여관에 여장을 푸는 현상이 대부분이다.
　이때에 잇서 60만원이라는 거금을 던져 순 조선 정취가 흐르는 호텔을 경영한다 하니 일반은 유쾌한 생각으로 이 소식을 듯게 되엿다. 그러면 이 호텔을 누가 설하여 장차 엇더케 경영하여 가려하는고….'

　1935년 무렵 60만원(지금 돈 약 720억원)이라면 결코 만만한 자금 투자가 아니다. 그 때나 지금이나 상당한 재력가가 아니고서는 좀처럼 손을 대기가 쉽지 않은 프로젝트다.
　한데 지금 돈으로 7억원대의 고급 자가용을 타면서 대형 호텔 건설을 선언하고 나선 그녀는 장안의 그 어떤 유력한 부호도, 재벌도 아니다. 이제 갓 서른 두셋에 불과한 젊은 여성 기업가 김옥교라는 이름을 확인하는 순간 누구나 잠깐 눈길이 머물 수밖에 없다. 아니 그녀가 누구인지 당시에도 궁금증을 갖기 마련이었다.
　그러나 그녀는 당시의 부호들이 그랬던 것처럼 무슨 고관대작의 후손이거나 대지주의 집안도 아니었다. 집안의 배경이나 물려받은 재산이라곤 없는, 그렇다고 최창학처럼 금광이라도 발견해서 하루 아침에 벼락부자가 된 것도 아니었다. 그녀 또한 그리 간단치만은 않은 인생 역정을 헤쳐온 숨은 이야기를 간직하고 있었다.

서울 태생의 김옥교는 가난한 집안에서 태어나 변변히 학교조차 다니지 못했다. 하지만 미모가 워낙 뛰어나 머리를 길게 땋고 다니던 어린 시절부터 곧잘 사람들의 입에 오르내리곤 했다. 또 그 같이 집안은 가난하지만 얼굴이 빼어나게 예쁜 처녀들이 가는 길이란 으레 정해져 있곤 했다.

다름 아닌 기생이었다. 그녀 또한 어떤 '권번'에 기적을 두고 나비 같은 어여쁜 자태로 뭇 남성들 앞에 서게 되었던 것이다.

더구나 그녀가 아리따운 미모와 자태를 인정받는 데는 시간이 그리 오래 걸리지도 않았다. 기방에 출현한 지 얼마 되지 않아 이미 소리 잘 하고, 춤 잘 추고, 거문고 잘 타는 '장안 1등 명기'란 칭송을 얻었다.

이쯤 되자 얼굴 잘 생기고 돈 잘 쓰는 남정네들이 그녀의 주위에 무시로 오락가락했다. 어떻게든 그녀를 차지해보려고 저마다 사족을 못 썼다.

하지만 화무십일홍의 덧없음을 알기나 하듯이, 그녀는 나이 서른 줄에 접어들 무렵 잘 나가던 기방에서 스스로 발을 뺐다. 그런 뒤 남편과 함께 인사동 조선극장 부근에다 '천향원'이란 조선 요릿집을 개업하면서 안주인으로 들어앉았다.

그러나 주위의 기대보다는 우려가 더 컸다. 당시 조선 요릿집 하면 명월관과 식도원이 규모에서 화려함에 이르기까지 모든 면에서 빈틈이라곤 없었다.

한데도 김옥교의 천향원은 출발부터 남다른 구석이 있었다. 입소문을 듣고 찾아온 그녀의 올드팬들(?)로 이내 문전성시를 이뤘다. 더구나 오랜 불황기를 지나 때마침 불기 시작한 호경기를 타고서 요릿집 경영은 순풍에 돛을 단 듯 순조롭게 열려나가 시쳇말로 돈을 자루에 쓸어 담았다.

그렇게 불과 3, 4년 만에 요릿집 천향원을 증축하는가 싶더니, 풍광 좋은 성북동에 별장을 지은데 이어, 마침내는 거금 60만원을 쏟아 부어 서울 시내 한복판에다 대형 호텔을 짓겠다는 폭탄선언을 하기에 이르렀다. 권번의 기생에서 요릿집으로, 다시금 대형 호텔을 지어 올리면서 불과 서른 두셋의 나이에 우리 나라 최초의 여성 기업가로 자신의 이름을 적바림하게 된 것이다.

제3부
조선은행에서부터 '라초이' 까지

한국기업성장100년史

은행의 탄생, 조선은행에서 동일은행까지

굳게 닫혀만 있던 왕조의 엄숙한 문이 일본에 의해 활짝 열리자마자 마치 기다렸다는 듯이 일본 상인들이 밀려들었다. 그리고 그들은 서구의 근대적 공장에서 만들어낸 새롭고 진기한 상품을 개항장으로 마구 들여왔다. 쇄국의 견고한 울타리 안에만 머물러 있던 조선의 시장 역시 그러한 개화 상품에 열광했다.

그러나 조선 상계는 그 같이 열광하는 새로운 수요에 대응할 만한 자본도 기술도 아직은 변변히 갖추지 못하고 있었다. 조선 왕조의 산업을 지배해오던 종로 상계는 일본에 의해 주도된 갑오경장(1894) 이후 붕괴하고 만 상태였으며, 근근이 이어져 오던 수공업자들 또한 근대산업을 감당하고 나설 처지가 되지 못했다.

때문에 이 시기 내세울 수 있는 민족 자본이라야 극히 제한적인 데다, 또한 보잘 것이라곤 없었다. 몇몇 토지 자본가들을 비롯하여 원면에서 실을 뽑아 옷감으로 만들어내는 방직업, 그리고 일본 고리대금업자들과 일본계 은행들이 판을 치고 있는데 자극을 받아 뒤늦게 뛰어든 금융업, 예컨대 몇 개의 은행이 전부라고 할 수 있었다.

그 중에서도 은행은 장안의 부호들이 가장 선망하는 산업이었다. 이른바 '돈 놓고 돈 먹는' 금융업이야말로 사업 경험이 전무 했던 당대 자본가들에게는 가장 안전한 사업이었기 때문이다. 그런만큼 내놓으라는 조선의 부호들이 너도나도 은행업에 뛰어들거나 뛰어들길 원했으며, 따라서 다른 산업에 비해 상대적으로 자산의 동원 규모 또한 꽤나 큰 편이었다.

이러한 은행의 탄생은 개항과 더불어 처음 시작되었다. 개항 이후 조선에서 상업과 무역에 종사하는 자국 상인들의 경제 활동을 지원하기 위해 일본 제일은행(1878)이 부산포에, 제18은행(1889)이 원산에, 제50은행(1892)이 제물포에 각기 출장소를 개설한데 이어, 또한 영국의 홍콩상해은행(1896)이 제물포에, 한성의 러시아공관에 개설된 한로은행(1889)이 그 효시였다.

한데 이러한 은행들은 자국 상인들을 위해 예금, 대출, 송금과 같은 은행 고유의 영업을 하고 있으면서도 조선 상인들과는 거의 관계를 갖지 않았다. 자국 상인들과 밀착되어 있을 뿐 조선 상인들을 위해서는 아무러한 편리함도 개발하려 들지 않았다.

이에 따라 근대적 금융기관으로서 조선의 민족 은행이 설립되기 시작했다.

먼저 대한제국의 황실과 관료들이 적극적으로 나서 화폐 제도와 재정 제도의 혼란을 극복하고, 일본 은행의 침투를 막아내기 위한 노력이 최초의 결실을 맺은 것은 1896년에 설립된 조선은행이었다. 조선은행은 황실과 함께 독립협회를 주도한 고위 관료가 발기하고, 그들과 협력 관계에 있던 한성의 조선 상인들이 참여하여 설립되었다.

그러나 황실에 의해 만들어진 조선은행은 순항을 계속하지 못했다. 독립협회의 쇠퇴와 함께 그 운명을 같이 할 수밖에 없었다.

이듬해 다시 황실에 의해 설립된 한성은행의 운명 또한 다르지 않았다. 한성은행은 설립과 동시에 조세금을 취급할 권리를 획득하면서 유리한 조건 속에서 영업을 개시할 수 있었다. 하지만 그 이듬해에 다시금 대한천일은행이 설립되면서 황실의 지원이 한성은행에서 대한천일은행으로 집중되었고, 결국 한성은행의 영업은 부실해지고 말았다.

고종으로부터 내하금 3만원을 지원받으면서 출범하게 된 대한천일은행은, 앞서 설립한 조선은행과 한성은행의 시행착오와 한계를 학습 삼아 우선 주요직에 황실에서 신임하는 관료들이 배치되었다. 뿐만 아니라 조선은행과 한성은행의 경우 황실이 설립을 주도하고 관료들의 적극적인 지원을 받는 형식이었다면, 대한천일은행은 가꾸로 한성의 거상이었던 김두승 김기영 백완혁 조진태 등 민간인들이 설립을 주도하고 황실로부터 적극적인 지원을 받는 형식으로 체질을 보다 강화시켰다.

1902년에는 영친왕이 은행장으로 취임하여 은행의 정치적 지위와 사회적 신뢰를 더욱 공고히 다졌다. 영친왕의 취임과 더불어 주주와 자본금도 크게 늘어났다. 1905년에는 주주가 51명으로 늘어났으며, 불입 자본금 또한 법정 자본금 5만 6,000원을 모두 채울 수 있을 정도가 되었다.

그러면서 대한천일은행은 일본에 의해 기습적인 화폐개혁이 단행되던 1905년 한 해 동안 영업을 잠깐 정지한 것 말고는, 오늘날의 우리은행에 이르기까지 그 오랜 역사를 면면히 이어오고 있다. 한 세기 넘게 줄곧 금융기관으로서의 역할을 다해오고 있는 것이다.

그렇다 하더라도 대한천일은행만으로 조선 상계의 금융 문제를 모두 다 해결하기는 어려웠다. 더구나 일본은 이미 조선 상계가 이용할 수 있는 재정 자금의 길을 철저히 차단시키는 한편 대신에 일본인이 지배하는 금융기관을 구축, 식민 지배를 본격화하면서 무엇보다 자금 경색이 심각해진 상태였다.

그에 반해 조선에 진출한 일본 상인들의 자금 운용은 상대적으로 용이했을 뿐더러, 오히려 조선 상인들이 겪고 있는 자금 경색에 편승하여 축적된 자금을 이용한 고리대금업에 나서고 있었다. 한데다 이들 금융기관의 금리는 자국 상인들보다 조선 상인들이 월등하게 더 높았다. 고금리의 수탈로 조선 상인들을 압박했던 것이다. 또 이러한 압박은 식민 지배를 본격화한 일본이 원하던 구도이기도 했다.

그러나 이러한 고금리는 한국 상인들에게 큰 문제였으나, 반면에 민간 은행 설립이 안정적인 수익을 보장하는 결정적 조건이 될

당시 조선은행을 출입하던 기자가 소문으로만 무성하던 조선은행 지하 금고를 직접 들러보고 나서 기사를 썼는데, 눈에 띄는 대목은 1930년대에 이미 담청색이 강철이며 암호문 다이얼, 잔기 시설로 되어 있는 개폐 장치로 놀랍지만, 행여 외부에서 지하 터널을 파고 들어가 금괴를 훔쳐갈지도 모를 것에 대비해 그 깊디깊은 지하 공간에다 다시금 연못을 파고 물 위에 다시 누각을 지어 지하 금고를 보관하고 있다는 것은 아무래도 뜻밖이다.

수 있었다. 결과적으로 일본 상인들의 고금리가 민간 은행 설립의 주요한 배경이 되었다고 할 수 있다.

하지만 당시 은행 설립은 상당한 규모의 큰 자본을 필요로 했다. 따라서 은행업에 진출한 이는 대개 대지주였다. 그 때까지만 하여도 자산의 주요 형태가 토지였던 점을 감안하면 민간 은행 설립에 참여했던 이들이 대지주였다는 사실은 너무도 당연한 일이다. 또한 이들이 은행 설립이나 경영에 참여하고 나섬으로서 비로소 대지주들의 부르주아화 변신을 촉진하는 계기가 되었음이 물론이다.

그런 결과 1910~1920년 사이 전국의 주요 도시에 민간 은행이 잇따라 설립되었다. 1921년까지 한일은행, 한호농공은행, 밀양은행, 선남은행, 부산상업은행, 대구은행, 호서은행, 경남은행, 삼화은행, 평양은행, 동래은행, 신의주은행, 원산상업은행, 삼남은행, 경일은행, 조선실업은행, 경상공립은행, 호남은행, 대동은행, 해동은행, 동일은행 등이 각기 영업을 개시하고 나섰다.

그러나 1920년대 이후 민간 은행은 더 이상 설립될 수 없었다. 조선총독부에서 과잉 투자 분야로 규정하면서 점차 상호 간에 흡수·합병되어가는 순서를 밟았다. 또 이러한 은행 간의 흡수·합병은 은행 자본 간의 집중화 과정이자 한국계 은행 자본의 도태 과정이기도 했다.

그리하여 1929년 17개이던 한국계 민간 은행이 1937년 중일전쟁 이후 전시 금융 통재에 들어갔을 때는 조선 전체를 다 둘러보아야 겨우 10개를 손꼽을 수 있는 정도였다. 그나마 언제 어떻게 흡수·합병 등으로 사라질지 모르는 소규모 지방 은행들이 대부분이었다.

그래도 경성에서 제법 규모를 갖춘 은행이라야 박영철 소유의 조선상업은행, 민대식 소유의 동일은행, 그리고 김연수 소유의 해동은행 3개가 고작이었다.

따라서 이 세 은행장은 당시 한인 상계에서 단연 총아였다. 이들의 일거수일투족은 언제나 장안의 화제였으며, 이들 세 은행장의 하루 일과를 들여다 볼 수 있다는 건 결코 놓칠 수 없는 흥미로운 관심사가 아닐 수 없었다.

먼저 조선상업은행의 박영철은 전주 출신이었다. 그의 부친 박기순은 전라도 53개 고을에서 모르는 이가 거의 없다할 만큼 소문난 만석지기의 대지주였다. 이런 토호의 집안에서 태어난 박영철은 일찍이 일본 도쿄로 건너가 육군사관학교를 마친 뒤, 구한말 무관학교 교관을 시작으로 군 요직을 두루 거쳤다. 1910년 한일병합 이후에는 군수, 참여관, 함경도지사 등을 지내오다, 아버지 박기순이 은행장으로 있던 삼남은행을 맡으면서 은행업에 투신하여 종래에는 조선상업은행을 소유케 되어 은행장에 오른 인물이었다.

이런 박영철이 은행에 출근하기는 대개 오전 9시 전후였다. 그 때부터 밀려드는 방문객을 맞이하느라 눈코 뜰 새 없이 바쁜 시간을 보낸다. 교제의 범위가 넓을 뿐 아니라 오랫동안 관계와 군부에 몸을 담았던 터라, 그를 찾는 이가 하루에도 적지 않았다. 여기에다 그가 특별히 애정을 쏟고 있는 동민회 일과 신문 기자들과의 인터뷰 등이 줄을 이었다. 한데다 며칠에 한 번은 총독부로 재무국장을 방문하여 은행 관련 최고 협의를 해야 했다.

정오부터는 점심시간이었다. 그러나 아직 만나야 할 사람이 많고, 은행 관련 정보를 위해 점심은 으레 은행집회소에서 하기 일쑤였다. 그곳에서 경성 상계의 유력 인사들과 함께 금융 관련 정보를 교환하고 공유하곤 했다.

저녁시간은 대개 주연으로 이어졌다. 한데 박영철은 자신의 저택 정원에서 주연을 베풀길 즐겼다. 특히나 신년 초에는 총독부 대관들을 비롯하여 경성 상계의 유력 인사들을 한 자리에 초청하여 대연을 베풀곤 했는데, 하루 저녁 연회 비용이 자그마치 3,000원(지금 돈 약 3억6,000만원)에 이를 정도였다고 한다.

그러나 저녁시간에 주연이 잡혀있지 않은 날엔 가까운 친구를 불러 자신의 집에서 바둑으로 한가한 시간을 보냈다. 일요일에는 주로 청량리에 자리한 이왕직 골프장으로 나가 골프로 건강을 챙겼다.

한편 동일은행의 민대식은 조선에서 가장 돈 많은 민영휘의 장남으로, 일찍이 영국 검교(케임브리지)대학교 경제학과를 유학하고 돌아온 엘리트였다.

그는 아버지 민영휘가 조선한일은행을 150만원(지금 돈 약 1,800억원)에 인수하자, 자신이 사장으로 있던 광업주식회사와 다시 합병하여 자본금을 200만 원(지금 돈 약 2,400억원)으로 증액시켰다. 그러다 또다시 호서은행을 합병시키면서 자본금 400만원(지금 돈 약 4,800억원)의 동일은행으로 재출범했다.

민대식 역시 오전 9시경엔 출근해서 고위 간부와 함께 어떻게 하면 불량 대출 건을 회수하고 정리할 수 있는지 경영 전략을 수립했다. 오후에는 가끔 계명 구락부(회합소)에도 나갔다. 그곳에서 바둑계의 고수 가운데 한 사람인 매일신보 최린 사장과 마주앉아 바둑 일전을 벌이거나, 당구를 치기도 했다. 그런가하면 그곳에 모인 지식인들과 어울려 세상 돌아가는 흐름에 대해 한담을 나누기도 했는데, 대개는 그 연장선상에서 저녁 주연으로 이어지기 마련이었다.

마지막으로 일본 교토대학교 경제학과를 유학하고 돌아온 해동은행의 김연수 역시 아침 출근 시간은 9시 무렵이었다. 은행에 출근하게 되면 예외 없이 은행 업무는 물론, 맏형인 김성수와 함께 이끌어가고 있는 경성방직과 경성상공 등 계열 회사의 업무로 분주한 시간을 보내기 마련이었다. 또한 며칠에 한 번은 총독부를 방문해야 했다. 재무국장을 만나 은행 관련 최고 협의를 해야 하는 것은 조선상업은행의 박영철과 크게 다르지 않았다.

낮 동안에는 은행집회소에도 나가봐야 했다. 경성 상계의 유력 인사들이 모여 금융 관련 정보를 서로 교환하는 까닭에서였다. 그런가하면 교토대학 동창회 일도 그에게는 빼놓을 수 없는 관심사 가운데 하나였다.

이같이 하루의 해가 짧기만 한 그에게 저녁이면 으레 주연의 자리가 기다리고 있었다. 하지만 그가 누구를 요릿집으로 초대하는 경우는 극히 드물었다. 그 대신 저녁마다 거의 빠짐없이 초대를 받아 명월관으로, 식도원으로 다니면서 어울려야 했다. 대부분 해동은행의 고객 상인들이거나 예금주들이었기 때문이다.

그러나 이런 세 은행마저 일제 말기에 접어들면 더 이상 보이지 않게 된다. 한국계 은행 자본의 도태 과정이 막바지로 치달으면서, 이후에도 은행 간의 흡수·합병과 도태가 계속되었던 것이다. 예컨대 호남은행이 동래운행을 합병하여 수권 자본금을 법정 한도액인 200만원(지금 돈 약 2,400억원)까지 높여 영업을 지속할 수 있는 여건을 만들었으나, 끝내 1942년 민대식의 동일은행에 합병되는 비운에 처하고 말았다. 동일은행은 이처럼 호남은행과 합병하여 몸집을 불린 결과 끝까지 유일하게 살아남은 한국계 은행이었으나, 1943년 이미 일본계 은행으로 넘어가고 만 한성은행과 다시 합병되고 말면서 조흥은행(훗날 신한은행으로 합병)으로 이름을 바꾸어야 했다. 하지만 마지막까지 살아남았던 동일은행마저 사라지게 됨으로써 해방 직전 한국계 은행은 완전히 소멸하고 말았다.

돌이켜보면 1910년 이래 일본 상인들의 고금리에 반발하며 민간 은행들이 들불처럼 탄생하였다가 이내 사라져갔다. 그러나 이러한 민간 은행들은 일제 치하 격변하는 시장 환경 속에서도 그나마 한인 상인들이 전멸하지 아니하고 전통적인 종로 상권을 어느 정도 유지할 수 있게 해주었다고 보아진다.

한국기업성장100년史

호텔의 탄생, 대불호텔에서 손탁호텔까지

개항과 함께 제물포에는 수많은 외국인들이 쏟아져 들어오기 시작했다. 일본인과 청나라 사람들 말고도 서구에서 먼 바다를 건너온 외교관, 선교사, 기업가, 의사, 특파원, 여행가. 탐험가, 사냥꾼 등 숱한 외국인들이 하루가 다르게 밀려들었다.

한데 이들이 가장 먼저 겪게 되는 어려움은 다른 무엇보다 숙박 시설이었다. 지구를 반 바퀴나 도는 먼 뱃길을 달려와 제물포에 발을 내려놓았다하더라도, 교통 시설이 따로 없었던 당시에 제물포에서 80리 거리의 한성까지 당일에 이동하기란 요원했다. 적어도 하룻밤 정도는 제물포에서 숙박을 해결해야 했던 것이다.

그렇다고 한 방에 여럿이 묶어야 하는 조선 주막집의 누추한 봉

눗방에 들어가기도 뭐했다. 때문에 먼저 들어와 정착해 살고 있는 서양인들의 호의를 기대하거나, 그도 아니면 자기 나라 영사관에서 신세를 질 수밖엔 도리가 없었다. 조선엔 아직 호텔이라곤 없었던 탓이다.

이런 조선에 근대호텔이 맨 처음 등장하게 된 것은 역시 개항 제물포에서였다. 미국 군함의 선상 요리사로 활동하던 일본인 호리 큐타로가 개항과 함께 제물포에 정착하여, 처음에는 빵 굽는 일부터 시작해서 정육점, 환전업, 제화업을 전전하다 세운 대불大佛호텔이 그것이었다.

한데 대불호텔이 생겨난 초기의 시설은 보잘 것이 없었던 모양이다. 서양 요리는 형편이 없는데다, 호텔 지붕에선 빗물이 줄줄 샐 정도였다고 한다.

그러나 1887년 건축에 착수하여 이듬해에 완공된 새로운 대불호텔은 완전히 서양인들을 위한 서양식 호텔로 지어졌다. 당시로선 가장 서양식 유행을 따른 하이컬러 3층 높이의 붉은 벽돌 건축물은 단번에 개항 제물포의 랜드 마크로 떠올랐다.

더욱이 이 호텔은 일어가 아닌 유창한 영어로 손님들을 맞이했으며, 식사 또한 서양인들의 입에 맞는 제대로 된 서양 요리와 함께 커피가 제공되었다. 객실 수는 침대가 딸린 방이 11개, 다다미방이 24개로 결코 적지 않은 규모였다. 숙박료는 당시 화폐로 상급이 2원50전, 중급이 2원, 하급이 1원50전이었다. 주변의 숙박 시설에 비하면 2배 이상 비쌌으나 늘 빈 방이 없을 정도로 인기가 높아, 제물포를 통과하는 거의 모든 외국인들은 예외 없이 이 호텔을 들러 가는 필수 코스처럼 여겨질 정도였다.

이에 반해 서울에 호텔이라는 이름을 내건 서양식 숙박시설이 마침내 본격적으로 등장하게 된 것은 1900년 무렵이 되어서였다. 제물포와 노량진 사이에 철도가 부설된데 이어, 한강 철교의 준공과 더불어 서대문역까지 경인철도가 완전히 개통된 것이 그 직접적인 계기였다.

예전 같으면 제물포에 당도하여도 으레 하룻밤 정도는 제물포의 호텔에서 숙박을 해결해야 했는데, 기차를 이용하여 곧바로 한성까지 들어올 수 있게 되면서 구태여 제물포에 체류할 이유가 없어진 것이었다. 이를 계기로 제물포의 호텔들이 서서히 쇠락의 길로 접어든데 반해, 한성에선 새로운 수요에 따라 전에 없던 서양식 호텔들이 속속 등장하기 시작했다.

새로운 황궁이 된 경운궁 영역과 인접한 곳에 자리했던 서울호텔, 경운궁의 정문인 대한문 앞 프렌치호텔과 임페리얼호텔, 그리고 서대문 부근(현 농협중앙회)의 스테이션호텔이 거의 비슷한 시기에 세워졌다. 흔히 '미스 손탁'으로 알려진 앙트와네트 손탁의 손탁호텔(현 이화여고 100주년기념관) 또한 같은 시기에 등장했다.

먼저 이탈리아인 뻬이노 소유의 서울호텔은, 탁 트인 널찍하고 잘 갖추어진 침실이며 고급스런 프랑스 스타일의 요리를 선보였다. 호텔 부속 식료품 가게에는 그동안 구경조차 할 수 없었던 갖가지 서구 상품이 이목을 끌었다. 새로 입하한 프랑스 · 독일 · 이탈리아 · 러시아산의 와인이며 샴페인, 맥주, 해즐럿, 농축 및 무가당 우유, 각설탕, 식탁용 건포도, 이집트산의 담배, 일본산의 광천수, 그리고 영국산과 미국산 통조림 등이 즐비했다.

이 호텔에는 한때 외국의 용병들도 투숙한 적이 있었다. 예컨대 1898년 9월, 우리 정부의 외부 고문관 그레이트 하우스의 주도 아래 황궁 수비를 목적으로, 중국 상하이에서 고용해 온 30명의 외국인 용병들이 이 호텔에 머물렀다. 미국인 9명, 영국인 9명, 독일인 5명, 프랑스인 5명, 러시아인 2명으로 구성된 이 외국인 용병들은, 그러나 급기야 만민공동회萬民共同會에서 우리 스스로의 힘으로 황궁도 지키지 못하느냐는 논란을 불러일으켰다. 이에 따라 이 용병들은 황궁 경비 임무에 투입되어 보지도 못한 채 공연히 1년 치의 급료만 지급하고는 곧바로 해산하고 마는 소동이 일기도 했다.

프랑스풍의 프렌치호텔은 호텔 정면 2층에 근사한 베란다가 설치되어 있던, 당시 한성에서는 가장 규모가 큰 호텔이었다. 이 호텔의 첫 주인은 론돈이었다. 론돈이라면 개항장 제물포는 물론이고, 한성에서도 대창양행을 운영하고 있던 무기판매의 거상이었다. 이 때문에 초기 프렌치호텔은 '롱동여관'으로 불리기도 했다.

하지만 이 호텔은 3년 뒤 새 주인을 맞이했다. 론돈이 운영하는 제물포 대창양행의 직원이었던 마르텡으로 호텔의 소유주가 바뀌게 된 것이다. 요컨대 프렌치호텔은 론돈에 의해 개설되었으나, 이 호텔의 운영권은 대창양행의 직원이었던 마르텡에게 넘겨진 것으로 보인다.

호텔의 새로운 소유주 마르텡은 사업 수완이 매우 뛰어난 이였다. 1905년에는 서대문 부근에 자리한 스테이션호텔까지 인수하여, 이곳에 영화 상영관을 만들기도 했다.

———————————— 한국기업성장100년史

호텔의 탄생은 곧 새로운 문화 공간의 등장이었다. 영화 상영은 물론이고 서양인 음악가들이 출연하는 유료 콘서트에서부터, 조선의 마타하리로 불렸던 일본의 밀정 배정자가 세 번째 남편인 박영철과 신식 결혼식을 올린 곳이기도 했다. 사진은 조선호텔의 풍경이다.

그런데 한 가지 흥미로운 건 이 프렌치호텔에 묵었던 서양인 투숙객들이 한결같이 이 호텔에 대해 그다지 좋은 인상을 갖지 않았다는 점이다. 그건 아무래도 이 호텔이 목욕시설을 갖추지 않은 불편함 때문이었던 것으로 보인다.

경운궁(혹은 덕수궁으로 부름) 대한문 앞에는 이런 프렌치호텔 말고 또 하나 서양식 호텔이 있었다. 요리사 출신의 프랑스인 물리스 소유의 임페리얼호텔이 그것이었다.

그러나 임페리얼호텔 역시 프렌치호텔과 마찬가지로 투숙객들로부터 그다지 좋은 인상을 남기지 못했던 것 같다. 다름 아닌 목욕시설을 갖추고 있지 않았다는 사실이 그것이다. 때문에 이 호텔에 처음 들어선 투숙객들은 목욕시설이 구비되어 있는지부터 물었으나, 호텔 주인 물리스는 '일본인 구역(혼마치)에 있는 목욕탕을 이용해야 한다' 는 얘기밖엔 들려줄 수 없었다.

그렇대도 새 황궁의 정문인 대한문 바로 앞에 자리한 이 호텔의 지리적 이점은 매력적이었던 것 같다. 이 호텔 2층 베란다는 한성의 명사들에게 새 황궁을 드나드는 모든 풍경을 바라볼 수 있게 해주는 훌륭한 전망대 역할을 해주었다. 간혹 고종 황제의 행차를 호텔 베란다에서 내려다보다 불경죄로 처벌되는 사례도 없지 않았지만 말이다.

하지만 이 호텔은 그런 지리적 이점에도 불구하고 이내 역사의 뒤안길로 사라지고 만다. 문을 연지 불과 3년여 만에 폐업하고 말았다.

서대문 부근의 스테이션호텔은 영국인 선교사 엠벌리 소유였다.

이 호텔의 초기 모습은 담장 대신 나무를 둘러 세운 장식만이 조선식이 아닐 뿐, 건물 모두가 순전히 조선식 단층 기와집 수준이었다.

그렇대도 '스테이션'이란 이름 그대로 이 호텔은 임페리얼호텔과 마찬가지로 남다른 지리적 이점이 있었다. 제물포에서 경인철도를 타고 단번에 한성으로 들어오는 외국인 탑승객들이 주로 찾는 호텔이 되었다. 더구나 1899년 미국인 사업가 콜브란에 위해 개통된 청량리-서대문 구간의 전차 종착점이 되면서 여러모로 교통의 이점을 가진 호텔로 부각될 수 있었다.

때문에 엠벌리는 초기의 기와집을 헐고 서양식 신축 건물을 지어 올렸다. 정면에 성탑이 우뚝 솟아있고 그 꼭대기에 다시 높다랗게 깃대를 세운, 한성의 그 어떤 호텔보다도 멋지고 품위 있는 호텔로 거듭 태어났다.

그러나 엠벌리가 독립신문을 인수하여 사장으로 취임하면서 이 호텔은 앞서 얘기한 프렌치호텔의 마르텡 소유로 바뀌게 되었다. 그러면서 마르텡은 이 호텔의 이름을 애스터 하우스로 바꾸었다.

특히나 마르텡이 인수한 뒤에는 애스터 하우스가 단순히 숙박시설을 넘어 때로는 영화 상영관으로, 또 때로는 한성과 제물포에 거주하는 서양인 음악가들이 출연하는 유료 콘서트를 개최하는 등, 새로운 문화 공간으로 폭넓게 활용되기도 했다. 그런가하면 '조선의 마타하리'로 불렸던 일본의 밀정 배정자가 세 번째 남편인 박영철과 결혼식을 올린 곳도 다름 아닌 이 애스터 하우스였다. 아직은 서양식 결혼식조차 흔치 않았던 시절에 이미 그 때 요즘 유행하는 호텔 결혼을 하여 원조가 된 셈이었다.

하지만 애스터 하우스의 운명 또한 그다지 오래 지속되지는 못했다. 한일병합 이후 일제 강점기에 접어들면서 호텔의 소유주였던 마르텡의 종적은 물론이고, 애스터 하우스마저 완전히 자취를 감추고 말았다.

여기에 빠질 수 없는 게 손탁호텔이었다. 손탁은 프랑스 태생의 독일인이었다. 여동생의 남편이 러시아 주한공사인 웨베르였는데, 그를 따라 1885년 한성으로 들어올 때 당시 32세의 젊은 미망인이었다.

하지만 한성에 들어온 지 몇 년 지나지 않아 그녀는 웨베르 공사의 추천으로 명성황후를 소견케 되고, 황궁에서 외국인을 접대하는 관리로 촉탁되었다. 더욱이 명성황후에게 자주 불려가 서양 세계에 대한 이야기 상대가 되어주면서 그녀의 존재가 빛을 발하기 시작했다. 그녀는 재기 발랄한데다 영어와 불어에서부터 조선어까지 능숙하여 명성황후는 물론 드디어 고종의 지척에까지 갈 수 있기에 이르렀다.

그러면서 1895년에는 정동에 있는 황궁의 토지와 가옥을 일부 하사받고, 황궁의 외국인 접대 이외에도 황족들에게 서양 식기를 비롯하여 서양의 장식 등을 소개하면서 지냈다.

그러던 손탁에게 명성황후 시해 이후 고종의 아관파천은 예기치 않은 행운이었다. 그녀는 갑작스레 러시아 공관으로 이어한 고종의 식사에서부터 일상에 이르기까지 정성껏 시중을 들었다. 고종은 그런 손탁을 유달리 마음에 들어 하여 나중에는 황궁의 요리에서부터 연회의 일체를 맡기면서 거액의 하사금까지 내렸다.

그녀는 고종으로부터 받은 거액의 하사금으로 러시아공사관 건너편의 자리를 사들여, 1902년 서양식 2층 규모의 큰 건물을 신축했다. 어느새 사십대 중반이 되고만 그녀는 거기에 손탁호텔이라고 이름을 짓고, 스스로 여주인 겸 총지배인으로 호텔을 경영하고 나섰다. 지금의 정동에 있는 이화학당 건물이 그 자리이다.

하지만 손탁호텔은 한성의 다른 호텔들과는 달리 황궁 국내부의 '프라이빗 호텔(예약된 손님만 투숙하는 특정 호텔)'의 형태로 운영되었다. 한데도 손탁호텔 만이 유명해지고 역사에 적바림되어 있는 까닭은 처음부터 한성에 거주하는 서양인들의 일상적 회합 장소로 자리매김하게 된데다, 무엇보다 반일친미 세력의 회합 장소로 알려졌기 때문인 것으로 여겨진다.

그러나 1904년 러일전쟁에서 러시아가 패하자 손탁호텔에도 돌연 위기가 찾아들었다. 러시아 세력이 크게 위축되면서 손탁호텔 또한 그럭저럭 명맥만을 유지하는 수준으로 전락하고 만 것이다. 그러다 이듬해인 1905년에는 당시 일본의 최고 실력자인 이토 히로부미가 이곳에 투숙하면서 이른바 '을사보호조약'을 배후에서 진두지휘한 비운의 역사를 간직한 공간이 되기도 했다.

결국 그녀는 역사의 격랑을 이기지 못해 프랑스인 보에르에게 손탁호텔을 매각한 뒤, 24년 동안의 조선 생활을 마감한 채 내쫓기듯 프랑스로 돌아갔다. 프랑스로 돌아가 풍광 좋은 리스 지방에 별장을 지어 극동의 왕국에서 가져온 재산을 쌓아두고 만년을 유유히 보낼 계획이었다.

한데 어떻게 된 영문인지 재산의 대부분은 여동생인 웨베르 부인의 명의로 러시아은행에 예치된 채 러시아 기업에 투자되었다. 그러나 러시아혁명 이후 공산당 정권이 들어서는 과정에서 그녀의 저금도 투자도 한순간에 사라지고 만 채, 1925년 71세의 노양老孃으로 그만 러시아에서 객사하고 말았다.

돌아보면 개항과 함께 서양식 숙박 시설인 근대 호텔이 이 땅에 탄생하였다가, 역사의 격랑 속으로 하나 둘 사라져갔다. 하지만 이 때 등장하게 된 근대 호텔은 한성에 정착한 서양인들에겐 하나의 문화 공간이었다. 또 한편으로는 스러져가던 대한제국의 쇠망기를 고스란히 지켜본 역사의 현장이기도 했다. 그것도 가장 긴박했던 역사적 시점의 생생한 현장이었을 뿐더러, 이들 호텔의 운명 또한 그 궤를 같이하고 있음을 볼 수 있다. 다시 말해 개항기에 처음 등장하게 된 근대 호텔은 단순히 외국인들을 위한 숙박 시설로서 만의 역할이 아닌, 여러모로 주목받는 문화와 역사의 현장이기도 했던 것이다.

한국기업성장100년史

1조원대 정어리어장 놓고 벌인 조선 어업과 일본 어업

　　　　　　　　　　일제 강점기 일본이 조선 어업을 무참히 침략해 들어왔던 것은 풍부한 어장이 있었기 때문이다. 아니 좀 더 얘기하자면 무엇보다 고급 어류가 많아서였다. 이미 무차별 남획으로 거의 씨가 말라버린 일본 연안에 비해 조선의 어장에는 전복·해삼·붕장어·갯장어·가자미·상어지느러미·도미·방어·삼치·고등어·정어리·명태 등이 풍부했다. 또 이러한 어류들은 일본인들이 가장 좋아하는 고급 어종으로 판로도 언제든지 가능했다.

　조선 어민들 또한 가만있지 않았다. 일본 어민들이 상륙하려 하면 돌을 던지고 어획물을 빼앗으려 들었다. 일본 어민들은 식수를 얻으려 하였지만 좀처럼 상륙할 수 없었다. 때문에 일본 어민들은 당시만 해도 조선에선 매우 희귀한 성냥 · 양초 · 사탕과 같은 개화 물건을 주며 환심을 사려 애썼다.

하지만 소꿉장난 같은 이런 줄다리기도 한때였다. 마침내 1910년 한일병합이 되자 일본 어민들은 언제 그랬느냐는 듯이 조선 어업을 무람없이 침투할 수 있었다.

조선총독부는 먼저 중요 지점마다 어항 시설을 갖추고 어장 개발을 주도하는 한편, 조선 어민들에게는 어업조합 가입을 의무화시켰다. 그런 다음 그들이 보호하거나 장려하는 어업 종사자에게는 저리로 자금을 빌려주는 당근을 들고 나왔다. 이러한 어업 정책으로 말미암아 조선 어민들은 대부분 일본 시장에 편입되어 일본으로 이출하는 어업에 대부분 종사케 되었다. 그리하여 조선 어장은 전라남도 김 양식업, 함경도와 강원도 정어리어업, 함경도 명태어업, 경상남도와 전라남도는 붕장어와 갯장어어업 등 한 지역에서 한두 가지 어종으로 특화시켜 나갔다.

그런 결과 조선 어업이 크게 바뀌게 되었다. 우선 수산물 증가가 눈에 띄게 증가했을 뿐더러, 조선의 어업 지도 또한 몰라보게 달라졌다. 사실 일본이 침투하기 이전만 해도 조선 어업하면 단연 전라도 지방이었다. 1910년 한일 병합 이전 전라도의 어업 인구는 조선 전체 수산업 인구의 40%, 제조업 50%를 차지하고 있어 그야말로 전라도가 조선 어업의 중심지였던 것이다. 한데 일본인들이 자국에서 가까운 경남 어장으로 대거 진출하여 경남을 중심으로 일본식 어구가 보급되고 어장이 개발되면서, 전라도 중심의 조선 어업은

쇠퇴의 길을 걸을 수밖에 없었다.

다음으로 일본은 동해안에 동력선을 동원하여 정어리, 명태, 고등어를 조선의 3대 어업으로 개발시켰다. 그러나 이 3대 어업에서 전체 수산업 인구 가운데 3~4%에 불과한 일본인 소유의 동력선이 80%의 어획고를 독차지했다. 일본은 조선에서의 값싼 노동력과 풍부한 어장을 배경으로 자본주의 어업을 경영한 결과 몇 가지 어종만으로도 이같이 놀라운 결과를 얻을 수 있었다.

특히나 3대 어장 가운데서도 정어리어업은 단숨에 황금 어종으로 떠올랐다. 정어리 한 가지 어종만으로 조선의 전체 어획량 가운데 50%를 차지하면서 일약 1,000만원(지금 돈 약 1조원)대로 커진 정어리어업은, 그렇잖아도 새로운 먹잇감을 찾아 두리번거리고 있는 자본가들을 불러 모으기에 충분했다.

그렇다면 정어리어업이 조선 해역에서 어떻게 이같이 갑자기 대량으로 어획될 수 있었을까. 조선이나 일본의 자본가들에게 놓칠 수 없는 각축장이 되고야 만 것일까.

1900년경 일본은 북해도에서 청어를 압착하여 비료를 만들어 쓰고 있었다. 이 과정에서 부산물로 어유가 생산되었는데, 이것을 유럽으로 수출하고 있었다. 한데 독일로 어유를 수출하던 스즈키상점은 정어리 어유를 원료로 하여 경화유를 만들 수 있다는 사실을 알게 되었다. 그동안 등유나 윤활유로만 사용되고 있었던 어유가 우지와 마찬가지로 화약을 비롯하여 비누, 양초, 마가린, 방적, 비료, 각종 글리세린 제조, 화장품 등 여러 가지 전략 산업에 필요한 공업용으로 이용할 수 있게 된 것이다. 그러면서 이 회사는 고체형 유지류가 부족하다는데 착안하여 고래나 청어, 정어리기름을 이용한 경화유공업에 진출했다.

그러나 어유 생산량은 경화유공업의 생산 능력을 따라갈 수 없을 정도로 부족하여 무엇보다 원료 확보가 시급했다. 이같이 어유 부족 현상이 심각해지자 일본의 경화유 제조 기업과 어업 자본가들은 조선으로 눈을 돌리게 되었다.

그리하여 1935년 일본 어유 총생산량이 약 6만 톤에 그친데 반해 조선에서 생산되는 어유는 약 10만 톤으로 일본 전체 생산량의 1.5배 이상에 달했다. 조선에서의 어유 생산량이 일본의 생산량을 크게 앞질러 조선어장은 공업용 원료를 보급하는 어유 공급기지로 변모케 된 것이다.

하지만 조선 정어리어업은 열악하기 짝이 없었다. 이때까지만 하여도 조선의 어선들은 하나같이 무동력이었다. 길이 9미터, 폭 2미터 안팎의 소형 목선 한척에 어부 5명이 승선하는, 돛단배 수준을 넘지 못했다.

어업 방식 또한 순전히 어부들의 경험에 기대는 주먹구구식이었다. 일본식 자망을 구입하여 저마다 정어리어업에 나서고 있긴 하였으나, 그저 어군이 통과할 것 같은 해저에 길이 58미터짜리 자망을 내리고 어군이 들기만을 기다리는 형편이었다.

다만 어업 자금을 조달하는 문제는 별 어려움이 없었던 것 같다. 출어를 할 적마다 어망과 부속품의 대금, 어부 5명의 계약금, 식량 6개월분 정도가 필요했으나, 정어리 제조업자에게서 어렵잖게 빌려 쓸 수 있었다. 이익 분배는 순이익에서 어선 소유주가 20%, 선장

한국기업성장100년史

정어리의 기름이 군수품인 화약을 비롯하여 방적, 비료, 화장품 등 전략산업에 이용되면서 정어리어업은 지금 돈 1조원대의 황금 어종으로 떠올랐다. 그러나 풍선인 우리의 재래 어선에 비해 불과 3?4%에 불과한 일본인 소유의 동력선이 80%의 어획고를 가져가는 기현상을 낳았다.

이 30%, 나머지는 어부 4명이 공평하게 나누는 조건이었다.

이에 반해 일본의 정어리어업은 대부분 기선건착망으로 어획에 나섰다. 기선건착망 어업은 40~50톤 크기의 선박에, 50인 승선이 기본이었다. 여기에 20톤 안팎의 예선 1척과 보조선 1척을 비롯하여, 수십 톤급 이상의 운반선 2~6척이 모여 하나의 선단을 이루는 형식이었다.

어업 방식 또한 크게 앞섰다. 정어리 어군 발견은 어부들의 경험이 아닌 비행기로 하였으며, 무선을 이용하여 정어리어군을 탐지해 냈다.

정어리 어장은 주로 함경북도 두만강 유역과 경성만, 함경남도 마양도 일대, 강원도 장전 앞바다였다. 또한 어선이 정박하는 항구에는 기계 설비를 갖춘 경화유 제조공장이 건설되어 있었다. 청진항구의 경우 하루에 5~6천 통에서부터 1만 통 이상을 처리하는, 수백 명이 일하는 대규모 공장이 즐비했다고 한다.

그러나 1930년대 중엽에 이르러 경화유 원료 확보 경쟁이 일기 시작하면서 조선의 정어리어업 또한 그 체질을 달리하게 된다. 지금 돈 약 1조원대로 커진 정어리어업에 마침내 조선의 자본가들마저 너도나도 뛰어들면서, 조선의 정어리어업 또한 동력을 장착한 건착망어선으로 일본 어업과 양보 없는 각축전에 나섰다.

그리하여 동해에서 정어리어업이 절정을 이루었던 1930년대 중엽엔 조선과 일본의 양국 간 건착망어선의 소유 상황이 8대 2의 비율에 육박했다. 함북에서 일본인 소유 48척, 조선인 소유는 18척이었다. 함남·강원도·경상도 어장에서는 일본인 소유 55척, 조선인 소유가 17척이었다. 전체 153척 가운데 20% 가량이 조선인 소유의 건착망어선이었던 셈이다.

　이를 다시 선박의 톤수 별로 구분해보면 20톤 이하 소형 선박은 일본인이 50명, 조선인 9명이었다. 30톤 이하는 일본인 12명, 조선인 2명이었다. 50톤 미만은 일본인 27명, 조선인 8명이었으며, 50톤 이상 대형 선박은 일본인만 2명이었다.

　말할 것도 없이 수적으로 열세를 면치 못했던 건 순전히 조선총독부의 까다로운 인허가 조건 때문이었다. 조선총독부에선 성실한 경영자, 풍흉을 견딜 수 있는 자산가, 다년간의 어업 경험자, 지역 연고자 등을 우선으로 인허가를 내준다고 하였으나, 기실 그러한 조건을 갖춘 조선인들이란 어업조합의 조합장이거나 감사, 이사와 같은 조선총독부 권력과 유착 관계가 깊은 자들로 한정될 수밖에 없었다. 더구나 당시 쌀 1천석에 해당하는 금액(지금 돈 약 2억원)이 건착망 1통에 대한 권리금이었으니, 총독부와 인맥이 닿지 않는 자가 건착망 인허가를 갖는다는 것은 거의 불가능한 일이었다.

　그렇다면 이때 정어리어업에 뛰어들었던 조선인 건착망어선의 소유주이거나 투자했던 자본가들은 과연 어떤 이였을까. 먼저 38세의 젊은 설향동이 눈길을 끈다. 그는 해산물을 전문으로 하는 무역거상으로, 당시 50만원(지금 돈 약 600억원)을 투자하여 동해수산공업 주식회사를 설립했다. 또한 포목과 곡물 무역상으로 뒤늦게 정어리어업에 투신한 신양극은, 건착망어선은 물론이고 2,800평 규모의 어분 제조공장까지 직접 경영하고 나선 인물이었다. 또 한때 함북 나진 지방의 토지 대부분이 자신의 소유였으며, 소초도와 대초도를 비롯하여 경성 등지의 토지, 무산 일대와 멀리 북만주에서의 대규모 산림과 광산업 경영 등으로 경성에서도 손꼽힌 부호였던 김기덕조차 빠짐없이 등장하고 있다. 그런가하면 금광에서 노다지의 꿈을 캐면서 하루 아침에 벼락부자가 된 염경훈에 이어, 그밖에도 저인망·정치망·자망업으로 진출한 김성화와 김종고 등이 이름을 올리고 있다. 다시 말해 돈이 좀 되는 거라면 지금 돈 수천억을 소유한 재벌일지라도 한낱 정어리를 잡기 위해 너도나도 차가운 겨울바다 속으로 어선을 띄웠던 것이다.

그도 그럴 것이 당시 동해안에는 정어리가 너무도 많았다. 승자도 패자도 따로 없었다. 그저 인허가를 따내어 배만 띄우면 만선의 깃발을 올리는 건 시간 문제였다. 물 반 정어리 반인 황금어장에서 모두가 승자였기 때문이다.

당시의 신문 보도에도 그 같은 사실이 잘 나타나 있다. 아직 어장의 절반 가량이 진행된 기간 중인데도 잘 잡는 배는 하루에 2,000준樽, 못 잡는 배도 700~800준, 평균 1,200~1,300준씩 잡아내고 있으며, 1준 가격이 지난해엔 3원(지금 돈 약 3만6,000원) 이상이었으나, 올해에는 약 2원으로 친다하여도 척당 2,400원(지금 돈 약 2억8,800만원), 벌써 전체 404~405만원(지금 돈 약 5,280억원~5,400억원)에 달한다는 어획고였다.

따라서 겨울철 정어리어업에서 10~20만원(지금 돈 약 120억원~240억원) 내지 50~60만원(지금 돈 약 600억원·720억원)의 거액을 벌어들인 조선인 선주만 벌써 18명을 헤아린다고 밝히고 있다. 조선인 소유 건착망어선 35척 가운데 절반 정도가 어장이 절반 가량 진행된 기간 중에 이미 거액의 노다지를 겨울 바다 속에서 건져 올렸던 것이다.

이같이 조선 해역에서 어획, 제조된 정어리 제조품은 전량 일본으로 보내졌다. 일본으로 보내져 앞서 얘기한 경화유공업의 원료에서부터 미곡을 증산시키는 비료로, 가솔린 부족을 대신하는 기름으로, 아시아와 태평양의 각처에서 싸우고 있는 일본군 군용 통조림 식량 등으로 두루 이용되었다.

그러나 1939년까지 연간 120만 톤을 헤아리던 정어리 어획은 1940년 90만톤, 1941년 63만톤, 1942년 2,535톤으로 급감하기 시작했다. 그 원인을 조선총독부는 급격한 해류의 변화라고 둘러댔다.

하지만 1940년 태평양전쟁에 돌입하면서 정어리 어획량의 70% 이상을 차지하는 기선건착망이 가솔린을 쓰고 있다는 이유만으로 조업을 단축시키고 말았다. 더구나 출어 기간이 되어도 가솔린이 없어 출어하지 못했다. 때문에 어유를 생산할 수 있는 대형 정어리 떼를 눈앞에 보면서도 손을 쓸 수가 없었다. 이듬해엔 가솔린 부족이 더욱더 심각해져 조선총독부에선 기선건착망 연료로 가솔린 대신 정어리기름을 사용토록 할 정도였다. 하지만 정어리조차 어획할 수 없는 상황에서 정어리기름을 구하기란 불가능한 일이었다.

결국 조선총독부는 최후 결전을 앞두고 정어리 건착망어업을 전면 중지시켰다. 그와 함께 경화유 제조공장은 휴업에 들어갔으며, 청진에 있는 대규모 경화유 공장들은 군수용 알루미늄공장으로 전환해야 했다. 태평양전쟁에서 일본의 패색이 짙어지자 동시에 조선 해역의 정어리 떼마저 소멸되고 말았던 것이다.

그렇대도 1930년대 중엽 처음 동력선을 출어시켰던 이때를 우리 근대어업의 시작점으로 보기는 어려울 것 같다. 엄밀히 말해 우리 근대어업의 시작점은 이보다 훨씬 이후인 1948년 2월 28일로 거슬러 오른다. 당시 조선원양어업주식회사가 띄운 어선이 처음으로 제주도 남방 70마일 해상까지 진출했다. 이때의 출어 규모는 지도선 1척과 작업선 3척, 시험조사선 1척, 운반선, 유조선 등 총 24척으로 선단을 이룬 것이 그 효시였다.

그렇다하더라도 1930년대 중엽 동해안의 정어리를 놓고 일본 어업과 각축전을 벌였던 이때의 출어는 분명 근대어업으로 도약해가는 분수령이었음이 틀림없다. 다시 말해 정어리를 원료로 하는 경화유공업이 발전하여 산업화를 이루어가는 초석이었을 뿐 아니라, 이후 원양어업으로 나아가기 위한 학습과 단련의 과정이 되어주었다는 사실이다.

한국기업성장100년史

'조선미창', 물류업계의 새벽을 열다

「**로**마인 이야기」의 저자 시오노 나나미는 자신의 저서에서 수시로 '로마군이 병참에서 이긴다'는 표현을 자주 사용하고 있다. 이것은 곧 로마군이 각종의 전쟁과 전투에서 승리한 원동력 가운데 하나가 다름 아닌 보급에 그 원인이 있었음을 뜻한다. 다시 말해 로마군이 '물류' 면에서 상대적으로 앞섰기 때문에 유리한 고지를 점할 수 있었다는 얘기다.

「삼국지」에 등장하는 제갈공명 역시 다르지 않았다. 대륙의 패권을 놓고 벌인 수많은 전쟁과 전투에서 그가 승리할 수 있었던 원동력 가운데 하나는 다름 아닌 병참이었다. 넓은 영토를 가진 위나라 오나라에 비해 상대적으로 작은 나라였던 촉나라가, 그러나 군량미와 마초까지도 고려한 그의 용의주도한 병참이 이미 전쟁에서 이길 수 있는 조건을 마련하고 있었던 것이다.

우리 나라의 기업경영에서 물류라는 용어가 처음으로 사용되기 시작한 것은 1980년대 초부터였다. 당시만 하여도 해당 관련 업계를 제외하고는 물류에 대한 중요성이나 인식조차 희박한 상태였다.

한데 1975년 대우중공업(주)과 한국중공업(주)에서 지게차를 생산함에 따라 운반과 하역 부문의 기계화 보급과 관련하여 비로소 물류에 관심을 갖게 되었다. 그러면서 1980년대 초 태평양화학(주)과 동아제약(주), 한국타이어(주) 등이 조직 내에 잇따라 상품유통본부랄지 물류과를 신설하기 시작했다.

그러나 따지고 보면 이런 물류가 전연 생소한 것만은 아니었다. 물류란 아주 오래 전 상업의 시작과 함께 이미 운용되어온 시스템이었던 것이다.

우선 조선시대의 미곡 유통 시스템이 그 대표적인 예라고 볼 수 있다. 이 시대엔 미곡이 백성들의 생활과 국가 재정에 절대적인 중요성을 차지하고 있는 재화였다. 때문에 태조는 새 왕조를 건국하자마자 가장 먼저 착수한 경제 정책이 토지제도의 개혁과 조운제도의 복구였다. 조운漕運이란 세수로 징수한 미곡을 선박 등을 이용하여 한성으로 운송하는 제도를 뜻한다. 조운에는 바닷길을 이용하는 해운과 강물을 이용하는 강운, 그리고 육로를 이용하는 육운이 있었다.

하지만 17세기 들어 이러한 조운에 일대 변화가 일어난다. 도성의 인구가 늘어나 소비 시장으로서의 규모가 형성되고 화폐가 통용되자, 시장을 통한 미곡 유통이 활성화된 것이다. 이때부터 시장에 의한 민간 부문의 유통량이 관주도 유통량을 앞지르며 미곡 유통을 지배하게 되면서, 조선의 미곡 유통 시스템은 경쟁 체제를 갖추기 시작했다.

그러나 이러한 경쟁 체제는 미곡 유통의 진화 발전으로 선순환되지 못한 채 미곡 유통을 지배한 경강상인들에 의한 담합과 매점·매석으로 쌀값 조작이라는 역기능을 초래하기도 했다. 이들은 그간 축적된 자금 동원력은 물론이고 선상을 통한 전국의 쌀값 정보를 누구보다 빠르게 얻었다. 또한 운송수단인 선박을 독점하고 대형 창고까지 보유하여 쌀을 장기간 매점할 수 있었다. 그리하여 쌀의 구입과 판매량, 판매시기, 판매지역 등을 조절하여 독점적 이익을 취하면서 끝내 사회적 물의를 일으키기에 이른 것이다.

그 대표적인 사례가 1883년에 발생한 이른바 '쌀폭동' 이었다. 이 사건은 마포의 경강상인 김재순 등이 인위적으로 도성 안의 쌀값을 폭등시켜 분노한 한성의 빈민들이 폭동을 일으킨 사건이었다.

한데 이러한 쌀 폭동은 20세기 들어서도 반복되었다. 일제 강점기인 1918년 여름, 경성의 종로소학교 앞에 마련된 쌀 판매소 앞에 줄을 서서 기다리던 주민들과 일본 경찰 사이에 실랑이가 벌어졌다. 한동안 가벼운 몸싸움쯤으로 끝나는가 싶던 충돌은, 그러나 시간이 흐를수록 점차 험악해져 급기야 쌀값 폭등에 항의하는 조선인들의 폭동으로 번져나갔다.

이러한 폭동이 있기 한 달여 전쯤, 일본 도야마현의 한 어촌에서 주부들이 쌀 도매상을 습격하여 불태우는 사건이 발생했다. 이 사건 이후 이른바 '쌀 소동'이라 일컬은 소요 사태가 일본 전역으로 번져나가면서, 한때 계엄선포를 준비할 정도로 심각한 상황이 벌어졌다.

제1차 세계대전이 끝나가는 시점에 조선과 일본에서 거의 동시에 일어난 이러한 쌀 폭동은, 가장 많은 생산품인 동시에 가장 중요한 식량 자원이었던 쌀의 대규모 이동이 당시 생활에 어떠한 영향을 미쳤는지 상징적으로 보여준 사건이었다.

쌀 폭동이 진정된 후 일본은 근본적인 식량 자원의 대책이 필요하다는데 절감한다. 그런 결과 일본과 조선에서 수리사업, 품질 개량, 퇴비 활용, 농사 기법 등 대대적인 미곡 증산 정책을 추진하기 시작했다. 하지만 그 속내를 들여다보면 1차 세계대전 이후 마땅한 투자 대상을 찾지 못하고 있는 일본의 유휴 자본을 투입하여 조선을 장기적인 식량기지로 개발하는데 있었다.

그러나 이렇게 증산된 조선의 쌀이 일본으로 대량 수출되기 시작하면서 또다시 문제가 불거졌다. 조선과 동시에 추진된 일본의 산미증식계획에 따라 미곡 생산량이 점차 증가하고 있는 가운데 조선에서 쌀이 대거 유입되자 그만 쌀값이 큰 폭으로 곤두박질치고 만 것이다. 전국적인 쌀 폭동으로 이미 곤욕을 치른 바 있던 일본 정부는 부랴부랴 조선에서 유입되는 쌀에 대해 관세를 부과하겠다며 대책 수립에 나섰으나, 품질 좋고 저렴한 조선 쌀의 경쟁력을 당할 수가 없었다.

때문에 다시금 대책이 수립되었다. 일본으로 들어오는 조선 쌀의 수량을 월별로 일정하게 조절하자는 거였다. 그러기 위해선 조

해방 이전까지만 하여도 국내 최대 기업은 보유 창고 10만평을 자랑하는 미창이었다. 사진은 1930년대 항만 사정이 가장 좋다는 인천항으로 미창의 창고와 함께 최초의 미창 지점인 인천지점을 설치하고 있었다.

선 쌀의 수출량을 차질 없이 보관 통제할 수 있는 별도의 수단이 마련돼야 했다.

그렇게 확정된 안이 '조선미곡창고계획' 이었다. 이어 창고 건설과 창고에 위탁된 쌀을 동양척식과 조선식산은행에서 저리의 자금을 대출한다는 계획이 확정되자, 미곡 창고 건설이 빠르게 진척되어 1930년 한 해에만 전국 16개 지역에 17만석을 수용할 수 있는 미곡창고가 세워졌다.

그러나 정작 중요한 것은 쌀을 보관할 수 있는 상업창고의 건설과 이를 관리할 전담 회사를 설립하는 것이었으며, 곧바로 일본은 전담 회사의 운영 방안에 대한 윤곽을 제시했다. 설립 회사는 쌀 수출이 많은 5개 항구에 5,000평 규모의 창고를 신축 또는 임대 방식으로 확보케 하되, 건설비와 운영비 등은 국고에서 보조한다는 내용이었다.

이러한 계획안이 발표되자 조선은행과 식산은행, 동양척식, 조선정미회사 등 법인과 개인 주주를 포함한 28명의 발기인이 새 회사의 정관 작성을 비롯하여 세부 운영 계획 수립에 착수했다. 그리하여 1930년 11월 15일 경성의 남대문 부근에 자리한 경성전기 빌딩에서 창립총회를 열고, 자본금 100만원(지금 돈 약 1,200억원)의 '조선미곡창고주식회사(조선미창)'가 탄생했다. 오늘날 대한통운(주)의 전신인 조선미창이 이처럼 조선 물류업계의 원조를 이루면서, 그 창립일을 '물류의 날'로 제정하고 있는 이유도 딴은 여기에 있다.

이같이 조선 물류의 새벽을 열게 된 조선미창은 개항장이 들어선 인천항을 시작으로 부산과 진남포, 목포와 군산 지점을 개설하면서 첫 물류영업을 시작했다. 당시 가장 많은 생산품이자 수출량 1위의 화물이었던 쌀의 매입, 운송, 입고, 보관, 출하, 선적에 이르는 전 과정을 일괄 관장하는 국책회사로 출범한 조선미창은, 이후 일제 강점기를 지나는 동안 물류 전문회사로 도전을 거듭해나가게 된다.

특히 조선미창(이하 미창으로 표기)은 전쟁의 포화 속에서 빠른 속도로 팽창할 수 있었다. 회사 설립 이듬해인 1931년 일본이 만주에서 전쟁을 일으켜 조선에 주둔하고 있던 일본군이 만주 국경을 넘나들면서 군량미의 수송 수요가 급증하는 가운데, 미창은 당국과 정부 소유미 위탁계약을 체결하고 정부미의 일관 보관 및 이송 업무를 담당케 되었다.

뿐만 아니라 일본군의 북방 진출이 날로 확대되면서 군수물자의 보관과 수송을 위한 병참기지로서 조선이 차지하는 비중은 더욱 커지기 시작했다. 그러면서 1933년에는 조선군사령부의 창고와 함께 현미 보관 및 운송에 관한 청부계약을 맺었다. 이를 계기로 대일 수출에만 국한되어 있던 미창의 업무 영역은 압록강을 넘어 만주로까지 이어지는 국제 간 물류로 확장되기에 이르렀다.

더욱이 1934년 들어 2차 산미증식계획이 중단되면서 미창의 업무 환경은 한층 복잡해졌다. 일본이 산미증식을 중단시킨 표면상의 이유는 국제 곡물 가격의 하락으로 수리조합의 경영이 악화되었기 때문이다. 그러나 진짜 이유는 정작 따로 있었다. 조선 쌀의 수출 증가로 일본 농촌 경제가 큰 타격을 입게 되면서 각계의 반발이 거세어지자, 일본 정부가 서둘러 조선에서의 산미증식계획을 중지시킨 것이었다.

한데도 조선에서의 쌀 생산량은 한동안 계속해서 늘어만 갔다. 이런 상황에서 대일 수출이 큰 폭으로 줄어들자 전국 각지에선 생산된 미곡을 보관하기 위한 창고 수요가 폭발적으로 증가했다.

미창 역시 예외가 아니었다. 회사 설립 당시만 하여도 향후 5년간 필요한 창고 면적이 7,000평을 약간 상회할 것으로 추정되었으나, 1934년 미창이 보유한 창고는 이미 2만평을 넘어서고 있었다.

하루가 달리 늘어만 가는 보관 수요를 감당하기 위해 미창은 이듬해부터 각지에 지점을 신설하는 한편, 창고 신축 및 증축과 함께 지방에 산재해 있는 농업창고를 적극적으로 매입하고 나섰다. 이렇게 해서 미창은 1936년까지 마산과 여수·강경·원산·해주에 새로이 지점을 개설하고, 신축 창고 2만7,000평과 임대 창고를 포함하여 자그마치 7만평에 이르는 보관 능력을 갖추게 되었다.

그러나 다시 이듬해 발발한 중일전쟁은 동북아의 경제 환경에 엄청난 변화를 가져다주었다. 중일전쟁이 발발하기 이전부터 빠른 속도로 공업화가 진행된 일본에선 상대적으로 농촌 인구가 감소하면서 농업 생산량이 눈에 띄게 저하되고 있었다. 이에 따라 쌀을 비롯한 곡물 소비가 크게 늘어나면서 조선 쌀의 수입량도 다시금 증가하기 시작했다.

그 뿐 아니라 미창의 업무 수행에도 많은 변화를 요청했다. 일본군의 전선이 중국 본토로까지 확대되면서, 군량미를 포함한 군수물자의 보관 및 배급 기관으로서 미창의 업무량이 예전과 비교가 되지 않을 정도로 폭증한 것이다.

만주사변 이후 일본의 대륙 지배가 보다 확고해지면서 조선의 주요 항구와 철도역에는 이미 오래 전부터 대륙으로 향하는 화물과 여객이 물밀 듯이 밀려들고 있었다. 미창이 1937년부터 항만에 들어오는 화차 운송에서 창고 보관을 거쳐 선적에 이르는 작업의 전 과정을 일괄 취급하기 시작한 것도 항만의 적체가 시작된 바로 이 무렵부터였다.

그러나 대부분의 조선인들에게 1939년은 악몽과도 같은 한 해였다. 역사상 최악의 가뭄으로 인해 쌀 생산량이 전년도에 비해 절반 가량인 무려 1,000만석 가까이 줄어들자, 도시와 농촌을 가리지 아니하고 각지의 쌀값이 급등하면서 매점매석마저 횡행했다.

조선의 대흉작으로 말미암아 일본의 궤도 수정 또한 불가피하게 되었다. 당장 일본 군부의 전시 식량 수급 계획에 큰 차질이 생기자 일본 정부는 서둘러 3차 산미증식계획을 수립하고, 그 이듬해부터 연산 3,000만석을 목표로 대대적인 증산에 총력을 기울이기 시작했다. 증산 계획이 또다시 추진되면서 미창의 보관 업무 또한 증가할 수밖에 없었다.

1941년 일본의 진주만 공습으로 태평양전쟁이 시작되면서 전선이 보다 확대되자, 조선을 경유해 만주와 중국 등 전장으로 수송되는 전시 물자의 물동량도 크게 증가했다. 이에 따라 미창의 영역 또한 전선을 따라 점차 북쪽으로 이동하면서, 1942년 한 해에만 함흥과 평양, 청진에 새 지점을 개설했다.

1943년이 되자 전쟁은 막바지로 치닫기 시작했다. 철도를 통하여 수송되는 전시 물자가 급증하면서 미창은 같은 해 남한 13개 역과 북한 10개 역 등 23개 역에 차급화물(화차 1량 단위로 실리는 대량화물)에 대한 면허를 받아냈다. 정부 관리 양곡의 효율적인 운송 취급을 위한 면허였으나, 당시 취득한 면허는 이후 미창이 소운송 분야에도 활발하게 진출하는 출발점이 되었다. 이처럼 전시 물자의 취급량이 하루가 다르게 늘어가는 가운데, 해방 직전인 1944년 미창의 회사 보유 창고는 어느덧 사상 처음으로 10만평에 육박하고 있었다.

필자는 1960년대 후반까지만 하여도 국내 7대 도시였던 남쪽의 항구 도시 목포에서 어린 시절을 보냈다. 그리고 그 도시에서 가장 큰 건축물은 다름 아닌 미창의 미곡 창고였다. 고만고만한 시내 건물들을 보면서 지내다가 어쩌다 미창에라도 가볼라치면, 그 우람한 창고 건물이며 끝없이 즐비하게 늘어선 위용에 그만 압도당하고 말았던 기억이 아직도 생생하기만 하다. 모르긴 해도 미창이 들어선 다른 대도시 또한 별반 다르지 않았을 것으로 추측된다. 어떻든 해방이 되기 이전까지 미창은 이 땅에서 가장 큰 건축물을 보유하고 있었을 뿐 아니라, 또 그러한 인프라 구축을 기반으로 한 물류 분야에서 매우 값진 업무 경험을 축적해나갈 수 있었다.

한국기업성장100년史

전국 운송업자들의 고향이 된 '조선운송'

우리 나라 물류업계의 개척기를 돌아볼 때 '조선미창' 만을 가지고는 설명이 다 되지 않는다. 앞서 살펴본 조선미창이 전국의 주요 항구에 건축한 대규모 미곡 창고를 중심으로 미곡의 운송과 보관·출하 부문의 물류를 개척해나갔다면, '조선운송(이하 조운)' 은 전국에 거미줄처럼 깔린 철도역을 중심으로 철도화물의 운송과 출하·배달 부문의 물류를 개척해나가면서, 각기 항구와 철도라는 고유 영역을 구축하며 근대 물류업의 쌍벽을 이뤘다.

그러나 조운의 성장통은 미창과는 또 다른 것이었다. 조운의 역사는 그야말로 조선 운송업자들의 끝없는 투쟁과 도전, 협력으로 이루어진 산통 끝에 탄생케 된 것이었다.

사실 종래의 조선 운송업은 전통적으로 상인들의 숙박과 상품 거래를 중간 도매상인 객주와 여각이 전담 겸임하는 것이 상례였다. 그리고 객주와 여각은 상품 운송을 대부분 강과 바다에 의존하고 있었기 때문에 주로 항구나 나루에 위치하기 마련이었다. 일본의 물류 운송업자가 침투해 들어오기 시작한 개항 이후에도 한동안 해운과 강운을 중심으로 한 이러한 운송체계는 별다른 변동이 없었다.

그러다 1899년 노량진-제물포 구간 32.2km의 경인선 철도가 개통된데 이어, 경부선과 경의선의 철도가 잇따라 깔리기 시작하면서 상황이 달라졌다. 그동안 해운과 강운을 중심으로 조선의 운송업계를 독점해오다시피한 객주와 여각은 새로운 교통수단에 밀려 쇠퇴하거나, 철도 정거장으로 자리를 옮겨 운송업·위탁판매업·중개업 등으로 뿔뿔이 흩어져 분화하는 경향을 보였다. 조선의 운송업계는 철도를 이용한 화물 운송을 중심으로 빠르게 재편되어 갔던 것이다. 또 이처럼 강이나 연안을 따라 주로 선박을 통한 근거리 운송과 하역을 업으로 삼던 조선의 운송업자들이 경쟁적으로 철도화물 운송에 뛰어드는 동안, 명치유신 이후 자본력을 축적한 일본의 크고 작은 운송회사들이 하나둘 조선에 발을 들여놓기 시작했다.

그리하여 1906년쯤에는 경부철도와 경의철도의 주요 역이나 중간 역마다 한·일 운송업자가 상당수 존재하고 있었다. 철도기관과의 밀착 관계로 보나 자본의 규모 면에서 일본의 운송업자들이 압도적으로 유리하였지만, 조선 운송업자들의 활동 또한 만만치 않았다.

한데 일본은 러·일전쟁이 끝나자 1906년부터 경부선과 경의선 등을 국유로 전환한 다음, 노선 연장 사업을 대대적으로 추진했다. 1910년 평남선 개통에 이어 1914년에는 호남선과 경원선의 전 구간에서 영업이 시작되면서, 조선 각지를 거미줄처럼 연결하는 혈맥을 이어나갔다. 그 사이 1911년에는 압록강 철교가 준공되어 광활한 만주 벌판으로까지 철도가 연결되었다.

이 같은 조선 철도의 국제화는 당시 정세 변화와 맞물려 조선은 물론이고 동북아 운송업계 전반에 걸쳐 일대 지각변동을 몰고 왔다. 그리고 그 소용돌이가 시작되는 시점인 1907년 조선통감부의 비호 아래 일본의 내국통운(주)이 조선에 들어왔다.

내국통운이 한성에 지점을 설치하고 영업을 시작한 직후 통감부는 철도화물 운송취급인 승인제도를 도입했다. 그러나 이 승인제도는 내국통운과 일정 규모 이상의 자본력이 있는 일본계 업계를 보호하는 수단으로 이용되었다.

그런 결과 조선의 운송업계는 치열한 경쟁과 대립 구도로 돌입했다. 내국통운 계열 점소의 친목 단체인 통운동맹회와 중소 규모의 일본계 및 조선계 업체들이 연대한 조선운수연합회 사이에 세력 과시와 분규가 끊이지 않았다.

이런 와중에 1917년 조선철도의 경영을 만주철도(이하 만철)에 위탁하기로 하자, 운송업계는 또다시 술렁였다. 1차 세계대전이 끝난 후 시작된 경기 침체가 장기화되는 가운데, 그동안 우후죽순으로 늘어났던 운송업체들은 물량 부족과 경쟁에 따른 수지 악화로 고전하고 있었다. 그러자 시장의 혼란을 우려한 만철의 경성관리국은 조선철도승인운송점조합을 결성하고 나섰다.

하지만 일본계 업체들 위주로 계산 업무를 대행해주고 가맹 조건을 까다롭게 하는 등 독점 기관으로서의 전횡을 일삼자, 이에 품만을 품은 연합회 소속의 조선계 업체들 또한 1922년 선운동우회를 조직하고 회원 간의 친목 도모와 함께 별도로 계산 업무를 취급하기 시작했다.

그러던 중 변수가 돌발했다. 1923년 들어 일본에서 내국통운과 경쟁 관계에 있던 국제운송(주)이 조선에 진출하게 되면서, 이제껏 내국통운이 독점적인 영향력을 행사하던 조선의 운송업계는 이 두 일본 회사의 세력권으로 갈라져 새로운 대립과 갈등의 늪으로 빠져들어 갔다.

그러자 1927년 일본계 승인점조합을 중심으로 조선운송업합동유지회를 결성하고 통합 문제를 논의하기 시작했다. 조선계 업체들의 조직체인 선운동우회도 초기에는 격렬하게 반대했으나, 점차 통합에 찬성하는 회원 업체들이 늘어나면서 결국 통합에 참여하기로 입장을 정리했다.

한편 이보다 조금 앞서 일본의 내국통운과 국제운송은 일본 철도성 주도로 진행된 통합 작업 결과, 내국통운이 국제운송을 합병하면서 회사명을 국제통운(주)으로 변경했다. 조선에서의 운송업계 통합 역시 이 같은 변화의 영향을 받을 수밖엔 없었다.

그러나 내국통운으로 조선에 진출한 이래 줄곧 우위를 점유하고 있던 국제통운은 처음부터 통합에 부정적인 입장을 나타냈다. 그러면서 운송업계는 조선계 업체들의 조직체인 선운동우회를 중심으

한국기업성장100년史

조선운송 설립 이후 해마다 사세를 거듭하면서 눈부신 속도로 성장한 조선운송의 차량들. 1930년 이후 조선과 만주를 연결하는 철도 노선의 물동량이 대폭 증가하면서, 조선의 주요 철도역은 일본과 대륙을 오가는 화물의 중간 기착지이자 대륙으로 향하는 군수물자의 출발지로서 한 해 취급 물량이 1,500만톤에 달하는 동북아 굴지의 물류기업으로 그 위상을 자랑했었다.

로 한 통합파와 일본계 국제통운이 이끄는 반대파 진영으로 갈려 한 치의 양보도 없이 대립하게 되었다.

보다 못한 철도국이 긴급 중재에 나선 끝에 국제통운이 최종적으로 이탈을 선언하자, 조선의 운송업 통합은 조선계 운송업체들이 모인 통합파가 주도할 수 있게 되었다. 결국 통합파 진영은 1930년 발기인 총회를 열고 회사 설립 안건을 가결한데 이어, 100만원(지금 돈 약 1,200억원) 주식 대금 전액을 불입하면서 회사의 경영진을 전원 선임했다. 4년여의 우여곡절 끝에 조선운송업계를 대표하는 '조선운송(주)'가 탄생하는 순간이었다.

이렇게 탄생한 조운은 회사를 설립한 이후 통합에 찬성하는 군소 업체들을 지속적으로 흡수 합병한 결과, 1930년에는 전국 주요 역의 41개 직할점에서 일제히 영업을 개시할 수 있었다. 철도국에서도 조선 전체 운송업자들의 70% 이상인 1,328개 업체가 회사 설립에 참가한 사실을 들어 업계에선 유일하게 조운을 국유철도 지정운송 취급인으로 지명했다.

이를 계기로 조운은 역 구내에서의 화물 작업과 집배, 소화물 배달, 소구급 및 톤급 화물의 운반, 작업 인력 공급 등 대부분의 운송업무를 대행할 수 있게 되었다. 철도국 또한 철도 영업 창고의 경영을 조운에 위탁하고 화물자동차를 제공하는 한편, 조운의 임직원에게는 무임 승차증을 제공하는 등 각종 지원을 아끼지 않았다.

철도국의 이러한 조치에 일본의 국제통운은 위기감을 느꼈다. 국제통운은 계열 점소의 친목단체인 통운동맹회와 선운협회 및 조선운송동맹회 등을 움직여 운송혁신대회를 여는 등 집단행동을 벌이는 한편, 각지의 하주들을 대상으로 운임 경쟁과 화물 쟁탈 등을 벌이기 시작했다.

하지만 양 진영의 경쟁과 암투는 시간이 갈수록 쌍방 모두에게 고통만을 안겨주었다. 그런 와중에 화물 짐표를 허위로 발급하는 등 범법 행위를 저지하는 업체들이 나타나 시장이 어지러워지자 정책 결정권자인 철도국과 자금줄을 쥔 조선은행이 중재에 나서면서 상황은 급변했다.

결국 1931년 그동안 통합에 반대해오던 일본의 국제통운을 비롯하여 조선운송 3사의 대표들이 통합에 합의하면서 분쟁은 일단락되었다. 국제통운 등이 조운에 합류하면서 조선의 운송업은 마침내 조운을 중심으로 하는 일원화 시대로 접어들었다.

더욱이 이듬해부터는 동북아 경제도 오랜 불황을 넘어 때맞춰 활황 조짐을 보이기 시작했다. 조선과 만주에 진출하기 시작한 일본의 공업 자본이 증가하면서 조선의 운송업계 역시 전에 없는 호황기에 들어섰다.

1932년에는 만주국이 수립되면서 조선을 거쳐 만주에 이르는 최단거리 노선의 확보가 일본 정부의 최우선 전략 과제로 떠오르면서 다시금 운송업계가 요동쳤다. 일본은 만주 신징新京에서 함경도 회령을 거쳐 나진에 이르는 루트에 이어, 나진에서 청진·원산을 지나 경성에 이르는 철로를 개통했다. 이 철도가 개통되면서 원산과 청진을 거쳐 만주로 이동하는 물동량이 급증하자, 조운에 합류한 일본의 국제통운과 만주 다롄大連에 본사를 둔 일본의 국제운수가 이 황금노선에 서로 눈독을 들이고 나섰다.

새로운 황금 노선을 놓고 1년 가까이 첨예하게 대립하던 두 회사의 이해 관계는 결국 국제운수가 청진 이북의 철도 영업권을 갖는 대신 조선의 운송 시장에서 빠져나가고, 국제통운은 해운 업무 일체를 조운에 양도하면서 조운을 실질적으로 지배하는 것으로 최종 타결되었다.

이처럼 국제통운의 해운 업무가 새로이 편입되면서 해상 운송 물량이 급증하자, 조운은 1934년 해운 부서를 신설하고 해운 점소도 15개나 확장하는 등 조선 전역에서 운송 일관 체제를 빠른 속도로 구축해 나갔다.

이후 벌어진 중일전쟁으로 국내 경기는 인플레가 날로 확대되어 갔으나, 반대로 운송업계 만은 오히려 활기를 띠었다. 조선 쌀의 일본 수출과 만주에서 생산되는 잡곡 수입을 비롯하여, 관공서 및 군부대 물자 수송 등으로 전에 없이 바쁜 나날을 보내야 했다. 그 결과 1931년 637만톤이던 육운 취급량이 1938년에는 1,527만톤으로 크게 증가했고, 모두 7만9,636톤이던 직영 트럭의 취급 톤수도 무려 25만톤을 훌쩍 넘어섰다.

1939년부터는 조운의 영업 기반이 조금씩 더 북쪽 지방으로 뻗어나갔다. 당시 신의주에서 다사도항으로 이어지는 압록강 하구의 넓은 지역에 수많은 공장들이 줄지어 세워졌다. 곧 완공될 수풍발전소의 전력과 압록강을 이용하여 군수품을 생산할 공장들이었다. 조운은 신의주와 다사도항에 지점을 신설하고 새로운 화물을 확보하는 한편, 부산과 베이징 간 대륙 기차 운행 개시를 계기로 중국 내륙의 주요 도시를 도착지로 하는 철도화물 영업에도 활발하게 진출했다.

　1940년 조운은 회사 설립 10주년을 맞아 창립 당시 4과 10계였던 본사 조직이 8과 26계로 대폭 확장되었다. 또 해운 점소를 포함한 지점과 출장소 등 현장 인프라도 43개에서 169개로 크게 늘어나면서, 어느덧 조선을 넘어 동북아 굴지의 물류 기업으로 도약할 수 있었다.

　그러나 같은 해 연말부터 철도와 자동차의 연계를 강화해야 한다는 철도국의 방침에 따라, 전국 철도역을 매개로 이루어지고 있던 화물자동차 사업을 조운 주도로 통합하는 작업이 추진되었다. 이 작업은 전국 22개 주요 역 소재지에 난립해 있던 소규모 운송회사 372개를 통합해 1역에 1사 기준으로 합동 운송회사를 설립하고, 나머지 작은 역 소재지에 있는 827개 군소 회사는 조운이 직접 인수하는 방식을 취했다. 이런 결과 전국 22개 주요 역에는 합동 운송회사 1개와 조운이 1역 2사 체제로 영업을 하고, 나머지 작은 역에서는 조운 1사가 전담해서 영업을 하는 체제가 갖추어졌다.

　하지만 이렇게 만들어진 22개의 합동 운송회사는 조운이 모두 50% 이상을 투자한 자회사였음에도 불구하고, 영업 현장에서는 원활한 업무 협조가 이루어지지 않았다. 이러한 관계는 1941년 하반기부터 철도국의 조정에 의해 항만 운송과 하역 작업에 관련된 회사들을 통합하는 작업이 추진되면서 비로소 해소될 수 있었다. 또 그러한 과정을 거치면서 조운은 1942년 함경도 흥남에 있는 서호진 수산운수의 운송 부문을 포함하여, 22개 합동 운송회사 전체를 흡수 합병하고 업무와 인력도 그대로 인수함으로써 육상 운송업계를 완전히 통일할 수 있게 되었다.

항만의 운송업 역시 전시의 일원화 정책에서 예외일 순 없었다. 1941년 항만운송업 통제령이 시행되기 전에는 전국 항만의 하역과 운송업이 자유업으로 저마다 간판을 내걸 수가 있었다. 그러나 1942년부터 항운업에 대한 당국의 통제 방침이 구체화되면서, 전국 주요 10개 항구(부산, 인천, 목포, 군산, 마산, 포항, 해주, 진남포, 원산, 성진)에는 조운이 50% 이상 투자한 항운(주)가 일시에 설립되었다.

한데 조운의 자회사로 설립된 이들 항운 역시 철도역의 합동 운송회사와 같은 문제점을 드러냈다. 그러자 1943년 이들 10개 항운을 해산하고 그 업무와 임직원 모두를 신설 합병 형식으로 조운에 흡수하면서, 조선해륙운수(주)로 회사명을 바꿨다. 그러면서 해방 직전 조운은 항만 하역과 연안 해운을 비롯하여 철도화물과 공로 운송에 이르기까지, 조선 전역의 육운과 해운 모두를 천하 통일한 종합 물류회사로 급부상했다. 회사의 규모 또한 어마어마해서 자본금 3,850만원(지금 돈 약 4조6,200억원)에 종업원 수 5만명에 달하는, 일제 강점기 국내 어느 기업과도 비교할 수 없을 만큼 거대 기업으로 성장해가고 있었다.

한국기업성장100년史

남북 종단 1천km 철도,
토목업계의 씨앗을 뿌리다

불과 1백여 년 전만 하여도 한강은 지금보다 강폭이 두 배 가량 더 넓었었다. 지금의 용산역 가까이까지 서해 바다의 조수가 올라와 지방의 어염선이며 숯을 싣고 온 시탄선, 세곡선 등이 무시로 들어왔었다.

그리하여 선초부터 용산에 운하를 뚫자는 얘기가 심심찮게 나돌았다. 실제로 태종 때엔 좌의정 하륜 등이 용산 운하를 주청하고 나서기도 했다. 용산까지 들어오는 세곡선이 남대문 앞까지 올라와 하역할 수 있도록, 지금의 원효로를 따라 흐르고 있는 욱천旭川을 1만명 가량의 군사와 백성을 동원하여 준설·확장해서 운하를 만들

자고 요청한 것이다.

오늘날 욱천은 모두 복개되어 큰 도로로 사용되면서 그 모습을 찾아보긴 어렵지만, 당시 욱천은 제법 큰 하천으로 하천 주위는 모두 저습지였다. 여름철 홍수가 나면 물이 남대문 근처까지 범람하고는 했다고 한다.

태종은 하륜의 주청을 받아들여 용산 운하 계획을 대신들의 공론에 부쳤다. 한데 일부 대신들의 반대가 극심했다. 용산도 도성에서 가까운 곳인데 굳이 그곳의 백성들을 괴롭힐 필요가 있겠느냐며 반대하고 나서는 바람에 결국 무산되고 말았으나, 만일 이때 용산 운하가 성사되었더라면 개경에서 한성으로의 천도 이후 대규모 토목건설 공사가 될 뻔했다.

그 다음 대규모 토목건설 공사는 정조 때 수원 화성의 축성(1794~1796)을 들 수 있다. 성벽의 둘레만 5,744m에 4개의 성문을 비롯하여 공심돈 3개 등 총 48개의 시설물로 일곽을 이루고 있는 18세기 최대의 건축물이다.

하지만 무산되고 만 용산 운하도, 수원 화성의 축성도 모두가 공역이었다. 국가가 백성들에게 의무적으로 부과한 부역으로 이루어진 대규모 토목건설 공사였던 셈이다.

그러나 일제 강점기 일본에 의해 부설된 경인선, 경부선, 경의선 등의 철도 공사는 그 성격부터가 달랐다. 처음으로 사역의 성격을 띤 대규모 토목건설 공사였다. 그리고 거기에 대한 우리의 대응 또한 적극적이었다. 비록 근대적 굴레에서 벗어나지 못한 보잘 것 없는 수준이었다 하더라도, 처음으로 기업 형태를 띤 토목건설 회사들이 등장하게 된 것이다.

그것은 당시 철도부설 공사가 발기와 청부로 엄격히 이원화되어 있기에 가능한 일이었다. 경부 철도와 경의 철도의 건설 공사가 진행되고 있던 시기의 철도건설은 발기회사가 철도건설 계획과 노선의 선정 및 철도용지 확보 등의 업무를 담당하고, 토목건설 청부회사가 철도건설 공사를 담당하는 형식으로 업무를 구분시켜 놓고 있었다. 때문에 현장에서 근로자들을 직접 사역하여 교량을 건설하고, 터널을 굴착하며, 레일을 건설하는 등 철도건설 공사를 실제로 수행하였던 것은 순전히 발기회사와 청부 계약을 맺은 일본과 한국의 토목건설 회사들이었다.

물론 일본의 철도 발기회사 또한 각 공정을 수주하여 시공해 나갈 수 있는 청부회사를 선정하는데 따른 원칙이 없지 않았다. 청부회사가 보유하고 있는 자본과 경험 및 기술의 적합성 여부, 다시 말해 할당된 공사를 책임지고 완공해 낼 수 있는 역량과 신뢰를 우선적으로 고려하지 않을 수 없었다.

그렇대도 철도가 일본이 아닌 한국에서 건설된다는 특수성은 일본에게 골머리였다. 단순히 청부회사의 자본과 경험 및 기술만을 기계적으로 고려하여 일본 토목건설 회사들에게만 일방적으로 선정해 줄 수도 없는 노릇이었다. 당장 철도건설 공사를 시행하기 위해서는 한국인들로부터 방대한 면적의 철도 용지와 수많은 근로자들을 동원하지 않으면 안 되었다. 철도용지와 노동력을 확보하기 위해서라도 한국인들로부터 적대감정을 누그러뜨리는 것이 급선무였던 것이다.

이런 분위기 속에 철도건설 붐을 타고 한국에서도 다수의 토목건설 회사가 설립되어 어떻게든 철도건설 공사에 참여하려고 활발하게 움직였다. 한국 토목건설 회사들의 이러한 움직임은 일본 정부가 한국 정부와 철도건설 계약을 체결하는 과정에서 철도건설이 한·일 양국의 합동사업이라고 교묘하게 선전한 술책에 현혹되어 촉발된 측면도 없지 않았다.

어쨌든 철도건설 공사의 수주 활동에 가장 먼저 뛰어든 한국 토목건설 회사는, 관찰사(지금의 도지사) 출신의 초대사장 이병승이 1899년에 설립한 '대한국내철도용달회사'였다. 이 회사는 설립과 함께 일본의 경인철도합자회사 측과 경인철도 건설에 필요한 각종 물품 구매와 근로자를 모집하여 공급한다는 일종의 청부 계약을 맺었다.

이 청부 계약이 체결된 후 대한국내철도용달은 신문에 광고를 게재했다. 신문 광고에 의하면 이 회사가 일본 철도회사에 납품하려고 한 각종 물품은 목재, 석재, 석탄, 연와석煉瓦石, 칡, 삼베, 동아줄, 짚신, 엽초, 미곡, 곡류, 음식 따위였다. 그런가하면 철도 공사에 필요한 석탄을 확보하기 위하여 함경도 지역의 탄광을 합병하기도 했다.

하지만 이후 영업 체제를 확충 정비하기 위해 사장을 궁내부 대신이자 왕족인 청안군淸安君 이재순으로 바뀌면서 한성–원산–경흥을 연결하는 경원철도 건설권을 따내는데 성공했다. 그리하여 일본인 측량 기사를 고용하여 2달여 동안 한성에서 양주군에 이르는 노선 예정지를 측량하기조차 했다.

한국기업성장100년史

일본이 조선을 수탈하고 대륙을 침략하기 위한 철도 공사를 시행하기 위해서는 먼저 한국인들로부터 방대한 면적의 철도 용지와 함께 수많은 근로자들을 동원하지 않으면 안 되었다. 일본은 한국인들로부터 이러한 적대감정을 누그러뜨리기 위해 철도 건설에 일부 참여시키기도 하였으나, 대부분 가마니나 자갈 따위를 공급하는 수준이었다. 그러나 이런 사소한 경험과 학습은 곧 우리 토목업의 귀중한 씨앗이 되어주었다.

199

그러나 자본의 부족으로 인하여 측량은 더 이상 추진되지 못했다. 이 회사가 경원철도의 건설권을 인하 받을 당시 궁내부에서 주기로 한 거금이 무산되고 말면서 심각한 자금난에 빠지고 만 것이다.

결국 이 회사는 경원철도 건설 계획을 중도에서 접은 뒤, 설립 당시 표방했던 철도 공사에 필요한 각종 물품 구매와 근로자를 모집하여 공급하는 청부회사로 돌아갔다. 그러면서 첫 철도 공사인 노량진-제물포를 연결하는 경인철도 공사의 일부 사역에 참여할 수 있게 되었다.

대한국내철도용달과 함께 이 무렵 가장 활발하게 움직였던 또 하나의 토목건설 회사는 '대한경부철도역부회사'였다. 고위 관료의 영향력을 이용하여 설립 허가를 받은 일종의 관변회사였던 이 회사는, 하지만 자본 모금에 대한 구체적인 규정이나 실현이 없었다. 그것은 이 회사가 초기 토목건설 회사의 속성대로 단순히 근로자들을 모집하여 공급하는 일종의 인력 청부회사에서 벗어나지 못하고 있음을 보여주고 있다.

이밖에도 철도건설 공사에 참여하기 위해 뛰어든 군소 청부회사들이 여럿이었다. 이재순이 설립한 '철도목석등물용달회사', 김재정의 '홍업회사', 정기봉의 '한성철도역부회사', '경성토목회사', '경성북제특허회사' 등이 그것이다.

지방에서도 생겨났다. 부산에서 동래 부사 현명운이 경부철도 공사를 청부받기 위해 '부산토목합자회사'를 비롯하여 '한일공업조', '경부철도경상회사' 등이 설립되었다.

이같이 서울과 지방에서 속속 등장하게 된 토목건설 회사들은 사실 철도 기공을 앞두고 급조되어 거품처럼 등장한 측면도 없지는 않았다. 그러나 이들의 등장을 뒷받침해줄 만한 사회적 여건이 어느 정도 성숙해 있었다는 점 또한 부인할 수 없다.

예컨대 토목건설 회사 설립 붐과 때를 같이 하여 각종 철도학교가 세워지면서, 서구식 토목건설 기술을 습득한 졸업생들이 다수 배출하고 있었다. 1900년에 개교한 사립 철도학교는 1년 만에 15명의 졸업생이 나왔다. 낙영학교에서도 철도학과를 특설하여 철도기사를 양성했다. 흥화학교의 양지量地 과에서는 한 해에 23명의 졸업생이 배출되었던 것이다.

그러나 한국 토목건설업계의 이 같은 적극적인 참여는 일본 경부철도(주)에게 반가울 리 없었다. 처음부터 예정된 것도 아니었을 뿐더러, 또한 일관된 정책도 아니었다. 당시 일본의 철도건설업계가 깊은 불황에 빠져있는 상황을 고려하면, 이러한 움직임은 경부철도 건설에 기대를 걸고 있던 일본 철도건설업계의 이익과는 상반된 것이었다. 한데도 일본 경부철도(주)가 철도건설 공사를 원만하게 진행하기 위해 일시적 고육지책으로, 경부철도 공사에 참여하기를 희망하는 일본 철도건설업계의 욕구를 일정 선에서 만류해가며 한국 토목건설 회사들의 공사 참여를 묵인할 수밖엔 없었다.

때문에 일본 철도건설업계는 한국 토목건설업계가 행하는 공사를 예의주시하면서 우회적인 방법으로 공사에 참여하는 방법을 찾아야 했다. 그 방법은 자본의 부족과 기술의 미숙이라는 한국 토목건설업계의 약점을 최대한 이용하는 것이었다. 철도공사가 시작된

지 얼마 지나지 않자 일본 철도건설업계는 한국 토목건설 회사에 얼마 되지 않은 수수료를 지불하거나 합자의 명목으로, 그들의 명의를 간단히 손에 쥘 수 있게 되었다. 일본 철도건설 회사들은 그러한 명의로 경부철도(주)와 계약을 맺고 공사에 참여함으로써 한·일 양국의 토목건설 회사들은 공존 관계가 유지되는 듯했다.

그러나 이러한 공존 관계는 경부철도가 기공된 지 1년여가 지난 시점부터 붕괴하기 시작했다. 일본 토목건설 회사들이 깊은 불황에서 탈출하기 위해 앞을 다투어 경부철도 공사에 침투해 들어오면서 철도건설 공사를 일본이 독자적으로 추진하려고 했기 때문이다.

이쯤 되자 한국 토목건설 회사들이 즉각 반발하고 나섰다. 각 회사의 대표들은 모임을 갖고 일본 측의 부당성을 통박하는 성명서를 발표하면서, 곧바로 집단적인 저항에 들어갔다.

그러자 공사 진척에 차질을 빚을지도 모른다고 생각한 일본은 한국 토목건설 회사들의 반발을 무마시키기 위해 스스로 묘안이라는 계책을 내놓았다. 한국과 일본의 토목건설 회사들이 모두 다 참여하는 초대형 청부회사인 '한국특허회사'를 설립하는 안이었다.

하지만 정부의 매판적 고위관리와 그에 종속되어 있는 일부 청부회사를 제외한 한국 토목건설 회사 대부분은 특허회사에 참여치 않고 저항을 계속했다. 한국 토목건설 회사들은 단결하여 공사 청부를 미끼로 접근하는 일본의 회유공작을 거부하고 철도 사역에 일체 불참키로 한 것이다.

그러나 칼을 쥔 측은 일본이었다. 더욱이 러·일 전쟁을 목전에 두고 있었다. 전쟁에 앞서 경부·경의·삼마철도를 건설하여 러시아의 함포사격으로부터 안전한 병참간선을 확보하는 일이 최대 급선무였던 일본은, 경부철도를 신속히 건설하라는 비상조치를 단행한다.

이와 함께 철도건설 공사를 일본의 9개 철도건설 회사에게 분할하여 담당토록 배당했다. 경부철도(주)는 전시 하의 신속한 공사라는 비상조치를 교묘하게 이용하여 그동안 논란의 대상이 되어 왔던 한국 토목건설 회사들을 공사 현장에서 일거에 배제시켰다.

나아가 일본은 한국 정부에 방대한 철도용지를 요구하고 나섰다. 경부철도와 경의철도의 선로용지는 폭 18m로 정거장 1개소의 평균 면적은 경부철도의 경우 3만평, 경의철도는 10만평이었다. 일본은 이렇게 한국과 대륙을 침략하기 위한 간선으로 경부철도와 경의철도를 건설하면서 무려 2천만 평에 달하는 철도용지를 무자비한 폭력을 앞세워 무상 혹은 그에 가까운 헐값으로 탈점했다.

저항이 없을 리 만무했다. 일례로 지금의 서울역이 들어선 남대문 근처의 사유지 11,929평과 민간인 가옥 2,346채, 분묘 1천여 기를 철도용지로 수용하면서 집단으로 시위가 벌어지는 사태가 발생하기도 했다.

또한 일본은 연인원 수천만 명에 달하는 연선 주민들을 철도 근로자로 동원하여 살인적인 노역을 강요시켰다. 한국 정부의 주권이 철저히 무시된 채 일본의 토목건설 회사 또는 철도대대, 공병대대의 노동조직이 한국인 근로자를 폭력적으로 지휘 감독하는 방식이었다. 더구나 일본은 전쟁 중이었기 때문에 단 하루라도 공사를 빨리 완공하려고 혈안이 되어 살인조차 서슴지 않았다.

그 뿐 아니라 일본인 철도근로자들의 행패까지 이어졌다. 부녀자를 겁탈하고, 양민을 살해하며, 비협조적인 지방 군수들을 구타하는 사례가 부지기수였다. 일례로 1903년 경북 청도에서 일본인 철도근로자가 민가에 난입하여 부녀를 겁탈하려다 남편이 제지하자, 권총을 쏘아 허벅지를 관통시키고 15세 된 아들을 무참히 살해했다.

결국 한국인들은 철도를 문명의 이기가 아닌 일본의 침략과 수탈의 도구로 받아들이게 되었다. 아울러 연선 주민들을 주축으로 침략 세력과 그에 굴종한 매판적 지배 세력에 대해 끊임없이 저항운동을 전개하기에 이르렀다.

이렇듯 한반도를 남북으로 종단하는 1천km의 경부 · 경의철도는 우리 민족의 씻을 수 없는 수난과 희생 위에 구축될 수 있었다. 일본은 우리의 철도 자력건설 운동을 짓밟으면서 일본군의 군용철도로 만들어 나아갔던 것이다.

그러나 앞서 얘기한대로 경부철도의 기공과 더불어 청부회사로서 공사에 참여한 한국의 토목건설 회사는 모두 10여 개에 달했다. 물론 이들 토목건설 회사들은 불과 2년여 간의 짧은 활동을 끝으로 역사의 뒤안길로 사라지고 말았다. 그런 만큼 이들의 청부 내용이나 활동 상황을 구체적으로 전해주는 자료는 거의 남아 있지 않다. 그렇다하더라도 초기 철도공사 현장에 참여했던 이때의 경험과 학습은 분명 우리 토목업계의 귀중한 씨앗이 되어주었음은 분명한 사실이다.

한국기업성장100년史

해외에서 맨손으로 일궈낸 근대 기업가들

1910년 한일병합 이전만 해도 일본에 거주하고 있던 한국인은 불과 얼마 되지 않았다. 유학생을 비롯하여 고작 790여명 정도가 전부였을 따름이다. 그러다 일본으로의 이주가 시작된 것은 한일병합 이후부터였다. 일본에서 외국인 노동자 입국 제한이 한국인에게는 적용되지 않게 됨에 따라 한국인들의 일본 이주가 본격적으로 시작된 것이다.

한편 한일병합을 계기로 일본의 식민지 정책이 본격화되면서 일본인의 한국 이주도 봇물을 이루기 시작했다. 「조선총독부 통계 연보」에 의하면 한일병합 직후 17만여명에 달하던 재한 일본인이 1920년에는 34만명을 넘어선데 이어, 1930년에는 50만명 이상으로 급증했다.

이렇게 볼 때 재일 한국인의 증가는 이런 일본인들의 한국 이주와도 무관치 않아 보인다. 일본에서 자국민들이 빠져나간 노동력의 부족을 메우는 한편, 값싼 노동력을 필요로 하는 상황 때문에 적극적으로 이루어졌다고 볼 수밖에 없는 것이다.

사실 한국인들의 일본 이주는 그 경위가 다양했다. 강제 연행으로 끌려간 이가 대다수를 차지하고 있었으나, 유학이나 취업을 목적으로 현해탄을 운항하는 관부연락선에 몸을 실은 이들 또한 적지가 않았다. 그리고 그들 가운데는 일본에 잔류하는 이도 많았다. 일본 사회에서 어느 정도 생활 기반이 조성되었기 때문에 가능한 일이었다.

그렇대도 모든 게 낯설기만 한 이국에서, 그것도 차별과 편견이 심한 일본에서 뿌리를 내린다는 건 결코 쉽지 않은 일이었다. 때문에 처음 시작부터 말로 표현할 수 없는 역경에 처할 수밖에 없었으며, 민족 차별과 편견이 심한 사회 환경 속에서 살아남기 위해선 갖은 인내와 노력을 다하지 않으면 안 되었다.

더구나 일본에서 대학을 졸업해도 대부분 취직이 되지 않아 생계유지를 위해 자영업에 뛰어들 수밖엔 없었다. 그것도 일본인들이 기피하는, 이른바 3D에 속하는 직종이 대부분이었다.

그러나 이들은 어려운 환경에 내던져졌기 때문에 오히려 더 강인한 의지를 가질 수 있게 되었고, 도전하는 정신을 잃지 않으면서 꿈을 키워나갈 수 있었다. 그리고 그러한 과정 속에서 마침내 자신의 활로를 개척하여 성공한 이들이 적지 않았다. 심지어는 공장 노동자로 오랫동안 고생을 하면서 기술을 습득하여 차별과 편견이 심한 일본 사회에서 기업을 일궈내며 산업계에 진출한 이들마저 생겨나기에 이르렀다.

그 대표적인 인물이 코오롱그룹의 창업자 이원만이다. 이원만은 28세가 되던 1932년 단신으로 일본에 건너가 신문팔이를 시작으로 알루미늄 공장에서 일을 하며 푼푼이 모은 돈으로, '아사히공예'라는 광고용 모자가게를 개업했다. 그리고 이 가게를 시작으로 태평양전쟁 중에는 피복 생산 공장을 경영케 되었는데, 전쟁 특수 경기를 누리면서 상당한 재산을 축적하여 오늘날 코오롱그룹의 기반을 닦을 수 있었다.

기아자동차(주)의 창업자 김철호 또한 빼놓을 수 없는 재일 한국인 기업인이었다. 가난한 농촌에서 태어난 김철호는 18세가 되던 1923년 관부연락선을 타고 현해탄을 건너갔다. 오사카에 정착하게 된 그는 처음 한동안 막노동을 했다. 그러나 얼마 지나지 않아 성실성을 인정받아 직장 책임자의 소개로 철공소 직공이 되었다. 물론 일찍부터 그가 기계에 흥미를 가진 때문이었다.

김철호는 철공소에서 7년여 동안 일하면서 습득한 기계에 대한 기술과 노하우를 밑천으로 마침내 독립할 수 있었다. 1930년에 '삼화제작소'라는 자전거 부품 및 볼트 너트를 제조하는 작은 공장을 세우게 된 것이다.

이런 그에게 때맞춰 행운마저 따라주었다. 당시 일본은 만주사변을 일으키면서 본격적인 대륙 침략에 나서던 시기였다. 때문에 그 또한 전쟁 특수 경기를 톡톡히 누리면서 막대한 재산을 모을 수 있었고, 해방 직전인 1944년 여름에 금의환향하여 오래지 않아 기아자동차(주)를 창업케 되었다.

한일합섬(주)의 창업주 김한수 역시 재일 한국인 기업인이었다. 경남 김해에서 태어난 김한수는 1935년 부산에서 시모노세키행 관부연락선에 몸을 실었다. 오사카에 정착하게 된 그는, 야간에는 고노하나상업학교에서 주경야독을 하면서 포목상점을 경영하며 기업인으로 성장했다. 그리하여 해방 직전인 1944년에 귀국하였을 땐 1,500엔이라는 당시로선 거액을 들고 들어와 경남모직(주)를 설립하게 되었다.

경남 울주에서 태어난 신격호는 학업 성적이 우수하여 농업학교를 졸업한 뒤 종축 기사로 취직했다. 하지만 보다 인간답게 살기 위해서는 상급학교에 진학하여 학업을 계속할 수밖에 없다고 생각한 그는, 1940년 일본 유학을 떠나게 된다.

그러나 말이 좋아 일본 유학이지 학비는 스스로 벌어야만 했다. 그는 새벽에 일어나 우유배달 일을 하면서 와세다고등공학교(지금의 와세다대학 이공학부)에 진학할 수 있었다.

한데 재학 중에 누군가 자신에게 출자해준 이가 있어 창업을 하였지만, 그만 공습을 받아 공장이 모두 불타버리고 말았다. 그렇대도 이때의 경험은 그가 훗날 기업가로 성장하는데 귀중한 밑거름이 될 수 있었다. 하지만 이때 떠안게 된 부채 때문에 태평양전쟁에서 일본이 패하면서 조국은 해방을 맞이하였으나, 그는 귀국하지 못한 채 일본에 잔류할 수밖에 없었다.

그러나 해방 이듬해에 와세다고등공학교를 졸업한 신격호는 또

일제시대에 현해탄을 건너 일본으로 건너간 한국인들의 증가는 일본인들의 한국 이주와도 무관치 않았다. 일본에서 자국민이 빠져나간 노동력의 부족을 메우는 한편, 값싼 노동력을 필요로 하는 상황 때문에 적극적으로 이루어졌다. 그러나 재일 한국인들은 일본에서의 민족 차별을 딛고 일어나 기업을 일궈내어 산업계에 진출한 기업인들도 적지 않았다. 사진은 부산과 일본의 시모노세키를 정기 운항하는 관부연락선의 풍경이다.

다시 비누, 포마드 등 화장품을 만드는 '히카리특수과학연구소'를 설립할 수 있었다. 그러면서 짧은 기간 안에 큰 성공을 거두었다.

하지만 과잉 경쟁으로 말미암아 사업의 수익성이 떨어지자, 이번에는 화장품 대신 '롯데제과(주)'를 설립한 뒤 껌을 제조해서 판매하기 시작했다. 한데 누구도 예상치 못한 공전의 히트를 기록하면서 롯데제과(주)를 일본에서 내놓으라하는 종합 제과회사로 키워냈다.

제주도 출신의 안재호는 고향에서 보통학교를 졸업한 뒤, 13살 때 어머니를 따라 일본으로 건너갔다. 제주도민들이 밀집해 있는 오사카에 정착하면서 그는 일을 하며 오사카쿄토상업학교를 졸업했다.

하지만 더 이상 학업을 계속할 형편이 되지 않아, 16살이 되던 1930년 오사카합성수지화학연구소에 취직했다. 그리고 거기서 4년여 동안 기술을 익혔다.

그는 이 연구소에서 익힌 기술을 토대로 20세 되던 1934년에 후토화학공업의 전신인 대동라이트에 입사했다. 거기서 열심히 일하며 꾸준히 배운 안재호는 다시 5년 후인 1939년에 퇴사하여 스스로 기업을 설립하고 나섰다.

마침내 같은 해에 오사카에서 야스모토화학공업소를 창립하면서 합성수지가공업을 시작했다. 1947년에는 야스모토화학공업소를 주식회사로 법인한 후 사장에 취임함과 동시에, 대규모 합성수지 기업으로 도약하면서 재일 한국인 기업인으로서 이름을 올렸다.

경남 김해에서 태어난 김상호는 어렸을 때 부모와 함께 현해탄을 건넜다. 그의 부모는 건설 현장 등지에서 일용직으로 일하면서 일자리를 찾아 일본 각지를 전전했다. 그러다 시가현에 정착해 땔감을 팔아서 생활하게 된 것은 그가 14살 때였다.

이때 궁핍한 생활 속에서도 아이들 교육에 열심이었던 그의 부모는 김상호를 코베고등공업학교에 진학시켰다. 졸업 후 그는 프레스 제조 공장에 취직하여 프레스 설계 및 생산 공정을 2년여 동안 배웠으며, 일본이 패망하던 해 그만 퇴사했다.

그러나 일찍부터 비즈니스에 눈을 뜬 김상호는 23세 때 오쓰시에서 산림업을 개업해 땔감을 팔기 시작했다. 하지만 생활 패턴의 변화로 땔감이 잘 팔려나가지 않자 건설회사 건물을 매입하여 '가네하라유리공업소'를 창업하면서, 한때 오사카 역에서 파는 우유병이며 밀크·커피 병을 전부 다 수주할 만큼 성공을 거두었다.

경남 함양의 벽촌에서 태어난 박병헌은, 12살 때 보통학교를 중퇴하고 형들을 따라 부산에서 관부연락선을 탔다. 도쿄에 정착하게 된 그는, 집 근처에 있는 혼무라소학교 야간부에 진학했고, 낮에는 펄프 공장에서 일을 시작했다.

이같이 어린 나이에 공장에서 힘든 일을 해가며 저녁에는 다시 학교에 다녀야 했던 주경야독이, 그러나 이때의 경험은 그에게 학습과 단련이라는 소중한 기회를 마련해준 것이기도 했다. 그가 훗날 수많은 난관을 스스로 헤쳐 나가야만 하였을 때 결코 굴복하지 않는 원동력이 되어주었던 것이다.

그렇대도 온종일 뼈가 부서지도록 일을 해보았자 우동 한 그릇밖엔 되지 않았던 일당은 그에게 새로운 일자리를 찾게 만들었고,

그렇게 옮긴 일자리가 후카자와제작소였다. 그곳은 나사를 만드는 공장이었는데, 아침 6시에 일어나 공장으로 향하면 밤늦도록 일을 해야 했다. 한데도 주경야독은 그만 둘 수 없었으며, 어린 나이에 변변히 먹지도 못해 공장 일은 더욱 힘겨울 수밖에는 없었다.

하지만 그렇게 힘들게 일한 결과 태평양전쟁이 한창일 무렵엔 형과 둘이서 힘을 모아 녹노 공장을 시작할 수 있었다. 그리고 미리 예측하고서 시작한 것은 아니었지만, 때마침 전쟁 특수 경기도 있고 해서 공장 운영은 그런대로 괜찮았다.

그러나 불행하게도 공습으로 인해 피땀으로 일군 공장이 순식간에 잿더미로 변하고 말았다. 가까스로 목숨을 잃지 않은 것만으로도 다행으로 여겨야 했다.

해방과 함께 전문학교를 졸업하게 된 그는, 망설임 끝에 결국 일본 잔류를 결심한다. 일본에 잔류하면서 동포 청년들과 함께 조선거류민단(민단) 결성에 힘을 쏟았다. 그런가하면 1973년에는 형과 함께 구로공단에 전기·전자 부품 회사인 대성전기를 설립하면서, 국내 전기산업 발전에 뛰어들었다.

그런가하면 앞서 잠깐 언급한 바 있지만, 오사카방직의 서갑호 또한 유력한 재일 한국인 기업인이었다. 서갑호는 14세 어린 나이에 단신으로 관부연락선을 타고서 현해탄을 건너가 오사카에 정착했다. 처음에 그는 오사카에 자리한 포목상점의 심부름꾼으로 들어가 포목 짜는 기술을 배우게 되었다. 포목 짜는 기술을 습득한 그는 상점을 그만 둔 뒤 사탕 판매, 폐품 회수, 타월 공장에서 기계에 기름 치는 일 등 다양한 직업을 전전했다.

그러던 그에게 전쟁은 예기치 않은 행운을 가져다주었다. 그동안 틈틈이 모은 돈으로 군수 물자를 매매하면서 기회를 잡아가던 그는, 종전 직후 폐기 처분된 방적기들을 사모아 33세 되던 1948년 판본방적을 설립한데 이어, 오사카방적·히타치방적 등을 잇따라 매수하여 몸집을 불려나가면서 일본 방적업계의 기린아로 등장했다.

이밖에도 재일 한국인들과는 이주 지역이며 이주 이유 또한 다르긴 하지만, 한국유리공업(주)의 창업자 최태섭 또한 빼놓을 수 없는 인물이다. 1910년 평북 정주에서 태어난 최태섭은 오산학교를 졸업한 뒤 친구 아버지의 회사인 기선권농(주)에 취직했다. 그러나 보다 큰 꿈을 안고 만주로 향했다. 당시 상업도시로 이름난 심양에서 새로운 일거리를 찾던 그에게 눈에 띠었던 것은 콩과 콩기름을 이용한 가공업이었다. 거기에 착안한 그는 폐기름을 이용하여 세탁비누를 만드는 '동화공창'이라는 아주 작은 공장을 세웠다.

하지만 동화공창에서 만든 세탁비누는 이내 심양에서 가장 인기 있는 상품으로 날개 돋친 듯이 팔려나갔다. 10여 평 정도에 불과하던 공장도 자꾸만 커져 수백 평에 달할 정도가 되었다. 이런 성공으로 자신감을 얻은 최태섭은 자신이 중국어와 일본어에 능통한 점을 살려 '삼흥상회'를 설립하면서 무역업으로 눈을 돌렸다.

회사 규모는 별반 크지 않았으나 당시 만주에 진출해 있던 미쓰이, 미쓰비시, 조선질소와 같은 큰 기업들과 거래를 했다. 이들 회사가 만주에서 콩이나 콩기름을 대량으로 수거한 것을 매입하여 소매로 판매하는 중개무역으로 상당한 기반을 닦을 수 있었다.

이와 같이 유학이나 취업을 목적으로 어린 나이에 고국을 떠나 일본에서 혹은 중국 등지에서, 더욱이 맨손으로 근대 기업을 일궈 나가는 과정 속에서 스스로 학습하고 단련했던 이들의 경험은 실로 값진 것이 아닐 수 없었다. 더구나 해방 직후 이들은 대부분 고국으로 돌아와 일본계 산업이 썰물처럼 빠져나간 자리를 상당 부분 공백 없이 메울 수 있었다. 그리고 그때 축적한 자본과 경험을 토대로 본격적인 기업 경영에 나서면서 한국기업성장사를 써나가는 주역이 되었을 뿐더러, 또한 우리 나라 경제 발전에도 저마다 주어진 역할을 다했다.

한국기업성장100년史

'라초이' 접고 미국에서 돌아온 유일한의 유한양행

일제 강점기 시대 나라 안에서 혹은 일본과 중국 등지에서 속속 등장하게 되는 많은 기업인들 가운데 유일한은 한국기업성장 史에 몇 가지 특이한 이력을 적바림한 인물이다. 그는 우선 전통적인 토지 자본가 아니면 서민 출신의 기업인이 고작이었던 근대에 보기 드문 미국 유학파였다. 더욱이 미국 최고 기업 가운데 하나인 제너럴 일렉트릭(GE) 동양인 1호 사원이었을 뿐더러, 또한 그 자신이 기업을 일으켜 성공한 기업인이기도 했다. 그런 그가 고국으로 돌아와 한국기업성장史에 또 다른 지평을 열어보였던 것이다.

유일한은 1895년 평양에서 태어났다. 그가 태어난 당시는 중국과 일본이 한반도에서 독점적 지배권을 차지하기 위해 일으킨 청일전쟁과 동학혁명, 갑오경장 등으로 나라 안팎이 급격한 변화의 소용돌이로 치닫고 있던 때였다.

그의 아버지 유기연은 일찍이 서양문물을 받아들여 세계적 브랜드인 싱거Singer 재봉틀 대리점을 운영하고 있던, 전통적 관습에 얽매이는 것을 싫어했다. 당시 그는 조선에 왔던 미 북장로회의 새뮤얼 모펫에게 세례를 받은 몇 안 되는 사람 중 하나일 만큼 일찍 기독교를 받아들였다. 새뮤얼 모펫은 숭실대의 설립자다.

유기연은 교육열도 대단했다. 9남매 가운데 차남은 러시아, 3남은 중국, 5남은 일본에 유학시킬 정도였다. 장남 유일한을 9살 어린 나이에 미국으로 유학을 보낸 것도 딴은 그런 교육열 때문이었다.

더구나 당시는 독립협회를 비롯한 애국계몽단체들이 '아는 것이 힘이다, 배워야 산다' 며 목소리를 높일 때였다. 이런 시대적인 분위기와 선교사들의 권유에 힘입어 유기연은 어린 맏아들을 멀리 미국으로 보내게 되었던 것이다.

1904년 미국 중앙부에 해당하는 네브라스카주의 농촌도시 커니에 도착한 9살 꼬마 유일한은, 침례교회의 소개로 독실한 신자 집에 맡겨졌다. 하지만 프로테스탄티즘의 영향을 받은 그 집에선 유일한을 그냥 놓아두지 않았다. 자질구레한 집안 청소는 물론 물을 긷고 땔감용 장작을 패야 했다. 연료용 석탄을 나르고 난롯불도 그의 몫이었다.

평양 부잣집의 맏아들로 태어나 고생이라고는 해보지 않았으나, 그러나 유일한은 새로운 생활에 이내 적응했다. 어렸을 때부터 아버지에게서 배운 강인한 의지력 덕분이었다.

커니에서 초등학교와 중학교를 마친 유일한은 운동에도 남다른 소질을 보였다. 미국의 또래 아이들에 비해 체구는 작았지만, 신문 배달을 하면서 새벽길에 다져진 체력은 누구에게도 뒤지지 않았다.

고등학교에 진학하면서 그는 정들었던 커니를 떠나게 되었다. 미식축구 선수로 장학금을 받아 진학하게 된 고등학교가 헤스팅스에 있었기 때문이다.

하지만 그런 사실을 아버지에게 자랑하려고 알렸다가 되레 질책만 들었다. 공부를 열심히 해야지 무슨 운동이냐고 한 것이다. 그는 아버지에게 '미국에서는 성적이 우수해야 운동을 할 수 있으며, 장학생이라야 선수로 뽑힐 수 있다'고 설명한 뒤에야 운동을 계속할 수 있었다.

실제로 그는 여러 면에서 두각을 나타냈다. 학교 미식축구 팀의 주전선수였을 뿐더러 웅변도 뛰어났고, 리더십 또한 남달랐다.

그가 고등학교를 졸업한 뒤 미시간대학교 경영학과에 진학할 수 있었던 것도 모든 면에서 우수했기 때문이다. 당시만 해도 고교 졸업생 대부분이 대학에 가지 못했고, 몇몇 뛰어난 학생들만 대학에 갔던 것이다.

하지만 대학생활은 녹녹치 않았다. 무엇보다 그를 괴롭혔던 건 돈 문제였다. 공부를 하면서 학비는 물론 생활비까지 벌기란 결코 쉬운 일이 아니었다.

그럴 때 어떤 아이디어 하나가 불현듯 떠올랐다. 평소 이따금 중국 음식점을 찾곤 했었는데, 중국인들이 머나먼 타국에서 향수를 달래기 위해 고향에서 가져온 물건을 끔찍이 여기는 걸 보았었다. 더구나 주위에는 대륙횡단철도 건설 노동자로 중국 이민자들이 넘쳐나고 있었다.

'중국인들의 향수를 이용하여 장사를 한다면 잘 될 수 있잖을까?'

그렇게 생각한 유일한은 등록금을 내고 남은 돈을 털어 중국에서 들어온 물건들을 샀다. 남자보다는 여자들이 두고 온 가족이며 고향을 더 그리워할 것을 생각해 여자들이 선호할 물건들을 골랐다. 비단으로 짠 손수건, 인형, 장신구며 일상용품, 심지어 중국카펫까지도 구해다 강의가 없는 날이면 팔았다.

장사는 잘 됐다. 처음엔 별 신통치 않게 여기던 중국인들도 고향에서 건너온 물건을 보곤 마음이 바뀌어 너도나도 사갔다.

이 무렵 유일한은 중국 여성 호미리를 평생 반려자로 만난다. 재미 중국인 사회에서는 저명한 집안의 딸로, 그녀의 아버지는 미국 서부철도건설회사에서 중책을 맡고 있는 재산과 덕망을 갖춘 인사였다.

하지만 미시간대학을 졸업하자마자 두 사람은 잠깐 떨어져야만 했다. 호미리가 미시간대학의 학부를 끝내고 다시 의학을 전공하기 위해 동북부의 코넬대학으로 진학했다. 코넬대학은 미국 최고 명문대였다.

대학 졸업 후 그의 행보 또한 흥미롭다. 그녀를 코넬대학으로 보낸 유일한은 잠시 미시간중앙철도회사의 회계사로 근무하다, 1920년 뉴욕으로 자리를 옮겨 GE에 취직했다. 당시 GE에 동양인이라고

9살 어린 나이에 미국으로 유학을 떠나 미시간대 경영학과를 졸업하고 GE 동양인 1호 사원이 된 유일한. 그러나 GE를 그만 두고 숙주나물 사업을 벌여 큰 성공을 거뒀으나, 1926년 귀국하여 유한양행을 창업하면서 근대기업은 물론 제약업계의 씨앗이 된다. 사진은 유일한과 그가 미국 유학 시절 동양인으로선 유일하게 미식축구 선수로 활약할 때의 모습이다.

는 그 밖에 없어서 처음엔 낯설었지만 점차 업무 능력을 인정받으면서 생활도 안정되어갔다. 호미리 역시 동양인 여성으로서는 처음으로 소아과 전문의 자격을 획득했다.

두 사람은 1925년에 결혼했다. 누구보다 장래가 촉망되는 두 젊은이의 결합이었다.

그러나 GE에 입사하여 안정된 생활을 누리던 그는 점차 깊은 회의에 빠져들게 된다. 일제의 압박에 시달리고 있는 조국과 민족을 위해 큰일을 하라고 미국까지 유학을 보낸 아버지의 뜻이 젊은 그를 짓눌렀던 것이다.

결국 유일한은 1922년 GE에 사직서를 제출했다. 당시 GE는 중국을 비롯한 동양 시장에 진출하기로 하고, 유일한에게 이 지역의 총지배인을 맡길 예정이었으나 그는 거절했다.

'회사에서 중책을 맡게 되면 결실을 얻을 때까지는 그 일을 계속해야 한다. 하지만 나는 언젠가 고국으로 돌아가야 할 몸이 아니던가. 인연이 더 깊어지기 전에 이쯤에서 그만 두는 게 옳은 일이다.'

GE를 사직한 뒤 그는 숙주나물 사업을 시작했다. 그가 첫 사업으로 숙주나물을 택한 데에는 이유가 있었다.

두 사람이 결혼하기 전에 호미리가 그의 집을 찾아와 만두를 만들어준 적이 있었는데, 맛이 어린 시절 어머니가 빚어주는 것만 못했다. 호미리는 만두 속에 숙주나물이 들어가지 않아서 제 맛이 나지 않은 것이라고 설명했다.

순간 그의 뇌리를 빠르게 스쳐지나가는 생각이 있었다. 숙주나물은 비단 만두뿐만 아니라 중국 요리에 반드시 들어가야만 하는 재료인데도, 당시 미국에선 숙주나물의 원료인 녹두가 흔치 않아서 맛없는 만두를 먹어야 했던 것이다. 따라서 신선한 숙주나물을 공급한다면 시장은 얼마든지 있을 거라고 생각했다.

하지만 녹두를 구하는 게 문제였다. 그는 오하이오주에서 필라델피아까지 먼 길을 여행하며 녹두를 어렵사리 모아야 했다. 그런 다음 신선한 상태로 숙주나물을 공급하기 위해 투명한 유리병에 담아 공급하기로 했다.

그러나 공급이 쉽지만은 않았다. 숙주나물을 유리병에 일일이 담아야 했기 때문에 일손이 많이 갔다. 더구나 유리병에 담긴 숙주나물의 신선도가 오래 가지 못했을 뿐 아니라, 유리병의 파손율도 높았다. 뭔가 포장 방법을 달리 하지 않으면 안 되었다.

그래서 생각해낸 것이 숙주나물을 캔에 담아보자는 거였다. 숱한 실패 끝에 결국 숙주나물 캔을 개발하는데 성공한 그는, 디트로이트에서 식료품상을 하고 있던 대학 동창과 함께 숙주나물을 판매하는 '라초이식품회사'를 1922년에 설립했다.

숙주나물 통조림은 생각보다 반응이 좋았다. 인근도시에서 주문이 쇄도했다. 회사 설립 4년 만에 50만 달러 이상의 수익을 기록하는 대단한 실적을 올렸다.

이같이 사업의 규모가 날로 커져 미국에서 구하는 녹두만으로는 주문량을 소화할 수 없어 1924년 그가 중국으로 출장을 떠났다. 녹두를 안정적으로 확보하기 위해서였다. 그리고 돌아오는 길에 고국을 방문해 가족을 만났다. 9살 어린 나이에 미국으로 유학을 떠난 이래 첫 귀국이었다.

중국 출장에서 돌아온 유일한은 1924년 서재필 박사 등과 함께 한국, 중국, 러시아 등지의 토산물을 취급하는 '유한주식회사'를 설립했다. 이 회사는 재미 동포들이 자본금을 투자하여 설립되었으며, 질병으로 고생하는 고국의 동포들을 위해 미국의 약품을 수출할 계획도 세웠다.

이럴 때 고국에서 독촉장이 날아들었다. 그가 고국을 찾았을 때 연희전문학교의 에비슨 학장은 교수를 맡아달라고 제의했었다. 그의 아내 호미리 역시 세브란스병원의 소아과장으로 초빙됐다.

유일한은 고민에 빠졌다. 한창 잘 나가는 라초이식품회사와 유한주식회사를 계속 키울 것인지, 아니면 고국으로 돌아갈 것인지의 갈림길에서 망설이지 않을 수 없었다.

결국 유일한은 라초이식품회사의 지분을 정리하고 받은 25만 달러를 갖고 1926년 귀국했다. 하지만 에비슨 학장의 제안은 거절했다. 교수가 되는 것보다는 자신의 경험을 십분 살려 민족의 자산을 지키고 키워서, 일제의 경제적 수탈과 압제에서 신음하는 동포들을 살리는 일이 급선무라고 판단했기 때문이다.

그리하여 귀국하던 그 해 자본금 50만원(지금 돈 약 600억원)으로 '유한양행'을 설립하면서 제약사업에 뛰어들었다. 그가 제약사업에 뛰어들었던 것은 식민지 조선의 열악한 의료 현실 때문이었다. 약만 있으면 고칠 수 있는 사소한 질병인데도 약이 없어 죽어가는 사람이 너무도 많았던 것이다.

유한양행은 유일한의 부인 호미리가 의사여서 약품을 대량으로 수입하여 공급하였지만, 약품 외에도 취급 품목이 다양했다. 창립 초기에는 비누, 화장지, 생리대, 치약 등의 위생용품을 비롯하여 화장품과 껌, 초콜릿 등도 수입해 팔았다. 심지어 농기구와 염료, 페인트도 수입했다.

제약업을 한다던 유일한이 이같이 갖가지 품목을 수입해 들여왔던 건 의약품 판매를 확장하기 위해 전국을 돌면서 목격한 당시 농촌의 낙후 때문이었다. 효율적으로 농사를 짓기 위해서는 보다 편리한 농기구가 필요하다고 생각하여 값싸게 보급한 것이다.

유한양행의 신문 광고 또한 특이했다. 당시만 해도 제약회사들은 서로 자기 제품이 최고며 진짜라고 허위·비방 광고로 이전투구를 벌이기 일쑤였으나, 유한양행의 광고는 확연히 달랐다. 광고에 회사 상표인 '버들표'를 복판에 넣고 약품의 효능만을 명시했다. 아울러 의학박사인 부인 호미리와 책임 약제사의 이름과 회사 전화번호를 싣는데 그쳤을 따름이다.

그밖에도 유한양행은 일본 우편선회사와 캐나다 정부의 철도, 동경의 해상화재보험회사, 미국의 생명보험회사와 선박회사 대리점도 운영하며 사세를 더욱 늘려나갔다.

그리하여 1931년 만주사변 이후에는 만주까지 진출했다. 일본 제약회사들이 만주 시장을 독차지하는 것을 수수방관할 수 없는데다, 기업의 성장을 통해 민족자본을 형성해야 한다는 결심에서였다.

1936년에는 유한양행을 주식회사 체제로 전환했다. 제약업계에서는 처음 있는 획기적인 일로, 당시 민족계 제약업계가 모두 33개 사였는데 유한양행의 자본금 규모가 그 절반을 차지할 정도였다.

그러나 승승장구하던 유한양행의 행진에 갑작스레 제동이 걸렸다. 1940년 태평양전쟁이 시작되면서 약품 배급은 일제의 통제 아래 놓였으며, 심각한 원료 부족으로 인하여 제약업계는 그 명맥조차 잇기도 어렵게 되었다.

더군다나 미국과 전쟁을 시작한 일본은 걸핏하면 유한양행(주)를 '미국계 기업'이라며 갖은 핍박을 가했다. 의약품의 통제는 업무 수행이 불가능할 만큼 심했고, 진주만 공습 직후에는 유한양행의 간부 사원들을 전원 종로경찰서로 연행할 정도였다.

이때 유일한은 미국에 머물고 있어 화를 모면할 수 있었다. 유럽과 남북미의 제약업계를 두루 돌아보면서, 유한양행의 약품과 한국 특산물을 수출해보기 위해 떠났다가 그만 발이 묶여버린 것이다.

고국으로 돌아올 수 없게 된 그는 정세를 관망하는 한편, 훗날을 기약하며 미국 남가주대학 경영학 석사 과정에 들어가 공부를 다시 시작했다. 공부를 계속하면서 위기를 돌파할 수 있는 방법을 궁리하는 가운데 유일한과 그의 유한양행은 마침내 8·15 해방을 맞이하고 있었다.

한국기업성장100년史

근대 방직산업의 원조, 김덕창의 동양염직

우리는 아주 오래 전부터 쌀, 면綿, 소금을 생활의 테두리로 여겨왔다. 전통적으로 쌀, 면, 소금이라는 삼백三白경제를 매우 중시해왔다. 다시 말해 삼백경제야말로 반드시 우리가 지켜내야 하는 생존의 필수 조건이었던 셈이다.

한데 20세기 근대에 접어들면서 이러한 삼백경제에 일대 변화가 일어난다. 삼백경제 가운데서 가장 먼저 면이 산업화를 요청받게 된다. 이전까지 농가에서 짬이 날 때마다 면사를 뽑아 피복을 짜서 의복을 만들어 입던 가내 수공업 수준에서 대량으로 생산되는 산업화로 나서게 되는 것이다.

사실 면의 산업화는 1883년 제물포 개항 이후 서구의 근대화 문물이 앞 다투어 봇물처럼 쏟아져 들어올 때부터 이미 예견된 것이었다. 지금껏 유교적 정신주의 생활 풍조 속에서만 호흡해오던 이 땅의 뭇 백성들에게, 개항장을 통해 들어오기 시작한 서구의 물질문명은 경이적 신천지였다. 또 그런 분위기는 결국 우리 또한 근대 산업화로 연결될 수밖에 없었고, 근대 산업화 과정에서의 중심은 단연 면포산업이었다.

이 시기 면포산업은 주로 방적과 방직에 한정되었다. 면포산업의 근대화 작업 중 실을 뽑는 방적 부문은 대기업 중심으로, 피복을 짜는 방직 부문은 중소기업 중심으로 전개되어 나갔다.

한데 이 시기 가장 먼저 이름을 적바림한 이가 다름 아닌 '동양염직'의 김덕창金德昌이었다. 우리 나라 근대 방직산업의 시조로 불리는 그는, 한성의 종로에서 태어나고 자랐다. 한성의 종로 거리라면 대부분 상업에 종사하는 중인계층에 속했다.

그러나 육의전의 시전 상인을 제외하곤 나머지 대부분은 경제적으로 풍요롭지 못한 삶을 영위했다. 그의 집안 역시 전통적으로 생산직에 종사해온 탓에, 따라서 김덕창은 근대적인 학문을 접하지 못했던 것으로 추정된다. 그 뿐 아니라 그가 언제 어떤 연유로 면포산업에 발을 들여놓게 되었는지에 대해서도 확인할 길은 없다.

다만 그가 본격적으로 면포산업에 진출하게 된 것은 19세 때인 1897년 일본으로 건너가면서부터였다. 당시 그는 일본어를 능숙하고 구사할 수 있었는데, 그 같은 인연으로 일본행을 결심하게 되었던 것으로 보인다.

현해탄을 건너간 그는 하숙집 주인의 소개로 피복을 짜고 염색을 하는 염직공장의 생산직으로 취업하게 된다. 이때 일본은 섬유산업을 중심으로 한 산업혁명이 한창 진행되고 있던 시기였다.

김덕창은 어린 나이에 염직공장의 생산직으로 취업하여, 혹독한 고생을 이겨내면서 방직 기술을 연마한 후 돌아왔다. 그가 정확히 언제 귀국하였는지에 대해서는 알 수 없다. 다만 1902년 종로의 장사동에 면포공장을 설립한 것으로 보아 그 이전에 돌아온 것으로 추정된다.

이때까지만 하여도 조선인들이 전통적으로 선호하는 섬유는 면직물, 견직물, 마직물(삼베), 저직물(모시), 모직물 등이었다. 그러나 모직물은 모자의 재료 등 특수한 용도에 그쳤고, 견직물의 착용은 사대부들에게만 허용되었을 뿐 일반 백성들에겐 사치를 이유로 착용이 금지되었다. 또한 삼베와 모시 역시 특수한 용도에 국한되고 있어 우리의 기본적인 의류 재료는 면포가 다수를 차지하고 있었다. 따라서 섬유공업이라야 면직물과 일부 견직물이 전부이다시피 했다.

일본에서 염직공업에 대한 기술을 연마한 후 귀국한 김덕창은 이런 조건의 조선에서 첫 도전에 나섰다. 근대적인 직조공장 설립을 시도한 것이다.

하지만 공장 설립에는 적지 않은 자금이 필요로 했다. 그는 자금을 확보하기 위해 백방으로 수소문했다. 그 과정에서 당시 지주였던 집안 일가(성명 미상)로부터 필요한 자금을 확보할 수 있었다.

자금이 확보되자 22세가 되던 1902년 종로 장사동에 일본에서 수입한 직기 3대로 소규모 면포공장인 '김덕창직포공소'를 설립했다. 그러나 당시 일본에서 수입한 직기는 아직은 자동화가 아니었던 탓에, 재래식 직기에 비하여 생산량은 높을지라도 여전히 수공업 수준을 탈피하지 못한 수준이었다.

그럴대도 1910년쯤에는 직기가 무려 17대로 늘어났다. 직공수 또한 40여 명에 달하면서, 당시 경성에 소재한 직포공장 중 가장 규모가 큰 공장으로 성장했다.

더욱이 1910년대에 들어서면 면포업계에 새로운 변화가 일게 되는데, 그것은 서민 출신의 기업가들이 근대화를 주도하고 나선다는 점이었다. 또한 이 시기가 되면 종래 같은 업종에 참여하고 있던 일본인들이 퇴조 기미를 보이기 시작하면서 면포업은 서서히 민족산업으로 자리매김해갔다.

뿐만 아니라 이 시기에는 면포업계의 생산 규모 또한 점차 확대되어 가는데, 이 무렵 경성에서 가장 규모가 큰 공장으로는 경성직뉴(주)가 있었다. 이 회사는 1911년 광희문 부근의 면포업자들이 합자하여 설립한 자본금 10만원(지금 돈 약 120억원) 규모의 당시 국내 최대 면포회사로, 댕기·분합·주머니끈·염낭끈·대님 등을 생산했다. 경성직뉴(주)는 면직기 67대, 직공수 60명으로 조업을 개시했으나, 하지만 이 회사의 생산 시설은 전근대적인 수공업 수준의 설비로서 회사 조직만 합자 형식으로 겨우 근대적 체제를 갖추었을 따름이다.

어쨌든 짧은 기간 안에 김덕창의 직포공장이 면포업계의 선두로 부상할 수 있었던 것은 무엇보다 제품의 품질이 뛰어났기 때문이다. 김덕창직포공소가 공진회共進會 대회에 나가 금상을 비롯하여 4

어린 나이에 일본으로 건너가 갖은 고생 끝에 배운 방직 기술로 22살 때 귀국하여 면포공장을 세우면서 근대 방직산업의 원조가 된 김덕창. 종로의 포목상 금융업자들과 합자로 대규모 방직공장을 세웠으나, 일본의 대량 자본에 밀려 끝내 좌절하고 말았다. 사진은 일제시대 웅천 (지금의 진해)의 면화 집단 재배지로, 면화 수확 작업을 하기 위해 대기 중인 조선의 여성 노동자들과 일본의 깃발이 묘한 대조를 이룬다.

개 부문에서 수상을 휩쓴 걸 보면 당시 조선의 대표적인 직포공장으로서의 명성을 누리고 있었음을 알 수 있다.

그러나 이때까지도 김덕창직포공소는 여느 중소 면포공장들과 마찬가지로 개인 업체였을 따름이다. 따라서 근대적인 회사 조직으로 발전하는 데는 한계를 드러낼 수밖에 없었다. 더구나 기술과 자본 면에서 일본의 면포공장들에 비해 크게 뒤질 수밖에 없는 열세 속에서도, 하지만 그와 같이 급속히 성장할 수 있었던 데에는 몇 가지 이유를 찾아볼 수 있다.

먼저 생산 환경을 들 수 있다. 김덕창은 일찍이 일본에서 염직기술을 전수받은 기술자로서, 그는 직조에 필요한 원료 및 직기 등을 일본에서 가져와 품질 면에서 일본 제품에 비해 결코 뒤지지 않았다는 점이다.

다음으론 상권의 확보를 들 수 있다. 당시 조선 상인들은 조선에 진출한 일본 상인들과의 경쟁을 피할 수 없었다. 때문에 상권을 지키기 위한 판매조합을 결성하여 일본 상인들에 대항하는가 하면, 가급적이면 조선 사람들이 만들어낸 상품을 선호하는 경향이 짙었다. 이런 분위기와 더불어 종로에서 잔뼈가 굵은 김덕창이 생산하는 품질 좋은 면포를 주변 포목상들이 외면할 수 없었을 것으로 보인다.

여기서 자신감을 얻은 김덕창은 종로 일대의 포목상, 금융업자들과 함께 손을 잡았다. 자신이 운영해오던 김덕창직포공소를 발전적으로 해체하여 동양염직(주)을 재출범시킨 것이다. 동양염직은 주식회사 설립과 함께 자본금 규모를 50만원(지금 돈 약 600억원)으로 정한 뒤 주식 공모에 들어갔다. 1주당 가격은 50원(지금 돈 약 600만 원)으로 총 1만주를 발행했으며, 주주로 참여한 자가 무려 177명이나 되었다.

이들 주주 가운데 김윤수는 감사역으로 회사 경영에 직접 참여했는데, 그는 1911년 오성학교 상과를 졸업한 후 포목상점인 경성상회를 시작으로 상계에 투신했다. 1919년에는 동양물산(주) 상무, 광화문금융조합 감사, 경성포목상조합 이사 등을 맡으면서 근대기업가로 명성을 얻은데 이어, 1922년에는 미국 하와이에서 개최된 태평양상업대회에 조선 대표로 참가하여 대회 부회장으로 추대되는 등 근대 한국경제계를 이끈 청년 기업가 중 한 사람이었다.

아무렇든 주식회사로 체제를 확대 개편한 동양염직(주)은 회사 설립과 함께 공장부지 매입으로 4만7,469원(지금 돈 약 56억9,628만원)을, 직기 및 기구 구입비로 1만4,343원(지금 돈 약 17억2,116만원) 등을 지출하며 새로운 공장 설립과 함께 영업 활동을 개시했다. 설립 첫해에는 아직 어수선하여 아무래도 부진했다. 한 해 동안 외상 매출금 2,580원(지금 돈 약 3억960만원), 받을 어음 1만1,261원(지금 돈 약 13억5,132만원) 등 총 1만3,841원(지금 돈 약 16억6,092만원)의 판매 실적을 기록했다.

한편 동양염직(주)가 새로운 공장을 준공하면서 본격적인 생산 활동을 개시할 무렵 때마침 '물산장려운동'이 전국적으로 확산되어 나갔다. 이 운동은 3·1운동 이후 '조선사람 조선 상품으로'라는 슬로건을 내세우면서 민족기업의 육성에 초점을 맞춘 운동이었다. 3·1운동이 일제의 무력에 의해 실패로 끝나자 독립의 열망을 민족경제건설운동으로 승화시켜 나가고자 한 것이었다.

그러나 동양염직(주)는 그러한 분위기를 충분히 살리지 못했다. 1923년에서 1925년에 이르러 갑자기 사세가 기울기 시작한 것이다. 1920년에 자본금 50만원 규모의 주식회사 체제로 출범한 뒤 2년 뒤에는 새 공장을 준공하면서 본격적인 생산에 들어갔으나, 무슨 이유에서인지 이듬해인 1923년엔 자본금을 40만원으로 축소했다.

이후 동양염직(주)는 주력 부문인 면포 생산과 병행하여 업종의 다변화를 꾀하고 나섰다. 기존의 면포 생산 외에 추가로 당시 유행하던 모자를 생산하는 한편, 국내 최초로 독일 베를린에 본사를 둔 아날린염료제조회사와 총대리점 계약을 체결하고 염직을 비롯하여 양말 제조용 염료를 직수입하여 판매를 개시하기도 했다.

그뿐 아니라 업종 다변화 전략의 일환으로 양말 제조업에도 적극 진출했다. 당시 양말 공업의 메카인 평양에 동양염직(주) 평양공장을 설치하고, 양말 생산에도 박차를 가하고 나섰다.

이같이 동양염직(주)는 설립과 함께 자본축소 등 경영 여건의 어려움 속에 빠져들면서 적극적인 업종 다변화로 회생을 위해 몸부림쳤다. 그럼에도 불구하고 경영 여건은 좀처럼 호전될 줄 몰랐는데, 어떤 연유에서인지는 알 수 없으나 1925년에는 또다시 자본 규모가 종래 40만원에서 5만원으로 대폭 축소되면서 한낱 영세기업으로 전락하고 말았다.

동양염직(주)가 한낱 영세기업으로 전락하고 만 이유는, 우선 일본산 면포의 대량 유입을 들 수 있다. 동양염직(주)가 소폭 면포를 생산하고 있는데 반해, 일본은 직기 개량을 통하여 광폭 면포를 생산하기 시작한 것이다. 동양염직(주)의 소폭 면포가 품질 면에서는 일본산에 비해 결코 뒤지지 않았으나, 경쟁력에서 일본의 광폭 면포에 비교가 되지 않았다.

다음으로 자본 회전율의 둔화를 들 수 있다. 당시 조선 상인들 사이에선 전통적으로 신용거래가 관행화하여 상품 거래는 대부분 외상이거나 어음 결제 방식을 취하고 있었다. 특히 면포업계에서는 외상 거래가 일반화되어 있는데다, 때마침 섬유업계의 불황까지 겹쳐 판매대금의 회수가 원활하지 못할 경우 자본력이 취약한 기업은 그만 도산하기 마련이었다. 동양염직(주) 또한 자본 회전율의 둔화에 따른 자금 압박을 이겨내지 못했을 것으로 추정된다.

마지막으로 기업경영의 미숙을 들 수 있다. 동양염직(주)의 대주주 및 경영진은 오랜 기간 동안 전통적인 방법에 따라 축재한 서민 출신의 기업가들로서, 근대적인 기업경영에 대한 학습이 부족할 수밖에 없었다. 더구나 동양염직(주)의 설립 초기부터 섬유업계에 불황까지 겹쳐 경영상 어려움에 직면하게 되는데, 이런 상태에서 앞서 언급한 요인들이 복합적으로 작용하여 급기야 대폭적인 자본 축소를 초래하고 만 것으로 여겨진다.

어쨌거나 동양염직(주)는 자본의 대폭 축소 이후 경영진의 대대적인 교체가 뒤따랐다. 그 결과 김덕창을 제외한 초기 경영진이 모두 퇴진했다. 한때 또 다른 포목상들이 잠시 참여하기도 하였으나 경영 상태는 호전될 줄 모르는 채, 그 이후 동양염직(주)는 전적으로 김덕창의 직계 및 혈족에 의하여 경영되어진 것으로 보인다. 이에 따라 동양염직(주)는 가족회사로 그 명맥만을 겨우 존속하면서 점차 기억 속에서 멀어져가고 말았다.

그렇대도 동양염직(주)에서 생산된 '동양목東洋木'은 당시 한국인들이 가장 많이 애용하던 상품이었다. 동양목이 그렇듯 인기를 끌었던 것은 다른 무엇보다 품질이 우수하기 때문이었다. 일본제 면포가 판을 치고 있는 조선 시장에서 김덕창의 동양목은 이처럼 선도적인 역할을 하였을 뿐 아니라, 당시로서는 드물게 서민 기술자 출신의 경영자로서 수년간 국내 굴지의 면포 기업을 경영하였다는 점은 주목하지 않을 수 없다.

한데도 동양염직(주)가 민족기업으로서 확고히 뿌리를 내리기 전에 한낱 개인 기업으로 전락하고 말았다는 건 아쉬운 대목이 아닐 수 없다. 물론 이러한 현상은 같은 시기에 설립된 민족계 기업들 대부분이 마찬가지였다. 이는 당시 서구와 사뭇 다른 발전 단계, 예컨대 개인 기업에서 도약하여 주식회사로 체질을 강화해나가는 한계를 뛰어넘는데 아직은 장벽이 높았음을 알 수 있게 하고 있다.

제4부
근대 기업 '경성방직'의 탄생

한국기업성장100년史

김연수, 근대기업가를 넘어 한국 산업의 아버지가 되다

일제 강점기 김연수와 그의 경성방직(이하 경방)은 한국기업 성장史에서 매우 중요한 위치와 의미를 갖는다. 그는 우선 당대에 흔치 않게 대학에서 정규 교육을 받은 1세대 엘리트였으며, 전통적인 지주에서 브루조아화한 기업가였다. 또한 개인 회사에서 주식회사로 기업을 키워나가는데 장벽이 높기만 하였던 일제 강점기에, 처음으로 근대 기업의 한계와 굴레를 뛰어넘어 대기업으로 발돋움시킨 선구자였다.

더욱이 일본의 대기업과 견줄만한 대규모 산업으로 성장시켜나간 과정은 곧 한국 기업의 성장과 단련의 과정이 다름 아니었다. 뿐만 아니라 그와 같은 기업적 훈련과 학습은 결국 오늘날 삼성·현대·LG와 같은 세계 속의 대기업을 낳은 첫 출발점이었다는 점에서, 김연수와 그의 경방은 우리 근대 산업을 대표하는 역사성마저 갖는다.

김연수는 1896년 호남 대지주의 둘째아들로 태어났다. 16세에 일본으로 유학을 떠나 아자부중→교토 제3고→교토대학 경제학과를 졸업한 뒤 26세에 귀국한다.

이보다 앞서 일본 유학을 마치고 돌아온 그의 형 인촌仁村 김성수(제2대 부통령)는 이미 민족교육(보성전문)과 민족언론(동아일보) 사업으로 분주한 나날을 보내고 있었다. 그러던 어느 날 조선인들이 옷을 만들어 입기 위해 일본에서 들여오는 광목 값으로 한 해 동안 2,700만원(지금 돈 약 3조2,400억원)이 새어나간다는 얘길 우연히 전해 듣고, 우리 옷은 우리가 자급자족하기 위해서라도 반드시 민족산업을 일으켜야한다는 생각으로 우선 경영난에 빠져있던 '경성직뉴'를 인수했다.

하지만 경성직뉴의 빈약한 생산 시설만으로는 밀려드는 일본산 광목과 도저히 경쟁이 되지 못했다. 보다 근대적 대규모 생산 시설을 갖춘 직포회사를 설립해야 했다. 그렇게 시작된 것이 경성직뉴를 확대시켜 설립한 민족기업 경성방직(주)였다.

그러나 100만원(지금 돈 약 1,200억원)이라는 막대한 자본금을 모으는 일은 쉽지가 않았다. 일본 미쓰이물산이 부산에 세운 조선방직(주)의 자본금이 500만원(지금 돈 약 6,000억원)이었던 것에 비하면 턱없이 작은 액수였으나, 당시 우리의 경제 형편으로 볼 때엔 가히 천문학적인 거액이었다.

한데도 김성수는 경방의 자본금 100만원을 몇몇 유력 부호들에게서 손쉽게 충당할 생각은 전연 없었다. 경방의 설립 취지에서 밝히고 있듯이 '1인 1주'의 주금 모집에 뜻을 두고 있었다. 1주당 50원(지금 돈 약 600만원)씩 모두 2만 주를 발행할 계획이었던 경방은, 어느 개인이나 몇몇 소수인의 회사가 아닌 민족기업, 민족산업이 되기를 희망했다.

그리하여 김성수는 전국을 돌아다녔다. 각 지방의 유지들로부터 직접 주금을 모집하고 나섰다.

그러나 당시 고리대금이나 토지 투자 등으로 단기적인 이익을 올리는데 재미를 붙이고 있던 지방의 유지들은, 아직 성공 여부조차 불투명하기만한 방직공장 설립에 선뜻 투자하겠다는 이가 많지 않았다. 그나마 민족교육과 민족언론에 뜻을 세운 젊은 선각자라는 명망이 있었기에 주식 공모가 가능한 일이었다.

그렇게 어렵사리 주식 공모가 이루어져 출범하게 된 경방의 주요 발기인 및 임원, 주주들의 분포는 지역적으로나 신분에 있어서도 매우 폭 넓었다. 일부 북한 지역을 포함하여 서울·경기·충청·호남 및 영남을 포함하고 있었을 뿐더러, 직업 또한 다양했다. 전통적인 양반과 대지주에서부터 은행가, 상인 등에 이르기까지 전국 각지의 뜻있는 자들을 망라했다.

이어 경방은 황금정 1정목(지금의 을지로 1가)에 사옥 부지를 매입하여 사옥 건설에 들어가는 한편, 영등포에 공장부지 1만6,000평을 매입했다. 그리고 마침내 1923년 영등포공장이 준공되어 제품 생산에 들어갔다. 전체 종업원은 모두 다 조선인들이었으며, 아예 공장 정문에다 '우리 공장은 조선인만 채용합니다'라고 써서 붙이기까지 했다.

출범 당시 조직 체계는 명망 높은 사회 원로를 경영진에 모신다는 원칙 아래, 철종의 사위로 갑신정변의 주역이었던 박영효를 초대사장으로 추대하고 전무에 박용희, 지배인에 이강현, 서무에 김성집, 회계에 이희승(국어학자) 등으로 구성되었다. 대부분 일본에서 정규 대학 교육을 받은 당대 엘리트들이었다.

그렇대도 기업경영에 있어서는 모두가 풋내기일 수밖엔 없었다. 이때 김성수는 28세, 박용희는 34세, 이강현은 31세에 불과했으며, 사회 활동 경력이 채 10년도 되지 않은 청년들이었다. 더욱이 기업을 경영해본 경험이라야 고작 2~3년 정도가 전부였다.

그리고 이런 문제는 경방의 출범과 함께 곧바로 불거져 나왔다. 경방 출범 첫 해였던 1919년 말과 이듬해 초에 단기 이익을 노리고서 여유 자금을 잘못 투자하였다가 위기로 내몰리고 말았다. 경방의 초보 경영진은 당시 면제품 가격의 급등세에 현혹되어 영등포공장 건립 자금으로 면제품 투기 거래에 나섰다가 총 13만2,550원(지금 돈 약 169억600만원)의 손실을 입으면서, 회사 설립 이후 불과 반년여 만에 자본금의 절반가량을 날리고 만 것이다.

이쯤 되자 경방의 초보 경영진은 중역회의를 열고서 회사의 해산까지 논의하기에 이르렀다. 경제 불황의 한복판에서 막대한 사업 자금을 날리고 말았으니 이젠 꼼짝없이 회사 문을 닫을 수밖에 없다고 결론지었다. 그러나 김성수는 3·1운동 이후 고조된 민족의식

일본에서 들여오는 광목 값으로 한 해에 지금 돈 약 3조2,400억원이 새어나간다는 얘길 듣고, 우리 옷은 우리가 자급자족하기 위해서라도 반드시 민족산업을 일으켜야 한다는 생각으로 설립한 경성방직. 경성방직을 이끈 기업가 김연수는 당대 흔치 않게 대학에서 정규교육을 받은 1세대 엘리트로서, 근대기업의 굴레를 넘어 대기업으로 발돋움시킨 선구자였다. 사진은 경성방직 영등포공장과 공장 내부 시설.

의 소용돌이 속에서 출범하여 민족에게 희망을 안겨주었던 경방의 문을 결코 닫을 수 없었다.

우선 그는 공장 건립과 함께 설비 도입을 중단 없이 추진해나가는 한편, 시급한 추가적 자금 문제 해결에 발 벗고 나섰다. 집안의 토지를 담보로 식산은행으로부터 자금을 차입한데 이어, 주주들에게 추가 납입을 호소했다. 하지만 가망이 없어 보인다며 모두가 외면하면서 그 혼자 경방의 지분을 떠안지 않으면 안 되었다.

결국 김성수는 일본 유학에서 돌아온 동생 김연수를 불러들일 수밖에 없었다. 위기에 처한 경방의 경영을 동생 김연수에게 맡기고, 자신은 민족교육과 민족언론 사업에만 몰두하고자 했다.

일본을 오갈 때마다 곳곳에 즐비하게 늘어서 있는 공장 굴뚝들을 목격하면서 산업을 일으켜 민족경제의 자립에 뜻을 두었던 김연수는 그런 형의 권유에 흔쾌히 따랐다. 일본 유학을 마치고 귀국한 이듬해에 경방의 전체 주식 2만주 가운데 절반에 가까운 9,274주를 인수하면서 경영에 뛰어들게 된다.

김연수를 중심으로 새롭게 진용을 갖추게 된 경방은, 다시 설비를 들여오는 한편 기술자와 직공을 훈련시켜 마침내 제품 생산에 들어갈 수 있었다. 또 이러한 사전 준비 과정은 당대 한국인 기업인들과는 전연 다른 면모를 보여주는 것이기도 했다.

우선 이들에겐 확고한 사업 의지가 있었다. 비록 최초 납입 자본금의 절반가량을 잃는 치명적인 실수를 범하기도 하였으나, 주주와 임원들을 설득하고 자신의 부모를 이해시켜 사업을 계속하는 끈질긴 면모를 보여주었다.

둘째, 경방의 재무 구조를 탄탄한 기초 위에 올려놓았다. 종래의 한국인 회사들은 흔히 과도한 고액 배당으로 회사의 자금을 빼내가곤 했지만, 이들은 사업에 필요한 자본금의 추가 차입을 통해서 필요 자금을 조달케 했다.

셋째, 당대 최상의 젊은 지식인 그룹이었다. 기업경영의 경험이 일천하다는 것을 빼고는 경제학·정치학·법학·공학 전공의 다양한 지식 배경을 지녔을 뿐 아니라, 아울러 실천의지와 책임의식이 뚜렷했다.

넷째, 선진 기술을 제대로 학습 받았다. 경방은 조선과 일본에서 공업고등학교 졸업자들을 대거 확보하고, 또 그들을 일본에 파견하여 선진 기술을 교육받도록 했다.

다섯째, 정부에 대한 교섭력이나 사회 여론을 형성할 수 있는 역량을 갖추었다. 이들은 원군 역할을 하는 김성수의 동아일보 등을 통해 자신들의 요청을 총독부에 전하고, 또한 일반 사회에 호소할 수가 있었다. 때문에 제품을 생산하기 시작하면서 생존 테스트에 들어갔을 때 보이지 않는 힘이 되었다.

또 이런 점들은 당대 다른 한국인 기업에서는 찾아보기 어려운 점이었다. 설령 찾는다하더라도 극히 제한적이거나 부분적인 것일 따름이었다.

그런 결과 경방은 초기의 위기를 극복해낸 뒤 해마다 생산량을 늘려나갈 수 있었다. 출범 첫 해인 1923년 3만8,652필이던 포목 생산량이 1929년에는 19만9,351필로 5배 이상 늘어났다. 그렇다하더라도 1920년대 말까지 경방은 전체 포목 시장에서 매우 작은 비중을 차지하고 있을 뿐이었다.

다시 말해 제품을 판매하기 위해서는 다른 무엇보다 제품을 취급해줄 판매점이 필요로 했다. 한데 경방보다 한발 앞서 생산을 시작한 미쓰이물산의 조선방직은 도요면화(주)에 판매를 위탁했다. 도요면화는 면화 및 면사포의 국내외 유통망을 갖춘 전문 판매상사였기 때문에, 조선방직은 판로 개척에서부터 판매 대금 회수에 이르기까지 아무런 어려움이 없었다.

그에 반해 경방은 그러한 조건을 갖추지 못한 상태였다. 도요면화와 같은 거대 판매상사는 물론이고, 각 지역의 유력한 조선 면사포상인들조차 경방의 제품을 거의 취급하지 않고 있었다. 요컨대 국내 주요 면사포상점을 독점하다시피한 일본인들은 경방이 한국인 기업이라는 이유로, 또한 각 지역의 조선 면사포상인들은 경방의 인지도가 일본 방직회사의 브랜드에 비해 떨어져 판매상 실익이 적다는 이유에서였다.

이런 점을 타개할 대책으로 경방의 젊은 경영진은 세 가지 전략을 수립했다. 경성을 비롯하여 중심부 시장을 공략할 수 없는 상황에서 주변부 시장부터 착실히 파고들기로 한 것이다. 두 번째는 경방이 민족기업이라는 민족 정서에 적극 호소하고 나섰다. 마지막으로는 한국인 기호에 알맞은 맞춤식 제품을 생산하는 것이었다.

더욱이 1930년대에 들어 예기치 않은 새로운 기회마저 열렸다. 일본이 경제 공황으로 인한 사회적 불안을 이기지 못해 1931년 만주에서 전쟁을 일으켜 괴뢰국가인 만주국을 세웠다.

이와 함께 전에 볼 수 없는 급속한 공업화와 도시화, 또 그로 인한 경제 성장으로 이어졌다. 일본이 중국 대륙으로 세력을 확장시켜 나가고 있는 가운데 조선의 경제 또한 급속한 확장의 기회를 맞았던 것이다.

여기에 발맞춰 조선의 면방직 시장에서 수입대체 여지가 크다고 판단한 경방의 경영진은 이내 증설 투자에 들어갔다. 자본 차입을 통해서 설비를 크게 확장시켰다. 그 속도는 일본의 대규모 방적 기업에 결코 뒤지지 않았다.

그러나 김연수의 경방은 깊은 고민에 빠져들었다. 설비 증설로 생산량이 크게 늘었으나 시장 환경은 여전히 요지부동이었다. 방직공업의 눈부신 성장에도 불구하고 시장의 수익성은 저조하기만 했다.

그래서 찾은 답안이 몸집을 늘려 방적공장을 겸하자는 거였다. 방직공장만으로는 수익성 면에서 일본의 대규모 방적 기업과 경쟁이 될 수 없다고 본 것이다.

결국 경방은 방적공장 건설에 경방의 자본금보다도 많은 174만원(지금 돈 약 2,089억)을 들였다. 이에 따라 경방은 방적기 2만5,600추와 방직기 896대를 갖추게 되면서, 1930년대 공업화의 주역이었던 미쓰이물산의 조선방직·도요방적·가네가후지방적과 함께 '조선 4대방大紡' 체제의 일원으로 당당히 올라설 수 있었다.

이같이 체질을 강화한 경방은 조면·제사·직포·염색 가공에 이르는 모든 공정을 일관 처리할 수 있는 종합 면방직 기업으로써, 자본·설비·기술·경쟁·조직 면에서 비로소 근대기업의 한계를 뛰어넘어 고속 성장을 멈추지 않았다. 일본의 산업과 조금이라도 경쟁이 된다 싶으면 철저히 봉쇄를 당하면서 자본금이 100만원대 이상인 민족기업을 찾아볼 수 없는 가운데, 1942년 경방의 자본금은 무려 1,000만원(지금 돈 약 1조2,000억원)까지 늘어났다.

경방의 수익성 또한 민족기업 가운데 단연 으뜸이었다. 이 시기 경방이 매분기 별로 70만원(지금 돈 약 840억원)대의 순이익을 올린 반면, 상업계 대표기업인 박홍식의 화신백화점이 8·18만원, 금광업으로 성공한 이종만의 대동광업이 12~17만원, 6대 은행 가운데 민규식의 동일은행(현 우리은행)이 13~17만원, 한상룡의 조선생명보험이 4.5만원의 수준이었다.

그러나 '조선 제1의 기업가'인 김연수의 경방은 국내에서 더 이상 성장이 어려웠다. 전시 통제 아래에서 공정 가격제로 수익성이 크게 나아지긴 하였다지만, 그것은 기업 활동을 통제받는 데서 얻은 반대급부일 따름이었다.

어느덧 일본 기업과 견줄만한 대규모 기업으로 성장한 경방은 이제 무언가 새로운 경제영토가 필요했다. 마침내 조선 바깥으로 눈을 돌리게 되는 것이다. 조선에서 더 이상 성장이 어려워진 대기업 경방이 조선 밖의 만주에서 새로운 도전을 모색한 것은 너무도 당연한 일이었다.

한국기업성장100년史

첫 해외에 진출한 조선 제1 기업 '경성방직'

출범 초기 시련을 이겨내며 학습과 단련 끝에 마침내 일본의 조선방직·도요방적·가네가후지방적과 함께 조선의 4대 방직회사로 발돋움한 경성방직(이하 경방)은, 그러나 국내에서 더 이상 성장하는데 그 한계점에 다다랐다. 경방을 더욱 성장시키기 위해서는 새로운 경제영토를 찾아 나서야 했다. 조선 바깥으로 눈을 돌려 해외 진출을 모색해야 했던 것이다.

그렇잖아도 경방의 광목 제품인 '불로초' 가 만주에서 꾸준히 인기를 얻자 경방의 경영진은 1934년 만주 봉천에 출장소를 개설하고 나섰다. 만주 일대의 판매망 관리와 함께 만주 진출을 위한 교두보를 마련하기 위해서였다. 더욱이 경쟁사인 미쓰이물산의 조선방직이 1934년 만주 잉커우방직을 인수하여 만주로 사업을 확장시켜 나가는 것을 지켜보면서, 경방 또한 만주 진출을 본격적으로 검토하기에 이르렀다. 다음은 김연수의 회고를 옮긴 것이다.

'일본군이 파죽지세로 난징, 상하이 등지를 점령하자 그곳의 중국인 방직 공장들이 거의 폐문 상태에서 직포난이 날로 격심해져 갔다. 이 무렵부터 만주에서 인기를 끌고 있던 우리의 '불로초' 표 광목이 이번에는 화북 일대로 그 세력을 뻗쳐 경방이 크게 신장하게 되었다. 그것은 중국인들이 적대 국가인 일본 제품을 기피하는 데서 발생한 현상이었다. 이처럼 뜻하지 않게 국제무대에서 각광을 받으면서부터 경방은 이제 조선의 경방이 아니라 동양의 경방이 되는 날도 그리 멀지 않을 것 같았다….'

결국 김연수를 비롯한 경방의 경영진은 만주 지역에 방적회사를 설립하기로 용단을 내렸다. 조선의 경방이 아니라 동양의 경방이라는 새로운 도전에 나서기로 한 것이다.

그리하여 1939년 남만방적(주)를 설립했다. 총 자본금 1,000만원(지금 돈 약 1조2,000억원)으로 전액 경방이 출자하는 방식이었다.

공장은 이듬해 곧바로 착공했다. 봉천 근교 27만평의 대지 위에 10만평은 도로 개설을 위해 공제하고, 나머지 17만평의 대지 위에 7,800여 평의 공장과 1만여 평에 달하는 남녀 기숙사·강당·식당·사택·창고 등의 건물이 연달아 신축되었다. 이러한 규모는 경방 영등포공장의 무려 6배에 달한 규모였다. 실로 대규모 투자 사업이 아닐 수 없었다.

더구나 전쟁의 영향으로 건설 자재난이 심각했다. 목재의 수급은 만주 현지에서 어느 정도 가능했지만, 철재와 시멘트를 구하기가 하늘의 별따기 만큼이나 어려웠다. 만주 당국이 공장건설 허가를 내어줄 때 건설자재 일체를 조선에서 자체 조달하도록 한 것은 그런 현실을 고려했기 때문이었다.

다행히 그 전에 경기도 시흥에다 방적공장을 지으려고 15만평의 땅을 마련하면서 확보해 놓은 철재가 있어서 만주 봉천으로 옮겨왔다. 이젠 시멘트가 문제였다. 영등포에 방적공장을 짓고 남은 것이 조금 있었지만 태부족이었다. 백방으로 알아보았으나 시멘트를 구할 길이 막막하기만 했다.

김연수는 총독부를 찾았다. 몇 해 전 시흥에 방적공장을 세우려고 하였을 때 한사코 허가를 거부하던 책임자와 담판을 짓기 위해서였다. 그때 그는 "만주에 짓는다면 몰라도…"라고 단서를 단 적이 있었다. 당황해 하는 책임자를 김연수는 끈질기게 물고 늘어졌다.

"조선에 세우지 못하게 해서 만주에다 공장을 지으려고 모든 준비를 다해 놓았습니다. 시흥에 방적공장을 짓겠다고 했을 때 만주에 공장을 짓는다면 도와주겠다고 그 때 분명히 말하지 않았습니까?"

결국 총독부의 힘을 빌려 시멘트 5,000톤을 확보하는데 성공했다. 1,500톤짜리 선박 3척을 빌려 시멘트를 만주로 실어 날을 수 있었다.

　이윽고 대규모 방적공장이 건설되자 경방의 여공들을 만주 현지로 파견하는 한편, 또한 조선에서 직공을 모집하고 나섰다. 그것으로도 인력이 충원되지 않자 만주 현지의 조선인 자녀들까지 채용했다. 종업원 수는 약 1,300여명 수준이었다.

　방적공장이 완공되자 김연수는 우리 민족에게 다른 무엇보다도 중요한 학교 설립을 빼놓지 않았다. 인력 확보의 방편으로 공장 안에 학교를 부설한 것이다.

　초등 학부와 중등 학부 과정을 각기 설치한 남만방적은 하루 4시간씩 수업을 했다. 2시간의 수업시간은 하루 근로시간을 12시간에서 10시간으로 줄여 배려해주고, 나머지 2시간은 개인시간을 내도록 했다.

　교사는 경방에서 파견된 관리사원들이 겸했다. 그들은 대학이나 고등공업학교를 졸업한 터라 교사 역할을 하는데 아무런 어려움이 없었다. 오히려 관리사원과 직공 간의 관계가 스승과 제자 관계로 맺어지면서 노무관리에도 도움이 되었다. 훗날 우리 나라 고도 성장기에 현장사원들이 주간에는 공장에서 일하고 야간에는 학교에서 학업을 이수케 한 산업계 병설 학교를 이때 이미 실시한 것이었다.

　김연수는 남만방적을 경영하면서 처음으로 해외에 진출한 우리 기업이라는 민족적 자긍심을 지키려고 많은 노력을 기울였다. 공장 안에 의료시설을 갖추어 김두종(훗날 숙명여대 총장)을 그 책임자로 두는가 하면, 사원들의 사택은 당시 만주에 거주하던 일본 관리들

출범 초기 경영 위기를 가까스로 넘기면서 마침내 자본금 1조원대 규모의 조선 최대 기업이 된 경성방직. 마침내 김연수는 1939년 자본금 1조원대 규모의 남만방적을 세우면서 만주로 첫 해외에 진출했다. 그는 여기에 머물지 아니하고 대륙을 유랑하고 떠도는 동포들을 정착시키기 위해 대규모 농장 개척 사업에 나서기도 했다. 사진은 경성방직 본사 정문.

의 집보다 훨씬 좋게 지었다.

또한 전시 통제로 식량 사정이 악화되어 배급제가 강화되자, 2,000여 직원들의 식량 자급을 위해 만주 빈강성 다봉둔에 농장을 만들었다. 그해 가을 벼 450톤, 수수 18톤을 수확하여 종업원들에게 공급한 것이다.

이 시기 김연수는 누가 보아도 기업가로서 절정에 올라 있었다. 활동 범위가 한반도를 넘어 만주와 중국 대륙에까지 뻗쳐 있었으며, 재력과 경력 그리고 신뢰도에 이르는 모든 면에서 그와 비교될 만한 기업인도 또 없었다.

그의 이러한 위상을 말해주는 사례로 당시 금융기관의 신용도를 들 수 있었다. 이 시기 김연수는 조선식산은행으로부터 3,000만원, 만주 흥업은행으로부터 1,200만원, 도합 4,200만원(지금 돈 약 5조400억원)의 융자를 얻어냈는데, 이런 천문학적 금액의 은행 융자를 얻어낸 이는 조선과 일본을 통틀어 오직 그 뿐이었다.

그런 그가 대륙에 진출해서 남만방적의 설립에만 머물러 있을 순 없었다. 김연수는 자신이 설립한 (주)삼양사를 통해 광활한 만주에서 대대적인 농장 사업을 개척해나가기도 하는데, 이것은 나라를 잃고 궁핍한 품팔이 생활로 만주 땅을 떠돌아다니고 있는 우리 동포들에게 안정된 일자리를 만들어주어 정착시키기 위한 것이었다.

그러나 만주는 땅이 넓고 비옥하였으나 겨울이 길고 여름이 짧아 농사짓기에 어려움이 많은 지역이었다. 동포들이 정착하여 벼농사를 짓기 위해서 물을 끌어들이기에 적합한 땅은 그리 많지 않았다. 다만 요하의 물이 요동만으로 흘러드는 잉커우 지방에 서울 여

의도 면적의 8배에 달하는 약 5,400 만평의 개간할 땅을 찾아냈는데, 그 정도 땅이면 6,000세대 3만명의 동포가 정착할 수 있었다. 이를 위해 정착 자금을 세대 별로 최소 1,000원씩 지급한다 해도 600만원(지금 돈 약 7,200억원)의 거금이 필요로 했다.

하지만 1937년 정초부터 만주 잉커우 지방의 꽁꽁 얼어붙은 동토 위에 솟아있는 거목들을 도끼로 찍어 개척해나가기 시작했다. 광활한 대지에 울려퍼지는 도끼소리는 만주 땅에 김연수의 진출을 알리는 의지의 북소리가 다름 아니었다.

그렇게 개척된 것이 잉커우 지방의 천일농장이었다. 이어 하이룬 지역에 반석농장을, 마이허커우 지역에 매하농장을, 휘난 지역에 교하농장을, 지린성 하구대에 구대농장을 차례대로 개척하여 동포들을 정착시켜 나갔다.

이처럼 남만방적의 대규모 진출과 함께 삼양사의 광활한 농장 개척 등으로 김연수의 명성은 만주 일대에 널리 알려지게 되었다. 아울러 그에게 이런저런 청탁을 하러 찾아오는 동포들 또한 그만큼 많아졌다. 특히 기업을 경영하다 도산의 위기에 몰린 이들이 적지 않았다. 물론 그들의 부탁을 일일이 다 들어줄 순 없는 일이었다.

그렇대도 삼척기업을 인수해줄 것을 간절히 부탁하는 친구의 청만은 차마 뿌리칠 수 없었다. 삼척기업은 북간도에 여의도 면적의 약 12배 규모인 원시림 9,000만평을 불하받아 개간하려고 설립한 동포 기업이었는데, 그 방대한 규모의 삼림을 개간하기에는 아무래도 자본과 기술이 턱없이 모자라 엄두를 내지 못했던 것이다.

김연수 역시 이 삼림개간사업만은 선뜻 자신이 생기지 않았다.

농장 개척하고는 또 다른 세계여서 기술적으로 많은 난관이 예상되는데다, 투자 가치 또한 별로 높아 보이지 않았다.

하지만 방대한 규모의 삼림개간을 통해 얻을 수 있는 두 가지 효과에 주목했다. 우선 개간사업에 동원될 동포 근로자와 그 가족의 생계를 보장해줄 수 있다는 점과 장기적으로는 목재 난에 대비할 수 있다는 점을 고려하여 결국 삼척기업을 인수하기로 한다.

그밖에도 김연수는 하얼빈의 오리엔탈비어를 인수했다. 이 맥주회사 역시 한국인이 경영하다 어려움에 처하게 된 것인데, 맥주 제조업이 낯설긴 했지만 식품산업에 관심을 가지고 있던 터라 동포의 인수 간청을 외면하지 못했다. 이 맥주회사의 공장은 대지 1,000평에 건평 300평 규모였는데, 한 달에 4홉들이 맥주 15만병을 생산해서 하얼빈 지역에 공급했다.

또 그런가하면 재정 부족과 비정규 학교 기피로 어려움에 처한 한국인 교육기관인 동광학교를 인수했다. 그런 다음 학교 시설과 교원을 확충하여 정규 학교인 동광중학교로 승격시켜 인근에 위치한 구대농장에 기부했다.

이같이 김연수는 발해만의 교통 요지인 잉커우 항구에서 출발하여 철도를 따라 점점 더 내륙 속으로 진출해 들어갔다. 초기에는 주로 남만주 일대에서 사업을 벌였으나, 나중에는 만주국의 중심부인 수도 신경 너머 북쪽 깊숙한 지역으로까지 그 세력을 확장시켜 나갔다.

이 무렵 김연수는 만주에서의 기업경영에 대해 그 어느 때보다 확신에 차 있었다. 자신은 물론이고 한국인들의 만주 진출에 대해

추호도 의심치 않았다.

'…인내력이 풍부한 정신과 그 저항력이 강한 체력과 기후 풍토가 근사한 점 등으로 보아 조선인의 만주국 진출은 장래 더욱 유망하다고 생각되며, 일만日滿 양국 정부에서도 만주국 제諸 민족 화합의 핵심이 될 일본 내지인에 준하여 조선인을 취급하게 된 오늘에 이르러 그 전도는 더욱 양양하다고 할 수 있다.'

조선 제1의 기업가 김연수에게 이처럼 일제 말기의 수년 동안은 그 절정기에 달해 있었다. 자신이 표현하고 있는 것처럼 '가장 보람차고 다사다망한 시기'였다고 볼 수 있다. 그야말로 오늘은 조선의 경성방직에, 내일은 만주의 삼양사 관할 광활한 농장에, 모레는 다시 남만방적에, 그리고 또다시 일본으로 중국으로 동분서주했으며, 그런 분주한 나날 속에서 그는 기업가로서 자신의 존재와 가치를 찾고 있었다.

하지만 김연수의 이런 대대적인 만주 진출에 대해 그의 형 김성수는 회의적이었다. 굳이 '일본인들을 따라다니며 사업을 할 필요가 있느냐'는 것이었다. 그렇대도 그때 김연수는 '한창 사업에 대해 자신이 생겼을 때며, 사업의 의욕이 번성할 때라 형의 생각을 귀담아 듣지 않았다. 더구나 조선에선 총독부가 더 이상 신규 사업 허가를 내주지 않는 상황에서 딴은 만주로 진출할 수밖에 없었던 것이다.'

그러나 역사적인 사건이란 흔히 누구도 의도하지 않은 방향으로 역사의 진행을 바꾸어 놓는 성질이 있다. 1945년 8·15 해방 또한 그러했다. 당시로선 정말 누구도 예기치 못한 가운데, 그토록 간절히 바라던 일제 식민 지배로부터의 해방이 일본의 패망과 함께 어느 날 갑자기 도둑처럼 찾아왔다.

아이러니하게도 그런 일본의 패망과 함께 김연수 역시 낭패를 보아야 했다. 일본의 패망은 곧 제국 전역에 걸친 그의 사업제국 또한 붕괴되는 것을 뜻했다. 일본군이 중국 대륙에서 철수하는 것을 뒤따라 그는 거대한 남만방적과 삼양사의 대규모 6개 농장, 오리엔탈맥주회사와 광활한 산림개발의 삼척기업을 그대로 내버려둔 채 그만 빈손으로 돌아서야만 했다. 그야말로 하루 아침에 자신의 전 재산 대부분을 허무하게 상실하고 말았던 것이다.

더구나 남녘의 시설들도 온전한 것이 없었다. 경방의 양평동공장과 의정부공장, 쌍림동공장, 그리고 시흥의 염색공장 또한 해방공간의 혼돈 속에 원료난과 화재 등으로 공장 문을 닫거나 그 규모가 줄어들고 말았다. 조선 제1의 기업가 김연수에게 이제 온전히 남은 거라고는 경방 영등포공장 뿐이었다.

한국기업성장100년史

8·15 해방 전, 막 걸음마를 시작한 10대 그룹의 풍경(상)

　　　　　　한국 제1의 기업가 김연수의 경성방직이 학습과 단련을 통하여 일본의 대기업들과 견줄만한 성장 속에 최초로 해외 진출에까지 나서 승승장구하였지만, 그러나 1945년 일제의 패망과 함께 허무하게 붕괴하고야 말았다. 그리고 이러한 경방의 붕괴는 곧 한국 산업 1세대의 종식을 뜻했다.

　하지만 나라마저 빼앗기고 만 절망의 시대에 놀랍게도 소설가 춘원春園 이광수는 우리의 미래를 확신하고 있었던 듯하다. 1935년 4월 14일자 조선일보의 〈실업과 정신수양〉이란 기고문에서 '…경성방직의 확장·발전은 결코 한낱 사실만이 아니요, 뒤에 오는 대군大軍의 척후斥候임이 확실하다'고, 김연수의 경방을 가리켜 훗날 만개할 한국 자본주의를 그 때 이미 감지하고 예언했던 것이다.

그렇다면 김연수의 경방은 척후에 지나지 않을 뿐, 그 '뒤에 오는 대군'이란 도대체 누구를 일컬은 것이었을까. 1945년 8·15 해방 전 그들은 과연 어떤 모습으로 이제 어디쯤이나 오고 있었던 것일까.

8·15 해방 전 이병철(당시 35세)은 경북 의령의 고향 집에 머물고 있었다. 이른바 '성전 수행'을 외치던 일본인 관료들마저 자신에게 곤경을 호소하는 생활 주변의 절박한 상황들을 지켜보며 일본의 패망을 확신한 그는, 우선 대구 근교에 1만평 남짓한 과수원을 사서 닥쳐올 식량난에 대비했다. 그런 다음 대구에 벌여놓은 삼성상회(주)와 조선양조(주)의 경영 일체를 관리인에게 맡긴 뒤 그만 낙향하고 말았다.

이병철은 해방을 맞이하기 이미 10여 년 전부터 부단히 사업을 벌여온 터였다. 학교 공부에는 그다지 흥미를 느끼지 못하였으나 비교적 조숙한 편이었던 그는, 일본 와세다대학 전문부 정치경제학과를 중퇴한 뒤 돌아와 26세이던 1936년 마산에서 정미업을 시작으로 재계에 뛰어들었다.

하지만 아버지로부터 물려받은 쌀 6백 가마쯤 나는 토지만으로는 사업 자금이 턱없이 모자랐다. 자금을 좀 더 끌어 모으지 않으면 안 되었다. 결국 지인 둘을 만나 세 사람이 1만원(지금 돈 약 12억원)씩을 투자하여 협동정미소를 시작했다.

그러나 당초 목표로 삼았던 마산에서 가장 규모가 큰 정미소를 만드는 데는 합자금 3만원으론 부족했다. 이병철은 은행 융자를 얻기로 하고 조선식산은행 마산지점 일본인 지점장을 찾았다.

담보도 충분하고 사업 계획도 하자가 없었기 때문에 크게 어려울 것이 없을 줄 알았다. 한데 일본인 지점장은 여러 가지 질문을 늘어놓기 시작했다. 곡물 가격이 변동하고 있는 원인이 무엇인지, 일본 곡물시장의 동향을 어떻게 보는지 하는 따위였다. 마치 시험을 치르는 것 같아 불쾌하기도 했으나, 이병철은 꾹 참고서 아는 대로 성실하게 답변했다.

그러자 일본인 지점장은 대단히 만족스런 표정을 지었다. 융자를 약속한 것이다. 이병철의 첫 사업은 이렇듯 지인들을 끌어들여 부족한 자금을 늘리고, 은행 융자를 더해 마침내 실현될 수 있었다.

하지만 정미사업은 생각보다 단순했다. 그 한계 또한 너무나 뚜렷했다. 당시 곡물 가격은 인천에 자리한 미곡거래소에서 결정되었는데, 서울 등 큰 도시에선 그런 인천의 시세를 내다보면서 거래하는 업자간의 신용 선물 거래가 성행했다. 경험이 일천한 이병철은 그런 외부 환경에 눈을 돌리지 못한 채 그저 도정 기계가 멈추지 않도록 미곡을 확보하는 데에만 전력을 다했다. 그러면서 1년여 동안에 자본의 3분지 2를 잠식하고 마는 결과를 낳았다.

이쯤 되자 동업자들이 해산을 종용하고 나섰다. 이병철은 그런 지인들을 설득시켜 해산의 위기를 무마한 뒤 손해 부분에 대한 원인 분석에 들어갔다.

그리고 이듬해엔 전술을 정반대로 바꾸어 나갔다. 그러한 전술은 보기 좋게 적중했고, 상당한 이익을 올릴 수 있었다.

하지만 적자를 면하고 적지 않은 이익까지 냈음에도, 도정 사업의 한계 또한 확인한 셈이었다. 이병철은 당장 도정 이외에 다른 것에도 눈을 돌려야 했다.

당시 마산에서는 물자 운송 수단이 크게 부족했다. 우마차로는 더디어 시간이 많이 소요되었고, 트럭 운임은 너무나 비싸서 엄두를 내지 못하는 실정이었다.

이병철과 지인들은 그러한 점에 주목했다. 자신들의 협동정미소 쌀을 안정적으로 운송하는 것은 물론, 다른 물자도 운송하는 독립된 운송 사업을 해보는 것도 괜찮겠다고 생각했다.

때마침 일본인이 경영하던 마산 일출자동차회사가 매물로 나와 있었다. 그들은 트럭 10대를 보유하고 있던 이 회사를 인수하는 한편 새 트럭 10대를 더해, 도합 20대의 트럭을 가진 운송회사를 경영케 되었다. 당시 트럭 1대 값이 요즘의 비행기 1대 값과 맞먹는 것이어서 실로 모험에 가까운 대규모 투자가 아닐 수 없었다.

한데도 그의 생각은 옳았다. 정미소와 운송회사가 상호 보완 작용을 하며 엄청난 시너지 효과를 낳았던 것이다.

이때부터는 실로 기고만장해도 좋을 만큼 사업이 술술 잘 풀려나갔다. 미처 주체하지 못할 정도로 많은 돈을 벌어들였다.

그러면서 세 번째 사업으로 토지를 사들이기 시작했다. 미곡을 거래하기 시작하면서 지가의 동향에도 자연스레 관심을 가지면서부터였다.

당시의 토지 가격은 평당 25전. 논 200평 한 마지기의 쌀 생산량은 15원 수준이었는데 여기서 관리비 1원, 지세 1원, 기타 잡비 1원

일본 유학을 마치고 돌아와 재계에 뛰어든 이병철은, 첫 사업인 정미업을 창원에서 합자로 시작하였으나 실패를 경험한 뒤 대륙으로 기차여행을 하면서 무역업을 착안하고 돌아왔다. 대구에서 무역업체인 삼성상회(주)로 기반을 닦은 그는, 대구 최대 규모의 조선양조(주)를 인수하면서 그 지방에서 일약 명성을 얻었다. 해방 직전 그는 삼성상회와 조선양조, 대구 근교에 1만평 남짓한 과수원을 소유하고 있는 정도였다.

을 뺀 실수입은 12원 정도였다. 따라서 지가가 50원 나가는 논 한 마지기에서 은행 이자 연 7분3리의 3원65전을 공제한다 하여도, 투자액의 16%인 8원35전씩의 연간 순수익을 얻게 되는 셈이었다.

이병철은 김해평야에서 경작이 가능한 전답은 한 평도 남김없이 모조리 사들이기로 작정하고, 매물로 나와 있는 토지를 조사했다. 때마침 40만평의 논을 처분하려는 일본인이 있다는 소식을 듣자, 곧바로 계약을 체결하고 착수금으로 우선 1만원을 지불했다.

이튿날 이병철은 조선식산은행 마산지점을 찾았다. 은행의 감정 결과 평당 38전이 나왔다. 따라서 전체 80% 수준인 평당 27전, 총액으로는 11만원을 융자받을 수 있었다. 토지 매입 대금이 은행 융자만으로도 전액 지불하고 돈이 남았다. 그야말로 땅 짚고 헤엄치기였다.

그렇게 한 해가 지나자 이병철은 200만평의 대지주가 되어 있었다. 가을 추수가 끝나면 소작료까지 한꺼번에 들어오게 되어 자금 사정조차 더욱 원활해졌다.

그러나 1937년 중일전쟁으로 말미암아 뜻하지 않은 사태가 발생했다. 총독부의 비상조치로 토지 담보 대출을 일체 중단한다는 통고가 날아든데 이어, 덩달아 토지 시세까지 폭락하기 시작했다.

결국 시가보다 토지를 싸게 팔 수 밖엔 없었다. 뿐만 아니라 정미소와 운송회사까지 죄다 남의 손에 넘겨주고 나서야 겨우 부채를 청산할 수 있었다. 모든 것이 그만 한순간에 원점으로 되돌아가고 말았던 것이다.

그렇대도 실의에 빠져있기에는 너무나 젊은 나이였다. 이병철은 새 출발을 다짐하면서 새로운 사업 구상을 위해 장거리 기차여행에 올랐다. 서울, 평양, 신의주에 이어 창춘, 펑텐 등 만주의 여러 도시를 거쳐 베이징, 칭다오, 상하이에 이르는 기나긴 여행길을 계속했다.

이윽고 머나먼 대륙여행에서 돌아온 이병철은, 1938년 자본금 3만원(지금 돈 약 36억원) 규모의 상점을 대구에 열었다. 대구와 포항 일대에서 생산되는 청과물과 건어물을 만주에 수출하는, 오늘날 삼성그룹의 모태가 되는 삼성상회(주)였다.

그리고 1년여가 지나 어느 정도 자리를 잡으면서 자금의 여유가 생기자, 무언가 새로운 투자 대상을 찾게 되었다. 그러다 마산에서 실패한 쓰라린 전철을 다시 밟지 않기 위해서라도 판매만을 고집할 것이 아니라 제조를 겸하는 것이 좋겠다는 생각에 이르렀고, 때마침 대구에 일본인이 경영하던 청주 양조장 조선양조(주)가 매물로 나왔다. 대구에서 첫째, 둘째를 다툰다는 규모였기 때문에 매입가만 무려 10만원(지금돈 약 120억원)을 호가하였으나, 이병철은 두 말 않고 인수했다. 그러면서 어느덧 대구에서도 알아주는 굴지의 고액 납세자로 부상해 있는 자신을 발견할 수 있었다.

하지만 1941년 태평양전쟁 발발 이후 점차 일본인 관료들마저 곤경을 호소하는 절박한 상황들을 지켜보며 일본의 패망을 확신한 이병철은, 그만 낙향하고 말았다. 머지않아 도래할 새로운 세상을 맞이하기 위한 칩거에 들어갔던 것이다.

한편 찢어지게 가난한 농촌 생활이 싫어 20살 때 무작정 상경한 정주영은, 지금의 고려대학교 신축 공사장에서 막노동을 하며 경성에 정착할 수 있게 되었다. 이어 용산역 근처에 자리한 풍전엿공장(지금의 동양제과)에 잔심부름꾼으로 들어갔으나 장래가 보이지 않아, 다시금 경성 거리를 쏘다니다 쌀가게 복흥상회의 배달원으로 취직하게 된 것은 그에게 곧 행운이었다. 점심과 저녁을 먹여주고 월급으로 쌀 한가마 씩을 받을 수 있었기 때문이다.

아버지로부터 부지런함을 물려받은 정주영은 전심전력을 다했고, 2년 뒤에는 게으른 난봉꾼 아들 때문에 골머리를 앓던 쌀가게 주인으로부터 쌀가게를 인수받으라는 뜻밖의 제의를 받았다. 하지만 가진 거라곤 불알 두 쪽 뿐이었던 정주영은 단골을 그대로 물려받고, 쌀값은 월말에 계산한다는 정미소의 약속을 받아낸 뒤라야 비로소 사글세로 쌀가게를 인수할 수 있었다. 이때 그의 나이 24살이던 1938년이었다.

그러나 좋은 일에는 으레 나쁜 일도 끼어들기 마련이다. 중일전쟁 이후 전시체제 속에 갑자기 쌀 배급제가 실시되면서, 전국의 쌀가게가 일제히 문을 닫아야 했다. 정주영 또한 예외가 아니었다.

그러면서 수중에 가진 돈 7, 8백원(지금 돈 약 9천만원)쯤 되는 종잣돈으로 뭔가 할 만한 사업이 없을까 궁리하던 중에, 평소 알고 지내던 엔진 기술자 이을학으로부터 자동차 수리 공장을 인수하면 어떻겠느냐는 제의를 받았다. 정주영은 수중에 있던 돈에다 쌀가게를 할 때 신용을 쌓아둔 사채업자에게서 빚을 얻어 새로이 시작한 사업이 오늘날 현대차그룹의 모태가 되는 자동차 수리 공장 아도서비스였다.

새로운 일거리를 찾은 정주영은 밤잠도 자지 않으면서 신명나게 일했다. 이을학이 워낙 소문난 기술자라 손님들도 끊이지 않았다.

한데 잔금을 치른 지 닷새 만에 그만 불이 나 공장이 전소되고 말았다. 정주영은 또다시 사채업자를 찾아가 무릎을 꿇고 앉아 3,500원이라는 적지 않은 사채를 다시금 빌려야만 했다.

그런 뒤 이번에는 신설동 근처에 빈 터를 얻어 무허가로 아도서비스를 다시 시작했다. 당시엔 허가를 받는다는 것이 거의 불가능했기 때문이다.

산더미 같은 빚 속에서, 그것도 무허가로 자동차 수리 공장을 한다는 것은 그야말로 하루하루가 지옥 같았다. 걸핏하면 동대문경찰서에서 순사가 찾아와 당장 걷어치우지 않으면 잡아넣겠다고 으름장을 놓았다.

한데도 포기할 줄을 몰랐다. 매일같이 이른 아침이면 동대문경찰서 곤도 보안계장 집을 찾아가 통사정을 했다. 그러길 한 달여. 마침내 보안계장이 두 손을 들었다. 대로변에서 공장이 보이지 않도록 판자로 울타리를 둘러친 다음 숨어서 하라고 눈감아준 것이다.

그 무렵 경성에는 자동차 수리 공장이 몇 군데 되지 않았다. 더구나 대부분의 자동차 수리 공장에선 별 고장이 아닌데도 마치 큰 고장이라도 난 것처럼 수리 기간을 부풀리고 길게 잡아서 바가지를 씌우곤 했다.

정주영은 그런 치사한 방법을 쓰지 않았다. 기간은 서둘러 단축해주되 대신 고가의 수리비를 청구하는 방법을 택했다. 자동차를 타는 사람들은 다소 수리비가 높더라도 빨리 고쳐주는 걸 더 원한다는데 착안한 것이다.

그의 착안은 옳았다. 정주영의 무허가 공장으로 고장 난 자동차들이 꾸역꾸역 물려들었다. 그러면서 돈도 상당히 벌어들여 사채업자에게 빌린 돈도 모두 갚을 수 있었다.

그러나 시국은 여전히 불안하기 짝이 없었다. 급기야 일본은 태평양전쟁을 일으키면서 기업정비령을 내리게 되었다. 정주영의 아도서비스는 일진공작소로 강제 합병되고 말았다.

그 후 정주영은 잠시 운송 사업을 했다. 황해도 홀동금광에서 트럭에 광석을 싣고 평양까지 운송하는 하청 일이었다. 하지만 이익을 본 것도 손해를 입은 것도 없이 2년여 정도가 지난 1945년 봄, 관리책임자에게 그만 하청 계약을 넘겨주고 말았다. 그리고 석 달여 뒤, 정주영은 감격스런 8·15 해방을 맞이할 수 있었다.

한국기업성장100년史

8·15 해방 전, 막 걸음마를 시작한
10대그룹의 풍경(하)

경성에서 중앙고보를 중퇴한 구인회가 큰일을 해보겠다며 사업을 시작한 것은 25살이 되던 1931년이었다. 아버지가 내놓은 2,000원과 큰집의 양자로 들어간 아랫동생 구철회가 마련한 1,800원을 보탠 3,800원(지금 돈 약 4억5,600만원)으로, 오늘날 LG그룹의 모태가 되는 포목상 구인회상점을 경남 진주 시내에 열었다. 하지만 연말에 결산해보니 500원이나 결손이 발생했다.

생각다 못한 그는 자본을 좀 더 마련해서 보다 큰 사업을 해보겠다며 동양척식 진주지점을 찾았다. 아버지의 땅문서를 담보로 8,000원(지금 돈 약 9억6천만원)을 융자받아 좋은 물건들을 상점에 가득 채웠다. 좋은 물건이 가득 채워지면서 상점이 유명세를 타기 시작하자 찾아오는 손님도 늘어났다.

한데 이듬해 여름, 그만 대홍수로 남강이 범람하고 말면서 진주 시내를 온통 물바다로 만들어 버렸다. 이때 구인회상점도 물에 잠기고 말았다.

재기를 다짐한 구인회는 진주에서 부자로 소문난 원창약방의 원준옥을 찾아가 간청했다. 원준옥은 젊은 구인회를 믿고서 1만원(지금 돈 약 12억원)의 거금을 선뜻 빌려주었다.

그 같이 가까스로 재기할 수 있었던 구인회상점은 이후 사업의 범위를 더욱 확대시켜 나갔다. 김연수의 경성방직에서 생산되는 광목을 대량으로 취급하는 한편, 1939년부터 다양한 포목을 직접 구입하기 위해 일본까지 부지런히 드나들기 시작했다.

일본을 드나들기 시작하면서 구인회는 놀라지 않을 수 없었다. 자신이 우물 안 개구리라는 사실을 뼈저리게 느꼈던 것이다.

마침내 1940년 여름, 그는 상호와 조직을 개편하기로 작정했다. 기존의 상점을 (주)구인회상점으로 판을 크게 늘리기로 한 것이다.

이와 함께 기존의 포목상 말고 다른 분야에도 눈을 돌렸다. 삼천포에서 친척이 운영하던 수산업에도 투자를 하고 나섰다.

그런가하면 고향 진양에서부터 하동, 고성 등지에 이르는 광활한 토지를 사들여 오래지 않아 만석꾼이 되었다. 진주 시내에서 포목상을 시작한 지 12년여 만이었다.

또한 1944년에는 경남도청에서 화물 자동차를 불하한다는 소식을 듣고 트럭 30대를 사들였다. 비록 지방의 작은 도시에서이긴 하지만 포목상과 수산업, 토지 경영에 이어 운송사업에까지 손을 뻗쳐나갔다.

그러다 이듬해 8·15 해방을 맞았다. 39살의 구인회에게 새로운 세상이 기다리고 있었던 것이다.

오늘날 SK그룹의 창업자인 최종건은 일제 식민시대 수원에서 태어났다. 아버지는 나무장사를 위해 대성상회를 차리고, 수원 잠업시장에 볏짚과 왕겨를 납품하는가하면, 인천 미곡거래소에 쌀을 공급하던 중소 상공인이었다. 하지만 일제 치하에서 한국인이 경제적으로 성공하기란 결코 쉽지 않았다.

이러한 시대 상황 속에서 최종건은 어려서부터 책상 앞에 앉아 공부를 하기보다는 바깥에서 운동과 놀이를 더 즐겨했다. 식민 지배 아래에서의 학교 사정이 그렇게 만들었을 것으로 보인다.

하지만 조부의 열망에 따라 최종건은 경성직업학교 기계과에 입학했다. 돌아보면 이때 그가 경성직업학교에 들어가서 기술을 배우지 않았다면 오늘날 SK그룹의 탄생은 불가능했을 것이라는 생각이 든다.

아무렇든 경성직업학교 기계과를 졸업한 최종건은, 아버지의 권유에 따라 고향에 자리한 선경직물(주)에 입사하게 된다. 당시 일본인이 경영하던 선경직물은 1939년 경성의 선만주단(주)와 일본의 경도직물(주)가 공동 출자하여 설립한 회사로서, 두 회사의 머리글자를 따서 합친 상호가 바로 선경이었다. 그리고 태평양전쟁이 한창이던 1942년 공장을 지어 '시루빠silver'를 생산하고 있었는데, 이것은 군복의 안감으로 사용되던 군수천이었다.

이러한 선경직물에 3급 기사 자격증을 가진 기술자로 입사한 그는, 얼마 되지 않아 약관 18세에 생산부 2조장으로 발탁되었다. 당시로선 매우 파격적인 인사였다.

이 직책으로 그는 100여 명의 직조 종업원들을 편성해서 운영하고, 생산 계획과 품질관리까지 맡아서 수행했다. 최종건은 이 자리에서 직공들의 애로사항을 들어주고, 고장 난 기계를 고쳐줌으로써 그들로부터 신뢰를 얻었다.

한데 얼마 지나지 않아 일본이 패망하면서 감격의 해방을 맞이했다. 최종건은 해방정국의 혼란 속에서 선경치안대를 조직하여, 선경직물의 일본인 간부들을 무사히 귀환할 수 있도록 도와주는 대신에 수많은 종업원들의 일터인 회사를 안전하게 지키는데 성공했다.

이러한 일이 가능했던 것은 평소 종업원들과 최종건 사이에 형성되어 있던 신뢰가 컸다. 또 그런 신뢰는 이후 그를 생산 현장의 리더인 젊은 공장장으로 활약할 수 있게 한 숨은 힘이 되어주었다.

조중훈은 어려서부터 비행기, 자동차, 선박 따위의 그림책과 모형 만들기를 좋아했다. 그가 휘문고보를 졸업한 뒤 진해에 있는 해원양성소(지금의 해양대학교)에 입학하게 된 것도 그런 이유에서였다.

해원양성소를 졸업하자 일본 고베에 자리한 후지무라조선소에 취직할 수 있었다. 잠수함·구축함 등 전함을 만들어내는 후지무라조선소에 근무하는 동안 그는 엔지니어로서의 꿈이 당장이라도 실현되는 듯 희망에 부풀었다. 더욱이 대형 수송선의 2등 기관사로서

한국기업성장100년史

LG 구인회　　SK 최종건　　한진 조중훈　　금호아시아나 박인천　　한화 김종희

20여 년 동안의 공직생활에 종지부를 찍고 해방 직전 오십 줄의 나이에 뒤늦게야 재계에 뛰어든 박인천은, 지인으로부터 사업자금을 빌려 택시 2대를 구입한 뒤 여관방 하나를 얻어 택시사업을 벌이기 시작한 것이 오늘날 금호아시아나그룹의 첫걸음마였다. 사진은 당시 중고 차량을 개조한 택시로. 제법 여유 있는 집안에선 혼인날에 으레 신랑신부를 택시에 태워 시내를 일주시키는 것이 새로운 풍속도로 자리 잡았다.

중국의 텐진·상하이·홍콩·마카오와 필리핀의 마닐라 등 동남아 일대를 두루 돌아보면서, 자신이 가진 기술로 사업을 할 수 있다는 생각을 떠올리게 되었다.

조중훈은 마침내 1942년 일본에서의 안정된 직장 생활을 청산하고 고국으로 돌아왔다. 그동안 푼푼이 아껴 모은 돈으로 보링 기계 1대를 마련한 그는, 인천의 선창가 한 모퉁이에 자동차 엔진 수리공장 이연공업사의 간판을 내걸었다. 이때 그의 나이 22살, 오늘날 한진그룹의 첫 출발점이었다.

자동차 엔진 수리 공장은 그의 의도대로 적중했다. 특히 서울이 아닌 인천의 선창가를 택한 것은 견문이 넓은 그만이 착상할 수 있는 감각이었다.

당시 인천항에는 중국과 홍콩 상인들이 들끓었고, 더구나 태평양전쟁이 시작된 터라 물류 이동이 많아 화물 트럭들이 끊임없이 몰려들었다. 엔진 수리를 받아야 하는 트럭도 그만큼 많았던 것이다. 그러나 조중훈의 이연공업사는 태평양전쟁이 본격화되면서 일본의 군수업체인 마루니회사에 강제 합병되고 말았다.

여기에 불운까지 겹쳤다. 징집영장이 날아든 것이다. 일본의 총알받이가 되지 않기 위해 조중훈은 군수공장인 용산공작창에 기술요원으로 은신했다.

하지만 일본은 오래 버티지 못했다. 이연공업사를 강제로 빼앗긴지 3년 여 만에 조중훈은 서울의 용산공작창에서 조국의 해방을 지켜보았다.

박인천은 어려서 아버지를 여의면서 학교 공부를 할 수 없었다.

하지만 독학으로 공부하여 어렵다는 순경 시험에 합격했다.

하지만 그의 꿈은 그보다 높은 보통문관 시험이었다. 말단 순경으로 근무를 마치고 나면, 피곤한 몸으로 하숙집으로 돌아와 꼬박 밤을 세워가며 공부에 전념했다. 그런 결과 5년 뒤 마침내 보통문관 시험에 합격했다. 말단 순경에서 일약 순천경찰서 순사부장으로 발령을 받았고, 이후에도 승진을 계속해서 판임관까지 올랐다.

그러나 박인천은 고위 경찰직을 그만 두고 싶어 했다. 그의 다음 목표는 변호사였다. 더구나 새로 부임해온 경찰서장에게서 창씨개명을 신고하지 않았다는 이유로 눈 밖에 나, 끝내 나주 군청으로 자리를 옮겨 앉게 되었다.

나주 군청에서 그가 맡게 된 보직은 노무계장. 당장 징용자 80명을 뽑아오라는 지시가 떨어졌다.

박인천은 그럴 수가 없었다. 아무런 미련도 없이 20년 공직생활의 종지부를 찍고야 말았다.

이때 그에겐 어린 자식이 다섯이었다. 더구나 오십 줄을 바라보면서 아직 집 한 칸조차 마련치 못한 상태였다.

그런 상태에서 8·15 해방을 맞이했고, 박인천은 공무원 복직을 바랐다. 하지만 어려울 것이란 소리만 들려왔다.

그러던 어느 날 길거리에서 우연히 친구를 만나게 되었고, 친구는 그에게 양약 장사를 해보라고 권했다. 하지만 수중에 돈이 있을 리 만무했다. 친구는 남의 돈을 잠시 빌리면 되지 않느냐고 요령 없는 그를 일깨워주었다.

박인천은 양약을 배정받기 위해 전남의약품배급회사를 찾아갔다. 회사는 한숨만 내쉬었다. 이미 배급받아 놓은 양약을 서울에서 가져올 적임자가 없다는 것이었다. 열차를 배당받는 교섭이 어려울 뿐더러, 도둑이 들끓어서 무사히 가져올 방법을 찾지 못해 전전긍긍하고 있었다.

박인천은 자신이 가져오마고 나섰다. 회사 또한 약품 값만 준비해오면 위임장을 써주겠다고 약속했다.

박인천은 그 길로 광주에서 소문난 최 부자를 찾아갔다. 최 부자에게 16만원을 빌려 상경한 뒤, 의약품 보급 기관에서 양약을 배급받았다.

문제는 열차를 배당받는 일이었다. 석탄이나 미군 물자 수송에 우선적으로 배당된 열차를 민간업자가 빌린다는 건 하늘의 별 따기만큼이나 어려웠다.

한데도 그는 미군정청과 서울역을 부지런히 뛰어다녀 가까스로 열차를 배정받았다. 열차는 일주일 후에 광주에 도착할 예정이라고 했다. 그 일주일 동안 약품을 도둑맞지 않기 위해서는 잠시라도 열차를 떠날 수가 없었다.

열차 안에서 먹고 자며 송정리역에 도착한 건 열흘이 지나서였다. 송정리역에 도착한 그는 이제 막 탄광에서 빠져나온 광부의 몰골이 다름 아니었다.

하지만 약품은 곧 22만원에 팔려나가 6만원이라는 큰돈이 이익금으로 남았다. 박인천은 최 부자를 찾아가 빌린 돈 16만원과 이익금 6만원을 고스란히 내놓았다. 최 부자는 사례금으로 5천원을 내주었다. 이익금에 비하면 너무도 초라한 배당이었다.

이때 최 부자는 함께 운송 사업을 해보지 않겠느냐며 넌지시 박인천을 붙잡았다. 인구 8만명을 헤아리는 광주에 교통 수단이 거의 없는 실정이었다.

박인천은 자신의 이름으로 사업을 해보고 싶었다. 때문에 최 부자가 아닌 강진의 지주 유재의를 찾아가 10만원을 빌렸다. 다시 여기저기서 조금씩 빌려 모은 7만원을 합쳐 도합 17만원으로 서울에서 중고 택시 2대를 구입한 뒤, 여관방 하나를 얻어 택시 사업 면허를 내기 위한 준비 작업에 들어갔다. 오늘날 금호아시아나그룹의 첫 걸음마가 시작되는 순간이었다.

오늘날 한화그룹의 창업자인 김종희가 맨 처음 화약과 인연을 맺게 된 것은 아주 우연한 기회였다. 일본인 경찰서장의 집에서 하숙을 한 인연으로 1941년 상업학교를 졸업하던 해 곧바로 조선화약공판(주)에 취직을 하면서부터였다.

이 회사는 조선에 위치한 여러 화약공장에서 생산되는 제품을 전량 구매 인수해서 독점 판매하였을 뿐 아니라, 각 공장에서 필요한 원재료를 일괄 구입해서 공급하는 일까지 전담하는 군수 산업체였다. 때문에 취급 상품의 중요성을 들어 한국인 직원의 채용을 극력 피했다.

따라서 일제가 패망할 때까지 조선화약공판에 근무했던 직원들 가운데 한국인은 그다지 많지 않았다. 일찍이 일본 와세다대학을 졸업하고 이 회사에 입사한 관리과의 창고계장 김봉수를 비롯하여 김종희, 민영만, 김덕성 등 5명 정도에 불과했다.

더구나 김종희는 화약에 대해 별반 관심도 없었다. 어떻게 해서든지 일본으로 유학을 떠나 못다 한 공부를 더하고 싶은 열망 뿐이었다. 그런 김종희를 붙잡은 건 일본인 생산부장이었다.

'화약계에서 입신하려면 먼저 화약 지식을 쌓아야 한다. 앞으로 생산 실태를 파악하기 위해 여러 공장으로 직접 출장을 나가게 될 텐데. 그런 기회에 보다 많은 것을 보고 듣고 배워라. 장차 네가 화약회사 사장이 되지 말란 법도 없을 테니까.'

8·15 해방이 되었을 때 한국인 간부사원은 총무부 창고계장 김봉수, 생산 계장 김종희가 전부였다. 그리고 주인을 잃은 조선화약공판의 앞날을 책임질 자치위원회 위원장으로 김종희가 선임되었다. 이때 그의 나이 25살이었다.

그러나 갑작스럽게 찾아온 해방 정국은 그야말로 혼돈의 연속이었다. 김종희와 조선화약공판의 운명 또한 한 치 앞을 내다보기 어려웠다.

이 무렵 훗날 대우그룹을 일으켜 세울 김우중은 갓 10살의 어린 초등학생으로, 장차 자신이 펼쳐갈 꿈을 키워가고 있었다. 롯데그룹의 신격호는 이미 앞에서 이야기한대로 해방 이후 귀국하지 못한 채 일본에 잔류하면서, 하카리특수과학연구소에 이어 롯데제과(주)를 설립했다. 한편 한국 최초의 근대 기업가로 입신한 (주)박승직상점의 박승직은 아들 박두병에게 '두산' 이란 새로운 사명을 지어주며 역시 최초로 2세 경영에 돌입하고 있었다.

제5부

폐허와 공허 속에서 무역으로 비즈니스를 익히다

한국기업성장100년史

미군정청은 조흥은행을 중앙은행으로 밀었다

1945년 8월 14일, 해방 하루 전인 이날 서울 시내의 각 전봇대와 담벼락에는 난데없이 붓글씨로 쓴 흰 벽보가 나붙었다. 다음 날인 15일 정오에 일본 천황의 중대 방송이 있을 거라는 내용이었다. 바로 이날까지만 하여도 일본이 패망하리라고는 꿈도 꾸어보지 못했던 시민들은, 벽보를 보면서 이렇게 중얼거렸다. 이제는 전 국민에게 죽창이라도 들고 총공격에 나서라는 명령이라도 선포하는 모양이라고 저마다 수군거렸다.

이윽고 이튿날 정오가 되자, 전날 벽보에서 밝힌 대로 약간 떨리는 듯한 일본 천황의 목소리가 라디오에서 흘러나오기 시작했다.

잡음이 심해 잘 들리지는 않았지만, 놀랍게도 일본이 무조건 항복한다는 벼락같은 선언이었다.

참으로 믿기 어려운 순간이었다. 그동안 무적 황군이라며 그렇게도 떠들어대던 일본이 이렇듯 허무하게 망하고 말다니. 시민들은 잠시 어리둥절해 할 말을 잃었다. 이날 오후 서울 시내는 알 수 없는 적막 속에 빠져 있었다.

그러나 다음날 오후가 되자 상황이 돌변했다. 시민들의 반응이 봇물처럼 터져 나왔다. 지긋지긋한 식민 지배의 사슬을 비로소 끊게 되었다는, 그 기막힌 사실이 확인되면서 저마다 거리로 뛰쳐나왔다. 절로 솟구치는 감격의 기쁨을 억누를 길이 없어 거리마다 환희의 물결을 이뤘다.

같은 시각, 일본 천황의 항복 선언 방송이 있는 직후 조선총독부 제1회의실에선 간단한 식전 행사가 있었다. 식전 행사가 끝난 후 조선총독부를 비롯한 모든 주요 관청이 가장 먼저 손을 댄 작업은 중요 문서의 소각이었다.

그 다음으로 조선총독부가 한 일은 '조선은행권', 곧 우리의 돈을 무한정 찍어내어 남발하는 일이었다. 한 달 전인 7월까지만 하여도 47억원이던 전체 통화 발행액은, 8월 들어 갑자기 80억원으로 불과 한 달 사이에 거의 2배로 늘어나고 만 것이다. 이같이 통화를 무차별 남발한 일본은 각급 관·공사를 비롯한 국책회사 직원들의 퇴직금이며, 70여 만명에 달하는 재선在鮮 일본인들의 귀국 경비로 무차별 지불되었다.

이 때문에 조선은 심각한 인플레에 빠져들었다. 8월에 1,100원하던 쌀 한 가마 값이 이듬해 8월에는 4,700원으로 무려 4배나 껑충 뛰어올랐다.

한편 조선총독이었던 아베는 점령군 사령관 하지 중장의 지시로 9월 19일 서울을 은밀히 빠져나갔다. 정부총감 엔도는 아놀드 군정장관의 지시로 미군정청 고문을 하다가 10월 17일 서울을 빠져나갔다. 재무국장 미즈타는 해방 직후 통화·재정 문제로 잠시 검사국의 조사를 받다가 역시 귀국했다. 악명 높은 일본 경찰의 총수였던 니시히로 경무국장은 해방 전후 기밀비의 용도에 관해서 미 헌병대에 잠깐 억류되어 조사를 받은 후, 미 헌병대의 호송으로 부산항 연락선에 실려져 젊잖게 일본으로 추방(?)되었다. 이로써 반세기에 걸친 일본의 잔혹한 침략사는 그만 시나브로 끝이 나고 말았다.

그렇다면 반세기여 만에 빼앗긴 고토를 되찾은 우리의 기업들 또한 그 같은 해방의 기쁨에 마냥 들떠있기만 했던 것일까? 해방 공간이라는 새로운 전환기 속에서 우리 기업들의 운명은 과연 어떻게 서로 엇갈려갔던 것일까? 우선 1896년 이 땅에 처음으로 은행이 탄생한 이래 해방 직전까지도 유일하게 살아남았던 조흥은행(지금의 신한은행)의 풍경부터 만나보기로 하자.

해방 이튿날, 청계천변 광교에 자리한 조흥은행 본점엔 일본인 행원들이 거의 출근하지 않았다. 일본인 중역 가운데 누군가가 할복 자결했다는 소문이 나도는 가운데 한국인 행원들만이 출근해서 이야기꽃을 피웠으나, 은행 업무는 사실상 완전히 마비된 상태였다.

그렇게 속절없이 한낮이 되었다. 그때 갑자기 거리에서 만세소리와 함성이 들려왔다. 벼락같이 찾아온 갑작스런 해방에 잠시 동안 어리둥절했던 시민들이 마침내 거리로 쏟아져 나왔다. 군중의 선두엔 서대문형무소에서 방금 풀려난 듯한 흰 한복 차림의 인사들이 나섰다. 실로 감격스러운 장면이었다.

미군이 서울에 진주한 것은 그보다 한참 뒤인 9월 8일경이었다. 조흥은행 본점에도 미군 5명이 일주일 정도 주둔했다.

9월 20일에는 미군 환영 행사가 서울의 거리에서 대대적으로 열렸다. 조흥은행에서도 100여명이 선발되어 남자 행원들은 흰 와이셔츠를, 여자 행원들은 한복 차림으로 'WELCOME' 이라고 쓴 플래카드를 든 채 시민들의 환호 속에 시가행진을 벌였다.

해방 직후 조흥은행이 수행한 가장 이색적인 업무는 특수업무부의 '적산敵産' 관리였다. 일본인들이 떠나면서 남기고 간 재산인 적산을 관리, 감정하여 불하하는 일이었다. 당시 적산 불하란 거저줍다시피 하는 것으로, 오늘날의 복권 당첨과도 같은 횡재가 아닐 수 없었다. 때문에 적산을 차지하려는 사람들로 조흥은행 본점의 특수업무부 앞은 연일 인산인해를 이루었다.

그러나 이 무렵 주요 관심사는 과연 어느 은행이 중앙은행으로 낙점을 받을 것이냐에 온통 쏠려있었다. 조흥은행 역시 조선은행과 조선식산은행(지금의 산업은행)과의 치열한 삼파전에 뛰어든 상태였다.

물론 조선은행은 발권과 국고업무 등을 담당하고 있는 조선은행이 마땅히 중앙은행의 모체가 되어야 한다는 입장이었다. 하지만 상황은 여의치가 않았다. 그동안 조선은행이 일본의 대륙 침략에 일익을 담당하면서 한반도보다는 주로 만주와 중국에서 활약했으며, 상업은행의 업무도 함께 수행하고 있다는 것이 문제였다.

조선식산은행은 대륙 침략의 도구였던 조선은행보다는 주로 조선 안에서 활약한 조선식산은행이 당연히 중앙은행의 모체가 되어야 한다고 주장했다. 조흥은행 또한 '조선은행은 일본이 세운 식민지 은행이다. 일제하에서 우리 민족자본에 의해 세워지고 우리 민족의 손으로 키워온 은행은 오로지 조흥은행 밖에 없다'며 그 당위성을 역설하고 나섰다.

해방 직후 금융계를 좌지우지하던 곳은 미군정청의 재무부였다. 그리고 일본인 중역들이 떠나간 이후 새로이 조흥은행장에 오른 이는 정운용이었다. 한데 정 행장은 당시 미군정청의 고든 재무부장과 매우 절친한 사이였다. 정 행장의 청이라면 고든 재무부장은 웬만하면 다 들어주었다. 국책은행인 조선은행이나 조선식산은행이 아닌 민간은행이었던 조흥은행이 적산관리 업무를 맡을 수 있었던 것도 바로 그런 이유에서였다. 조흥은행으로선 비장의 카드를 쥐고 있었던 셈이다.

그러나 고든 재무부장이 본국으로 소환되고, 윤호병이 새 재무부장이 되면서 조흥은행장도 김한규로 교체되었다. 해방이라는 새로운 전환기 속에서 중앙은행의 모체가 되려는 조흥은행의 노력도 그것으로 끝나고 말았다.

다음으로 살펴볼 곳은 일제시대 최대 규모의 국책회사였던 조선미곡창고주식회사(이하 미창)와 조선운송주식회사(조운)의 풍경이다. 회사가 보유한 창고 면적만 무려 10만평에 달해 한국에서 가장 거대한 건축물을 보유하고 있었던 미창과 지금 돈으로 자본금 약 4조6,200억원에 종업원 수 5만여 명을 헤아리는 조운의 해방 직후 운명은, 그러나 해방의 감격과는 정반대의 것이었다. 혹독한 고난 속에 스스로 일어서지 않으면 안 되었다.

먼저 미창은 일본의 항복 소식이 전해진 바로 그 날 오후, 본사 조선인 간부들과 직원 대표들이 긴급회의를 열고 초대 사장으로 왕희필을 선임했다. 회사 경영에 잠시라도 공백이 생기는 것을 막기 위한 긴급 조치였다.

당시 미창의 주식은 조선은행 등 금융권과 일본 국영기업인 식량영단이 소유하고 있었다. 특히 일본의 식량영단은 전체 주식의 80%를 갖고 있어 해방 이전부터 미창의 경영에 많은 영향력을 행사해 왔다.

따라서 신임 사장단은 일본인 임원들을 비롯하여 대주주인 식량영단과 은행 관계자들을 만나 회사 인수 절차에 들어가는 한편, 조직을 쇄신하고 나섰다. 업무 중단으로 말미암아 거의 끊기다시피 한 영업 수익을 회복해 회사 경영을 한시라도 정상화시키기 위함이었다.

이런 상황에서 효자 노릇을 톡톡히 한 곳이 바로 인천지점이었다. 인천항에 상륙하는 미군의 군수품과 긴급 구호물자 하역을 비롯해 북한 지역과 중국 등지에서 들어오는 화물 취급 등을 통해 어느 정도 수입이 확보되면서, 덕분에 미창은 해방 직후 직면했던 경영 위기를 재빨리 극복할 수 있었다.

그러던 10월 5일 미군정청은 식량 수급 정책과 관련하여 식량 통제를 철폐하고 모든 양곡은 자유시장 거래로 환원한다고 발표했다. 이와 함께 미군정청은 미창을 일본의 적산기업으로 간주하고, 관리

일제가 패망하여 조선에서 물러날 때 가장 먼저 한 일은 돈을 무차별 찍어내는 일이었다. 그리하여 퇴직금이며, 일본인들의 귀국 경비로 사용하면서 물가가 4배로 껑충 뛰어올라 조선 경제를 인플레에 빠트리고 말았다. 이런 과운데 새로운 통치 세력 미군정청은 한때 중앙은행을 조선은행이 아닌 조흥은행으로 낙점하려 했다. 사진은 일제시대부터 금융가로 자리 잡은 해방 직후 을지로의 거리 풍경이다.

관을 파견시켜 회사 경영을 지휘 감독하기 시작했다.

이때까지도 미창은 식량영단과 함께 미군정청 농림부 관장 아래에 묶여있었다. 한데 미창의 대주주인 식량영단이 소유 지분을 내세워 다양한 경로를 통해 미창을 흡수하려고 나서면서부터 둘 사이에는 갈등이 끊이지 않았다.

미창의 경영진은 미군정청에 미창의 존립 근거와 향후 기능에 대해 수차례 설명하는 등 백방으로 노력했으나 효과가 미비하자, 이듬해 4월에는 해방 이후 최초로 전국 지점장 회의를 소집했다. 전사적인 반대 투쟁을 전개해나간 끝에 마침내 식량영단의 흡수 기도를 좌절시키는데 성공했다.

한편 조운은 해방 이틀 뒤인 8월 17일 오전에야, 서울역 앞 본사에서 조운 직원 대표들이 첫 모임을 가질 수 있었다. 이 날 조운 직원 대표들은 전국에 산재한 회사의 자산을 파악해 보호하는 한편, 임직원 전체의 의사를 대변할 임시 기구로 조운유지준비위원회(이하 유지위)를 결성하고 위원장에 황한철, 부위원장에 장봉의와 이재순을 선임했다.

이어 유지위는 각 부문별로 담당할 업무와 목표를 정한 다음, 전체 주식의 80%를 소유하고 있는 일본인 대주주들을 만나 회사 인수 절차에 대해 합의했다. 또한 이 과정에서 전국 철도역과 항구에 산재한 943개 점소의 모든 업무와 5만여 종업원을 접수하는데도 성공했다.

이때까지만 해도 조운의 모든 조선인 임직원들은 머지않아 독립된 국가가 건설될 것이라고 믿었다. 그리고 그 새로운 나라에서 조운은 국가경제 발전에 앞장서 이끌어 나가게 될 것이라고 누구도 의심치 않았다.

그러나 해방 직후 조운에게 모든 게 다 순탄했던 것만은 아니다. 해방 직전까지만 하여도 만주와 중국 대륙으로 떠나는 화물들이 산더미처럼 밀려드는 바람에, 어느 하루 운송전쟁을 치르지 않은 날이 없을 만큼 바쁜 나날을 보내야 했다. 한데 불과 며칠 사이에 대륙으로 떠나던 화물열차도, 전국의 도로를 누비던 화물차 행렬도 마치 마술이라도 걸리고만 듯 한순간에 그만 멈춰버렸다. 급기야 9월 11일에는 서울에서 신의주로 향하는 경의선 열차를 마지막으로 남북을 종단하는 열차의 운행마저 일제히 중단되고 말았다.

대부분의 회사 수입이 철도와 연계한 화물 운송에서 나오는 조운의 영업 구조상, 이러한 열차 운행 중단은 당장 회사의 생존을 위협했다. 해방이 되던 해 연말 조운의 운송 취급 실적은 전년 대비 발송량이 96%를, 도착량은 98%나 감소한 수준이었다. 다시 말해 조운은 그대로 남아 있는데 그러한 조운이 해야 할 일은 한순간에 사라져버린 것이었다.

도로 운송 쪽도 상황이 나쁘긴 마찬가지였다. 해방 이태 전만 하여도 조운은 전국 주요 철도역과 항만의 합동운송회사를 인수해 국내 화물자동차의 절반 이상을 보유하고 있었다. 전국 어디를 가나 조운의 고유 번호를 단 트럭이 대부분이었던 것이다.

한데 1944년 총독부가 조선화물자동차통제(주)를 설립할 당시 조운의 일본인 경영진은 조선에서 운행되고 있던 화물자동차 1,600여대 가운데 절반 이상인 1,000여대를 현물로 출자해버리면서, 해방 직후 회사 소유의 화물자동차는 서울 시내 운송용으로 남겨둔 고작 30여대가 전부였다. 가뜩이나 물동량이 줄어든 마당에 당장 운행이 가능한 화물차량마저 몇 대 안 되다보니 정상적인 영업이 이루질 리 만무했다.

그런데다 해방 전만 해도 철도 운송이나 항만 하역 등은 일체 조운으로 일원화되어 있던 체제마저 위협받고 있었다. 미군정청이 들어서면서 항만 하역에 대해서 어떠한 통제도 하지 않았고, 그런 결과 전국의 항만마다 군소 하역업체들이 우후죽순처럼 난립하기 시작하여 혼란이 극에 달했다.

최초로 해외 진출까지 시도했던 국내 최대 민간기업 김연수의 경성방직(주) 또한 살펴보지 않을 수 없다. 일본의 패망과 함께 만주에서 허무하게 붕괴하고 만 김연수를 고국에서 기다리고 있었던 것은 "착취계급 물러나라!"는 노동자들의 격렬한 농성이었다. 그에게 유일하게 남은 경방 양평동공장과 영등포공장은 이미 좌익 노동단체인 전국노동조합평의회의 사주를 받은 주동자들에 의해 점령당한 뒤였다. 김연수가 그들을 향해 외쳤다.

"자네들은 나를 착취자라고 하지만 내가 무얼 어떻게 착취했는지 말해보라. 나는 오늘까지 한 사람이라도 더 일을 시키고, 한 푼이라도 더 주려고 했어. 그렇지만 나는 경성방직 20여년 동안 회사 돈은 한 푼도 가져다쓰지 않았네. 누가 누구를 착취했다는 건가, 이 사람들아!"

그러나 아무 소용이 없었다. 결국 김연수는 사장직을 내놓고 경방을 떠나야만 했다. 해방 정국의 혼돈 속에 그야말로 우리 경제는 한 치 앞을 내다보기 어려웠다.

한국기업성장100년史

해방 직후 '정크무역'은 황금알을 낳는 거위

오랜 식민지 지배로부터의 해방은 곧 연속과 단절의 측면이 동시에 작용하면서 진행되는 것을 뜻했다. 하지만 해방 초기에는 단절의 측면이 보다 크게 부각되었다. 특히 이러한 단절은 오랫동안 자본과 기술, 시장에서 일본 경제에 깊숙이 편입되어 있던 식민지 경제 구조의 붕괴로 나타났다. 대부분의 공장들은 주요 기술자가 일본으로의 귀국, 원료 부족, 경영 능력 부재 등으로 거의 가동이 중단된 상태였다. 그나마 가동되는 공장이라야 한국인이 소유하고 있던 경성방직, 동양방직, 조선견직과 함께 몇몇 보잘 것 없는 고무공장이나 성냥공장 등이 고작이었다. 그러나 이들 공장 역시 북한의 송전 중단과 조직적인 노조 파업 등 정치적, 사회적 혼란이 가중되면서 이내 가동이 멈추어서고 말았다.

한데도 감격에 겨운 해방은 잠시 이성을 잃어도 좋을 만큼 먹고 입을 게 넘쳐났다. 갑자기 항복을 선언하면서 미처 다 가져가지 못한 일본군 보급 창고에서 흘러나온 각종 군용식량과 피복류, 그리고 일본 산업체의 재고품 따위가 길거리로 무한정 쏟아져 나와 흥청거렸다.

더구나 해방이 되던 해에는 일찍이 볼 수 없었던 풍작이 든 데다, 일본으로 공출도 없었기 때문에 식량 공급이 넘쳐나기까지 했다. 엊그제만 하여도 만주산 좁쌀조차 없어 콩깻묵으로 주린 배를 채워야 했던 농촌은 모처럼 흰 쌀밥으로 배불리 먹을 수 있게 되었다. 집집마다 술까지 빚어 마셨다. 일제의 가혹한 수탈 속에 허리띠마저 졸라매야 했던 결핍을 어느새 까마득히 잊고 만 채 농촌과 도시 할 것 없이 그야말로 물 쓰듯이 한 것이다.

그러다 해를 넘기기 전에 도시에선 벌써 쌀 부족 현상이 일어나기 시작했다. 쌀 배급소에서 나눠주는 배급량이 턱없이 줄어만 갔다. 5일치 분량이라고 나눠준 게 겨우 하루 먹고 나면 그만일 정도였다.

당시 신문은 식량 부족으로 굶주리고 있는 민중의 고통을 전했다. '일본 제국주의의 폭학도 능히 조선 민중에게 최소의 호구량을 보장할 수 있었나니 조선 해방의 은인이며 조선 독립의 원군인 미군정 당국이 어찌 이에 무관심할 수 있으랴…' 하고 미군정청을 따갑게 비난하면서, 미곡의 수집과 배급을 미군정청이 아닌 민간인들에게 맡길 것을 주장하고 나섰다. 또 며칠 뒤에는 쌀을 달라고 시청 앞에 모여든 군중 가운데 부인 한 사람이 총에 맞아 부상당한 사건을 보도한 사회면에선 〈쌀 대신에 총부리 응수, 어제 시청 앞에 유혈의 참극〉이라는 제목을 달기까지 했다. 미군정청은 이 두 기사를 포함한 몇 건의 기사를 문제 삼아 「조선인민보」의 홍증식 사장과 김오성 편집국장을 군정 포고 위반 혐의로 구속해버렸다.

그러나 당시 「조선인민보」 등 신문의 보도는 결코 과장된 것이 아니었다. 그때 서울역을 이용하는 하루 승객 2만명 가운데 그 절반가량이 오로지 가족을 위해 호남 등 지방으로 쌀을 구하러 오가는 사람들이었다. 굶주린 군중들은 모리배 상인들이 목포에서 한강을 따라 운반해오는 쌀을 기다리고 있었으며, 쌀을 살 수 없는 남편이 아내와 아이들을 죽이고 자신도 자살한 사건까지 일어났다.

심지어는 미군정청 산하의 중앙방송국에 종사하고 있는 이들까지 식량 부족을 호소할 정도였다. 당시 「한성일보」 기사에 따르면, '쌀 기근의 소리는 서울방송국에까지!'라는 제목과 함께 '중앙방송국 기술진은 지금 받고 있는 급료로는 도저히 생활을 유지할 수 없어 마음 놓고 방송 업무에 종사할 수 없으니 급료를 인상하여 주거나 쌀을 매일 2홉씩 배급하여 달라고 총파업을 단행했다.'고 쓰고 있다.

미군 감독관이 방송 개선안을 제출하라고 하자, 서울방송국의 문제안 기자는 자신의 의견서를 제출하면서 방송국 직원들의 호구지책 문제도 함께 거론했다. '나는 크게 부르짖는다. 내 어머니에게 쌀을 달라! 그렇지 않으면 나에게 죽음을 달라! 쌀만 내 어머니

갑작스럽게 찾아온 해방을 맞았으나 극심한 인플레와 물자 부족이 계속 되는 가운데 인천 앞바다를 뜨겁게 달궜던 것은 중국을 상대로 한 정크무역이었다. 해방 직후 무역은 불황을 모르는 유일한 업종으로 재계는 정크무역에서 저마다 재미를 보면서 해외 시장 개척에 눈길을 돌리는 계기가 되었다.

에게 풍족히 준다면 나는 조선방송 사업을 위해서 내 목숨을 아끼지 않으리라!'

중앙방송국의 사정이 이러할진대, 다른 곳은 더 말할 나위조차 없었다. 당시 「전국노동자신문」 기사에 따르면, 광화문체신국과 서대문체신국에서는 '쌀을 구하러 가기 때문에 결근이 매일 혹은 월요일마다 10명 내지 20명' 이 나왔고, 서울중앙우편국의 경우 한 달에 40~60명의 결근자가 나왔다.

한편 이러한 쌀 부족 현상은 비단 우리만이 아닌 일본 또한 예외가 아니었다. 그간 한 해 동안 조선에서 생산되는 쌀 총 생산량 1,300만석 가운데 무려 1,000만석 가까운 쌀을 강제 공출해 가면서 식량 문제를 해결해왔던 일본은, 패망과 함께 쌀 공급선이 단절되면서 당장 식량 기근에 허덕였다. 때문에 일본은 미국을 움직여 한국에서 쌀을 수출케 하도록 압력을 넣었다. 그러면서 8만석 가량의 쌀이 한국에서 일본으로 공식 수출되었다.

하지만 그것만으로는 턱없이 모자랐고, 이때가 기회라고 생각한 투기꾼들이 나서 작은 동력선을 이용하여 쌀을 일본에 밀수출하기 시작했다. 일본인들은 쌀 밀수출을 크게 환영했다. 투기꾼들은 쌀을 일본에 넘겨주고 한국에서는 구하기 어렵다는 감귤에서부터 시멘트, 카바이드, 가성소다, 화장품, 의약품 등을 가져와 몇 배가 넘는 이윤을 남겼다. 비록 강제 공출 규모에는 미치지 않았더라도 해방 이후 밀무역으로 일본에 다시금 쌀이 일부 빠져나가면서 쌀 부족 현상은 그만큼 더 심해졌다.

그런데다 갑자기 인구까지 크게 늘어났다. 해방 한 해 전인 1944

년 남한의 인구는 약 1,656만명이었다. 한데 1946년에는 약 1,937만 명으로, 2년 동안에 무려 280만명이나 증가했다. 이러한 인구 증가는 자연 증가에 의한 성장도 일부 포함되었으나, 대부분의 경우 일제 강점기에 일본과 중국·러시아 등지로 나가있던 해외동포들이 속속 귀국한데 따른 것이었다. 여기에다 북한에서 남하한 사회적 이동까지 더해지면서, 해방 이후 남한 인구는 순식간에 200만 이상이 증가했다.

또 이 같은 갑작스런 인구 증가는 남한의 물자 부족을 더욱더 부추겼다. 해방과 함께 경제 활동이 거의 단절된 상태에서 결국 부족한 물자를 공급받을 수 있는 길이란 딴은 무역 밖에는 없었다.

이럴 때 불어 닥친 열풍이 중국을 상대로 한 정크junk무역이었다. 사실 정크무역이 언제 어떻게 시작되었는지는 정확히 모른다. 다만 해방 직후부터 중국의 정크선이 일부 서해 바다를 건너 인천을 드나들고 있었고, 그들은 주로 고추·마늘·한약재·옷감 등의 생활필수품을 싣고 들어와 마른 오징어나 건어물·인삼 등을 가지고 돌아갔다.

한데 해방 이듬해부터 갑작스레 활기를 띠기 시작했다. 중국의 정크선들이 점차 천진, 대련, 청도 등지에서 일본군 보급 창고나 일본 산업체의 창고를 털어 물자를 대량으로 싣고 들어오면서부터였다.

우리 쪽에서도 피차 마찬가지였다. 가뜩이나 물자 부족에 허덕이고 있는 터에 그들을 마다할 이유가 없었다. 정크무역은 이같이 처음에는 일본으로부터 약탈한 물건을 서로 물물 교환하는 방식이었다가, 점차 상리를 노리는 물자 교환의 단계로까지 확대되어 나갔다.

그렇다하더라도 상대국의 공식적인 허락 없이 이루어지는 교역 활동은 일종의 밀무역이었다. 분명 단속 대상일 수밖에 없었다.

하지만 미군정청에서도 이러한 정크무역에 대해선 아편 등 일부 특별 관리 품목을 제외하고는 별다른 제약을 가하지 않았다. 당시 미군정청 상무부에는 무역행정 고문으로 거윈 준위가 있었고, 인천 항만 사령부에는 상무부에서 파견나간 길버트 상사가 상주하고 있었다. 그러나 수출입에 관련한 사항은 거윈 준위의 서명 정도로 충분했으며, 정크선의 입출항·하역·선원들의 상륙에 대해서는 길버트 상사로부터 허가를 받아야 했으나 대부분 통과시켜 주었다.

이런 분위기 속에서 해방 이듬해인 1946년에는 정크무역이 러시를 이루었다. 한 해 동안에 무려 3백여 척의 정크선이 인천항을 드나들 정도였다.

이처럼 정크무역이 러시를 이루자 미군정청은 무역업자의 난립을 막기 위해 나섰다. 외국무역규칙 제1호를 공포하여, 무역 면허제를 실시한 것이다. 하지만 무역 면허제는 자본금이나 실적 등에 대한 규제 없이 신청만 하면 누구에게나 교부해주는 형태였으며, 무역 면허증을 교부받은 무역업자는 총 528명에 달했다. 그리고 그 면허증 1호는 건설실업의 대표 김익균이었는데, 화신무역의 회장 박흥식은 무역 면허증 1호가 자신의 화신무역에게 주어지지 않았다고 항의하는 소동까지 벌였다.

딴은 그럴 만도 했던 게 정크무역이 시작되기 훨씬 이전부터 박홍식은 무역업에 본격적으로 뛰어든 터였다. 앞에서 얘기한 것처럼 그는 일본인 도매상들이 단합하여 종이를 공급해주지 않자 지구 반대편의 서전(스웨덴)에서 직수입해 들여와 손쉽게 돈방석에 앉은 뒤, 불과 30살의 나이에 '상점의 왕'이라는 화신백화점의 사주가 되면서 일약 한인 상계의 총아로 떠오른 인물이었다. 그런 박홍식이 자본금 275만원(지금 돈 약 3,400억원)을 투자하여 대규모 화신무역을 설립한 것은 1939년이었다. 덩치만 큰 것이 아니었다. 이때 이미 독일인과 일본인을 경영고문으로 위탁하고, 동남아는 물론 유럽과 아프리카에까지 진출하고 있었다. 또한 대륙 시장을 개척하기 위해 중국 천진에 출장소를 두고 있을 정도였다.

아무렇든 해방 직후 이러한 밀무역은 결코 놓칠 수 없는 절호의 찬스였다. 따라서 서울 뿐만 아니라 전국에서 돈푼깨나 가졌다는 이들은 다투어 밀무역 거래에 기웃거렸다. 특히 패망한 일본으로부터 약탈한 물자를 밀거래하는 정크무역은 황금알을 낳는 거위였다. 정크무역에 뛰어든 이라면 누구나 한몫 잡을 수 있는 기회였다.

그러나 해방 직후 인천 앞바다를 뜨겁게 달구었던 정크무역도 그리 오래 가지는 못했다. 정크선들로 잠시도 조용할 날이 없었던 인천 앞바다는 이내 휑하니 정적이 감돌았다. 갑자기 썰렁해지고만 바다 위에는 갈매기 울음소리만이 무심하게 되었다. 우리 쪽에 무슨 사정이 있어서라기보다는 서해 바다를 건너오던 정크선들에게 문제가 생겼다. 중국이 공산화되고 말면서 한때 성행했던 정크무역도 1947년 봄부터 서서히 자취를 감추기 시작한 것이다.

한데도 정크선이 실어온 밀무역이 되었든지 아니면 공식적인 허락을 받은 거래가 되었든지 간에, 해방 전후 무역은 유일하게 불황을 모르는 호황 업종이었다. 부의 지도를 본격적으로 나라 바깥에서 찾기 시작한 때이기도 했다.

비록 일본의 3국 무역 단절로 뜻을 이루지는 못했으나, 먼저 해방 직전 유한양행의 유일한 동남아 진출을 적극적으로 꾀하고자 시도했다. 이화상점의 오계선은 만주에서 전쟁이 발발하기 이전에 베트남 쌀을 만주 군벌 장작림에게 군량미로 수출하는 기염을 토했다.

포항에서 철도화물 운송취급업을 하다 삼일상회를 설립한 김용주(훗날 전방그룹 회장)는, 동해에서 정어리어업을 비롯하여 수산·해운·무역업을 벌여 중국 천진과 상하이 등지에 수산물을 수출하면서 무역업계에 이름을 올렸다. 청진에서는 70여 척에 달하는 대형 선단을 이끌며 역시 정어리어업으로 재계에 등장한 설경동(대한전선그룹 회장)을 비롯하여, 전택보(조선일보·천우사 사장)와 조영일(대성산업 사장) 등이 곡물류와 수산물을 만주와 중국에 수출하면서 부의 지도를 해외로 넓혀나갔다.

해방 이후에도 초창기 무역업계는 한동안 대개 이들이 주도해나갔다. 초창기 무역업계는 박홍식의 화신무역 다음으로 염익하의 금익통상과 김규면의 삼양무역 등이 한때 눈에 띄는 약진을 보였으나, 오래 가지 못해 점차 그 명성을 잃어갔다.

거래 실적만으로 보았을 땐 해방 직후 국내 무역업계 랭킹 1위는 박홍식도, 설경동도 아닌 삼흥실업이었다. 만주에서 무역업에 종사를 하다 해방 이후 돌아온 서선하, 오천석, 최태섭(한국유리공업 회장), 박창일 등이 합자해서 설립한 신생 무역회사였는데, 마카오·홍콩 등지에 수산물·광산물·돼지털 따위를 수출하고 생고무·펄프·면사·화공약품 등을 수입해 들여왔다.

수출 규모 면에선 계속해서 낯익은 이름이 자리를 지켜갔다. 무역 면허증 제1호를 따내면서 박흥식으로부터 항의 소동까지 받았던 김익균의 건설실업이 해방 이후에도 여전히 상위권을 형성한 것이다.

물론 신진 세력의 도전 또한 없지 않았다. 중앙산업(조성철), 동아약품무역(강중희), 한국물산공사(강석천), 삼성물산상회(김만복), 조선약업진흥(전용순), 동화산업(장기식), 영풍상사(최기호), 상호무역(주요한), 대동산업(김지태) 등이 새로이 이름을 올렸다. 뒤이어 대구에서 양조장을 경영하던 이병철이 상경하여 삼성물산공사를 설립하는가하면, 개풍상사(이정림), 남선물산(김원규), 미진상사(이연재), 범아무역(설도식) 등이 가세하고 나섰다. 특히 이 가운데 동아상사(김인형)는 혜성처럼 나타나 도약을 거듭하면서 잠시 선두주자로 부상하여 재계를 깜짝 놀라게 했다. 어쨌든 해방 직후 극심한 부침 속에서도 재계는 정크무역으로 재미를 보면서 저마다 해외 시장 개척에 눈길을 돌리게 되었다.

한국기업성장100년史

한국 기업들 마카오무역으로 비즈니스 익혔다

해방 직후 패망한 일본으로부터 약탈한 물자를 서로 교환하는 정크무역은 그야말로 황금알을 낳는 거위였다. 비록 밀무역이긴 하였어도 당시 정크무역에 뛰어들지 않은 이는 재계에 이름조차 올리지 못할 만큼 대단한 열풍이었다. 하지만 이러한 정크무역은 겨우 이태를 넘기지 못했다. 중국의 만주와 북지나를 점령하고 있던 공산군이 점차 남진하여 정크무역의 본산이었던 천진과 대련·청도·상하이를 차례대로 점령하고 말면서, 서해 바다를 건너오던 정크선들의 발길이 뚝 끊기고 만 것이다.

그러나 아쉬워할 겨를이 없었다. 중국에서 곧바로 다시 한 번 손을 내밀어왔다. 해방 직후 경제 활동이 거의 단절된 상태에서 부족한 물자를 공급받을 수 있는 길이란 오직 무역 밖에 없었던 우리에게, 이번에는 합법적인 무역 거래를 제의해왔다. 정크무역으로 치부를 한 중국 상인들이 속출한데다 한국이 황금시장으로 알려지면서, 이번에는 중국의 재벌과 군벌들이 한국과의 무역 거래를 요청하고 나선 것이다.

하기는 두 나라가 한때 정크무역으로 쏠쏠한 재미를 보아 피차 싫지 않은 터였다. 게다가 우리보다 더 아쉬운 쪽은 중국이었다. 모택동의 공산군과 한창 전쟁 중이었던 장개석의 중국은, 무엇보다 군수물자 공급이 절실했다. 중국의 재벌과 군벌들은 일본이 미처 다 가져가지 못한 전략물자를 수집해가기 위해 이번에는 전쟁상인으로 한국시장을 노크한 것이다. 이른바 '마카오무역' 의 시작이었다.

이윽고 1947년 3월, 영국 무역선 페어리드호가 마카오에서 펄프·생고무·양복옷감 따위와 같은 고급 소비재 물자를 잔뜩 싣고서, 정크선박들이 떠나간 인천항에 뱃고동소리도 요란하게 입항했다. 당시 영국령 홍콩의 무역업자들은 수출입에 대한 영국 총독의 통제가 강화되어 홍콩이나 동남아 각지로부터 수집한 물자에 대해 수출 허가를 얻어내지 못하자, 홍콩에서 가까운 포르투갈령 마카오 정청에서 수출 허가를 받아 선박을 띄울 수 있었다. 마카오무역이라는 용어도 딴은 여기서 비롯되었던 것이다.

어쨌든 마카오무역의 시작을 알리면서 영국 무역선 페어리드호가 싣고 온 각종 고급 소비재 물자는 삽시간에 시중으로 흘러 들어

갔고, 이때부터 좀 눈에 띄는 고급 물품이다 싶으면 으레 마카오제라고 일컬었다. 마카오양복을 입은 자를 '마카오신사'라고 불렀던 것도 바로 이 무렵부터였다.

그도 그럴 만했던 게 마카오에서 들여온 양복지는 지금껏 경험해보지 못한 것이었다. 지구촌에서도 손꼽힌다는 영국제 첨단 제품이었다.

그랬던 만큼 가격 또한 상당한 고가였다. 마카오양복 한 벌 값이 당시 일반 회사원 3개월치 월급에 해당되는 1만원(지금 돈 약 600만원)을 호가했다.

한데도 없어서 못 팔 지경이었다. 당장 먹을 식량이 없어서 서울역을 이용하는 하루 승객 2만명 가운데 그 절반가량이 식량을 구하러 지방으로 내려가고 있는 시절에도 사람들은 마카오양복에 열광했다.

먼저 마카오나 홍콩으로 무역을 하는 업자들은 바이어들을 만나 협상을 성공시키기 위해서라며 너도나도 마카오양복을 지어 입었다. 장안의 재력가나 멋쟁이들 또한 예외가 아니었다. 이른바 종로·동대문·명동파로 불렸던 김두환·이정재·이화룡 등과 같은 주먹패거리들까지 다투어 마카오양복을 빼입고서 거리를 누볐다.

변변하게 먹을 것조차 없어 저마다 주리고 있는 시절에 이들의 분에 넘치는 옷차림은 모두의 관심을 끌기에 충분했고, 그들을 일컬어 마카오신사라고 불렀다. 마카오신사야말로 해방 직후 첨단 패션을 일컫는 대명사였으며, 또한 부유함의 상징이기도 했다.

참고로 당시 일반인들은 주로 미 군복을 염색해서 양복 대신 입고 다녔다. 양복지가 없지는 않았으나, 일제 강점기에 설치되어 있던 구식 기계를 수리하여 생산한 것이라서 품질이 거의 군용 담요 수준이었다. 일반인들이 염색한 미 군복의 양복에서 벗어날 수 있었던 것은 1956년 이병철의 제일모직에서 국산 양복지를 생산하기 시작하면서부터였다.

어쨌든 영국 무역선 페어리드호가 뱃고동 소리도 요란하게 인천항에 처음 입항하였을 때 가장 먼저 무역 거래를 한 기업은 박흥식의 화신무역도, 무역 면허 1호인 김익균의 건설실업도, 거래 실적 1위인 최태섭의 삼흥실업도, 혜성처럼 나타난 김인형의 동아상사도 아니었다. 이들보다 한 발 앞서 잽싸게 정보를 입수한 염익하의 금익통상과 인천 지역에서 무역업을 하던 김규면의 삼양무역 몫이었다. 물론 페어리드호에 이어 다른 무역선들이 인천항에 잇달아 들어오면서 그러한 무역회사들 역시 일제히 참여하게 되었지만 말이다.

마카오 무역선들이 싣고 온 상품들은 때마침 물자 부족에 허덕이고 있는 우리의 입맛에 딱 맞는 것이었다. 생고무, 양복옷감, 손목시계, 면사, 양모, 페니실린, 사카린 따위였다.

대신 그들이 싣고 간 것은 대부분 군수용 물자였다. 대한중석에서 흘러나온 헤로중석과 헤로망간, 조선화약의 창고 안에서 유출된 염소산가리와 같은 화약 원료와 플라스틱파이프를 비롯하여, 미군정청에서 불하한 지프나 트럭 등의 자동차를 해체해서 부품으로 분해하여 가져갔다. 특히 부평에 자리한 조선화약 부평조병창에선 창고 안의 재고에서부터 각종 공구, 심지어 바닥의 먼지까지 싹싹 쓸어갔다는 후문이 전해지고 있다.

전쟁 중이었던 중국으로선 그만큼 군수용 물자가 절실히 필요했다. 당시 중국의 무역업자들은 대부분 군벌과 관계가 깊거나, 아니면 무역업자를 가장하고 들어온 민간인 복장을 한 군인들이 적지 않았다.

그리고 이런 마카오무역은 앞서 정크무역과 마찬가지로 한 몫을 단단히 잡을 수 있는 절호의 기회였다. 그 중에서도 단연 돋보였던 이는 영화물산의 신영균과 조선화약 부평조병창의 관리인 김 아무개였다.

대한중석의 창고 안에 쌓여있던 헤로중석과 헤로망간의 재고품을 불하받은 영화물산의 신영균은, 톤당 평균 5,500달러씩을 받으며 모두 2천톤 가량을 선적하면서 단숨에 1,000만 달러가 넘는 수출고를 올렸다. 같은 해 우리 나라 전체 수출고 1억 달러 가운데 10분의 1을 기록하는 놀라운 성과였다. 조선화약 부평조병창의 관리인 김 아무개 또한 돈벼락을 맞으며 횡재했다. 최기호의 영풍상사가 마카오에 철광석을 수출하면서 기반을 잡은 것도 바로 이 무렵이었다.

이쯤 되자 다급해진 쪽은 홍콩의 영국정청이었다. 그동안 홍콩에서 선적된 물자들이 마카오를 통해 우회 수출된다는 사실을 뒤늦게야 깨닫고서, 한국에 대한 직접 수출 허가를 적극적으로 발급하기 시작했다. 하지만 마카오와 홍콩무역은 사실상 수출 허가를 어느 지역에서 받았느냐에 따라 구분이 되었을 뿐, 화물선에서부터 수출 물자·무역업자 등에 이르기까지 내용 면에선 달라질 게 하나

정크무역이 오래 가지 않아 종적을 감추면서 새로이 활로를 찾은 것이 마카오무역이었다. 전쟁 중이었던 중국의 장개석은 일본이 한국에서 미처 다 가져가지 못한 전략 물자를 수집해가기 위해 이번에는 전쟁상인으로 먼저 노크해온 것이다. 그러면서 홍콩의 무역선들이 가장 가까운 항로라는 이유를 들어 인천항이 아닌 부산항에 닻을 내렸다. 인천항 시대가 저물고 부산항을 중심으로 한 홍콩무역 시대가 열리기 시작한 것이다.

도 없었다.

아무렇든 마카오무역의 열풍은 같은 해에 중국 5대 재벌 가운데 한 사람인 이옥청 회장이 화물선 산제르니모호를 타고 직접 인천항으로 들어오면서 그 절정을 이루었다. 산제르니모호의 선주이기도 한 그는, 서울에 체류하는 동안 하루는 명월관에서 술을 마시고 나오는 길에 그만 정체불명의 괴한들에게 납치되어 당국을 깜짝 놀라게 만들었다. 수도청장 장택상의 특명으로 대대적인 수사를 벌인 끝에 가까스로 구출되기까지 한바탕 소동이 일기도 했다는데, 이옥청은 자신을 구해준 수도청에 당시 입이 딱 벌어질 거액인 500만 원(지금 돈 약 27억원)을 사례로 기부하여 세간의 화제를 모으기도 했다.

그러나 마카오무역 역시 정크무역과 마찬가지로 그리 오래 가지는 못했다. 일본이 패망하면서 미처 다 가져가지 못한 군수용 물자라는 게 샘물처럼 무한정 솟는 것도 아니어서, 그 해 세밑에 이르기도 전에 창고 속의 재고 물자가 벌써 바닥을 드러내고 말았다. 한국이나 중국 모두에게 아쉬운 일이었지만, 어차피 처음 시작할 때부터 예견된 종말이었다.

이윽고 1947년 8월, 아이비스호라는 홍콩 무역선이 가장 가까운 항로라는 이유를 들어 인천이 아닌 부산항에 입항하여 닻을 내리면서, 인천항은 정크무역에 이어 마카오무역마저 시나브로 그 종지부를 찍어야 했다. 바야흐로 인천항 시대가 저물고 부산항을 중심으로 한 홍콩무역의 시대가 활짝 열린 것이다. 부산이 무역 항구로서 활기를 띠기 시작한 것도 이때부터였다.

더구나 정부에서도 뒤늦게 해외 수출시장의 가치를 발견하기 시작했다. 정크무역과 마카오무역의 열풍이 불어 닥칠 때까지만 하여도 불구경하듯 바라만 보고 있던 정부가, 홍콩무역이 시작되었을 즈음엔 세관국에 이어 조선환금은행을 발 빠르게 신설하고 나섰다.

이같이 정부의 지원 체제가 정비되면서 무역업계는 홍콩을 넘어 대일對日무역, 대미對美무역으로 점차 확대시켜 나갔다. 특히 해방 이후 부산하게 현해탄을 오가던 선박들의 발길이 끊어지고 말면서 그동안 파리만 날리던 대일무역은, 이내 홍콩무역을 앞지를 무서운 기세로 하루가 다르게 뜨거운 열기를 더해갔다.

정부는 여기서 머물지 않았다. 50년대 초에는 새로운 수출시장을 찾아 동남아 지역에 민간무역사절단을 파견하기도 했다. 이때 김인형의 동아상사 등은 동남아 너머 인도의 캘커타까지 진출하여 각종 잡화 오더를 받아오기도 했다.

이처럼 해외 무역이 날로 그 열기를 더해가자 마침내 우리 쪽에서도 무역선을 직접 띄우기 시작했다. 1947년 미군정청은 적산敵産 해운회사였던 조선우선의 관리인으로 포항에서 삼일상회를 경영하면서 무역업계에 투신한 김용주(훗날 전방그룹 회장)를 임명하고, 조선식산은행으로부터 500만원을 대출받을 수 있게 해주었다.

김용주의 조선우선은 이 대출금으로 일본이 남겨두고 간 낡은 화물선을 수리해서 이듬해 봄 홍콩 항로에 처녀 취항시켰다. 선박명은 '앵두나무 섬'이라는 앵도환櫻島丸이었다.

앵도환은 한천(식용과 공업용의 우뭇가사리)을 싣고 홍콩으로 향했다. 부산항으로 돌아올 땐 생고무와 펄프 따위를 수입해왔다. 이렇듯 앵도환은 한국 국적을 가진 선박으로서는 처음으로 바다 건너 대외 항로에 취항한 첫 선박이 되었다. 이듬해에는 앵도환에 이어 금천호까지 정기 취항을 하게 되면서 홍콩무역은 더욱 활기를 띠어 갔다.

이 시기 홍콩무역을 주도했던 기업은 박흥식의 화신무역, 김정도의 중앙교역, 김인형의 동아상사였다. 그러나 동아상사는 인삼 수출에 크게 실패하면서 거의 파산 직전에까지 내몰렸다. 다행히 전택보의 천우사와 손을 잡고 일본에 가마니를 수출하면서 가까스로 회생했다.

사실 이 때까지만 하여도 일본과의 교역은 공식적으로 중단된 상태였다. 다만 미군정청의 교섭으로 소금·김·멸치 등을 수출하고 대신 석탄을 수입하는 거래가 있긴 하였으나, 오직 정부 간의 교역이었을 따름이다.

한데 1949년 동아상사와 천우사가 일본에 가마니 30만 달러어치를 수출한 것이 해방 이후 최초의 대일 민간 교역이었다. 다시 말해 가마니가 대일 수출 제1호 품목이 된 셈이다. 가마니 수출은 한 해 전에 한국과 일본의 미군정 당국끼리 수출하기로 이미 결정되어 있었으며, 당시 농업금융조합이 수집해 놓은 가마니 500만장을 두 민간 상사가 대행 수출한 것이다.

당시 가마니는 쌀이나 보리, 콩, 고구마, 감자 등의 양곡이나 소금, 석탄과 같은 물자의 주요 포장재로 쓰였다. 가마니는 1900년 초에 일본에서 들어왔다. 가마니라는 명칭도 일본말 '가마스'에서 비롯되었다고 한다. 1909년 당시 조선통감부에서 펴낸 '한국시정연보'에 의하면, 1908년 일본에서 새끼틀 19대, 일반 가마니틀 495대, 마키노식 가마니틀 50대가 들어왔다는 기록이 있는데, 이때가 가마니 제작의 시초일 것으로 보고 있다.

동아상사는 이처럼 대일무역을 가장 먼저 선도했다. 가마니를 수출하면서 처음으로 대일무역의 길을 연 동아상사는, 이후에도 김과 멸치 따위의 대일 수출을 지속적으로 확대시켜 나갔다. 또 이를 계기로 일본에 지점을 설치하고 정식으로 여권까지 발급받아 일본을 수시로 왕래하게 되면서, 이런 동아상사를 뒤따라 대일 무역에 뛰어든 민간 상사도 하나 둘 늘어나기 시작했다. 전택보의 천우사와 김용주의 대한물산 또한 동아상사에 이어 국내 무역회사로는 처음으로 일본에 지점을 설치하면서 본격적인 대일 무역에 뛰어들었다.

어쨌거나 해방 직후 곧바로 시작되면서 중단 없이 이어져나간 정크무역에서부터 마카오무역, 홍콩우역, 대일무역은 일찍부터 해외시장의 가치를 이해하고 발견케 하는 계기가 되어주었음은 물론이다. 본격적인 경제 개발이 시작되기 이전부터 해외시장을 개척하고, 아울러 학습하는 중요한 경험이 되었음은 두 말할 나위가 없다. 그 중에서도 마카오무역은 우리 기업들이 처음으로 비즈니스를 익힐 수 있었던 소중한 기회였다는 점에서 중요한 의미를 갖는다. 또 이때의 주역들이 결국 훗날 한국경제를 앞장서 이끌어나가게 된다라는 사실이다.

한국기업성장100년史

해방 전후 전국 최대 공업도시는 부산이었다

인천은 우리 근대사의 자궁이었다. 개항(1883) 이래 서구로 통하는 유일한 관문이었으며, 난생 처음 보는 이양선異洋船과 기차를 비롯한 예기치 않은 서구 문명의 맹아였다. 그 뿐 아니라 해방 직후 정크무역에서부터 마카오무역에 이르기까지, 우리 근대사를 가장 뜨겁게 달군 현장이었다. 또 그와 같이 근대사와 궤적을 같이 하며 팽창해온 항도이기도 했다.

그러나 이런 인천에 비해 다소 뒷전으로 밀려나 있는 듯이 보이나, 우리 근대사를 언급할 때 결코 빼놓을 수 없는 항도가 또한 부산이다. 그리고 부산 하면 우선 다음 두 가지 의문을 떠올리게 된다. 과연 어떻게 수도 경성에 이어 제2의 도시로 그토록 빨리 성장할 수 있었는지, 과연 어떻게 해방 전후 전국 최대 공업 도시로 성장할 수 있었는지 말이다.

사실 일본에 의해 1876년 강제 개항되기 이전만 하더라도 부산은 한낱 보잘 것이 없는 개의 어귀에 불과했었다. 이웃하고 있는 동래부는 알아도 부산포를 아는 이는 그리 많지 않았다. 한성, 평양, 개경, 전주, 나주, 경주, 상주, 진주, 함흥, 안주와 같은 큰 고을 축에는 끼지도 못하는, 그저 흰 갈매기들만이 한가롭게 날던 이름 없는 포구였을 따름이다.

그러던 부산 포구에 개항과 동시에 일본인들이 꾸역꾸역 몰려들기 시작했다. 모르긴 해도 자국에서 가깝다는 지리적 이점이 컸을 것으로 보인다.

어쨌든 현해탄을 건너온 일본인들이 날로 증가하면서, 개항된 지 30년만인 1906년에는 전체 인구가 7만 명(일본인 약 1만6천명)이 넘는 항도로 팽창해 있었다. 가구 수만 보더라도 수도인 경성이 6만4,582호, 인천이 1만3,504호, 부산이 2만492호로, 이때 이미 경성에 이어 어느새 전국 제2의 도시로 성큼 부상해 있음을 알 수 있다.

더 흥미로운 건 부산이 경성과 인천보다 기업이나 공장이 훨씬 더 많았다는 점이다. 당시 조선총독부의 통계에 의하면 해가 거듭될수록 그 폭이 커져가고 있음을 알 수 있다.

	회사 및 조합			공장		
	경성	부산	인천	경성	부산	인천
1906년	24	29	15	6	14	10
1909년	37	69	23	15	48	9

　이러한 통계에서도 볼 수 있듯이 개항 이후 일본(민간)인들이 현해탄을 건너 부산으로 들어왔던 것은 사업 기회를 찾아서였다. 비록 불법적이고 투기적인 이윤을 노렸다고 하더라도, 부산이 상대적으로 경성이나 인천에 비해 기업가적 성향이 강한 곳이었음을 이해할 수 있다. 그만큼 부산이라는 항도가 일본인들에게 사업을 벌일 수 있는 조건이 유리하고 기회가 많았으며, 그로 인해 일본인들의 이민이 부산으로 더 적극적으로 움직였다고 볼 수 있다.

　이렇듯 부산이 기업가적 성향이 강한 항도로 팽창한데에는 단순히 일본과 거리가 가깝다는 지리적 이점만이 있었던 건 아니다. 그러한 이점 말고도 항만과 철도와 같은 사회간접자본 또한 빼놓을 수 없었다.

　부산만은 원래 섬으로 둘러싸여 파고가 낮고 수심이 깊어 천혜의 포구였다. 그러나 해안과 산이 너무 가까워서 항만 부지가 많지 않았다. 때문에 개항 이후 곧바로 개펄을 메워 매립지를 늘려나갔다.

　뿐만 아니라 큰 선박이 정박하려면 잔교가 필요했는데, 부산은 개항된 지 얼마 되지 않은 1906년 10월에 이미 폭 10m, 길이 180m의 제1잔교가 건설되었다. 잔교에 철도마저 들어왔기 때문에 선박→제1잔교→경부선→경의선→압록강 철교를 따라 멀리 만주까지

312 | 폐허와 공허 속에서 무역으로 비즈니시를 익히다

곧바로 연결된 셈이었다.

한데도 현해탄을 건너오는 선박과 화물이 날로 폭주했다. 결국 1912년에는 제1잔교에 이어 제2잔교가 건설되었다. 제1잔교는 여객선이, 제2잔교는 화물선이 정박하는 전용 부두로 정착 되었다.

이처럼 부산항이 정비되어 가자 항로 또한 늘어났다. 그때까지 부정기 항로였던 부산–시모노세키 사이에 1905년부터 정기선인 관부연락선이 취항하기 시작했다. 좀 더 훗날이긴 하지만 1937년에는 부산에서 외국의 22개 항구에 국제 항로가 연결되었으며, 이 국제 항로를 16개 해운회사가 취항했다.

한편 철도 부설 또한 종횡으로 뻗어나갔다. 1905년 경성-부산의 경부선에 이어 삼량진–마산 사이에 기차가 달리기 시작했고, 1923년에는 마산–진주 사이에 철도가 연결되었다. 이보다 한 해 앞서 송정(광주)–순천 사이에 철도가 개통되면서 1923년에는 진주–순천 사이의 불편은 있었으나, 부산에서 호남 내륙까지 철도로 수송할 수 있게 되었다.

이같이 개항 이후 부산에는 사업 기회를 찾아 일본인들이 꾸역꾸역 모여들고 교통망이 형성되면서, 자연스레 시장이 발달하고 상거래가 증가했다. 상거래가 증가하면서 상거래의 수요에 따른 기업과 공장들이 잇따라 들어서기 시작한 것이다.

부산에 맨 처음 창업된 제조업 기업은 1903년 자본금 1만7,500원(지금 돈 약 21억원) 규모의 일한정미精米소였다. 일한정미소는 이듬해 일조정미소로 회사명을 변경하고, 자본금을 5만원(지금 돈 약 60억원)으로 대폭 확대했다.

부산전등電燈이 이미 1901년에 창립되었지만, 제조업이 아닌 상업회사였다. 부산수산 또한 영업 목적이 어류 잡매와 제조로 되어 있었으나, 주업종은 제조가 아닌 수산업이었다. 1904년 한국대염臺鹽이 창립되었으나 역시 제조업이 아닌 중개판매를 하다, 1911년에야 제염 제조를 본격화했다. 부산연초煙草는 1907년에 창립되었지만 연초의 중개판매만 하다, 1909년에야 비로소 연초 제조를 시작했다.

그러나 어떻게 된 일인지 1904년부터 1907년까지는 제조업 회사가 전연 창립되지 않았다. 그러다 1908년부터 다시금 부산제분(주), 서산주조(주) 등 제조업 기업들이 속속 창업되기 시작했다.

특히 부산전등(주)는 일본인 기업이긴 하였어도 자본금이 10만 원(지금 돈 약 120억원)에 이르는, 초기 부산에선 최대 규모를 자랑하는 대기업이었다. 20세기 들어 전력은 자본을 움직이는 가장 기본적이고 대표적인 사회간접자본이라는 점에서, 일찍이 부산에 이러한 전력회사가 들어섰다는 것은 그 의미가 자못 큰 것이었다. 그처럼 빨리 대규모 전력회사가 부산에 독자적으로 설립되었다는 것은 단순히 인구수나 일본인 거주지 등의 이유 말고도, 회사와 공장 등 경제적인 측면에서의 전력수요가 있었다는 것을 말해준다.

어쨌든 부산에 세워진 식민지 초기의 제조업 기업들은 공업보다는 대부분 대일 수출을 위한 상업 중심이었다. 더욱이 한국인과 일본인이 공동으로 설립한 제조업 기업이 전국에 4개, 한국인이 단독으로 설립한 제조업 기업이 8개가 있었으나, 부산에는 아직 한국인 제조업 기업이 하나도 없었다. 부산전등과 같은 대기업에서부터 영

갈매기 소리만이 처량하던 한낱 보잘 것 없는 작은 포구에 불과했던 부산이, 일제시대를 거치면서 근대화를 열었던 인천항마저 제치고 서울에 이어 제2의 도시로 부상했다. 더구나 국내 최대 공업 도시였던 부산은 해방 이후 마카오무역 시대가 열리면서 다시 한 번 전성기를 열어나갔다. 사진은 공업도시 부산을 대표하는 조선방직의 공장 내부 시설이다.

세한 기업에 이르기까지 모두가 다 일본인 기업이었다. 따라서 일본과의 경제적 연관이 그만큼 깊을 수밖에 없었으며, 부산경제의 부침을 그러한 외부 충격이 좌지우지했다.

하지만 외부 환경은 부산경제에 유리하게 전개되어 나갔다. 제1차 세계대전마저 벌어지면서 1916년부터 전쟁특수가 본격화되었다. 그와 함께 제조업 기업들의 창업도 활발하게 줄을 이었다.

부산에 한국인 최초의 제조업 기업이 세워진 것도 바로 이 무렵이었다. 1916년 자본금 5만원 규모의 경남인쇄가 그것이었다.

1930년대는 바야흐로 '제조업 주식회사' 시대였다. 제1차 세계대전 이후 깊어진 공황의 늪을 통과해가면서, 부산의 제조업 기업들 역시 저마다 체질 개선을 요청받고 있었다. 그런 결과 1933년부터 자본금 10만원 이상의 제조업 기업들 가운데 합명회사나 합자회사는 사라지고 오로지 주식회사만 존재하게 되었다.

하기는 공황기에 접어들기 전까지 부산의 제조업 기업들은 영세하기 짝이 없는 합명회사나 합자회사가 절대 다수를 차지하고 있었다. 그러나 공황기에 생존 경쟁이 치열해지면서 대규모 제조업 기업들은 주식회사 체제로 몸집을 불려나갔다. 공황기에 생존 경쟁이 보다 치열해지면서 몸집이 클수록 외부 충격에 효율적으로 대응할 수 있었기 때문이다.

결국 1930년대 부산의 제조업 기업들은 공황이라는 위기를 통과해나가면서, 그 대응책을 찾아가는 과정 속에 새로운 성장 토대를 구축한 시기였다고 볼 수 있다. 적어도 태평양전쟁 이전까지는 정체가 아닌 내재적인 대응구조를 만들어나가고 있었던 것이다.

하지만 공황기를 거치면서 부산의 제조업 기업들은 비단 체질 개선에만 머문 게 아니었다. 국내 수요의 한계를 넘기 위해 신상품 개발에 나서는 한편, 마침내 해외시장에도 눈을 돌리기 시작했다. 또한 기업 간의 정보, 원료, 유통 등을 비롯한 생산비를 절감하기 위한 노력으로 중화학공업 단지 등 같은 업종끼리의 집적지를 만들기 시작했다. 그리하여 이 무렵 부산의 수출입 대상 국가는 무려 97개국으로 급증하면서, 이 같은 새로운 시장 개척과 함께 그에 따른 상품 개발이 공황기 부산에서 독자적으로 성장해 나갔다.

그러면서 공황기 이후에도 제조업 기업들의 창업 붐은 꾸준히 줄을 이었다. 1937년엔 자본금 10만원이 넘는 창업 기업만 하여도 청수당정미糖精米, 조선주물공업, 창교상점, 삼우상회, 부산제빙냉장, 조선법랑 등이 이름을 올리며 대열에 합류했다. 이처럼 창업 붐이 다시금 일면서 부산 공업이 왕성해져가자, 당시 신문은 '장족발전의 부산 공업, 공장 550여 개'에 달한다는 기사를 내보낼 정도였다.

하지만 이 시기 뭐니 해도 부산의 제조업 기업들 가운데 조선방직(주)와 조선중공업(주)을 뛰어넘는 기업은 또 없었다. 초기 자본금 300만원(지금 돈 약 3,600억원)으로 출범한 조선중공업은 최초로 철강으로 선박을 건조할 수 있었으며, 이후 1950년대까지도 1,000톤급 이상의 대형 철선을 만들 수 있는 국내 유일의 전문 조선소였다.

한편 일본 재벌 미쓰이물산의 계열사로 일찍이 부산 범일동 일대에 터를 잡은 조선방직은 공장부지 8만평, 공장 건물 54동, 종업원 2,000여 명의 당시 국내 최대 규모를 자랑했다. 또한 조선방직은 같은 해에 자본금을 1,000만원(지금 돈 약 1조2,000억원)으로 대폭 상향 증자하면서 '부산 제조업 기업시대'를 이끌었다.

더구나 부산경제는 1930년대 후반까지 전쟁특수가 연이어졌다. 1937년 상하이에서 분쟁이 일어나 중일전쟁이 본격화되었다. 동시에 부산의 공업기지 역할 또한 날로 비중이 높아갔다. 부산은 곧 전쟁특수 바람이 거세게 불면서 공장생산이 급속히 증가한데 이어, 이듬해 일본은 부산–북경 직통 열차를 운행하기 시작해 일본—부산–중국으로 이어지는 3국 직통로를 열었다.

1939년부터 일본이 미국과의 태평양전쟁을 준비하면서 부산 공업은 더욱더 전시물자 수요에 따른 급속한 생산 증대를 나타냈다. 그러면서 같은 해에 부산의 공장 생산액은 전년 대비 32.4%가 급등했고, 공장 수 또한 전쟁 이전의 최고 수준인 408개를 넘은 421개로 늘어났다.

부산은 이렇듯 일본의 전쟁경제에 점점 더 깊숙이 편입되어 갔고, 아울러 부산의 공업기지 역할이 그만큼 더 커져 갔다. 부산에선 전쟁특수로 인해 공업생산이 하늘 높은 줄 모르고 증대되어 갔을 뿐더러, 더불어 제조업 기업의 창업 또한 활발하게 그 뒤를 이었다.

그러나 빛이 밝으면 그늘 또한 짙은 법이다. 부산의 공업은 전쟁특수에 기대어 공장들마다 불야성을 이루고 있는 반면에, 다른 한쪽에서는 예기치 않은 부작용도 불거져 나왔다. 미국과의 태평양전쟁이 진행되면서 그에 따른 시장 외적인 영향이 커져간 것이다. 무엇보다 기업 규모에 따른 양극화 현상이 심화되어 갔다.

뿐 아니라 부산의 제조업 기업들은 양극화에 이은 동남아 수출 시장의 상실, 경쟁의 왜곡 등, 전체적인 시장 왜곡화를 다른 지역의 공업도시들보다 더 심하게 겪어야 했다. 그런 결과 1930년대 공황기에 구축되었던 자립적인 성장 구조조차 잃어버리고 말았다. 지역적으로 보았을 때 식민지 시기 전체를 통해 일본으로의 의존성이 강화된 데다, 태평양전쟁을 치르면서 공황기에 구축되었던 성장 구조마저 잃어버리게 된 부산은, 결국 몰락의 수순을 밟을 수밖엔 없었다. 불야성을 이루던 공장들은 이윽고 기계가 멈춰 섰고, 기술자들이 떠나간 자리는 다시 메울 길이 없었다. 해방 이후 부산의 제조업 기업들은 '제조업의 공동화'로 다른 어느 지역의 공업도시들보다 더 큰 타격을 입어야만 했던 것이다.

결국 부산은 해방 직후 현해탄을 오가는 귀국선들로 잠시 떠들썩하다 말았다. 오래지 않아 귀국선들의 뱃고동 소리도 멈추면서 부산은 이내 알 수 없는 공허 속으로 빠져들었다.

그에 반해 인천 쪽이 다시 시끌벅적해졌다. 개항 초기 잠깐 동안 반짝이다 주도권을 부산에 내어주고 만 인천은, 해방 직후 연이은 정크무역과 마카오무역으로 '무역의 시대'를 활짝 열어 보이면서 다시금 전성기를 구가하게 된 것이었다.

한국기업성장100년史

해방 이후 혼란 속에 빠진 '조선중공업'을 살려라

해방 이후 부산은 '제조업의 공동화'로 몹시 신음해야 했다. 오랫동안 전쟁특수로 불야성을 이뤘던 공장들은 일본의 패망과 함께 이윽고 기계가 멈춰 섰고, 기술자들이 떠나간 자리는 다시 메울 길이 없었다. 일본 재벌 미쓰이물산의 계열사로 설립된 국내 최대 규모의 조선방직(주)와 함께 부산의 지역 공업을 이끌었던 조선중공업(주)의 사정 또한 결코 다르지 않았다.

부산의 조선중공업은 한국 최초로 철강으로 선박을 건조할 수 있었던, 해방 이후 1950년대까지도 1,000톤급 이상의 대형 철선을 만들 수 있는 유일한 전문 조선소였다. 중일전쟁이 일어난 직후인

1937년 자본금 300만원으로 설립되어, 태평양전쟁이 일어나는 시점인 1941년에는 자본금 700만원(지금 돈 약 8,400억원)에 선박 건조 능력 연간 2만톤, 수리능력 연간 30만톤의 설비능력을 갖추었다. 조선중공업이 이처럼 빠른 속도로 시설을 확충할 수 있었던 것은 군수공업의 확충이라는, 일본 군부의 보이지 않은 지원이 있었기에 가능했다.

그러나 조선 시설이 빠른 속도로 확충되었음에도 불구하고 조선중공업은 선박 건조 실적이 그다지 신통치 못했다. 중일전쟁 이후 일본 제국주의 경제권 전체의 생산 현장에 원료 및 자재 조달이 극도로 어려워졌기 때문이다. 배를 만드는 조선소에서 철판 한 장 보기가 하늘의 별 따기였다.

이렇듯 좀처럼 일감을 구하지 못해 고전하고 있던 조선중공업에게 새로운 기회를 부여한 것은 태평양전쟁이었다. 미국과의 전면전을 태평양에서 벌이면서 전쟁 승리를 위해선 무엇보다 운송 확충에 사활이 걸리자, 일본은 대대적인 선박 양산 계획에 나섰다. 이른바 '전시 계획조선'을 수립하면서 조선공업이 중점산업으로 지정되어 선박 건조에 모든 역량을 동원하면서부터였다.

이때부터 조선중공업은 돌연 활기를 띠기 시작했다. 일제의 계획조선에 따라 활발히 선박 건조를 할 수 있었다.

뿐만 아니라 계획조선을 수행하기 위한 시설 확장도 일본 해군성의 주도 아래 다시금 이뤄졌다. 매립 부지에 조선 및 조선기계 관련 각종 설비공장을 비롯하여 노동자를 수용할 기숙사 따위가 건설되었다. 시설 확장에 필요한 자금은 주주 총회를 거쳐 만들어졌는데, 기존 자본금 700만원에서 1,500만 원(지금 돈 약 1조8,000억원)으로 증자가 결정되었다. 이는 자본금 규모면에서 그 때까지 국내 최대 기업이었던 조선방직을 앞지르는 사상 최대였으며, 해방되기 전 마지막 회기 결산이었던 1945년 3월 기준 조선중공업의 자산 규모는 3,100만원(지금 돈 약 3조7,200억원)에 달했다.

그런 결과 조선중공업은 단순히 조립공장의 수준을 넘어 선박엔진을 비롯한 핵심 부품을 자체 생산하기에 이르렀다. 1943년에는 F형 전시 표준선의 주기관인 600마력 디젤엔진의 보조기관을 자체 제작했으며, 이듬해에는 2,000톤급 전후 D형 전시 표준선의 주기관인 1,200마력 증기기관(피스톤엔진)의 제작이 가능하게 되었다.

그밖에 기술 인력의 확충이라는 면에서도 조선중공업은 상당한 진전을 보였다. 1937년 설립 당시만 해도 현장 직공을 포함한 전체 인원은 채 100명이 되지 않았을 뿐더러, 일본인 기술자들이 절대 다수를 차지하고 있었다. 그러나 전시 계획조선을 수행하면서 현장 직공을 제외한 조선중공업의 기술자 수는 총 179명까지 늘었다. 이 가운데 상급 기술자는 39명, 하급 기술자가 140명에 달했다.

주목할 점은 조선인 기술자의 약진이다. 이 시기에 이르면 상급 기술자가 일본인 34명, 조선인 5명, 하급 기술자는 일본인 60명, 조선인 80명으로, 상급에서부터 하급에 이르기까지 조선인 기술자의 수가 크게 늘었음을 알 수 있다. 다시 말해 조선인에 의해 기술의 대체가 이루어지고 있었다는 점이다.

일감도 끊이지 않았다. 전시 계획조선에 따라 일본 해군함정본부로부터 선박을 할당받기 시작하면서 건조 또한 눈에 띄는 약진을 보였다. 할당받은 선박 건조가 완료되면 역시 당국에 의해 결정된 선주에게 인도하는 식이었다.

이같이 태평양전쟁 기간 동안 조선중공업에 할당된 선박은 모두 12척이었다. 1,100톤급 일반형 1척, 3,840톤급 전시 표준선 1D형 2척, 2,350톤급 2D형 5척, 1,470톤급 F형 4척으로 합계 18,450톤이었다. 이 가운데 1,100톤급 일반형 선박은 1940년 일본우선이 발주한 화물선이었는데, 그동안 자재 부족으로 건조가 지연되다가 뒤늦게 착공된 것이었다.

그러나 전시계획 조선이 이뤄지고 있는 태평양전쟁 기간 동안에도 조선중공업은 원료 및 자재 조달에 대한 어려움을 겪었다. 대형 선박일수록 선박 건조가 지연되면서, 결국 일본이 패망할 때까지 3,840톤급 1D형 2척 가운데 1척과 2,350톤급 2D형 5척 가운데 1척은 미처 진수하지 못한 채 해방을 맞이했다.

해방을 맞이하면서 조선중공업 역시 여느 기업들과 같은 처지에 놓이게 되었다. 단절과 혼란 속에 빠져들 수밖에는 없었다. 곧이어 최고 경영자를 비롯하여 일본인 전원이 귀환한 가운데 관리대책위원회가 만들어졌다. 부산 영도경찰서 치안관 박상길에 이어, 조선중공업의 건축공사장에서 십장(노동자 10명 정도의 관리자) 노릇을 하던 김재련이 미군정청에 의해 정식 관리인으로 임명되었다.

하지만 관리대책위원회가 그 기능을 제대로 수행했다고 보기에는 아무래도 어려울 것 같다. 해방 이후 관리대책위원회 위원장이 한 달에 한 번씩 바뀌는 혼란이 거듭되고 있었기 때문이다.

그 같은 혼란의 원인을 「대한조선공사 30년사」는 다음 두 가지로 보고 있다. 공장 내 좌익의 준동과 함께 미군정청의 안이한 대응을 꼽은 것이다.

하기는 그 두 가지 원인을 부인하기는 어렵다. 그렇다하더라도 조선소와 전혀 관련이 없는 바깥사람들이 연이어 관리위원장에 임명되면서 갈등을 증폭시켰던 것은 아닌지 의문이 간다.

초대 위원장 박상길은 경찰이었고, 미군정청의 승인을 받았던 2대 위원장 김재련은 건축공사장 십장으로 조선중공업과는 아무 관련이 없는 바깥사람들이었다. 공장 내 혼란이 수습되지 않자 미군정청은 조선중공업 직원 가운데 정우조를 3대 위원장에 임명하면서 비로소 진정 기미를 보였다는 기록이 그러한 사실을 뒷받침한다.

아무렇든 해방 직후 조선중공업은 관리대책위원회가 제 기능을 발휘하지 못한 가운데, 한국 내 적산기업을 미군정청으로 귀속시키는 과정에서 동양척식의 후신인 신한공사의 관리 체제에 편입되고 만다. 1950년 국영기업 대한조선공사로 재출범하기까지 신한공사에서 파견한 최고 경영자가 조선중공업을 이끌었다.

이때까지 조선중공업이 보유한 주요 설비는 선박 건조 시설인 선대船臺 5기, 수리용 선거船渠 2기를 중심으로, 각종 크레인 25대, 조선 및 조선기계 관련 각종 부속공장 등이었다. 선박 건조는 최대 3,000톤급 선박 3척을 동시에 건조할 수 있었고, 수리용 선거는 최대 7,000톤급 선박의 수용이 가능했다.

그러나 조선중공업의 생산 능력을 미군정청은 보다 낮게 보았다. 일본이 철수한 가운데 자재난, 인력난 등 생산 조건의 변화를

한국기업성장100년史

부산 영도에 자리한 조선중공업(주)은 국내 최초로 철강으로 선박을 건조할 수 있는 유일한 전문 조선소였다. 그러나 해방 이후 단절과 혼란에 빠져있다가 대한조선공사로 재출범하면서 재기를 노렸으나, 이번에는 값싼 중고 선박들을 일본에서 들여오기 시작하면서 또다시 된서리를 맞고 말았다. 사진은 옛 조선중공업(지금의 한진중공업)이 자리한 부산항 영도의 풍경이다.

반영한 것이다.

건조 능력의 경우 연간 최저 6,000톤에서 16,000톤, 수리 능력은 연간 20만톤에서 30만톤 정도로 산정했다. 가장 구체적으로 산정한 자료에는 한 달 평균 460톤의 건조와 15,800톤의 수리 실적을 올릴 수 있는 것으로 보았으며, 종전 한 달 전까지만 하여도 매월 480톤의 건조 실적과 17,000톤의 수리 실적을 올리고 있었다.

한데 해방 직후 조선중공업은 보유한 생산 능력을 상당 기간 보여주지 못했다. 미군이 6,000톤의 선박 건조를 전제로 제시한 종전 시점의 시설 및 인력 가운데, 시설의 경우 태평양전쟁 말기 미군기의 공습으로 입은 경미한 피해를 제외하면 고스란히 남아 있는 상태였다. 반면에 인력은 일본의 철수로 그 단절이 심한 편이었다.

조선중공업의 경영진은 모두가 일본인으로, 앞서 얘기한대로 해방 직후 전원 철수하여 귀환했다. 거대한 종합기계공장이나 다름없는 조선소는 전문성이 높기 때문에 최고 경영인조차 흔히 엔지니어인 경우가 많았는데, 조선중공업 역시 역대 최고 경영자가 전원 엔지니어였다. 이런 점을 고려해보았을 때 일본인들의 철수로 인한 경영 공백은 어쩔 수 없었을 것으로 짐작된다.

더구나 기술자들의 공백 또한 컸다. 조선중공업의 경우 창립과 함께 공장 내에 기술양성소를 설치한 결과 한국인 기술자의 성장이 두드러졌던 게 사실이다. 그렇대도 일본인의 철수로 기술 인력이 절반 이하로 줄었을 뿐더러, 조선소 전체를 아우르며 이끌어갈 수 있는 상급 기술자의 경우 한국인은 고작 5명에 불과했기 때문에 기술적 공백이 클 수밖에는 없었다.

현장 직공들의 공백 또한 심각한 수준이었다. 해방 전후 조선중공업의 현장 직공이 과연 어느 정도였는지는 정확히 확인 길이 없다. 다만 한국 측에서 작성한 자료에 의하면 4,000명, 일본 측에서 작성한 자료에 의하면 1,700명에서 2,000명으로 집계되고 있다. 생산 공정에 따라 노동력을 신축적으로 운용하는 조선공업의 특성에 따른다하더라도 해방 전후 조선중공업의 현장 직공은 대략 2,000명 안팎이었을 것으로 추정된다.

그러나 해방 직후까지 남아 있는 현장 직공은 고작 300명 남짓이었다. 종전과 함께 일본인 수뇌부가 조선소 경영을 중단하고 종업원들을 대부분 해고한 마당에, 그렇다고 조선소 유지에 뜻을 둔 기술자나 숙련공도 아닌 단순 현장 직공들의 처지로 볼 때 조선소 가동이 멈춘 상황에서 자구책을 찾아 저마다 흩어질 수밖에는 없었을 것으로 짐작된다. 결국 해방 직전까지 2,000명에 달하던 현장 직공들 가운데 겨우 300명만이 남은 극심한 단절을 보였다.

핵심 인력인 상급 기술자 또한 그 사이 변동이 있었다. 해방 이후 조선중공업에 남은 상급 기술자는 이성우와 김성권 2명 뿐이었다. 이성우는 오사카공업전문학교, 김성권은 철도전문학교 출신이었다. 이들은 해방 이후 조선중공업에 관리대책위원회가 조직되었을 때 나란히 부위원장이 되어, 조선중공업이 훗날 국영기업 대한조선공사로 다시 출범할 때까지 관리인으로 조선소 경영에 참여했다.

어쨌든 경영진과 기술자, 현장 직공들이 뿔뿔이 흩어진 상황에서 단지 2명의 기술자와 300명 남짓한 현장 직공들만으론 대규모 종합기계공장이랄 수 있는 조선중공업을 종전과 마찬가지로 정상 가동한다는 건 불가능한 일이었다. 경영 자금과 자재 조달 또한 결코 손쉬운 상황이 아니었을 것으로 추측된다.

그러나 이런 상황 속에서도 조선중공업을 재가동시키려는 눈물겨운 노력은 계속되었다. 해방 이후까지 조선중공업에 남아있던 소수의 기술자와 현장 직공들이 자생 의지를 천명하고 나선 것이다.

한데 조선중공업의 재가동을 가로막은 건 치열한 공장 내 좌우익 간의 갈등과 더불어 미군정청에서 파견된 감독관이었다. 조선중공업은 미군정청의 현상 유지 정책으로 지정된 공장이었다. 때문에 미군정청의 감독관이 파견되어 주요 결정권을 행사하고 있었는데, 미군정청 감독관은 조선중공업의 재가동을 저지하는 역할을 수행했다.

예컨대 해방 이듬해 이성우를 중심으로 공장 재가동을 위해 60만원(지금 돈 약 3억3,000만원)을 들여서, 해방 전에 침몰한 독일 선박 아넷트호를 인양하여 수리할 계획을 세웠다. 수리에 필요한 자금은 조선은행으로부터 900만원(지금 돈 약 50억원)을 융자받기로 되어 있었으나, 미군 감독관의 반대로 수포로 돌아가면서 공장 재가동에 브레이크가 걸렸다.

결국 1948년 제1공화국이 수립되면서 조선중공업은 대한조선공사법에 따라 국영기업이 되었다. 대한조선공사의 자본금은 3억원(지금 돈 약 1,650억원)이었다. 그 중 80%인 2억4,000만원은 정부가 출자했고, 나머지 6,000만원은 민간자본을 공모했다.

하지만 조선중공업의 부진은 국영기업 대한조선공사로 재출발한 이후에도 이어졌다. 값싼 중고 선박이 일본에서 수입되어 들어오면서 선박 건조는 또다시 된서리를 맞고야 만 것이다. 1950년대 대한조선공사는 국영기업 가운데 최대의 부실기업이었다. 1961년 박정희 군사 쿠데타 이후 대한조선공사에 파견된 신동식의 회고는 그 실상이 어느 정도였는지 짐작케 하고 있다.

"내가 조선공사에 내려가니 조선소가 풀밭이었다. 잡초가 무성하고, 1950년대 원조 자금으로 산 시설과 기계들은 한 번도 쓰지 않아서 고철처럼 되어 있었다. 내가 제일 처음에 한 일은 직원들 전부 모아서 실시한 조선소의 풀 깎기와 청소였다. …조선소 가동을 위해 기존 시설 중 전기 용광로를 이용한 주물 작업을 통해 조개탄이나 구공탄을 때는 난로, 미싱 머리 등을 생산했다. 어쨌든 이를 통해 조선소가 가동됨으로써 조선소 내에 활기가 되살아나기 시작했다."

제6부
한국전쟁, 재앙과 기회가 공존한 시련

한국기업성장100년史

정치권력에 줄서기가
재계의 명운을 갈랐다

'**조**' 방 낙면 사건'을 아시나요?
'조방'은 일제 강점기 때 일본 재벌 미쓰이물산이 부산에 세운 조선방직(주)의 줄임말이다. '낙면落綿'은 질이 떨어지는 면을 말한다. 한데 여기에 '사건'이 붙었다. 이른바 문제가 되는 뜻밖의 일이 벌어졌다는 얘기다.

사건의 내용인즉슨 이렇다. 사건의 시점이 1951년 3월 14일에 일어났으니, 아직은 한창 전쟁 중이었다. 북한군의 탱크에 밀려 속절없이 부산까지 피난을 내려가야 했는데, 다행히 인천상륙작전이 성공하여 '조방낙면사건'이 일어나기 바로 이틀 전에 국군과 미군이 서울을 재탈환했다는 반가운 소식이 단비처럼 들려오던 무렵이었

333

다.

한데 이 날 피난지 부산에서 예의 조방의 임직원 20여명이 전격 구속되었다. 혐의는 놀랍게도 적을 이롭게 하였다는 이적행위였다. 조방에서 군수용 광목을 만들었는데, 의도적으로 불량 면인 낙면을 혼합하여 제품의 질을 떨어뜨렸다는 것이 그 이유였다. 다시 말해 불량 광목으로 군복을 만들면 품질이 떨어져 작전 수행에 차질을 가져오게 되고, 그래서 결과적으로 적을 이롭게 하였다는 알 수 없는 얘기였다.

물론 종전과 함께 일본이 남기고 간 적산기업이었던 조방의 이사이면서, 실질적인 경영주였던 김지태(훗날 MBC · 부산일보 사장) 또한 기소되었다. 그가 적산기업 조방을 불하받기로 사실상 내정된 상태에서 일어난 사건이었다.

이것이 곧 '조방낙면사건'이다. 여기까지가 겉으로 드러난 사건의 전말이다.

그런데 사건의 전말을 조금만 더 깊이 들여다보면 금방 얘기가 달라진다. 이 사건이 일어났을 땐 대통령 이승만이 재선을 위해 신당인 자유당을 창당하면서 많은 정치 자금이 필요로 하던 시기였다. 민주당은 그런 이승만의 재선을 막기 위해 개헌에 반대하고 나섰고, 당시 무소속 국회의원이기도 했던 김지태는 민주당의 자금줄 역할을 하고 있었다. 대통령 이승만의 눈에 김지태가 곱게 보일 리 만무했다. 이쯤 되면 낙면사건이라는 것이 얼마나 얼토당토 않는 억지소리인가를 어렵잖게 눈치 챌 수 있게 된다.

재판 결과 역시 그렇게 내왔다. 대구고등법원에서 조방낙면사건은 무죄로 판결이 났다.

하지만 사건은 이미 널리 각인되어 김지태의 이미지가 한참 땅에 떨어진 뒤였다. 결국 김지태에게 불하되려던 적산 조방의 계획은 취소될 수밖에 없었고, 대신 대통령 이승만의 양아들로 자처하고 다니던 강일매에게 조방이 돌아갔다. 훗날 김지태는 조방을 노린 자들이 '김지태에게 조방이 넘어가면 야당의 정치 자금 노릇을 하게 될 것이다'는 간언으로 말미암아 일어난 사건이라고 회고했다.

공장 부지 8만평, 공장 건물 54동, 종업원 수 2,000여명, 자본금 약1조2,000억원의 국내 최대 규모로 부산의 제조업 기업시대를 이끌었던 조방은 그와 같이 강일매에게 넘어갔으나, 강일매는 한마디로 역량 부족이었다. 이후 조방은 경영 부실로 문을 닫아야 했고, 1968년 부산시가 부지를 매입하여 시민회관과 평화시장 등지로 개발하면서 지금은 그 흔적조차 찾아볼 수 없게 되었다.

흔히 돈과 권력은 불가분의 관계라고 일컫는다. 다시 말해 기업가는 정치권력에 너무 가까이해서도, 그렇다고 너무 멀리하여 눈에 벗어나 밉보여서도 안 된다는 얘기다. 구분九分은 모자라고 십분十分은 넘친다는 알쏭달쏭한 이웃사촌이랄 수 있다.

말할 것도 없이 일제 강점기 때 일제에 줄을 대지 않고 성공하기란 요원했다. 일제의 눈밖에 벗어나는 순간 말짱 끝장이었다.

그런 학습 효과 때문이었는지. 해방이 되자 재계는 너도나도 정치권력에 줄을 대느라 바빴다. 일본에 짓눌려 오랫동안 오금을 펴지 못하던 기업인들이 해방과 더불어 압박에서 벗어나자, 정치권력이라는 알쏭달쏭한 이웃사촌을 찾아 나섰다. 가진 자는 가진 재산을 보호하기 위해서, 가지지 못한 자는 축재의 기회를 새로이 마련해보고자 저마다 동분서주했다. 조방의 예에서 볼 수 있듯이 강일매는 되지 못할지언정 적어도 김지태 꼴은 되지 않아야겠다며 백방으로 뛰었다.

하기는 제아무리 경제 활동이 국가 통제에 얽매이지 않고 경제 단위의 경쟁에 맡겨지는 자유경제라 한다지만, 혼돈의 시기에 축재를 하는 길이란 정치권력만한 투자도 또 없었다. 사회가 혼란한 때일수록 정치권력의 비호만한 지름길도 딴은 없었던 것이다.

더구나 해방과 더불어 지금까지 불어오던 바람의 풍향이 돌연 바뀌었다. 일제 강점기 때 성공했던 사람, 재산을 모았던 사람은 무조건 배척받는 사회 분위기였다.

그러나 정치권력은 사분오열되어 있었다. 해방 직후 정치권력의 헤게모니는 임정을 이끌어온 김구, 미주에서 독립운동을 한 이승만, 국내에서 활약해온 여운형, 한국민주당의 김성수, 그리고 미군정청 등으로 나눌 수 있었다.

따라서 정치권력에 줄서는 것 역시 저마다 다 달랐다. 금광왕 최창학은 김구, 태창재벌 백낙승은 이승만, 광산업 재벌 이종만은 여운형, 경성방직의 김연수는 형 김성수를 따라갈 수밖에 없었으며, 화신백화점의 박흥식, 동일은행의 민대식, 자동차왕 방의석 등도 모두가 당대 정치권력에 줄을 대었다.

그 밖에 중소기업가나 재계의 신입생들은 빈자리가 없는 거물 정치권력 대신 실리를 선택했다. 미군정청의 요인이나, 거기에 줄

———————————————— 한국기업성장100년史

국내 최대 규모로 부산의 제조업시대를 이끌었던 조선방직(조방)은 정치권력에 줄서기의 표본이었다. 민주당에 자금을 대고 있던 조방의 주인 김지태가 때아닌 '조방낙면사건'에 휘말려들면서 자유당의 비호를 업은 강일매가 조방의 새 주인으로 낙점된 것이다. 김지태와 강일매의 예에서 볼 수 있듯이 당시 정치권력의 번지수를 잘못 찾는 바람에 투자도 지름길도 아닌, 종말을 재촉하는 블랙홀이 되고 만 경우도 적지 않았다. 사진은 조방의 선전 포스터.

이 닿는 실력자를 찾아 나섰다.

사실 해방 직후 황금알을 낳는다는 일본 적산기업의 불하나, 정 크무역·마카오무역을 하려면 미군정청과 줄이 닿아야만 했다. 미군정청 재무국장 골든 중령이나, 군정의 요직을 맡고 있던 정 아무개, 장 아무개, 조 아무개의 끗발이면 누구나 한 건 할 수 있는 그런 분위기였다.

그런 만큼 해방 직후 경제계엔 정치바람이 상당히 거세게 불었다. 또 그와 같이 서로 다른 풍향에 따라 경제계의 희비도 엇갈렸다. 무상한 정치군력에 따라 경제계의 명운 또한 크게 달라졌던 것이다.

우선 성공한 기업가는 백낙승 등이 있었다. 앞서 〈종로 육의전의 마지막 후예 '대창무역'〉편에서 얘기한 것처럼, 이승만에게 막대한 정치자금을 대어주면서 일약 태창재벌로 몸집을 불리는 남다른 수완을 발휘해내었다.

이같이 성공한 자가 있으면 으레 실패한 자도 있기 마련이다. 그 대표적인 이가 금광왕 최창학이었다. 금광을 쫓아 무작정 집을 떠난 지 10여 년 만에 드디어 노다지의 꿈을 찾아내어 일본광업(주)에게 800만원(지금 돈 약 9,600억원)에 매각하면서 단숨에 조선 3대 재벌이 된 그는, 당시 경성에서 가장 호화로운 1,700평의 대지 위에 290평짜리 2층 양옥 저택인 죽첨정(지금의 강북 삼성병원)을 짓고 '자선사업이고 육영사업이고 영리사업이고 아즉 아무 데도 손을 대인 곳이 업이' 오로지 사치와 향락에만 매진했다.

물론 해방 이후에도 최창학만큼 막대한 거금을 가진 이는 아무도 없었다. 그리고 그는 여전히 영리사업을 따로 벌이지 않은 채 무역업자들을 상대로 고리대금업을 하고 살았다. 해방 직후 경제계를 뜨겁게 달구었던 정크무역에서 마카오무역이 종료될 때까지 이른바 무역업자치고 최창학의 돈줄에 기대지 않은 이는 거의 없었다고 전한다.

어쨌든 이런 최창학은 일본 육군에 전투기 8대를 헌납한 데 이어, 〈매일신보〉 상무이사와 임전보국단의 이사라는 직함을 지닌 채 해방을 맞이했다. 그의 '애국적 행위'는 하루아침에 '친일'이라는 돌이킬 수 없는 낙인이 되었고, 이제 다시 살아남으려면 또 다른 노선을 찾아야만 했다.

그럴 때 줄을 댄 것이 임정이었다. 상하이에서 귀국한 김구에게 자신이 살던 저택 죽첨정을 헌납하면서 재빨리 임정에 줄을 설 수 있었다.

그러나 최창학의 이런 줄서기는 결과적으로 패착이었다. 그로부터 5년 후 김구는 의문의 암살을 당하고 숙적이었던 이승만이 초대 대통령으로 취임하면서, 최창학은 다시금 고립무원의 처지에 놓이게 되었다. 이승만 정권이 들어서면서 최창학은 모든 정책 사업이나 혜택에서 제외되었음은 물론이고, 집요한 세무조사에 시달려야 했다.

시련은 거기서 그치지 않았다. 해방 이후 사회 혼란이 거듭되는 가운데 날이 갈수록 인플레가 가중되는 바람에 최창학이 가진 현금의 가치는 낙엽처럼 떨어졌다. 더욱이 한국전쟁 이후 경제재건 과정에서 상업자본을 산업자본으로 갈아타는 기회마저 놓쳤다. 그리하여 이승만의 자유당 정권에 줄을 대고 미국의 원조자금으로 몸집을 불린 신흥재벌에 뒤처지게 되었고, 격차 또한 점점 더 벌어지고 말았다.

급기야 집요한 세무조사 끝에 탈세 재판이 한창 진행 중이던 1957년, 그는 마치 현실에서 회피하듯이 뜬금없이 오산중·고등학교를 인수하여 재단이사장에 취임하게 된다. 오산중고는 남강 이승훈이 평안도 정주에서 설립했으나 한국전쟁 당시 피난하여 서울에 재건한 민족사학으로, 그가 인수하기 직전까지만 하여도 심각한 재정난을 겪고 있었다.

그런데 재단과 학교장 사이에 갈등이 빚어지면서 종래에는 '학생 동맹 휴학'이라는 초유의 사건으로 비화하고 말았다. 최창학은 이 동맹 휴학의 후유증을 미처 다 수습하기도 전인 같은 해 10월 갑자기 심장마비로 사망했다.

조선 최대 재벌 민영휘에 이어 두 번째로 천만장자의 반열에까지 올랐던 금광왕의 죽음치고는 너무나 허무한 최후였다. 그리고 그의 이런 최후는 신문 사회면 한쪽 귀퉁이에 겨우 몇 줄의 부고만이 실렸을 따름이다.

그런 반면에 정치권력의 줄서기에서 불운했던 기업가도 없지 않았다. 경방의 김연수가 바로 그런 경우였다.

앞서 〈경성방직, 근대기업을 넘어 한국 산업의 아버지가 되다〉편에서 이들 형제에 대해 얘기한 것처럼, 김성수는 언론(동아일보)과 교육사업(고려대학교)에 전념키 위해 초기부터 경방의 경영을 동생 김연수에게 넘기면서 사실상 손을 뗐다. 그리고 해방 이후에도 한동안은 자신의 평소 신념대로 언론과 교육사업에만 전념할 생각이었다. 하지만 조병옥 박사의 끈질긴 간청과 해방 공간의 혼란 속에서 민족진영의 정당이 필요하다는 인식 아래 한국민주당을 결성하고 당수에 피선된 데 이어, 1951년에는 국회에서 제2대 부통령으로 선출되었다.

김성수는 '나는 적임자가 아니다' 라며 부통령 취임을 한사코 거부했다. 그러나 '누구도 민의를 거역할 권리는 없다' 라는 설득에 그만 고집을 꺾을 수밖에 없었다.

이쯤 되자 김연수 또한 어쩔 수 없이 한민당 쪽으로 선회되었다. 일제 강점기 동안 경방을 이끌었던 기업가로 친일 문제가 불거지자, 해방 이후에는 기업 일선에서 물러나 칩거하고 있는 상태였다. 한데도 사람들은 김연수를 친 한민당 쪽으로 이미 분류해놓고 있었다.

그러나 재선에 눈이 먼 대통령 이승만의 전횡과 반민주적 처사를 고발하기 위해 김성수는 끝내 부통령직을 사임한 뒤, 본래의 언론과 교육사업으로 돌아갔다. 그러다 한국전쟁이 끝난 직후인 1955년 이른 봄 65세를 일기로 타계했다. 국민장으로 치러진 장례식에는 전국에서 무려 100만 인파가 몰려들어 김성수의 죽음을 애도했다고 한다.

하지만 김연수는 이미 자유당 정권과 소원해질 대로 소원해진 관계에 있었다. 또 그런 연유로 인해 반세기 가까이 지켜온 경제계 정상의 자리를 그만 양보해야 했다.

뿐만 아니라 많은 사업 기회조차 놓치기까지 했다. 다른 기업가들은 일본이 남겨두고 간 적산기업을 거의 줍다시피 불하받아 몸집들을 키워나갔으나, 그의 이름은 찾아보기 어려웠다. 곧이어 터진 한국전쟁 또한 다시없는 절호의 기회였다. 전쟁 직후 파괴된 기간시설의 복구 사업, 예컨대 비료·시멘트·유리·면방적기·동력기계·제지공장 등의 자본재 사업에 원조자금이 쏟아진데다, 정부로부터 배정받은 기업들은 낮은 금리의 특혜 융자와 더불어 특별환율 적용까지 얹어 받았으나 김연수의 이름은 번번이 빠져 있었다.

그 밖에도 재벌화의 가능성을 제시해준 사업 분야 중 하나는 군침이 꿀꺽 넘어간다는 군납사업이었다. 관납사업 또한 결코 빼놓을 수 없는 식은 죽 먹기 가운데 하나였다. 이 시기 '자유당 5인조'로 불리던 대동공업, 조흥토건, 극동건설, 현대건설, 삼부토건 등이 정부 발주 공사를 거의 독점하다시피 하는 가운데 김연수의 이름은 일체 배제되었다.

화신백화점의 박흥식, 광산 재벌의 이종만, 자동차왕 방의석, 동일은행의 민규식 또한 저마다 유력 정치인에 부지런히 줄을 댔으나, 역시 패착으로 귀결되었다. 이들에게 정치권력은 투자도 지름길도 아닌, 종말을 재촉하는 블랙홀이 되고 만 셈이었다.

한국기업성장100년史

임자 없는 황금 거위 적산기업을 잡아라

마침내 일본이 패망했다. 일왕의 무조건 항복 선언으로 종전이 되자, 그동안 무람없이 설쳐대던 일본인들은 뒤도 돌아보지 않고 현해탄을 건너 줄행랑쳤다. 길바닥을 질질 끌고 다니던 게다 소리가 멎은 가운데, 일본인들이 미처 가져가지 못한 임자 없는 재산이 여기저기 즐비했다. 일본인들이 팽개치고 간 이런 재산을 이른바 적산敵産이라 불렀다. 일찍이 개항에서부터 8·15 해방이 될 때까지 일본인들이 조선에서 축적한 재산으로 기업, 부동산, 유형 또는 무형의 동산과 주식 및 지분 따위였다. 미군정청은 동양척식의 농지를 포함한 적산 재산의 전체 가치를 3,053억원(지금 돈 약 1,520억 달러)으로 추정했다.

하기는 일제 강점기 때 우리 나라 주요 산업 시설은 대부분 일본인들의 것이었다. 주요 산업 시설의 80%가 일본인 소유였으며, 이 중 70%는 북한에 산재해 있었다.

이러한 일본 산업자본은 일제 강점기 때 모두 두 차례에 걸쳐 집중적으로 현해탄을 건너왔다. 1930년대 말 산업통제법이 발효되면서 비교적 통제가 덜한 한국으로 서둘러 진출해온데 이어, 태평양 전쟁 말기에는 미군의 폭격을 피해 많은 산업 시설들이 한국으로 소개되었다.

때문에 해방 직후에도 꽤 많은 산업 시설이 남으면서, 적산으로 분류된 기업의 수만 2,700여 개를 헤아렸다. 당시 기간산업으로 지정된 대부분의 대기업은 모두가 적산이라고 보아도 틀림이 없었다. 민족기업이라고 해봤자 김연수의 경성방직, 김영준의 천일고무 등 대여섯 개가 고작일 따름이었다.

이처럼 수많은 산업 시설들이 종전과 함께 뒤도 돌아보지 않고 현해탄을 건너 줄행랑치고 만 일본인들의 철수와 함께 임자 없는 재산으로 덩그러니 남게 되었다. 또 그런 임자 없는 재산은 누구라도 먼저 차지하는 자가 곧 임자였다. 이러한 적산을 잡기 위해 너도나도 벌떼처럼 몰려들었음은 물론이다. 그야말로 적산 가옥은 문패만 바꿔달면 주인 행세를 했다. 적산 토지는 말뚝만 박으면 내 땅이었다.

다만 적산 기업만은 덩치가 좀 컸던 탓일까. 서로 눈치만 살피며 머뭇거리고 있을 때에 미군정청이 법령을 선포했다. 일본인 재산의 매매는 일정한 절차를 밟아야 한다는 내용이었다.

또한 적산 기업에 관리인을 선임하거나 파견시킨데 이어, 얼마 지나지 않아선 적산 기업을 불하하기 시작했다. 이때 적산의 관리인에겐 최우선 순위가 부여되었다. 따라서 적산 기업의 관리인이 된다는 건 곧 황금알을 낳는 거위를 차지하는 지름길이나 다름없었다.

경제계가 발칵 뒤집혔다. 저마다 승부욕이 넘치는 얼굴로 어떻게든 줄을 대기 위해 머리통이 깨져라 몰려들면서 브로커가 날뛰고 정치권력이 춤을 췄다.

황금알을 낳는다는 적산 기업은 그렇게 새 주인이 속속 나타났다. 다 그런 건 아니라지만 브로커든 정치권력이든 수단과 방법을 가리지 않은 사람이며, 연고권을 가진 사람이 대부분 하루아침에 새 주인으로 등장했다.

최초의 근대기업가 박승직의 후계자인 박두병은 소화기린맥주의 관리인이 되었다. 일본 기린맥주가 영등포역 철로 변에 건설한 소화기린맥주는 한국인 가운데 김연수와 박승직이 각기 2백주씩의 주식을 소유하고 있었는데, 박두병은 그런 연고로 소화기린맥주의 관리인이 되면서 결국 불하받게 된 것이다. 박두병은 소화기린맥주(훗날 OB맥주)를 불하받으면서 포목상에서 맥주업으로 전업, 오늘날의 두산그룹을 키워내는데 발판을 마련할 수 있게 되었다.

한편 우리 나라 맥주기업의 원조인 삿보르비루는 동경제대 경제학부 출신 민덕기의 소유가 되었다. 명성황후의 인척인 민덕기는 명문가의 후손답게 종로 관훈동의 태화관 건너편에 99칸짜리 저택에서 살았는데, 신분에 걸맞지 않는 맥주공장을 불하받아 조선맥주

(훗날 화이트맥주)로 간판을 바꾸어달았다.

국내에서 화약을 독점 제조, 공급하는 조선화약공판에 근무하고 있던 김종희는, 불과 25살의 나이에 이 회사의 화약 공급 계열사인 조선유지의 인천공장 관리인이 되었다. 김종희는 일본이 남겨두고 간 창고 안의 재고를 몽땅 처분해서 자금을 만든 뒤, 그 자금을 다시 화약 공장에 투자한 것이 오늘날 한화그룹의 시작점이 되었다.

선경직물 또한 새파랗게 젊은 25세의 생산계장 최종건이 자치위원장이 되면서 연고권을 얻어 관리인이 되었다. 관리인으로 선경직물을 불하받으면서 지금의 SK그룹을 일으키는데 초석을 닦았다.

일본 무장고등공업학교 출신으로 관동기계공작소에서 공장장으로 근무하던 김연규 역시 일본인들이 뒤도 돌아보지 않고 철수하자 기계공작소를 불하받았다. 김연규는 이후 상호를 대한중기공업으로 개명하여 오늘에 이르고 있다.

해방 직전까지 조선지기紙機와 조선주철 등 소규모 공장을 경영하고 있던 김지태는, 비록 이승만 정부의 눈 밖에 벗어나 국내 최대 기업 조선방직을 눈앞에서 아깝게 놓치긴 하였으나 낙심할 필요까진 없었다. 곧장 아사히견직의 관리인이 되면서 전국에 흩어져있던 제사공장들을 인수하여, 한국생사그룹을 일으키면서 부산의 대표적인 기업가로 떠올랐다.

대구에서 양말공장을 하던 정재호는 조선방직을 넘겨받았다. 김지태가 강일매에게 빼앗겼으나 경영 부실로 내몰리고 말면서 결국 정재호가 붙잡았다. 그 밖에도 정재호는 자유당의 2인자 이기붕이 불하받아 친척에게 맡겨둔 오우방직 등을 인수받으면서, 60년대 중

해방 이후 적산기업으로 분류된 기업의 수가 2,700여 개에 달했다. 임자 없는 이런 적산기업을 잡기 위해 브로커들이 날뛰고 정치권력이 춤을 췄다. 그러나 적산기업이 재계에 불하되기 시작하면서 일제 강점기에 전성기를 구가하였던 유력 기업가들이 밀려난데 이어, 한창 젊고 새로운 기업가들이 속속 전면에 등장하고 나섰다. 사진은 25세의 젊은 한국인 생산계장으로 해방 이후 종업원들에 의해 지치위원장으로 추대되면서 선경직물을 불하받게 된 SK그룹의 창업주인 고 최종건 회장.

반까지 삼성그룹에 이어 재계 랭킹 2위에 오른 삼호그룹을 키워낼 수 있었다.

대구에서 비누공장을 경영하고 있던 김성곤 역시 적산을 불하받으면서 업종을 바꿔 방직산업으로 투신했다. 그는 영등포에 자리한 적산 기업 경기염직에서 방적기 2천추와 함께, 역시 적산 기업 조선직물의 토지와 공장건물을 불하받아 금성방직을 세우면서 쌍룡그룹을 일으키는데 발판을 구축할 수 있었다.

평양 태생의 김형남과 포항 태생의 김용주는 조선 4대 방직회사 가운데 하나였던 적산 기업 가네보방직 광주공장을 불하받아 공동으로 경영하다, 각기 일신방직과 전방으로 분가했다. 김용주는 또 적산 기업 조선우선의 관리인을 맡다 불하받아 대한선주(훗날 한진해운에 인수)로 개명한 뒤, '79년에는 첫 '1억 달러 운임의 탑'을 수상하는 해운 기업으로 키워냈다.

동양방직공사를 불하받은 서정익은 이 공장을 동일방직으로 키워내면서 지금의 동일그룹을 이룩했다. 종로 육의전의 마지막 후예 백낙승은 고려방직공사를 불하받아 태창방직으로 개편했으며, 함경도 청진에서 70여 척에 달하는 대형 선단을 이끌며 정어리 어업으로 재계에 뛰어든 설경동은 군시공업 대구공장을 불하받아 대한방직으로 개편시켜 오늘날의 대한전선그룹으로 키우는데 발판을 마련했다.

그런가하면 적산 기업 영강제과에서 근무하던 한국인 삼총사 민후식, 신덕발, 박병규가 해방 이후 불하받았던 공장이 지금의 해태제과다. 조선주조 군산공장을 불하받은 강정준은 지금의 백화양조를, 조선도시바전기를 불하받은 서상록과 장병찬은 이천전기를, 지금은 비록 CJ그룹에 인수 합병되고 말았지만 모리나가제과와 모리나가식품을 불하받은 함창희는 동립산업으로 한때 재계에서 반짝이던 별들이었다.

  그밖에도 적산 기업을 불하받아 지금의 대기업으로 키운 사례는 헤아릴 수 없다. 삼성그룹의 이병철은 미쓰코시백화점과 조선생명을 불하받아 신세계백화점과 삼성화재로, 현대그룹의 정주영은 조선이연금속 인천공장을 불하받아 인천제철로, LG그룹의 구인회는 조선제련을 불하받아 LG금속으로, 대성그룹의 김수근은 조선연료·삼국석탄·문경탄광을 불하받아 대성산업으로, 삼화제철을 불하받은 장경호는 동국제강으로, 한국타이어·조선피혁을 불하받은 조홍제는 효성그룹으로, 대농그룹의 박용학은 조지야 백화점을 불하받아 미도파백화점으로, 조선제분을 불하받은 최성모는 신동아그룹으로, 동양그룹 이양구는 소야전시멘트 삼척공장을 불하받아 동양시멘트로, 천야시멘트 경성공장을 불하받은 김인득은 벽산그룹으로, 한일면업 대구공장은 내외방직으로, 삼척화학 카바이드공장은 북삼화학으로, 제천제철은 삼화제철로, 삼성광업은 장항제련소로, 조선전선은 대한전선으로, 북선제지화학공업은 전국제지로, 조선화재해상보험은 해동화재보험으로, 일본고주파는 풍한산업으로, 대성목재와 부산제빙냉장은 상호가 그대로인 채 주인만 바뀌었다. 단성사·국도극장·명동극장·문화극장·스카라극장 등은 주인을 잘못 만나 한동안 돌고 돈 끝에야 비로소 새 주인을 찾을 수 있었다.

적산 기업 가운데에는 지금의 공기업도 빼놓을 수 없다. 경성전기 · 남선전기 · 조선전업은 한국전력으로, 소림광업은 대한중석으로, 조선주택영단은 주택공사 등으로 제각기 탈바꿈했다.

한데 대한중석은 공기업으로 뿌리내리지 못한 채 새 주인을 찾아 지구를 한 바퀴나 돌아야 했다. 일찍이 1934년에 설립되어 강원도 상동광산과 경북 달성광산에서 텅스텐 광산과 제련업으로 사세를 확장해온 대한중석은, 공기업 가운데 1호로 '94년 민영화의 길을 밟게 된다. 당시 대한중석은 명동의 금싸라기 땅과 100만주에 달하는 포항제철(포스코) 주식, 500만평의 상동광산과 15만평의 대구공장 부지 등 엄청난 자산을 보유하면서 낙찰가 661억원에 나승렬 거평그룹에 인수되었다.

하지만 김영삼 정권 때 IMF 외환위기를 넘지 못한 채 거평그룹이 도산하고 말면서, 대한중석은 이스라엘의 금속가공 기업 IMC로 넘어갔다. 그리고 2006년에는 워렌버핏의 투자회사 벅셔헤서웨이가 지분을 인수하면서, 지금은 초경합금 절삭 공구를 주력 생산하는 대구텍으로 이름과 문패를 바꿔 단 상태다.

어쨌거나 해방 이후 적산 기업은 이보다 훨씬 더 많았다. 하지만 대한중석의 예에서 볼 수 있는 것처럼 지금까지 그 명맥을 유지하고 있는 기업은 그리 많지 않다. 불하받은 기업이 그만 경영 부실로 내몰리면서, 또는 곧이어 벌어진 6·25 한국전쟁을 겪으면서 대부분 역사 속으로 종적도 없이 사라지고 말았다.

이밖에도 미군정청의 원칙 없는 고무줄 재량에 의해 불하된 적산은 또 있었다. 주택 8천여 호, 선박 2천여 척, 상점 2천여 개를 헤아린다고 알려졌으나 더 이상 확인할 길은 없다.

또 한 가지 눈여겨볼 점이 있다. 적산으로 분류된 기업 수만 2,700여 개나 헤아렸음에도, 일제 강점기 전성기를 구가하던 유력 기업가들의 얼굴은 온 데 간 데 없이 보이지 않는다는 점이다. 그동안 일본 자본에 맞서 꿋꿋이 버티어왔던 경성방직의 김연수, 광산재벌 이종만, 화신백화점의 박흥식, 자동차왕 방의석, 동일은행의 민규식 등의 이름을 찾아보기 어렵다.

대신 적산에 몸담고 있던 25살의 새파란 기술자에서부터 낮은 직급의 사무원, 그리고 이병철·정주영·구인회·조홍제·박용학·이양구·김인득 등과 같이 일제 말기에 창업을 했거나 해방 이후에 창업한 젊고 새로운 기업가들이 그 자리를 대신 맡고 나선다는 점이다. 그동안 경제계를 호령하던 유력 기업가들이 해방 이후 '반민특위' 와 같은 정치 사회 분위기에 휩쓸려 비틀거리고 있을 적에, 이같이 젊고 새로운 기업가들이 임자 없는 적산 기업을 거저줍다시피 불하받으면서 대거 등장케 된 것이다.

그렇대도 해방 이후 적산 기업 불하는 아무래도 너무나 성급하고 잘못된 역사였다. 국민의 자산을 국가 권력을 통해 사적 자본으로 전환시켜 해방 이후 자칫 해체 위기에 직면한 자본주의 질서를 재정립할 수 있었다는 일부 성과에도 불구하고, 정실에 치우치고 말았다는 오명을 벗어나기란 어려워 보인다. 경제적 문법에 따른 엄정한 기준에 의해서라기보다는, 그저 힘깨나 쓴다는 정치권력에 따라 결정되었다는 점에서 더욱 그렇다.

당시 미군정청에 영향력을 행사할 수 있는 끗발, 예컨대 미군정청의 재정부장 고든 중령이랄지 인사행정처장과 물가행정처장을 역임한 한국인 정 아무개, 군정 요직에 있던 조 아무개와 장 아무개 등이 중요한 역할을 했음이 사실이다.

정부 수립 이후까지 계속된 적산 기업 불하에서도 이러한 정실은 크게 달라지지 않았다. 이승만 정권이 들어선 이후에도 정부와 자유당 실력자들의 이른바 '빽'이 등장한 것이다. 그런 빽만 잡으면 원하는 적산 기업을 손쉽게 차지하여 대자본가로 급성장할 수 있었다.

그러나 적산 기업을 손에 넣었다고 해서 누구나 대자본가로 살아남을 수 있는 것은 아니었다. 기업을 경영해본 학습이 되어 있지 않은데다, 원료 부족이며 기술 부족 등으로 대부분 정상 가동이 어려워 또 다른 주인으로 바뀌기 일쑤였다. 이같이 변화무쌍한 분위기 속에서도 반세기 넘도록 기업을 키워내어 오늘에 이른 기업가들은 보면 가히 놀라운 역량이 아닐 수 없다.

한국기업성장100년史

기업가들의 첫 수난사, 1949년 '반민특위'

해방 이후 남북은 분단되었다. 우리가 요청한 것이 아니었음에도 남쪽은 미군이, 북쪽은 소련군이 주둔케 되면서 자연스레 허리가 잘려나갔다.

하지만 남북 교역은 한동안 별 문제가 없었다. 북한에서 남한에 전기를 공급해주는 대가로 남한에선 일용품 등 잉여 물자를 공급해주는 형태로 서로 오갈 수 있었다.

미군정청에서 쌀과 귀금속 등 몇 가지 통제 품목을 제외하곤 북한과의 교역은 자유라고 정식 발표하면서, 민간 차원의 교류도 활발했다. 북한에선 주로 비료와 수산물이, 남한에선 면화와 생고무 등으로 물물교환이 이뤄졌다.

그러던 1948년 5월 10일 유엔 감시 아래 남한에서 단독 선거가 실시되자, 북한은 나흘 뒤 그동안 남한에 공급하던 전기를 일방적으로 끊어버렸다. 남북 교역 또한 중단되고 말았다.

이윽고 1948년 8월 15일, 제1공화국으로 출범한 이승만 정부는 북한과 송전 재개 교섭을 하면서, 중단된 교역도 다시 추진하기 위해 남북 교역에 관한 세칙을 발표했다. 이 조치에 따라 같은 해 12월 박흥식의 화신무역은 우리 나라 최초의 무역선 2,200톤급 앵도환을 띄웠다. 뱃고동 소리도 요란하게 북한의 원산항으로 출항시켰다.

앵도환은 북한의 대외 무역 창구인 조선상사와 계약을 체결하고 면사, 생고무, 휘발유 등을 싣고 원산으로 향했다. 돌아올 땐 흥남 비료공장에서 비료를 싣고 오기로 예정되어 있었다. 선박의 안전 운항은 조선상사가 보증했다.

한데 앵도환이 북한의 원산으로 떠난 지 얼마 되지 않은 이듬해 정초, 화신백화점의 박흥식 회장이 그만 '반민특위 1호'로 체포되었다. 북한은 마치 기다리고 있었다는 듯이 반민특위 1호로 체포된 박흥식이 친일파인 점을 문제 삼고 나섰다. 친일파인 반동분자의 재산이라는 이유로 앵도환을 원산항에 억류하고 화물을 몰수한 뒤, 끝내 돌려보내지 않았다. 이른바 1949년 1월에 발생한 '앵도환사건'이었다.

이 사건을 계기로 남북 교역은 안전히 중단되고 말았다. 이후 남북 교역이 재개되기까지는 무려 30여년을 기다려야만 했다.

이보다 앞서 국회에선 '8·15 해방 이전의 악질적인 민족 반역자', 예컨대 일제하에서 작위를 받은 자, 고급관리를 지낸 자, 밀정, 악질행위자, 중추원 부의장 이상의 고위직에 있었던 자, 군수공업을 책임 경영한 자, 기타 종교 문화 사회 부문에서 일제에 협력한 자 등을 처단할 특별법인 '반민특위법'이 제정된 데 이어, 김상덕을 위원장으로 하는 특별조사위원회가 본격적인 활동에 들어갔다.

한데 그 첫 번째 대상자가 화신백화점의 박흥식이었다. 그의 죄목은 종전을 1년 남짓 남겨둔 1944년, 당시 경성상계의 유력한 기업가들을 규합하여 경기도 안양에 자본금 5,000만원(지금 돈 약 6조원) 규모의 조선비행기공업(주)를 설립, 일본 제국주의의 전쟁 수행을 지원한 것이었다.

뒤이어 총독부 정치에 돈과 정신을 아낌없이 바쳐 끝내 중추원 참의라는 최고 자리에 앉게 되고 전쟁 중에는 총력연맹 이사로 또는 흥아국단을 조직하느라 동분서주하였으며 소위 애국기라는 이름을 붙여 일본 육군과 해군에 전투기 한 대씩을 바쳤다는 자동차왕 방의석이, 만주국 경성주재 명예총영사와 중추원 참의·총력연맹 후생부장을 역임한 경성방직의 김연수가, 미국 휠라헬리콥터학교 조정과를 졸업하고 군수산업에 몸담았던 신용욱이, 태창방직의 백낙승과 조선비행기공업의 김정호 등이 일제를 도와 반민족 행위를 저지른 죄목으로 줄줄이 체포되었다.

해방 이후 그렇잖아도 재계는 반민법이 제정될 즈음부터 과연 어떻게 결말이 날 것인지 예의주시해오고 있었다. 화신백화점의 박흥식 또한 예외가 아니었다. 그는 자신이 그 처벌 대상에서 제외될 수 없다고 판단, 미국으로 도주할 준비까지 마친 상태였다. 한데 이미 여권까지 발부받아 출발 시기만을 저울질하고 있던 그는 특별조사위원회(이하 특조위)의 간판이 내걸린 지 사흘 만에, 종로 네거리 화신백화점 별관 4층에 자리한 자신의 집무실 안으로 특조위 조사관들이 들이닥치고 말았다.

바로 그 몇 시간 전, 특조위 제3조사위(일반 사회방면) 오범영 부장은 조사관 이덕근을 불러 서울시경 형사대 15명을 지휘하여 박흥식을 체포해오도록 지시했다. 조사관 이덕근은 서울시경에서 차출해 온 형사대를 이끌고 화신백화점 별관 집무실로 들이닥쳐, 비서실 문을 열고 쇄도해 들어갔다. 저지하는 비서들에게 "특조위에서 왔다"는 말을 남기고 사장실로 곧바로 들어서자, 박흥식은 흠칫 놀라는 표정으로 일손을 멈추었다.

이미 사태가 심상치 않다는 것을 눈치 챈 박흥식은 잠시 시간을 달라고 간청한 다음, 사장실에서 잠깐 나가달라고 부탁했다. 조사관 이덕근은 잠시 망설였으나 이미 형사들을 출구마다 배치해두었기 때문에 사장실 바깥으로 나와 비서실에서 그를 기다렸다.

그러나 한참을 기다려도 그는 나올 기미가 보이지 않았다. 그 순간 박흥식은 비서들과 구명책을 논의한 뒤, 이미 사장실을 비운 다음이었다. 잠시 몸을 피한 후 사태가 가라앉기를 기다려보기로 하고, 뒷문 비상구를 통해 화신백화점 옆 골목으로 통하는 계단으로 내려갔다.

하지만 뒷골목에도 형사들이 이미 대기하고 있어 그의 계획은 무산되고 말았다. 박흥식은 특조위에 연행되어 간단한 예비 심사를 마친 뒤, 곧바로 마포형무소에 수감되었다.

일제시대 악질적인 민족 반역자를 처단하기 위한 반민특위법이 국회에서 제정된데 이어, 그 첫 대상자가 을사오적도 아닌 화신백화점의 박흥식이었다. 이후 박흥식은 병보석으로 풀려나 재기에 나섰으나 좀처럼 활로를 찾지 못하다 그와 화신재벌은 끝내 좌절에 빠지고 말았다. 사진은 종로 네거리의 화신백화점과 박흥식.

특조위는 그 날 이후 박흥식에 대한 반민법 위반 사항에 대한 조사에 착수, 47일 만에 무려 6,000여 쪽에 달하는 방대한 조사 기록을 갖추어 기소했다. 조사 기간 동안 마포형무소 독방에서 모든 것을 체념한 박흥식은, "나는 반민법 제1조 해당자부터 차례로 검거될 줄 알았는데 내가 제일 먼저 잡혀온 것을 보니 내가 너무 이름이 났나보다"라며 씁쓸해했다.

그러나 구속된 지 103일 만에 박흥식은 재판부에 의해 병보석으로 유유히 풀려날 수 있었다. 처음부터 '반민자' 척결 의지가 없었던 이승만 정권과 친일파가 반민특위를 와해시키기 위한 본격적인 반격이 시작되었던 것이다.

그 첫 번째 사건이 반민특위 위원을 비롯한 정부 요인 암살 음모였다. 이 암살 음모 사건은 친일 고위 경찰 노덕술 등이 반민특위를 와해시키기 위해 사주한 독립운동가 백민태가 먼저 자수하는 바람에 미수로 그친 사건이었다.

두 번째 음모는 국회프락치사건이었다. 이승만은 국회를 장악하기 위하여 국회프락치사건을 일으켜 반민특위법 제정과 특위에 적극적으로 활동한 소장파 의원들을 간첩 혐의로 몰아 구속했다. 이어 군중을 동원한 반공대회를 열어 "반민특위 내 공산당을 숙청하라!"는 구호를 외치며 반민특위 정문까지 습격하는 사태까지 벌였었다.

다음날 이 습격사건의 배후로 지목된 친일파 최운하(서울시경 사찰과장)가 특위에 체포되자, 내무차관 장경근과 치안국장 이호가 특위에 최운하를 당장 석방하지 않을 경우 실력행사를 벌이겠다고 위협했다. 특위가 최운하의 석방을 끝내 거부하자 이들은 중부경찰서장 윤기병의 지휘 아래 반민특위 사무실을 급습케 하여, 특경대장 오세운 등 특경대원 35명을 무차별 폭행하고 중부서에 감금시켜버렸다.

국회는 곧바로 반민특위 원상 복귀와 책임자 처벌을 정부에 요구했다. 하지만 이승만은 반민특위 습격은 대통령인 자신이 직접 지시한 것이라고 밝히며, 반민특위 활동으로 민심이 소요되어 부득이하게 특경대를 해산시켰다고 발표했다. 국회는 이승만을 압박하기 위하여 의원내각제로의 개헌을 추진시켰으나, 뒤이어 발생한 김구 암살사건으로 말미암아 논의를 이어가지 못한 채 반민특위의 활동은 사실상 무장 해제될 수밖에 없었다.

이처럼 반민특위는 친일 경찰의 습격을 받는 등 이승만 정권의 집요한 방해 공작 끝에 그 해 여름 그만 강제 해산되었다. 그동안 반민특위에서 진행시켜오던 업무를 대법원과 대검찰청에서 수행할 수 있도록 하는 내용의 개정안이 국회에서 통과됨으로써, 해방 이후 반민자에 대한 숙청 작업은 아무런 실효도 거두지 못한 채 시나브로 끝나고 말았다.

박흥식 역시 재심 청구 등을 통하여 형집행 정지로 슬그머니 풀려나 다시금 경제계로 복귀할 수 있게 되었다. 경제계로 복귀한 그는 자신이 반민특위에 붙잡혀 있던 짧은 공백을 만회하기라도 하는 듯이 화신백화점의 재건을 위해 동분서주하고 다녔다.

사실 반민특위는 해방과 더불어 이미 예견되어 있었던 통과 의례였다. 빼앗긴 나라를 되찾으면서 일제에 빌붙어 협력을 했거나,

축재한 자를 어떤 형태로든지 단죄하지 않을 수 없는 일이었다.

하지만 반민특위 1호로 체포되었던 박흥식은 곧잘 자신의 억울함을 토로했다. 1994년 92세를 일기로 세상을 뜰 때까지 그는 찾아오는 사람마다 자신이 친일파가 아니었음을 이렇게 항변하곤 했다고 한다.

"나 우리 민족에게 욕보인 것 없어요. 우리 민족에게 해를 입힌 것 없어요. 나 친일파라고 매도되는 것이 평생토록 한이 되고 있어요. 상인으로서 보잘 것 없는 민족자본을 일으켜 조선 상권을 형성하려고 일본인들하고 친하게 지냈다고 친일파라면, 일제 강점기 시대를 지나온 이 나라에서 지금 살아있는 사람들은 그럼 어떤 사람들이라고 설명할 수 있어요? 나도 (일제에)한이 맺혀있는 사람이올시다."

하기는 식민 지배 하에서 일제와의 협력을 거부한 채 기업을 경영한다는 것은 현실적으로 볼 때 불가능할 일이었다. 지금과 같이 자유경제 속에서도 바늘 가는 데 실 따라간다고 정경유착이 끊이지 않을진대, 하물며 전쟁을 치르고 있는 통제경제 속에서 정치권력과 등을 진 채 화신백화점과 같은 대기업을 경영하기란 어려웠을 것으로 보인다.

일제의 통제경제 속에서 한인 기업가들이 선택할 수 있는 길이란 오직 두 가지 뿐이었다. 일제에 협력을 하느냐, 아니면 기업을 그만 접느냐 하는 거였다.

그런 의미에서 보더라도 해방 이후 반민특위는 박흥식과 같은 기업가들에겐 피할 수 없는 숙명 같은 것이었다. 일제 강점기를 통과해온 경제계가 반드시 한번쯤은 치러야할 수난이 아닐 수 없었다.

물론 박흥식이 일제에 협력하기 위해 조선비행기공업을 설립한 것은 숨길 수 없는 사실이다. 또 그가 금명함(?)을 들고서 총독부를 드나들었다는 소문이 꼬리를 물었을 정도로 일제와 가까웠던 것도 분명하다.

그렇더라도 박흥식이 그와 같이 일제에 협력을 한 데에는 오직 화신백화점을 지키기 위해서였다. 박흥식은 그처럼 일제에 협력을 하면서도 한편으론 대전형무소에 갇힌 도산 안창호 선생을 도운 이력도 없지 않았던 것이다.

그건 경성방직의 김연수 또한 다르지 않았다. 김연수가 이끌었던 경방은 누가 뭐라 해도 민족자본의 첫 결집체였다. 그의 주도 아래 경방은 '일본말 쓰지 않기, 조선인만을 채용하기'를 내부 사규로 정하고, 일본의 막대한 자본과 맞서 그야말로 혈투 끝에 일본의 거대 공장들과 어깨를 나란히 할 수 있는 산업으로 키워냈다.

훗날 그가 만주로 첫 해외 진출을 시도하였을 때에도 마찬가지였다. 재정 부족과 비정규 학교 기피로 어려움을 겪고 있는 한국인 교육기관인 동광학교를 인수하여 시설과 교원을 확충해서 정규 학교인 동광중학교로 승격시켜 기부한 것이랄지, 조국을 떠나 만주를 떠돌며 품팔이로 겨우 유리걸식하며 살아가는 동포들의 처지를 보다 못해 대대적인 농장 사업을 펼쳐 장착시킨 사례가 그 좋은 예다.

그러나 아이러니하게도 김연수 또한 자신의 역량을 발휘한 기업 경영에서 성공했기 때문에 비운의 주인공이 되었다. 그가 경방의 성공을 발판 삼아 만주로 진출하여 남만방적과 거대한 농장을 개척한 삼양사, 그리고 광활한 삼림개발 등으로 그의 기업 세력은 만주 대륙으로까지 크게 뻗어나갔다.

바로 그럴 즈음 하필이면 만주국 명예총영사 직함을 갖고 있던 조선상업은행장 박영철이 갑자기 뇌일혈로 쓰러지면서, 그가 쓰고 있던 감투가 자연스레 김연수에게 떠맡겨진 것이 그만 화근이었다.

말할 것도 없이 일제에 빌붙어 축재를 한 박흥식과 김연수와 같은 기업가들은 처벌받아 마땅하다. 그들 역시 그러한 수난에서 결코 벗어날 수 없음을 이미 알고 있었던 듯하다.

그렇다하더라도 반민특위 1호가 과연 화신백화점의 박흥식이어야 하는가에 대해서는 문제를 제기하지 않을 수 없다. 그런 식이라면 마땅히 나라를 팔아먹은 을사오적이었던 학부대신 이완용, 군부대신 이근택, 내부대신 이지용, 농상대신 권중현, 외부대신 박제순의 순서여야 마땅하지 않았는가 싶다. 비록 십수 년 전에 이들이 타계하고 말았다하더라도 그들 을사오적부터 이름을 불러야 옳았을 거란 얘기다. 그들 다음에 박흥식과 김연수와 같은 기업가들을 열거하여도 얼마든지 좋았을 거란 생각이 든다.

한국기업성장100년史

경제단체의 탄생, 상공회의소와 무역협회

8 · 15해방은 도둑처럼 갑자기 찾아왔다. 때문에 아무런 구심점조차 없었던 우리에게 해방은 무질서하고 혼란스럽기만 한 것이었다. 너무도 오랜 세월 억압과 공포 속에 갇혀 있다 맞이한 해방의 감격도 잠시, 저마다 길을 잃은 미아처럼 한동안 우왕좌왕했던 게 사실이다.

경제계의 혼란 또한 예외일 수 없었다. 무엇보다 해방 직전 일본이 '조선은행권'을 무차별 찍어낸 데서 기인했다. 조선이야 어떻게 되든 말든 일본의 각급 관청 및 국영기업 임직원들의 퇴직금과 무려 70여 만 명에 달하는 재선 일본인들의 귀국 경비로 쓰기 위해, 불과 두 달여 동안 조선총독부가 전체 통화량의 2배 가까이나 되는 화폐를 마구 찍어내어 남발한 것이 그 원인이었다.

여기에다 해방과 더불어 일본 경제권이 썰물처럼 일제히 빠져나가고 말면서 자금과 기술, 원료 부족 등으로 생산 감축마저 불가피해졌다. 그러면서 물자 부족을 불러왔고, 일제의 통화 남발까지 겹치면서 덩달아 물가가 폭등하는 인플레 가중으로 이어졌다. 해방 이후 3년여 동안 무려 10배가 넘는 살인적인 물가 폭등으로 극심한 경제 혼란에 처하게 된 것이다.

사회 불안 또한 요동쳤다. 곳곳에서 좌우 갈등이 폭발하면서 길거리는 혼란스러움을 넘어 살벌하기조차 했다. 신탁통치 안을 놓고 좌우 대립의 유혈사태가 거리를 휩쓸고 있는 가운데, 급기야 1946년 9월에 접어들자 조선노동자전국평의회(이하 전평)가 총파업에 나섰다. 미군정의 탄압에 직면한 좌익 세력이 기존의 미군정에 대한 태도를 전면적으로 수정하는 '신전술'의 일환으로 벌인 대대적인 파업이었다.

서울 용산의 철도공작창 철도노조원 3천여 명이 파업을 벌인데 이어, 부산에서도 철도노조원 8천여 명이 가세했다. 며칠 뒤엔 서울의 출판노동조합과 대구 지방의 우편국 조합원들까지 동조하고 나서면서, 파업은 전국 규모로 확산되어 나갔다. 이른바 '9월 총파업'의 시작이었다.

전평은 곧 총파업투쟁위원회를 조직하고 본격적인 투쟁에 돌입했다. 전평은 경제적 요구 이외에도 정치범의 석방과 반동 테러 배격, 정간된 좌익계 신문의 복간, 언론·출판·집회·결사·시위·파업의 자유 보장 등을 요구하며, '조국의 완전한 자주독립을 위하여 남조선의 4만 철도노동자를 선두로 사생존망의 일대 민족투쟁을 개시한다'고 파업 목적을 선언했다.

미군정은 곧 북한 공산주의자들이 파업을 일으켰다고 비난했다. 군정장관 러치가 특별담화를 통해 모든 파업자들을 구속하겠다고 선언하면서, 노조 간부와 파업노동자들에 대한 대대적인 검거가 시작되었다.

이윽고 9월 30일 미군정은 경찰, 우익 청년단체를 동원해 전평의 총파업투쟁위원회가 자리한 용산의 철도공작창을 습격했는데, 파업 진압은 곧 전쟁이었다. 이 전쟁에서 가장 잔인한 면모를 발휘한 건 종로주먹 김두한이 이끄는 대한민청단이었다. 그의 증언이다.

'…수도청의 장(장택상) 청장을 만났다. 당신들의 힘으로 전평 파업을 수습할 능력이 없으니 나에게 무기를 달라고 호소했다. 장 청장도 사태의 긴급에 비춰 나에게 경찰전문학교의 실습용 총 300여 정과 수류탄 3상자를 넘겨주었다. 물론 38, 99식이다. 나는 부하들에게 일러 죽창을 준비시켰다. …나는 3천여 명의 대원들을 시 경찰국 앞에 모이게 했다. 당시 시 경찰국 자리가 옛날엔 금천대회관이었다. 나는 그 집에 산적한 정종 수십 통을 도끼로 깨고 3천여 명의 대원들에게 아침부터 술을 먹였다. 술을 먹을 줄 아는 자고 아니고 간에 작전상 다 먹였다. 나도 간부들과 함께 아침부터 위스키를 마셔 우리의 정신을 마취시켰다. 그러지 않고서야 용산역 기관실의 2층, 3층에 세워둔 기관총, 장총의 총구를 보고 그 앞에 뛰어들 자는 아무도 없었기 때문이다.'

그런 와중에 미군정청이 불하하기 시작한 적산기업 또한 부정과 정실로 얼룩졌다. 주인 없는 황금 거위를 두고 연일 암투가 벌어지기 일쑤였으며, 미군정의 '빽'을 업고 온갖 행패가 자행되기도 했다. 경제 활동은 어느 구석 한 가지 정상인 것이 없었고, 모리배들이 설쳐대는 무법천지였을 따름이다.

이런 분위기 속에서 몇몇 뜻있는 경제인들을 중심으로 경제 질서부터 바로잡으려는 노력이 시작되었다. 경제단체를 구성하여 혼탁한 분위기를 정화하고 질서를 올바르게 세우자는 움직임이었다.

마침내 경제계를 대표하는 인물로 민규식(영보부동산), 이동선(조선한약), 전용순(금강제약), 최순주(조선은행 이사), 이정재(풍림철강), 전항섭(조선연탄), 김명하(조선목재), 김용주(국산자동차), 최두선(경성방직), 이강현(조선섬유공업), 김익균(건설실업), 유일한(유한양행) 등이 회합을 갖고, 조선상공회의소 설립을 합의한 뒤 창립총회를 열어 정식으로 출범케 되었다. 조선상공회의소의 설립 취지문에는 당시 우리 경제의 처지와 열망이 그 얼마나 시급하고 간절한 것이었는지가 그대로 드러나 있다.

'군국주의 일본의 가혹한 착취와 악독한 압박 아래서 우리 조선 3천만 민중은 경제적으로는 껍질만 남고 정신적으로는 허수아비가 되어 버렸습니다.

그러나 패전 일본의 철쇄가 파괴되어 우리는 노예의 생활에서 해방되어 새로운 광명이 빛나는 위대한 희망을 가지고 자주독립의 새 조선을 건설하게 되었습니다. 과거 우리 경제계를 대관하면 본래가 자주력 없는 경제라서 그것은 오로지 일본의 발

해방 이후 정국은 한 치 앞을 내다보기 어려웠다. 극심한 물자 부족과 그칠 줄 모르는 인플레, 여기에다 극렬한 좌우익 간의 대립 구도로 말미암아 혼돈과 혼란 속에 빠져들었다. 이럴 때 몇몇 뜻있는 경제인들을 중심으로 경제 질서부터 바로잡으려는 노력의 일환으로 각종 경제단체들을 결성하면서 구심점을 찾아나갔다. 혼란 속에서도 경제계의 목소리를 일원화하여 대장정을 스스로 열어나갔던 것이다. 사진은 해방 이후 결성된 조선상공회의소 건물.

전을 위한 것이었으며, 국민의 총력을 들여 오직 전쟁 수행에만 일관하였던 것입니다. 그리하여 해방 이후 산업계가 혼란 상태에 빠져 상공업계는 물자 결핍으로 인하여 극도로 부진 상태에 있으며, 일반 대중은 일용 필수품 구독난과 물가고로 인하여 그 생활의 고통은 날로 가중되어 이에 대한 적절한 대책이 시급히 요청되고 있습니다. 이러한 비상시를 당하여 군정당국의 시책에 아울러 민간총력을 망라한 유력 기관으로서 상공회의소의 활동에 크게 기대하는 바입니다…'

조선상공회의소 설립에는 막후인물로 전용순이 산파역을 한 것으로 알려지고 있다. 개성 출신의 전용순은 선린상업을 거쳐 일본 유학길에 올랐다가, 고학을 하며 한국어 약품광고를 대행해주던 게 동기가 되어 독학으로 의사 시험도 치르고 약사 시험에도 합격하면서 제약업에 투신하여 성공한 기업가였다. 그는 초대 회장 민규식, 2대 유일한, 3대 이동선에 이어 4대 회장으로 선임되었는데, 불과 2년여 동안에 4명의 회장이 바뀌었던 건 당시 경제계의 불안이 그대로 반영된 것이었다.

조선상공회의소 다음으로 결성된 경제단체는 무역협회였다. 앞서 얘기한 것처럼 해방과 더불어 시작된 정크무역에 이은 마카오무역은 그야말로 황금알을 낳는 거위였다. 실제로 해방 직후 기업가들이 할 수 있는 기업 활동이라곤 그런 무역 밖에는 또 없었다. 더욱이 일제의 약탈 물자를 물물 교환하면서 시작된 무역은 해방 이후 유일한 호황 업종이기조차 했다.

그러나 이러한 무역은 대부분 마군정의 손에 의해 영위되고 있는 형편이었다. 따라서 우리 무역의 자주성을 찾고자 하는 노력이 진즉부터 얘기되어오던 터였다. 또 그를 위해 대외무역기구의 설치 문제가 활발히 논의되던 중에, 마침내 105개 무역업체가 한 자리에 모여 창립총회를 갖고서 무역협회를 정식으로 출범하게 되었다.

'우리에게도 광명한 천지는 왔다. 수동적 무역, 독점적 무역, 착취적 무역시대는 물러가고 우호적이며 자주 경제적 무역시대가 왔다. 우리 민족은 일본제국주의의 구속으로부터 해방되어 완전 자주독립 국가를 건설하려는 이때, 산업경제와 무역 방침의 대계를 확립함이 목전의 긴급사이니 이에 우리 동지는 무역의 진흥에 각각의 경험과 지식과 열의를 경주하여 신국가 건설의 일부 면을 담당하려는 바이다….'

당시 무역협회 설립엔 김도연이 막후에서 산파역을 한 것으로 알려지고 있다. 김도연은 일본 게이오대학을 거쳐 미국 컬럼비아대학에서 경제학 석사를 취득하고 돌아와, 잠시 연희전문에서 교수를 하다 흥업사를 설립하면서 경제계에 뛰어든 인물이다.

해방 이후에는 정계에도 뛰어들었다. 한국민주당의 중진으로 활약하고 있었는데, 가까이 지내던 김성수와 장덕수 등과 상의한 끝에 무법천지나 다름없는 무역 질서를 바로잡기 위해 일본 와세다대학을 졸업하고 돌아와 반 좌익 활동을 하고 있던 이활 등의 지원을 받아 무역협회를 창립한 것이다.

무역협회는 지금의 을지로 입구 롯데백화점 본점 자리에 있던 조선척식은행에 사무실을 얻으면서 첫걸음을 내디뎠다. 수출 규모 350만 달러를 시작으로 지금의 무역 1조 달러를 위한 대장정에 들어갔다.

초대 회장에 김도연, 상무 이활, 비상근 부회장에는 전용순과 김인형(동아상사)이, 이사에는 강석천(한국물산)과 주요한(상호무역) 유일한 등이 각기 추대되어 진용을 갖추었다. 당시 이들은 무법천지의 혼란 속에서도 무역업이 유일하게 호황을 누리고 있는 업종이었던 만큼 이내 경제계를 이끌어가는 리더로 떠올랐다.

하지만 정부 수립 이후 김도연이 제헌 국회의원과 초대 재무부 장관으로 자리를 옮겨 앉게 되면서 변동이 있었다. 김도연에 이어 이활 상무가 회장에 취임하고, 무역협회 창립 과정에서부터 실무 책임을 맡았던 조사부장 나익진이 전무로 승진했다.

해방 직후 조선상공회의소와 무역협회가 잇달아 출범한 그 이듬해에는 조선방직협회가 창립을 서둘렀다. 사실 방직은 우리 근대산업을 열고 이끈 중추였다. 일찍이 1917년 일본의 재벌 미쓰이물산이 부산에 조선방직을 설립한 것을 시작으로, 일본의 거대 방직 자본이 현해탄을 건너 밀려들었다. 그런 가운데 '조선인들이 옷을 해 입기 위해 한 해 동안 일본에서 들여오는 광목 값으로 연간 2,700원 (지금 돈 약 3조2,400억원)이 새어나간다' 는 소리 들은 김성수가 민족자본을 결집시켜 출발한 경성방직은, 초기의 시련을 딛고 일어나 오래지 않아 일본의 거대 자본인 미쓰이물산의 조선방직, 도요방적, 가네가후지방적과 어깨를 나란히 하는 '조선 4대방大紡'으로 올라섰다. 이 4대방은 원면에서 면사를 생산하여 최종 제품까지 제조하는 일관생산 체제를 갖춘, 본격적인 근대적 면방직 공장들이었다.

한데 해방 이후 4대방은 일시 조업 중단 상태에 들어갔다. 원면에서부터 원료에 이르기까지 정상인 것이 없었다. 하지만 경방을 필두로 이내 모든 공장들이 정상을 되찾아 갔고, 시설을 정비하며 조업 재개에 들어갈 수 있었다.

그러나 무엇보다 원면 부족이 심각한 상태였다. 해방 이후 원면 재배 면적과 수확량이 급감한데다, 수집량까지 감소했기 때문이다. 원면 수확량과 수집량은 해방 이전과 비교할 때 차이가 너무도 컸다.

원면 수확량은 해방 이전 2억4,200만 근이었으나, 해방 이후 5,550만 근으로 크게 줄었다. 수확한 원면 수집 비율도 해방 이전에는 60% 안팎에서 해방 이후에는 10% 수준으로 떨어지면서 원면 자급은 도저히 기대할 수 없는 상태에 이르렀다.

미군정도 사태의 심각성을 인지하고 해방 이듬해 봄에 원료난을 해결하기 위해 국산 면 증산 정책을 펼쳤으나, 농민들의 반발에 부딪치고 작황마저 부진하여 효과를 거두지 못했다. 그러면서 원면 부족으로 조업이 중단될 위기에 처하게 되자 방직업계 또한 목소리를 내기 시작했다. 원료 수급을 비롯하여 방직 공장의 정상 운영을 포함한, 면방직업계 제반 정책의 일원화를 관계 요로에 건의할 수 있는 협의체 구성이 당장 시급하다고 판단한 것이다.

그리하여 1947년 4월, 조업 중이던 방직공장들이 모두 한자리에 모였다. 마침내 경방, 조방, 고려방직의 영등포·광주·춘천·전주공장, 대한방직의 영등포·대구·목포공장, 제일방적의 영등포·인천·송고실업장, 대아방직, 대전방직, 조선제마, 밀양모직 등이 주축이 되고, 나머지 방직공장 전체가 참여한 조선방직협회가 창립되었다. 초대 회장은 경방의 김용완이 추대되었으며, 전무에는 메리야스 공장을 경영하던 김상형이 맡았다.

그런가하면 조선공업기술협회의 경우 협회에 참가한 단체만 하여도 조선공업기술자협회, 학술원, 광공부 조선공업기술자연맹, 조선공업동지회, 조선건축기술단, 조선기계기술협회, 통신기술자연맹, 교통국자치위원회 등 8개 단체를 헤아릴 정도였다.

그밖에도 결성된 경제단체가 적지 않았다. 조선잠사회, 조선연료협회, 조선섬유산업건설동맹, 인천공업자협회 등이 하루가 멀다 하고 우후죽순처럼 생겨났다.

이처럼 해방 직후 우리 경제계는 조선상공회의소, 무역협회, 조선방직협회 등 경제단체를 결성하면서 구심점을 찾아나갔다. 그리고 그 구심점 안에 당대 내놓으라는 기업가들이 모두 한데 모여 저마다의 역량을 키워나갔다. 무정부의 혼란 상태 속에서도 목소리를 일원화하여 오늘에 이르는 대장정을 스스로 열어나간 것이다.

한국기업성장100년史

국내 최대 기업 '미창'과 '조운', '경방'의 운명은?

한국 경제사에서 1945년은 매우 중요한 시기이다. 일제로부터 해방이 되어 비로소 한국의 자본주의가 부흥하기 시작한, 이 시기를 기점으로 8·15해방 이전을 선사시대로 해방 이후를 역사시대로 구분 짓고 있다. 한데 이같이 선사시대와 역사시대를 구분 짓는 바로 그 재빼기, 한국 자본주의의 여명기랄 수 있는 일제 강점기에 홀연히 나타나 일본의 거대 자본과 자웅을 겨뤘던 국내 최대 국영기업인 조선미곡창(이하 미창)과 조선운송(이하 조운), 그리고 경성방직(이하 경방)이 상징하는 의미는 남다르다.

보유 창고 10만여 평에 달했던 미창이 전국 주요 항구에 대규모

373

미곡 창고를 중심으로 미곡의 운송과 보관·출하 부분의 물류를 개척해나갔다면, 지금 돈으로 자본금 4조6,200억원 종업원 수 5만 명에 달했던 조운은 전국에 거미줄처럼 깔린 철도역을 중심으로 철도 화물의 운송과 출하·배달 부분의 물류를 개척해나갔다. 각기 항구와 철도라는 고유 영역을 구축한 근대 물류업을 이끌었던 쌍두마차였다. 그러나 이런 미창과 조운 역시 어느 날 갑자기 도둑처럼 찾아온 해방 공간의 혼란과 폐허 속에서 스스로 생존하지 않으면 안 되었다.

하지만 시련은 좀처럼 끝날 것 같지 않았다. 해방 이후 3년여 동안의 미군정 시대를 거쳐 대한민국의 정부가 수립되자마자 북한에도 이내 조선민주주의인민공화국이 들어섰다. 그와 함께 남북 간의 교역은 물론 왕래마저 공식적으로 중단되고 말았다. 이는 곧 그동안 착실히 성장시켜 탄탄한 수익 기반이 되었던 북한 지역의 지점과 모든 자산을 공식적으로 포기하는 것이기도 했다.

그나마 미창의 경우 기회가 빨리 찾아온 편이었다. 정부 수립 이후 미국경제협조처ECA를 통한 미곡과 비료를 비롯한 원조물자의 도입이 빠른 속도로 늘어나면서, 정부의 식량 정책과 도입 외자의 효율적인 관리 업무를 현장에서 지원하는 미창의 인프라와 경험이 그 역량을 유감없이 발휘케 되었다. 해방 공간의 혼란과 폐허 속에서도 마침내 홀로서기에 성공한 것이다.

이런 미창에 비해 조운의 사정은 정부 수립 이후에도 한동안 좋지가 않았다. 대륙까지 내달리던 화물열차와 전국의 도로를 누비던 화물 트럭 행렬이 거짓말처럼 한순간에 멈춰버리고 만데다, 정부 수립 직후 미군의 대부분이 철수하면서 군부대 작업량마저 줄어들어 타격이 컸다.

뒤늦게야 ECA의 우리 정부 창구로 설치된 임시 외자총국이 외자의 하역과 수송 및 보관을 조운에 대행시키기로 결정하면서, 꺼져 가던 숨결을 가까스로 되살릴 수 있었다. 취급 물량이 늘어나자 회사의 형편도 눈에 띄게 나아져갔다. 1945년 230만원(지금 돈 약 12억원)에 불과했던 이익금이 3년 만인 1948년엔 모두 2억5,400만원(지금 돈 약 1,300어원)을 넘어섰다.

그 이듬해에 들어서면서 조운을 둘러싼 경영환경은 더욱 호전되어갔다. 정부 부처와 각종 기관의 대량 화물 운송 업무가 예상보다 빠른 속도로 늘어나자, 조운은 화물자동차 사업을 본격적으로 확대시켰다. 이 과정에서 손해보험 관련 업무가 늘자 조운은 창립 이후 자금난을 겪고 있던 제일화재해상보험에 1,000만원(지금 돈 약 55억원)을 투자, 새로운 자매회사로 편입시키며 외연을 넓혀나갔다.

이처럼 하루가 다르게 사세를 확장하면서 조운은 일본인 주주들로부터 회사를 접수한지 4년이 되는 1949년 9월 보름, 조운 밴드부의 관현악 연주가 울려 퍼지는 가운데 9·15기념 및 10년 근속 종업원 표창식을 가졌다. 이 자리에서 이재순 사장은 그간 5만여 임직원이 겪었던 시련을 돌아보며 이렇게 호언했다.

"…우리는 이런 비참한 환경 속에서 분투노력해 오늘의 대조운을 이룩한 것입니다. 앞으로도 우리는 끊임없는 전진을 할 것이며, 우리의 매진에는 휴식이 있을 수 없습니다."

그러나 운명을 어떻게 점칠 수 있을 것인가. 기업의 운명 또한 다르지 않다. 비참한 환경을 이겨내어 대조운으로 다시 태어나면서 그토록 '끊임없는 전진'을 다짐했으나 끝내 역사가 외면하고 말 줄을. 그로부터 불과 10여 년 뒤 5·16 군사정부에 의해 미창과 조운이 합병되어 대한통운으로 변신하는가 싶었는데, 1968년 국영기업 민영화 방침에 따라 무명의 건설회사인 최준문의 손에 넘어가고야 말 줄을 그땐 아무도 몰랐었다.

어쨌든 이 무렵 최준문은 갓 29세의 보잘 것 없는 지방 토목업자에 불과했다. 조치원초등학교 5학년을 어렵게 수료한 뒤 우체국의 임시직 배달부와 양조장 심부름꾼 등을 거쳐, 논산읍에 자리한 구멍가게 수준의 충남토건사에 주임으로 입사했을 때가 열아홉 살이었다. 하지만 충남토건사의 주인인 장인의 눈에 들어 그 집의 데릴사위로 들어갔다.

이후 최준문은 장인으로부터 충남토건사를 넘겨받게 된다. 그런 뒤 논산읍을 떠나 대전시 대흥동에 백여 평 남짓한 한옥을 구입하여 대명여관으로 개조하는 한편, 길 쪽으로 난 문간방(행랑채)에 '충남토건사'라고 쓴 작은 목재 간판 하나를 내걸었다.

하지만 2년여 동안이나 아무런 실적도 없이 그저 하릴없이 보내다가, 드디어 1947년 첫 공사를 수주하게 되었다. 장인의 연고로 따낸 논산천 재해복구 공사였다. 비록 한 달 간의 짧은 공기였으나 발주처인 논산읍 등 공사관계자들에게 깊은 인상을 심어주는 계기가 되었고, 충남토건사는 잇따라 논산 지역의 공사를 맡으면서 시공 영역을 조금씩 넓혀나갔다.

이후 정부가 수립되면서 갖가지 국토 개발 계획이 나오자 최준

———————————————— 한국기업성장100년史

해방 직후 국내 최대 기업은 보유 창고 10만평을 자랑하는 미창과 당시 돈 4조6,200억원의 자본금에 종업원 수 5만명을 헤아리는 조선운송이었다. 그러나 박정희 정권 때 국영기업 민영화 조치에 따라 무명의 건설업자인 충남토건사가 새 주인이 되리라고는, 해방 직후 충남토건사의 최준문은 이제 갓 29살의 보잘 것 없는 지방 토건업자로 훗날 그가 미창과 조선운송을 합친 대한통운의 새 주인이 되리라고는 누구도 점치지 못한 일이었다. 사진은 국내 최대 기업 미창과 조선운송을 합친 대한통운 본사 사옥 건물이다.

문은 재창업의 기회로 삼는다. 그러기 위해선 먼저 충남토건사를 기업 형태로 재무장할 필요가 있었다. 그동안 여러 공사를 해오면서 의기투합한 토목 기술자들을 설득하여 이익을 분배하는 형식의 합자회사를 설립한 것이다.

그렇듯 충남토건사는 자본금 50만원의 동아건설합자회사로 다시금 태어났다. 같은 장소인 대명여관의 문간방에 동아건설합자회사라는 간판을 다시 내걸고 재출범했다.

이같이 당시만 해도 지방에 자리한 한낱 이름 없는 건설사에 불과했던 최준문과 국내 최대 국영기업인 미창이나 조운과는 아무런 상관도 없는 것처럼 보였다. 훗날 그가 미창과 조운을 합친 거대 기업 대한통운의 새 주인이 되리라고는 그 자신도 미처 눈치 채지 못했을 뿐더러, 미창이나 조운 역시 마찬가지였다. 하지만 역사는 한사코 그쪽으로 흘러갔고, 또 그러한 운명을 깨닫기까지는 아직은 좀 더 시간이 필요로 했다.

어쨌든 미창과 조운이 그 같이 국내 최대 국영기업이었다고 한다면, 민간 기업으로 최대 규모는 단연 김연수의 경성방직이었다. 그가 이끌었던 경방은 누가 뭐라 해도 민족자본의 첫 결집체였다. 뿐만 아니라 일본의 막대한 자본과 맞서 마침내 일본의 거대 공장들과 어깨를 나란히 할 수 있는 산업으로 발돋움한데 이어, 만주 대륙으로까지 그 세력을 뻗치게 되었다.

그러나 김연수는 일본의 패망과 함께 만주 대륙에서 일궈내었던 모든 자산을 허무하게 잃고 말았다. 더구나 고국에서 그를 기다리고 있었던 것은 "착취계급 물러가라!"는 노동자들의 격렬한 농성이었다. 그에게 유일하게 남은 경방 영등포공장과 양평동공장은 이미 좌익 노동단체인 조선노동자전국평의회(이하 전평)의 사주를 받은 주동자들에 의해 점령당한 뒤였다. 그는 경방을 이끈 20여 년 동안 회삿돈은 단 한 푼도 가져다 쓴 일이 없는데 누가 누구를 착취했단 말이냐고 항변해 보았으나 아무 소용없는 일이었다. 결국 해방 직후 김연수는 사장직을 내놓고서 경방을 떠나야 했다.

창업자 김연수에 이어 새로이 경방을 이끌게 된 최두선은 숨 돌릴 겨를이 없었다. 당장 새해 벽두부터 공장을 가동하기 위한 석탄 문제부터 해결하지 않으면 안 되었다.

최두선은 경방이 민족자본으로 설립된 기업이고, 해방 직후 면방적 회사로는 유일하게 공장을 가동하고 있다면서, 향후 의류 문제를 해결하기 위해서라도 석탄 배급이 당장 이뤄져야 한다고 미군정에 호소해보았으나 마이동풍이었다. 나중에야 석탄 5,000톤을 가까스로 얻어내어 경방이 삼척에서 화물선을 띄워 가져올 수 있었다. 하지만 최두선 사장은 얼마 가지 않아 동아일보 사장으로 자리를 옮기면서 그 후임으로 김용완이 경방을 이끌었다.

한편 이 무렵부턴 양평동공장 안에 대한노총이 결성되면서 전평 세력과 새로운 긴장 관계가 형성되었다. 1947년 봄엔 영등포공장에도 대한노총의 세력이 커지자, 초조해진 전평 세력은 기회가 생길 때마다 세력 만회를 위해 첨예하게 맞섰다.

바로 이때 세계노련의 간부 예닐곱이 내한하자, 전평은 재빨리 이들을 영등포공장으로 끌어들일 공작을 폈다. 그들을 공장 안으로 끌어들여 전평만이 합법적이고 공인된 유일한 노조라는 이미지를 과시하기 위해서였다. 하지만 뒤늦게 이 사실을 안 대한노총이 무리지어 가로막으면서 전평 무리와 시비가 벌어졌다. 시비는 급기야 폭력사태로 번져갔고, 끝내 경찰이 출동하는 등 아수라장이 되고 말았다.

이처럼 두 노조가 서로 양보할 수 없는 막다른 벼랑길을 내달리면서 전평 세력은 날로 약화되어 갔다. 그렇다고 대한노총이 순한 양떼였던 것만은 결코 아니다. 다만 전평과 같이 좌경화된 사상적인 혼란만을 일삼지 않았을 뿐 대한노총 역시 사사건건 말썽이었다. 1947년 가을에 벌어진 노동쟁의를 보더라도 대한노총이 비록 좌경단체가 아니었을 뿐, 전평과 마찬가지로 별반 차이가 나지 않는다는 걸 알 수 있다.

이때의 노동쟁의는 사측에서 근로자들의 임금제도를 개선하기 위하여 사전에 대한노총 측과 충분한 토의와 합의 하에 채택한 청부식請負式 임금제의 실시에서 비롯된 것이었다. 예컨대 임금을 직무급, 성적급, 그리고 가족수당으로 나눈 것인데, 이것은 예전 임금제의 구분을 그대로 답습한데 지나지 않았다. 다만 가족수당을 인상해서 작업 성적에 따라 지급하되, 개인의 성적 사정을 직장職長에게 일임한다는 산출 방법에서 약간의 차이점을 보였을 따름이다.

이런 분위기 속에서 다음 달 임금을 지불하려하자 즉각 반발이 일어났다. 충분한 토의와 합의까지 보았던 당사자이기도 한 대한노총 측에서 무지한 노동자들을 기만하고 착취할 의도 하에 제정된 새 임금제라며, 갑자기 반기를 들고 일어나 새 임금제 실시에 극구 반대하고 나선 것이었다. 뿐 아니라 경방 창립 28주년 기념운동회를 아무런 이유도 없이 중단토록 요구하는가 하면, 운동회가 중단 없이 진행되자 방해하는 등 행패를 부렸다. 이를 보다 못해 저지하려고 나선 회사 간부에게 폭행을 가하기조차 했다.

사측에서도 더 이상 방관하고 있을 수만은 없었다. 대한노총 분회장등 간부 7명의 해고로 맞대응하고 나섰다.

그러자 대한노총이 실력행사에 돌입했다. 대한노총 영등포지구 위원장 등 40여명이 트럭을 타고 영등포공장으로 들이닥쳐, 공장 간부들을 포위하고 해고당한 노조 간부들을 무조건 복직시키라고 우격다짐으로 요구했다. 뒤늦게 경찰이 현장으로 달려왔다. 이들을 해산시키고 위원장을 비롯하여 4명을 강제 격리시켰다.

그런데도 사태는 좀처럼 수그러들 줄 몰랐다. 급기야 공장 안에서 점차 공장 바깥으로 확대되어 갔다. 이튿날 영등포 일대 10여 개 공장에서 구속된 대한노총 간부들을 석방할 것과 경방 쟁의의 모든 요구 조건을 관철시키기 위해 동시 파업에 들어가면서 사태는 들불처럼 번져나갔다.

다행히 경찰에서 구속한 대한노총 간부 4명을 석방하면서, 동시 파업에 들어갔던 영등포 일대 10여 개 공장이 오후 들어 조업에 들어가 겨우 진정될 수 있었다. 이 사건은 그 후 해고당한 대한노총 간부 7명 가운데 법원에서 유죄 판결을 받은 4명을 제외한 나머지 3명의 복직을 사측이 받아들이는 수준에서 시나브로 일단락되었다.

한데 이때 38선 근처에선 매일같이 수상쩍은 분위기가 묻어나고 있었다. 언제부터인지 남북 충돌이 빈번하게 일어난 것이다. 1949년 5월 21일부터 6월 23일까지 황해도 옹진반도에선 한 달 동안 남북이 각기 1,300여 명 이상의 병력을 투입시키는 충돌이 발생했다. 8월 초순 옹진에선 수일 동안 치열한 전투가 벌이지기조차 했다.

북한 쪽은 '1949년 한 해 동안 남조선이 1,836회나 월경했다'고 주장했으며, 남한 쪽은 '북한군이 38도선을 실전 훈련장으로 보고, 1949년 한 해에 874회나 불법으로 사격하거나 침범했다'고 기록했다. 양쪽 모두 과장된 통계일망정 거의 매일같이 무력충돌이 있었던 셈이다.

해방 공간의 혼돈 속을 가까스로 헤쳐 나와 점차 정상 궤도를 되찾아가고 있는 최대 국영기업 미창이나 조운도, 전평과 대한노총이라는 양대 노조의 틈바구니에 끼어 전전긍긍해 하고 있는 최대 민간기업 경방에도 점차 전운의 어두운 그림자가 드리워져 가고 있었던 것이다.

한국기업성장100년史

'대군의 척후' 경제계의 판도를 바꾸다

폐허와 공허만이 휑하니 남은 일제 식민 지배의 암흑기였던 1930년대 중엽, 놀랍게도 오늘날의 '한국기업의 탄생'을 일찍이 한 발 앞서 꿰뚫어본 이가 있었다. 신문학의 개척자인 소설가 춘원 이광수였다. 그는 1935년 4월 14일자 조선일보 기고문에서, '…상업에서 (박흥식의)화신백화점, 공업에서 (김연수의)경성방직의 확장·발전은 결코 한낱 사실만이 아니요, 뒤에 오는 대군大軍의 척후斥候임이 확실하다.' 고 훗날 만개할 한국 자본주의를 미리 감지하고 예언했다.

그렇다면 그들은 지금 어디쯤 오고 있는 것일까. 한국자본주의의 선사시대와 역사시대를 구분 짓는다는 바로 그 재빼기, 한국 자본주의의 여명기랄 수 있는 일제 강점기에 대담한 경제 활동을 펼쳐보였던 화신백화점의 박흥식과 경성방직의 김연수가 '척후'에 지나지 않을 뿐 그 뒤에 온다는 '대군', 그 '대군'은 해방 이후 과연 어디쯤 오고 있었던 것일까.

앞서 얘기한 것처럼 해방과 더불어 지금까지 불어오던 바람의 방향이 완전히 바뀌게 된다. 경제계의 판도 또한 크게 요동쳤다. 박흥식과 김연수를 비롯하여 광산 재벌의 이종만, 자동차왕 방의석, 동일은행의 민규식, 금광왕 최창학 등 한국 자본주의의 여명기를 이끌었던 1세대 자본가들이 대부분 쪼그라들고 말거나 몰락의 길을 걸었다.

우선 누가 뭐래도 민족자본의 첫 결집체요 근대기업을 넘어 일본의 거대 자본과 자웅을 겨루었던 경방의 김연수는, 자신의 분신과도 같았던 경방을 최두선→김용완에게 맡기고 경제계에서 잠정 은퇴했다. 자그마치 5만석지기의 토지를 가진 조선 말기 최고 부자 민영휘의 재력을 고스란히 물려받은 동일은행의 민규식은, 해방 직후에도 영보그룹을 이끌면서 조선상공회의소 초대 회장을 역임하는 등 비교적 활발히 움직였다. 그러나 오래지 않아 조선상호은행을 비롯한 거대 금융자본을 잃으면서 경제계에서 점차 사라져갔다.

반민특위 체포 1호를 기록했던 화신백화점의 박흥식 또한 친일파라는 주홍글씨를 지우지 못한 채 조카뻘 되는 박병교를 대신 내세워야 했다. 금광왕 최창학은 여전히 기업경영을 외면한 채 무역업자들을 상대로 고리대금업을 하고 있었으나, 상업자본을 산업자본으로 갈아타는데 그만 기회를 놓치고 말면서 초라한 최후를 맞이해야 했다.

다만 5백년 전통을 자랑하는 '종로 육의전의 마지막 후예'인 백낙승만이 변신에 성공한다. 이승만을 등에 업고 승승장구한 끝에 한국 최초의 재벌인 태창재벌로 비상하지만, 그 역시 이승만의 몰락과 함께 역사의 뒤안길로 사라지고 만다.

이렇듯 한국 자본주의의 여명기를 이끌었던 1세대 기업가들이 해방 이후 대부분 쪼그라들고 만 자리에 대신 무명의 지방 젊은 기업가들이 서울로 올라와 새 둥지를 틀고 나섰다. 그동안 김연수나 박흥식과 같은 초대형 고래들이 노닐고 있는 중앙 무대엔 언감생심 명함조차 내밀지 못하던 지방의 송사리들이 해방과 더불어 새로운 기회를 쫓아 속속 서울로 몰려든 것이다. 그리고 이때 등장한 얼굴들이 해방 공간에서의 혼란을 헤쳐 나가면서 훗날 한국 자본주의를 만개하게 된다.

먼저 대구에서 삼성상회와 조선양조를 경영하던 이병철이 서울로 올라온 것은 1948년 세밑이었다. 그는 서울의 이웃에 살고 있던 동향 출신의 조홍제와 동업으로 삼성물산을 설립, 오징어와 한천 따위를 수출하고 면사를 수입하는 무역업으로 훗날 자산 규모 300조원의 국가대표기업 삼성을 일으키는 첫 출발점으로 삼는다.

정주영은 해방 이듬해에 미군정으로부터 중구 초동 땅 2백여 평을 불하받아, 해방 전 아도서비스라는 자동차 수리공장의 경험을 살려 현대자동차공업사를 열었다. 초기에는 미군 병기창의 작업을 청부받아 하다가, 1년쯤 뒤부터 낡아빠진 일제 고물차를 용도에 따라 개조하는 일을 했다. 1.5톤짜리 트럭의 중간을 이어 덧붙여서

2.5톤짜리로 만들어 내거나, 휘발유차를 목탄차나 카바이드차로 개조하기도 했다. 해방 후 교통량이 늘어나면서 공장은 날로 번창해 1년 만에 종업원 수가 80여명으로 늘었다. 자신감을 얻은 정주영은 뒤이어 공장 한쪽에 현대토건사라는 간판 하나를 더 내걸었다.

진주에서 포목상점을 하던 구인회는 해방이 되자 서울 대신 부산으로 거점을 옮겼다. 조선흥업사라는 무역회사를 내고 목탄 사업을 벌였다. 하지만 목탄 사업에서 별다른 재미를 보지 못하다, 우연히 화장품 제조 기술자를 만나면서 업종을 바뀌었다. 낙희공업(주)를 설립하고 화장품 제조에 나섰다. LG의 시작이었다.

인천의 선창가에 이연공업사라는 엔진 수리공장을 냈다가 일제의 군수업체에 강제 합병되고 말았던 조중훈은, 해방이 되자 엔진 수리공장 재건에 발 벗고 나섰다. 그동안 틈틈이 아껴 모은 돈으로 트럭도 한 대 장만한 그는, 간판도 한진상사로 새로이 내걸면서 지금의 한진을 위한 첫걸음을 내딛었다.

박인천은 46세의 늦은 나이에 택시 2대로 운송업에 투신했다. 지인에게 돈을 빌려 광주 시내에서 여관방 하나를 얻어 시작한 광주택시는, 신랑 신부를 택시에 태워 시내를 일주시키는 새로운 결혼 풍속이 생길 정도로 출발이 순탄했다. 광주택시가 자리를 잡아가자, 이번에는 버스업으로 눈을 돌렸다.

문제는 자금 동원이었다. 일제 도요타 트럭 4대를 구입하고, 그것을 버스로 개조하는데 모두 560만원의 거액이 필요했다. 광주택시를 담보로 은행에서 융자를 받고 사채까지 끌어들여도 부족하자, 부속품은 외상으로 구입해야 했다.

1954년 전쟁 직후 신축된 서울역 앞 동자동 대림 본사 사옥 빌딩. 이 건물은 최초의 사옥다운 사옥으로, 당시로서는 꽤 모던하다는 평을 듣던 빌딩이었다. 자유당 시절 이승만 대통령이 그 앞을 지나다가 "누가 저렇게 크고 멋진 집을 지었느냐?"고 감탄했다는 일화가 전한다.

그런 어려움 속에서도 1948년엔 택시와 버스의 운송 부분을 합친 광주여객자동차(주)로 재출범하게 되었다. 그리고 같은 해 세밑에는 그동안 전력을 다해 준비해온 광주여객의 버스가 첫 운행을 시작했다. 금호아시아나로의 비상이 시작된 것이다.

이밖에도 청진에서 정어리 어업을 하던 설경동은 70여 척에 달하는 대형 선단을 이끌고 남하하여 무역업체 대한산업을 설립했다. 이어 그는 성냥공장, 부동산업에까지 손을 뻗쳐나갔다.

함흥에서 식품상점을 하다 남하한 이양구는 서울 거리에서 행상을 하다 과자상점을 마련했다. 훗날 동양제과가 그렇게 시작되고 있었다.

해방되기 전 만주와 중국 대륙에서 군수물자를 중개 무역하던 심상준은, 곧바로 미군의 물자 수송을 맡았다. 군수용역으로 서울에 안착케 된 것이다.

사리원에서 정미소와 제분업을 하다 남하한 최성모는 여관업, 무역업으로 변신했다. 하지만 별 재미를 보지 못하다 고무신공장으로 전업했다.

서성환은 해방 직후 태평양화학이라는 초라한 간판을 내걸었다. 여성용 크림을 생산하는 화장품 제조업이었다.

강원도 통천에서 지방의 우체국장을 역임했던 박용학은, 서울로 상경하자마자 대한계기제작소라는 간판을 내걸었다. 도량형기 매매업을 하면서 훗날 미도파백화점 등 대농으로의 도약을 꿈꿨다.

만주에서 자동차를 몰고 다니다 해방과 더불어 서울로 돌아온 김창원은, 형이 경영하고 있던 조선이연공업의 서울사무소장직을 맡았다. 일본 와카야마상업학교에서 공부한 그가 훗날 신진자동차공업(주)를 설립할 수 있었던 계기를 마련한 것이다.

13살 때부터 철공소 견습공으로 기계 속에서 숨 쉬고 살았던 김삼만은 해방이 되자 고향 진주로 돌아왔다. 처음에는 그동안의 경험을 살려 기계류 수리를 전문으로 하는 철공소 대동공업을 열었다. 훗날 국내 최대 농기구 전문 기업인 대동공업(주)의 밑그림을 그려나가기 시작한 것이다.

23살 때 무작정 상경하여 길거리에 붙어 있는 벽보를 보고 동양제약 외판사원으로 제약업계에 첫발을 내딛게 된 강중희는, 해방이 되자 그간의 경험을 살려 동아약품(훗날 동아제약)을 설립했다. 어렵게 마련한 트럭 2대로 지방을 돌아다니며 약을 팔았으나 외국에서 들어온 신약에 대한 소문이 시골에까지 널리 퍼져 쉽지 않았다. 엎친 데 덮친다고 오래지 않아 38선이 그어지고 말면서 미처 북한 지역에서 회수하지 못한 미수금이 적잖았다. 위기에 처한 그를 도와준 것은 소화제 '생명수'였다.

생명수는 원래 제조허가를 받았으나 생산치 않고 있었다. 그러다 경성약전 출신의 약사가 입사하면서 세심한 주의를 기울여 생산을 개시했다. 기존 제품들과의 경쟁에서 살아남기 위해 청량감 있게 만들어 시장에 내놓았는데, 바로 그 점이 주효한 것이다.

자신감을 얻은 강중희는 회사를 확장하고 나섰다. 당시 경제계에 폭풍처럼 불어 닥친 유행을 쫓아 무역업으로 눈을 돌렸다. 구미 지역에서 만든 약효가 뛰어난 제품들을 들여다 판다는 생각으로 자매회사 동아약품무역을 설립했다.

유복한 가정에서 구김살 없이 자란 이재준은 이미 해방 이전부터 부림상회라는 목재업으로 제법 성공한 터였다. 특히 해방 직전에는 비약적인 발전을 이룩했다. 수원에 비행장이 건설되면서 수백만 재에 달하는 레일용 침목을 비롯하여 막사용 목재를 납품하게 되었는데, 당시 일본군 사령부에선 행여 목재 납품이 늦어져 비행장 계획에 차질을 빚을까 염려하여 이례적으로 선급금까지 미리 지급해주어 막대한 이익을 올릴 수 있었다.

그로부터 2년 뒤, 이재준의 부림상회는 해방을 맞이했다. 일제의 억압에서 벗어나 보다 나은 환경과 여건 속에서 사업 능력을 마음껏 발휘할 수 있을 것이라 믿었다. 그러나 해방의 기쁨도 잠시, 부림상회는 뜻밖의 위기를 맞게 된다. 38선 북쪽에 위치한 대규모 벌목장들을 비롯하여 부동산 등 전체 자산의 70%에 달하는 규모를 북한에 몰수당하고 만 것이다.

그러나 이재준은 북한에 소재한 자산에 대해서는 더 이상 미련을 두지 않고 새로운 사업을 모색해나갔다. 더구나 대부분의 산림이 북한에 편재되어 있는 만큼 앞으로 목재업은 한계에 부딪치게 될 것이라는 판단 아래 수산업과 인쇄업에 투자해보기도 했다. 그러나 오지의 원시림 속에서 거목과 거친 씨름을 해가며 단련된 부림상회의 체질이나 문화에는 결코 맞지 않는 사업이었다. 결국 이재준은 한때 주택을 지어본 경험을 되살려 초기 사업을 진화시킨 건설업에 주력하기로 작정했다. 이때 회사명도 부림상회에서 지금의 대림산업으로 바꾸는 한편, 부평경찰서 신축 공사 수주를 시작으로 평생 건설 외길을 걷게 된다.

부친의 쌀가게 일을 도우며 사회에 진출하면서 평생 나무와 함께 살아가게 될 정태성이, 고향 영주에서 상경한 것은 해방 이듬해 가을이었다. 해방이 되기 전까지 정미업, 조림업, 목재업을 하던 그는, 서울에서 지인들을 만나 새로운 사업으로 합판을 만들기로 결정하고 갖가지 기계를 구입했다. 공장은 대구에 지었다. 회사명은 아버지의 정미소 상호를 딴 성창기업이었다.

그러나 이내 기술과 경험 부족의 벽에 부딪쳤다. 하다못해 부품조차 구할 길이 없어 철공소를 뛰어다니며 일일이 제작해야 했다. 천신만고 끝에 가까스로 공장을 가동하긴 하였으나, 생산성이 워낙 낮아 경영 상태는 적자를 면할 수 없었다. 목재업에서 나는 이익으로 합판공장의 적자를 겨우 메워나가야 했다. 설상가상으로 공장에서 안전사고가 일어나 기술자 한 명이 기계에 치여 사망하는 사건까지 발생했다.

이쯤 되자 정태성은 더 이상 어려움을 극복할 용기를 잃고 그만 공장 문을 닫기로 결정한다. 사고 처리를 끝내자 100여 명의 기술자들과 종업원들에게 폐업을 알릴 수밖에 없었다. 그가 첫 실패의 아픔을 딛고 성창기업 대구공장을 다시 가동하여 합판을 생산하기 시작한 것은 그로부터 꼭이 2년이 지나서였다.

인촌仁村 김성수를 존경한 나머지 보성전문학교 상과를 마친 김성곤이, 대구에서 비누공장 삼공유지합자회사를 설립한 것은 일제말이었다. 해방이 되자 아무 미련 없이 비누공장을 처분하고서 상경한 뒤 보다 새로운 사업 구상에 골몰했다.

김성곤은 이때에도 인촌 형제가 경영하던 경성방직을 떠올리며

방직업계에 뛰어들었다. 공장 건물과 대지, 방적기 2천추를 어렵잖게 적산으로 불하받아 금성방직을 설립하면서 훗날의 쌍룡을 위한 첫걸음을 내딛었다.

　이같이 1세대 기업가들이 해방을 맞으면서 대부분 쪼그라들고만 자리에, 대신 무명의 젊은 지방 기업가들이 일제히 중앙 무대로 올라왔다. 이들은 누구랄 것도 없이 대개 작은 밑천과 작은 경험만으로도 가능한 무역이며 적산 기업을 불하받으면서, 앞선 1세대 기업가들이 다 이루지 못한 집념의 도전을 이어받게 된다. 그나마 작은 밑천과 작은 경험으로도 가능한 무역이나 적산기업조차 불하받지 못한 나머지 무명의 젊은 지방 기업가들은 보잘 것 없는 상점이나 철공소, 정미소, 운수업, 기타 소규모 제조업으로 출발 선상에 섰다. 일찍이 이광수가 감지하고 예언해 내었던 그 '대군'이 마침내 몰려오기 시작한 것이다.

한국기업성장100년史

한국전쟁, 재앙과 기회가 공존한 시련이었다

해방과 더불어 한국 경제계의 판도는 크게 요동쳤다. 지금껏 불어오던 바람의 방향이 완전히 바뀌게 된 것이다. 화신백화점의 박흥식과 경성방직의 김연수 등 이른바 한국 자본주의의 여명기를 열었던 1세대 기업가들이 대부분 격변기에 쪼그라들고 말았다. 그리고 그 자리엔 일찍이 춘원 이광수가 감지하고 예언했던 '대군大軍', 아직은 무명의 젊은 지방 기업가에 불과한 그들이 서울로 올라와 새 둥지를 틀면서 속속 등장한다. 처음에는 상점, 철공소, 운수업, 기타 소규모 무역이나 제조업의 소꿉장난과도 같은 사업을 시작으로, 훗날 만개할 한국 자본주의를 향해 저마다 출발 선상에 나섰다.

한데 그만 6·25 한국전쟁이 터졌다. 1950년 6월 25일 새벽, 전쟁은 해방과 마찬가지로 누구도 예기치 못한 가운데 돌연 발발했다.

그럴 만도 했던 게 전쟁 발발 하루 전 육본 정보국은 북의 대규모 병력이 38선에 집결한다는 보고를 하였음에도 불구하고, 군 수뇌부는 바로 그 날 비상경계를 해제했다. 그 날은 주말이라 거의 절반에 해당하는 병력이 외출했다. 그 날 저녁의 육본 장교클럽 낙성파티에는 전방부대 사단장들까지 초청되어 밤새 술판과 탱고와 블루스의 춤판이 벌어졌다. 그 파티는 새벽 2시, 그러니까 남침 2시간 전까지 계속되었다.

마찬가지로 서울 시민들 또한 멀리서 들려오는 포성에 크게 놀라진 않았다. 그 이전부터 38선에서 워낙 소규모 충돌이 많았기 때문에 대수롭지 않게 생각하는 사람들이 많았다. 그러나 군용차가 거리를 질주하고 "3군 장병들은 빨리 원대로 복귀하라"는 마이크 소리가 요란해지면서 조금씩 동요하기 시작했으나, 무슨 일인지는 통 알 길이 없었다. 오전 7시가 넘어서야 방송은 북한군이 침공해 왔다는 소식만을 간단히 전했을 따름이다.

이틀 뒤 밤 9시경, 서울중앙방송은 정부 명령에 따라 이승만이 마치 서울에서 방송하는 것처럼 꾸며서 방송을 내보냈다. 정부는 대통령 이하 전원이 평상시와 다름없이 중앙청에서 집무하고 있고 서울을 사수하기로 결정하였으니, 곧 적을 물리칠 수 있을 것이라며 안심하라는 내용이었다.

그러나 방송이 나갔을 땐 이승만은 벌써 특별열차를 타고 서울을 감쪽같이 빠져나간 뒤였다. 이승만과 정부 수뇌부는 이미 서울을 떠나 피난해 놓고 아무런 예고도 없이 28일 새벽 한강다리를 폭파시켰다. 뒤늦게야 피난길에 올랐던 사람들은 이 폭파로 얼마나 많이 죽었는지 아무도 모른다.

경제계 또한 한 치 앞을 내다볼 수 없는 깊은 나락으로 허둥지둥 빠져들었다. 경제계는 다시 한 번 크게 요동치면서 또 다른 그림을 그려나가지 않으면 안 되었다.

해방 직후 김연수는 경성방직에서 물러나며 기존의 삼양사만을 남겨두고 있었다. 한데 1950년 3월 정부에서 돌연 농지개혁이 실시되었다. 이 조치로 삼양사는 그나마 남아있던 장성농장, 줄포농장, 고창농장, 영광농장, 법성농장, 손불농장 등 15만석에 달하는 농장들을 모두 정부에 넘겨주어야 했다. 삼양사의 김연수에겐 농지의 대가로 받은 지가증권과 농지개혁에서 제외된 해리염전(380ha)만이 남게 되었다.

그런 그가 북한군의 남침 소식을 들은 건 전쟁이 터진 당일 아침이었다. 하지만 그 또한 38선에서 소규모 무력 충돌이 자주 일어나고 있었기 때문에 그다지 심각하게 받아들이지 않았다. 당시 치안국에 근무하고 있던 셋째아들 김상홍으로부터 다급한 전화를 받고 나서야 뒤늦게 삼양사 출장소가 있는 부산으로 피난길에 올랐다.

김연수는 부산출장소에서 가족 친척들과 함께 비좁은 피난생활을 해야 했다. 옷차림은 서울에서 피난 내려올 때 입었던 작업복 그대로였으며, 빛바랜 운동화가 고작이었다. 초라한 그의 차림새를 보고 주위 사람들이 민망해 할 정도였다.

더구나 그의 나이 벌써 쉰다섯이었다. 평생을 바쳐 키어온 기업과 자산을 차례대로 모두 잃은 데다, 정신적 기반이기도 한 고향의 토지마저 죄다 내놓은 뒤였다. 거기다 비록 무죄 판결을 받긴 하였으나 반민특위에 체포되어 추운 겨울을 옥중에서 보내야 했다. 그런 상황 끝에 맞은 피난생활은 그에게서 자칫 삶의 의욕마저 빼앗아버릴 수 있었다.

그러나 김연수는 담담했다. 누군가 그의 화려했던 행적을 떠올리며 모든 것을 잃고 만 것을 한탄하기라도 하면 이렇게 말하곤 했다고 한다.

"재물이란 중한 것이지만 사람 목숨보다는 중한 것이 아니라네. 사람이 목숨을 보전하고 뜻을 잃지 않는다면 언제라도 기회는 다시 만들 수 있다네."

그는 재기를 꿈꾸고 있었다. 지금은 전쟁 속에 갇혀 움츠러들었으나 그 날을 다짐하고 기다렸다.

박흥식은 전쟁 이튿날 아침 날이 밝자마자 국방장관 신성모를 찾아갔다. 그리곤 다짜고짜 물었다.

"지금 당장 필요한 게 뭡니까?"

"그야 무기와 탄약 같은 군수물자가 아니겠소."

"신속한 해결 방법이 있습니까?"

신성모는 한숨만 내쉬었다. 미국에 긴급지원을 요청했지만 언제 올지 알 수 없는 일이었다.

"이건 내 생각입니다만, 지금 부산에는 일본에서 필요한 광석물

———————————————————— 한국기업성장100년史

전쟁으로 모든 것을 잃고 부산으로 피난을 내려간 정주영은, 미군 병사 10만명의 임시 숙소를 한 달 안에 만들어내면서 미군 건설공사 수주를 독점하며 재기에 성공한다. 사진은 1964년 단양 시멘트공장 준공식에 참석한 박정희 대통령(가운데)과 정주영 부부가 기념 촬영을 하고 있다. 50대 중반의 정주영은 단양 시멘트공장 준공 이후 소양강댐 착공 공사에 이어, 현대자동차를 설립하면서 삼성의 강력한 라이벌로 부상케 된다.

자가 많이 쌓여 있습니다. 그것을 일본에 먼저 주고 신속히 보급물자를 직송해오면 어떻겠습니까?"

두 사람은 구체안을 만들어 이승만에게 가져가자고 했다. 그 자리에서 무역협회, 상공부, 국방부 등 관계자들의 명단을 작성하여 경무대로 달려갔다. 이승만도 즉석에서 공감하고 곧바로 추진토록 재가했다.

다음날 박흥식은 그 일을 추진하기 위해 사전에 약속한대로 국방부를 찾아갔다. 그러나 신성모는 이미 전날 오후 이승만을 따라 서울 떠난 뒤였다. 대신 채병덕 참모총장을 만나보았으나 그는 아는 바가 없다고 했다.

허탈한 발걸음으로 돌아온 박흥식은 회사 중역들과 사후 대책을 논의했다. 우선 화신백화점의 문을 닫고 전 직원에게 유급 휴가를 주기로 했다. 회사 중역들은 희망에 따라 자신과 함께 피난길에 오르자고 권유해보았으나 차마 발길이 떨어지지 않는 모양이었다.

결국 가족만이 따라나선 가운데 인천으로 향했다. 며칠 전에 외자청의 입찰을 통해 수입하게 된 시멘트가 인천항에 입항되어 하역작업 중이었다. 그는 그 화물선을 타고서 부산으로 갈 심산이었다.

그러나 일본인 선원들은 그의 요청을 외면했다. 부산항에 입항하지 않은 채 곧장 일본으로 가버렸다.

서울은 그 사이 북한군의 수중에 들어가 화신백화점에 쌓여있던 재고상품(지금 돈 약 650억원)을 모조리 약탈해 갔음은 물론, 9·28 서울 수복 땐 불마저 내질러 화신백화점이 한줌 재로 화하고 건물 뼈대만이 앙상하게 남았다.

박흥식이 그런 화신백화점으로 다시 돌아올 수 있었던 것은 서울이 수복된 뒤 두 달여가 지나서였다. 하지만 그는 절망이 아닌 희망에 부푼 모습이었다. 그가 들고 온 가방 속에는 서류가 한 뭉치였는데, 일본에 체류하고 있을 때 다각도로 검토하고 짜낸 신규 사업 계획안이었다.

그 내용은 일본에서 대규모 어선을 들여와 수산업을 크게 벌인다는 거였다. 당시만 하여도 우리의 어선 보유량이나 어업 기술은 너무나 보잘 것이 없었다. 3면이 바다로 둘러싸여 있으면서도 어업 경쟁에서는 일본에 한참 뒤진 채였다. 더구나 전쟁이 휩쓸고 지나간 잿더미 속에서도 수산업은 비교적 손쉽게 할 수 있다는 생각에, 이미 일본의 도꾸시마수산과 논의를 한 끝에 중고선 등을 합해 약 600여 척의 어선을 들여오기로 합의까지 본 상태였다.

하지만 박흥식의 이런 꿈은 끝내 무산되고 말았다. 이승만이 이렇게 말한 때문이다.

"일본이 박 아무개를 통해 경제침략을 하고자 하는 숨은 뜻이 있습네다."

한편 해방 이후 정주영은 미군정으로부터 적산 땅 일부를 불하받아 그동안 자동차 수리공장의 경험을 살려 현대자동차공업사를 세웠다. 이어 미군 부대를 드나들면서 현대건설사도 세웠다. 그러나 뜻하지 않은 전쟁이 터지고 말면서 그 모든 것을 잃은 채 속절없이 부산으로 피난길에 올라야 했다.

그러나 피난지 부산은 그에게 또 다른 기회의 땅이었다. 전쟁 특수로 건설 물량이 쏟아져 나왔다.

더욱이 그에겐 약간의 행운도 따라주었다. 때마침 아우 정인영이 미군 사령부의 건설 담당인 맥칼리스터 중위의 통역으로 배치되었다. 맥칼리스터 중위는 정인영에게 건설업자를 찾아오라고 지시했고, 이 소식을 전해들은 정주영은 기다렸다는 듯이 달려갔다. 맥칼리스터 중위는 그를 보고 물었다.

"당신이 할 수 있는 게 건설의 어느 분야인가?"

"건설이라면 무엇이든지 다 할 수 있소."

"그럼 미군 10만 명의 임시 숙소를 한 달 안에 만들 수 있겠는가?"

"물론 할 수 있고 말고요."

휴교 중인 학교 교실을 소독한 뒤 페인트칠을 하고, 바닥에 널빤지를 깔아 천막을 쳐서 임시 숙소를 만드는 작업이었다. 정주영은 하루 3시간으로 잠을 줄여가며 눈코 뜰 새 없이 바쁘게 움직였다. 결국 약속한 한 달 안에 미군 10만 명의 임시 숙소를 뚝딱 만들어냈다.

정주영의 뚝심에 감동한 미군측은 아이젠하워 미 대통령 당선자와 UN사절단이 참배할 부산 UN군 묘지를 보수하는 작업에 그를 다시 불렀다. 한겨울이었던 그 때 UN군 묘지 언덕을 푸른 잔디로 깔라는 황당한 주문이었다.

참배일이 닷새 밖에 남지 않은 상황에서 그는 고심했다. 자신이 있다고 큰 소리쳤지만, 막상 어떻게 해볼 도리가 없었다. 그러다 어쩌다 아주 우연찮게 어린 시절 고향의 겨울 들판에서 목격했던 청보리 밭을 문득 떠올렸다.

이거다, 하고 무릎을 친 그는 곧바로 트럭 30대를 동원하여 가까운 농촌으로 내달렸다. 한겨울인데도 파랗게 싹을 틔운 청보리를 떠다가 UN군 묘지 언덕에 옮겨심기 시작했다.

이윽고 한겨울의 황량한 묘지 언덕이 청보리 싹의 푸른 잔디로 변해가자 미군 관계자는 엄지손가락을 추켜세웠다. 감탄사를 연발하며 앞으로 미군 건설공사는 정주영의 현대건설사에 맡기겠다고 약속했다.

해방 직후 대구에서 삼성상회와 조선양조를 경영하다 상경하여, 삼성물산을 설립하고 무역업에 뛰어든 이병철에게도 전쟁은 시련이었다. 한창 자리를 잡아가던 삼성물산을 잃은 채 빈털터리로 피난길에 올라야만 했다.

한데 대구에 도착하자 뜻밖의 얘길 듣게 된다. 그동안 조선양조의 이익금이 3억원 가량 비축되어 있다는 거였다. 생각지도 않은 거금을 손에 쥔 이병철은 곧 재기에 나섰다.

피난지 부산에서 옛 임직원들을 불러 모아 삼성물산(주)를 새로이 설립했다. 그리고 불과 1년 만에 무려 17배를 성장하는 기적과도 같은 도약을 이루어냈다. 어떻게 된 걸까. 이병철의 육성을 들어보기로 하자.

"우선 서울에서 무역을 하던 경험을 살려 가장 공급이 달리는 생필품을 하나하나 조사했는데 달리지 않는 물자가 하나도 없을 정도였다. …동란과 함께 국내 물자가 잿더미로 화하고 생산능력이 마비된 데다, 전시 인플레로 물가가 엄청나게 치솟기 시작하자 정부로서도 관·민수 할 것 없이 당장 수입을 촉진시키지 않을 수 없는 실정이었다. 이 당시 부산에서의 사업 경쟁이란 자금의 동원 능력과 기동력의 싸움이나 다름이 없었다. 자금의 동원 능력에 있어서는 우리를 능가하는 상사들이 적지 않았을 것이다. 그러나 기동력에 있어서는 삼성물산이 타사의 추종을 불허했다고 자부한다. 경황없이 1년을 보내고 결산해보니 3억 원의 밑천이 장부상으로나마 무려 17배 이상으로 불어나 있었다."

한데 이런 이병철보다도 더 화려하게 비상한 기업가가 있었다. 대구에서 양말 공장을 하다 소규모 삼호방직을 경영하던 정재호였다. 그는 전쟁으로 수도권의 섬유 공장들이 모두 몰락한 틈을 타 부를 쌓은 뒤, 국내 최대 방직공장인 부산의 조선방직을 인수하면서 하루아침에 섬유왕으로 떠올랐다. 물론 이러한 놀라운 성장 이면에는 이승만의 자유당 비호가 있었기 때문이다. 정재호는 이후 은행의 민영화에도 뛰어들어 제일은행·제일화재보험 등을 잇달아 인수하면서, 1950년대 삼성그룹에 이어 재계 랭킹 2위를 기록하는 삼호그룹으로 부상하기도 했다.

어쨌거나 전쟁은 모든 것을 바꾸어 놓고 말았다. 김연수는 전쟁에 갇혀 움츠러들었으며, 박흥식은 자신의 꿈이 물거품으로 사라졌다. 반면에 청보리 잔디의 정주영이나 17배 도약의 이병철, 또한 수도권 공장들이 몰락한 틈을 타 조방을 잡은 정재호 같은 이에게는 분명 다시없는 기회였다. 전쟁은 이처럼 누구에게는 재앙이었으며, 또 누군가에겐 또 다른 기회를 안겨다주었다. 6·25 한국전쟁은 곧 재앙과 새로운 기회가 공존하는 시련이었던 것이다.

제7부
'망치산업시대' 와 재벌의 탄생

한국기업성장100년史

오사카는 밀수의 본거지, 대마도는 전진기지

6·25 한국전쟁은 모든 것을 다 바꾸어 놓았다. 경제계 또한 다르지 않았다. 무엇보다 모든 산업 활동이 중단되었다. 당시 통계에 따르면 섬유공업의 64%, 기계공업의 35%, 화학공업의 33%, 금속공업의 26%가 파괴되어 불능 상태에 빠졌다. 특히나 해방 이후 일본을 배경으로 한 부산 지역이 몰락하면서 제반 산업 시설이 경인 지역으로 대거 몰려들었는데, 이 지역이 집중적으로 파괴되어 폐허로 변하면서 산업 활동 전반이 마비되고 말았다.

때문에 한국전쟁 3년여 동안 실제 경제를 이끈 지역은 피난민들이 몰려들면서 갑자기 인구 300만 명으로 팽창한 부산이었다. 경제 활동의 중심지가 서울에서 피난지 부산으로 옮겨가면서, 그에 따라 부산은 전쟁이라는 비극의 전개 속에서도 기업성장사의 새로운 무대로 떠올랐다.

그러나 피난지 부산 시절 국민경제의 최대 과제는 당장 의식주부터 해결하는 것이었다. 그저 살아남기 위한 최하위의 목적만이 존재했을 따름이다.

한데 피난지 부산에서의 상도는 크게 달랐다. 기업가들의 풍경은 국민경제의 요구와는 전연 다른 방향으로 나타났다.

전쟁 중이라는 혼란을 틈타 재산을 해외로 도피시키는 쭉정이, 망가진 철도 레일이나 부서진 공장 시설을 분해한 고철이나 탄피 따위를 주워 모아 만든 인고트(놋쇠)를 일본에 팔고 사치품을 들여오는 모리배가 설치는가하면, 양곡을 도입한다는 구실로 외화를 불하받은 뒤 엉뚱한 상품을 들여와 폭리를 취하는 간상배에서부터, 구호물자를 슬쩍 빼돌려 하루아침에 벼락부자가 된 야바위꾼에 이르기까지 수두룩했다.

일찍이 춘원 이광수가 감지하고 예언한 바 있던 '대군의 척후' 이후 한국기업성장사를 써나가는 과정에서 이 시기는 분명 오물로 얼룩졌다고 말할 수 있다. 피난지 부산에서의 경제사적인 평가는 지금까지도 불식되지 않고 있는, 기업가들을 바라보는 불신의 원죄가 되고 말았던 것이다.

어쨌든 전쟁 기간 중에 부산은 유난히 많은 사람들로 넘쳐났다. 수많은 피난민들이 부둣가에 남루한 거적을 둘러치고 비바람을 피하면서 하루하루 고단한 삶을 꾸려가고 있는 가운데, 또 다른 한편에서는 물자 부족과 하늘 높은 줄 모르고 치솟는 고물가를 틈타 폭리를 취하면서 말기적 호사를 누리고 있는 일부 무역업자들로 술렁였다. 그렇대도 산업 시설이 파괴되어 생산 활동이 불능 상태에 빠져있는 터라 경제 활동이라고 해봤자 무역이 전부였다. 때문에 부산항 부두에는 수출 물품이 언제나 산더미처럼 노적되어 있었다.

한데 이걸 유엔군이 문제 삼고 나섰다. 군사 작전에 방해가 된다는 이유였다. 작전 지시가 떨어지자 이들 물자는 당분간 가까운 안전지대로 이송해야만 했다. 미처 매매계약도 체결하지 못한 채 가수출되어 일본의 보세창고로 줄줄이 옮겨졌다. 전쟁이 발발하던 해 7월부터 이듬해 5월까지 1년여 동안이나 일본의 보세창고 속에 줄창 쌓여만 갔던 것이다.

한데 일본의 보세창고 속에서 낮잠을 자고 있던 이 물품들이 돌연 전쟁 특수를 누리게 되었다. 다소 품질이 낮아 판로를 찾지 못하고 있던 철광석이 시세를 만났다. 판매할 길조차 없어 부두에 산적해 놓은 채 파리만 날리고 있던 중석(텅스텐 원석) 역시 불티가 났다. 전쟁이 나기 전까지 400달러에도 사겠다는 데가 없던 중석이 4,000달러를 호가하게 되자 적산기업 소림광업을 울며 겨자 먹기로 인수했던 대한산업의 설경동은 갑자기 떼돈을 벌게 되었고, 동아상사의 이한원 또한 철광석으로 돈방석에 앉았다. 그 밖에도 예의 고철이나 놋쇠 수출이 전쟁 특수의 바람을 톡톡히 탔다.

그 같이 갑자기 돈벼락을 맞은 이들은 너도나도 일본 도쿄로 건너가기 시작했다. 시내 한복판에 번듯한 사무소를 낸 뒤, 고급 승용차를 타며 요정에 드나들곤 했다. 한순간에 거액을 챙겨 담았음에도 전쟁으로 정세가 불안하다는 이유를 들어 수입을 하지 않고 향락에만 빠져있었다.

하지만 국내 사정은 하루하루가 조바심을 쳤다. 물자 부족으로 촉발된 물가 폭등 현상이 걷잡을 수 없이 커져 갔다. 물가를 진정시키기 위해서는 무엇보다 수출된 상품의 대상 수입이 반드시 이뤄져야만 했다.

한데도 무역협회는 전쟁 기간 동안 그 기능이 대부분 정지되어 있었다. 회장 이활과 전무 나익진은 미처 한강을 도강하지도 못한 채 서울에 잔류해 있었고, 부산으로 피난을 내려온 무역회사들은 무역협회고 뭐고 돌아볼 겨를이라곤 없었다.

보다 못한 재무부장관 백두진이 상공부차관 이병호와 재무부 이재국장 송인상을 일본으로 급파했다. 일본에 머물고 있는 그들에게 수출된 상품의 대상 수입을 촉구하기 위해서였다.

이병호와 송인상이 도쿄 하네다공항에 내리자, 마중 나온 무역업자들은 이들을 승용차에 태우고 휴양지로 소문난 열해熱海 온천장으로 향했다. 이병호와 송인상은 고국의 실정을 들려주었다. 아울러 대상 수입의 시급성을 설명하면서 대상 수입이 이뤄지면 외화 대부를 주선하여 무역을 계속할 수 있도록 지원을 약속했다.

대상 수입은 이후 활기를 되찾아갔다. 또 한두 사람씩 일본에서 돌아와 부산에 거점을 두고 다시 무역에 나섰다. 수입한 물자를 후취담보로 하는 외화 대부제도는 그렇게 시작된 것이다.

그런가하면 이 무렵부터 무역의 형태도 크게 바뀌기 시작한다. 전쟁 이전의 무역이 기업 간에 물물교환의 원시 형태에서 벗어나지

———————————————————— 한국기업성장100년史

한국전쟁으로 경제 활동의 중심지가 수도 서울에서 부산으로 옮겨졌으나, 모든 산업 활동이 중단되면서 극심한 고물가와 더불어 물자 부족을 겪어야 했다. 더구나 경제 활동이라야 무역이 전부였다. 이런 상태에서 일본으로부터 밀수가 극성을 부리면서 한국기업성장史를 써나가는 과정에서 분명 오명으로 얼룩진 시간이었다. 그리고 아직까지도 불식되지 않고 있는 기업 불신의 원죄로 남아 있다. 사진은 부산 피난 시절 부산항과 영도의 풍경이다.

못한데다, 대상국 역시 일본이나 홍콩 등지에 한정되어 있었다면, 전쟁 복구를 위한 정부 발주의 대행무역이 본격화되면서 그 대상 국가가 비로소 미국과 유럽에까지 확대되고, 그에 따른 무역 실무 역시 큰 폭으로 진화하기에 이르렀다.

좀 나중의 일이긴 하지만, 그 첫 번째 무역이 1953년에 단행된 통화개혁 이후 물가 안정을 위한 양곡 수입이었다. 정부는 모두 1억 달러를 풀어 무역회사들에게 이를 대행시켰다.

당시 쌀의 국제 시세는 톤당 150달러 안팎이었다. 정부는 70여만 톤의 양곡을 한 달 안에 들여오라고 무역회사들을 재촉했다. 하지만 무역회사라고 해서 쌀을 수입해 들여올 수 있는 루트를 모두 알고 있었던 것은 아니다. 불과 10여 개 업체들만이 정부의 대행무역에 나섰는데 남선무역의 김원규, 천우사의 전택보, 미진상사의 이연재, 공익염료의 허봉익, 삼호무역의 정재호 등이 고작이었다.

그런데 내 돈 내어 쌀을 사들여오는 것이 아니라서 그랬던 것일까. 개중에는 은근슬쩍 장난을 치는 업체까지 생겨났다. 남전실업南澱實業의 '떡쌀 수입사건' 이 그것이다.

당시 국제 쌀의 구입가는 찹쌀보다 멥쌀이 더 비쌌다. 한데 남전실업은 찹쌀을 멥쌀보다 더 비싸게 들여왔다고 하자 외자구매처에서 이를 알고 구매수수료를 지불하지 않았다. 그러자 남전실업이 반발하고 나섰다. 외자구매처를 드나들며 거칠게 항의했다. 결국 남전실업의 찹쌀 수입문제는 의옥疑獄사건으로 번져나가 한 해 동안 외자구매처장이 세 번이나 바뀌는 소동을 벌였다. 당시 남전실업은 여사장이었는데, 정부 안에 '빽' 이 있다는 소문이 끊이지 않았다.

그러나 피난지 부산 시절 뭐니 해도 가장 골칫거리였으며 기업가들을 바라보는 불신의 원죄가 되고 만 것은 이른바 '더러운 얼룩', 다름 아닌 밀수였다. 그리고 거기에는 관민이 서로 의기투합해서 공공연히 밀수를 장려한 측면 또한 없지 않았다.

거듭 말하지만 한국전쟁 중에 남은 거라곤 망가진 철도 레일이나 부서진 공장 시설을 분해한 고철 따위나 전장에서 주어온 탄피, 그리고 미국이 가져다준 구호품이 전부였다. 비록 부둣가에 남루한 거적을 둘러친 초라한 피난살이일망정 물자 부족은 말할 수 없는 고통이었다.

그러다보니 가까운 일본으로부터 밀수가 극성을 부렸다. 밀수의 본거지가 오사카였다면, 그 전진 기지는 그보다 더 가까운 대마도였다. 밀수선들은 한국에서 주로 고철과 놋쇠를 싣고 나갔는데, 국내 시세는 톤당 10만원 안팎이었으나 일본에선 35~40만엔円을 호가했다.

이러한 시세 차이가 밀수선들을 부추겼다. 어선으로 가장한 밀수선이 고철이나 놋쇠 따위를 싣고 현해탄을 건너가 오사카항 외항에 다다르면, 일단 밀수품을 바다 속에 던져 수장시켰다. 대신 나중에 그 지점을 찾을 수 있게끔 표시해놓은 다음 오사카항으로 들어가 흥정을 벌였다.

귀항하는 길도 식은 죽 먹기였다. 귀항하는 길에 싣고 올 밀수품은 중개상에게 돈만 주고나면 주문한 양을 대마도까지 실어다주고, 필요할 경우에는 따로 배편도 마련해주었다.

밀수꾼들은 대마도로 가서 작은 어선으로 바꿔 탄 뒤 고기잡이 나가는 시늉을 하고 있다가, 바다에 어둠이 내리면 부산의 기장을 향해 직선으로 내달렸다. 바다가 잔잔한 날이면 그야말로 신바람 나는 항해였다. 검은 바다를 가르며 쏜살같이 내달려 불과 5~6시간이면 기장의 바닷가에 닿았다. 대마도에서 저녁 9시께 출발하면 대개 새벽 3시경쯤엔 도착하곤 했다.

이렇게 들여온 밀수품은 대부분 생활필수품이 적잖았으나, 여성용 액세서리와 화장품과 같은 사치품도 많았다. 사치품의 경우에는 평균 20배의 폭리를 남겼다. 한데도 세관은 인원과 장비가 부족하여 범람하고 있는 밀수를 막을 길이란 없었다. 당시 상공부장관 이교선의 회고다.

'…서울 수복을 전후해 고철 수출 붐이 일었다. 철도 레일과 선반기계, 일본군이 버려두고 간 잠수함과 군함을 비롯하여, 가정집의 문고리까지 빼어다가 고철로 팔아먹었다. 얼마나 심했던지 당시 일본 신문에는 한국에서 수입한 고철 속에서 군함이 나왔다고 대서특필할 정도였다. 고철 수출을 전면 금지시키자 장사꾼들이 재주를 부리기 시작했다. 거액의 뇌물 공세도 폈다.

…당시 고철과 놋쇠 수출에 가담한 사람들은 단순 밀수꾼 뿐만 아니라 이름 있는 무역업자들도 다수 있었다. …고철 금수령은 1951년 하반기에 풀렸다. 이에 따라 다시금 탄피 및 고철 수집에 열을 올렸는데, 오늘날 내로라하는 재벌 중 상당수가 이 틈에 기반을 다졌다.'

전쟁 중인 1952년에 가장 화려하게 성장을 한 기업은 이병철의 삼성물산이었다. 이병철은 전쟁 전에 서울에서 무역업으로 상당한 자산을 축적하였는데, 전쟁으로 그 모든 걸 잃고 말았다. 그가 피난길에 대구에 들렀다가 자신이 인수한 조선양조에서 받은 이익금 3억원으로 삼성물산을 재건한 것은 '51년 정월이었다. 신설 형식으로 삼성물산(주)를 설립했는데, 불과 1년 만에 17배로 도약하는 놀라운 기적(?)을 이뤘다는 건 이미 앞에 밝힌 그대로이다.

그 다음으로 크게 성공한 기업은 럭키화학일 것이다. '52년 9월 구인회는 화장품 제조를 통해 번 돈으로 플라스틱 제조업에 뛰어들었다. 그는 머리빗, 비눗갑, 세수 대야, 화장품 뚜껑 등을 생산해서 이른바 대박을 터뜨렸다. 당시 플라스틱 제품은 원가의 20~30배에 팔려나갔다. 이 시기 대박을 터뜨린 구인회의 럭키화학은 '55년 기준 국내 10대 기업 중 일약 4위로 급부상하는 기염을 토했다.

그렇다하더라도 물자 부족은 좀처럼 해소될 기미가 보이지 않았다. 정부는 다급한 나머지 물자 부족을 해소하기 위해 잇달아 당근을 제시하며 무역업자들을 독려했다. 특별외화대부, 외환선대, 외환증서대부와 같은 제도를 내놓으면서 수입을 적극 권장했다.

먼저 특별외화대부는 전시 인플레를 잡기 위해 원화 회수와 긴급 물자 도입을 목적으로 실시한 것이고, 외화선대는 수입을 촉진키 위해 외화를 우선 공급하는 제도였다. 다시 말해 외화로 상환하는 것을 원칙으로 하되, 수출신용장을 담보로 해서 신용장 금액의 70%를 대출해줄 수 있도록 규정한 것이다. 마지막으로 외환증서대부가 있었는데, 정부 보유 달러 또는 중석을 수출해서 획득한 달러를 정부의 개별적인 지시에 따라 증서대부의 형식으로 빌려주는 외화 대출이었다.

어쨌거나 전시 인플레라는 특수한 상황 속에서 자고 나면 물가가 치솟는 바람에 무역회사라면 누구랄 것도 없이 전에 경험하지 못한 호경기를 톡톡히 누렸다. 무역을 하든 아니면 밀수를 해오든지 간에 어떻게든 물자만 들여오면 눈 깜짝할 새에 팔려나갔다. 그것도 6천대 1의 공정 환율로 대출받거나 불하받은 정부 자금으로 무려 5만대 1까지 뻥튀기하는 장사였으니 즐거운 비명이 아닐 수 없었다. 더구나 이런 무역의 호경기가 전후까지 한동안 지속되었다니 '50년대 수많은 기적의 탄생이 결코 우연만은 아니었던 셈이다.

아무튼 부산 피난 시절은 바야흐로 무역의 전성시대였다. 해방 직후 잠시 열풍같이 불어 닥쳤던 정크무역이나 마카오무역과는 비교도 할 수 없는 또 다른 황금광맥이었다. 오늘날 한국경제계를 대표한다는 기업들이 대개 이 무렵 무역으로 자본을 긁어모아 기반을 다졌다. 어떻게 보면 한국 경제가 상업자본에서 산업자본으로 발전해가는 자본주의의 발달 과정을 이때 비로소 밟고 시작한 셈이었다.

한국기업성장100년史

'중석불 사건',
누가 수백억의 폭리를 취했나

정치를 하려면 당장 필요로 한 게 돈이다. 이건 비단 어느 시대, 어느 특정 정권에게만 해당되는 얘기가 아니다. 동서고금을 막론하고 정치에 절대적으로 필요한 건 다름 아닌 돈이다.

한데 전쟁이 한창이던 1950년대는 그런 정경유착이 꽃 피울 절호의 기회였다. 전쟁의 혼란 속에서 정부가 기업에 줄 수 있는 특혜가 그만큼 많았기 때문이다. 정치학자 김경순에 따르면, 1950년대 경제에서는 국가로부터 누가 얼마만큼이나 나눠받는가 하는 것이 기업의 몸집 불리기에 결정적이었다고 말하는 것도 딴은 그런 이유에서다.

'…더욱이 인플레가 극심한 상황에서 기업가들은 매점매석, 가격인상, 탈세 등과 같은 비합법적 과정을 통해 자본을 축적해 갔다. 국가기구는 경제적 이권에 거의 모두 개입할 수 있었고, 기업을 언제든지 파멸시킬 수 있는 힘을 지니고 있었다. 따라서 정부로부터 특혜를 받아 살아나가는, 정치에 유착한 자본가 political capitallist는 이승만 정권의 수혜자로서 정권을 유지하는 주체 세력이기도 했다. 바로 이렇게 정치자금의 헌납과 경제적 특혜가 곧 상호의존적인 관료 · 자유당 과두지배자 · 기업가의 정치연합구조를 형성시켰다.'

그러나 이런 연합구조가 밀도를 더해가면서 저질러진 정경유착은 결국 부패 사건을 낳기 마련이었다. 1950년대 대표적인 정경유착이 이른바 '중석불重石弗 사건' 이었다.

당시 중석(텅스텐 원석)은 우리 나라의 주요 외화 획득 자원이었다. 강철보다 단단한 중석은 탱크와 같은 군수 제조의 핵심 광물이었다. 중국이 공산화되고 말면서 중석 확보에 어려움을 겪고 있던 미국은 '52년 3월 '한미중석협정'을 맺고 2년 동안 중석 1만5,000톤을 미국에 수출하기로 했다.

한데도 당시에는 달러 구하기가 하늘의 별따기이던 시기였다. 때문에 무역회사들이 이용할 수 있는 달러는 중석불, 종교불, 암달러, 원조불 등이 고작이었다. 중석불이란 앞서 얘기한 것과 같이 중석을 수출하여 획득한 달러를 일컬었는데, 이 중석불은 자유롭게 쓰지 못하도록 규정해 놓고 있었다. 주로 기계, 선박, 화물 자동차 등 산업 부흥 자재의 수입에만 사용할 수 있도록 그 용도를 제한했다. 종교불은 기독교 선교 및 전시 구호, 교회사업 등을 위해 외국에서 보내온 달러였다.

한데 아직은 전쟁이 한창 진행 중이던 1952년 7월의 어느 무더운 날이었다. 부산세관이 갑자기 농림부 산하 보세창고를 덮쳐 시중에 범람하고 있는 밀가루를 압수하고 미진상사, 신한산업, 영동기업 등 3개 무역회사의 장부를 압수해갔다. 부산세관은 또 보세창고의 출고를 일체 중지시켰다. 이것이 곧 중석불 사건의 발단이었다. 이어 서상권 법무부장관의 사건 내용 발표가 뒤따랐다.

'정부는 농사철을 앞두고 비료와 식량을 긴급 도입하기 위한 중석불과 정부 보유불 등 합계 470만불을 민간상사에 불하했다. 국무회의는 이 외화로 비료와 양곡을 도입하여 농림부가 지정하는 가격으로 지정된 지역의 농민과 노무자들에게 배급하기로 의결했다. 그러나 업자는 도입한 물자를 임의로 시중에 유출시켜 엄청난 폭리를 본 것인 바 이는 폭리취체령(군정법령 제 19호)과 양곡관리법 위반이므로 미진상사(이연재), 남선무역(김원규), 영동기업(최점석), 신한산업(강한욱) 등을 기소했다. 이에 대해서는 공개 재판이 있을 것이다….'

이 사건은 정부가 보유불을 6천대 1의 공정 환율(시중 시세는 1만2천대 1)로 불하하되 밀가루 9,940톤과 비료 1만1,368톤을 도입하게 하여 민간업자들로 하여금 자유판매토록 한 것인데, 결국 무역업자들이 3만대 1의 폭리를 취한 것이었다. 무려 5배가 남는 장사였다. 350만 달러에 달하는 중석 수출불로 수입한 쌀, 밀가루, 비료를 자유 판매하여 얻은 부당이익은 이 사건에 직접 관계된 사람의 말을 빌어도 44억원, 일반적인 추산은 200억원, 야당은 500억원의 폭리를 취했다고 목소리를 높였다.

이러한 중석불 사건은 부산 정치파동 직전에 불거진 사건이었다. 대통령 이승만을 재선시키기 위해 헌법을 뜯어고쳐서라도 대통령선거 제도를 국회에서 뽑는 간접선거가 아닌 대국민 직접선거제로 바꾸려는 무리수를 두기 시작하면서 빚어진 정치 파동이었다. 그러려면 우선 막대한 정치자금부터 마련해야 했고, 정권의 금고 역할은 당연히 재무부가 맡아야 했다.

그런 중차대한 임무(?)를 띠고 새로이 임명된 재무부장관 백두진은 농촌을 주목했다. 농촌에서는 비료가 모자라고 피난지 부산에서는 식량 부족에 허덕였다. 그렇다고 비료와 양곡을 들여오자니 규정상 정부의 보유불이나 중석을 수출해서 얻은 중석불은 결코 사용할 수가 없게 되어 있었다.

한데도 무역상들은 어떻게 해서든지 수입을 하려고 혈안이 되어 있었고, 따라서 정부 보유불이나 중석불을 호시탐탐 넘보던 터였다. 중석불만 불하받으면 쉽사리 큰돈을 만질 수 있었기 때문이다.

하지만 규정에 가로막혀 있자 '51년 세밑에 은행 보유불 사용은 액수의 많고 적음을 떠나 대통령이 인가하고 책임지도록 새로운 규정을 만들었다. 이젠 대통령이 승낙만 하면 어떠한 달러도 마음대로 돌려쓸 수 있게 된 것이다.

그렇대도 아직 남은 게 있었다. 사람들의 이목이 있으니 합당한 명분을 찾아야만 했다. 하지만 궁하면 통한다고 했던가. 누군가 그럴싸한 아이디어를 냈다. '중석불을 벌어들이려면 중석을 많이 캐

한국기업성장100년史

1950년대 수출 품목은 중석 광산물이 거의 유일했다. 달러 구하기가 하늘의 별 따기만큼 이나 어려웠던 시절 중석을 수출하여 획득한 달러조차 함부로 쓰지 못하도록 했다. 한데 중석을 수출하고 획득한 이 중석달러를 둘러싸고 온갖 추문이 뒤따랐다. 때마침 대통령 선 거를 앞두고 자유당의 정치자금 조달 방식까지 도마 위에 오를 정도였다. 사진은 중석불사 건으로 인하여 1952년 설립된 국영기업 대한중석 본사 사옥 건물이다.

내야 한다. 중석을 많이 캐내려면 노동자들을 잘 먹여야 한다' 는 말도 안 되는 명분이었다.

마침내 '52년 3월 대한중석에 노동자들을 위한 양곡 도입용으로 중석불 20만 달러를 불하했다. 누구도 이의를 달지 못했다. 일단 그렇게 명분이 통하자 그 다음부터는 아이들의 미끄럼타기였다.

뒤이어 특정 무역회사에도 알게 모르게 외화가 풀려나가기 시작했다. 정부의 불하 방법은 외화 담당자조차 모르는 사이에 낙하산 식으로 이뤄졌다. 남선무역·미진상사·영동기업·신한산업·보금양행·고려흥업(김의규) 등 14개 기업에 중석불 350만 달러가, 삼호무역(정재호)·경북과물조합 등 10개 기업에 정부 보유불 120만 달러 등 총 470만 달러가 감쪽같이 불하되었다.

이처럼 외화를 은밀히 불하받은 무역회사들은 미국과 일본에서 들여온 밀가루 한 포대에 무려 3~4만원씩의 폭리를 취했다. 외국에서 비료와 양곡을 사들일 땐 반드시 정부가 제시한 공정 가격으로 판매하도록 규정되어 있었는데도 불구하고 공정 가격은 그저 콧방귀였을 따름이다. 놀랍게도 거래된 전량이 자유 판매되어 막대한 부당이익을 얻었던 것이다.

뒤늦게야 외화가 새어나가 폭리를 취한 사건의 전모를 알게 된 국회는, 중석불 배정 과정에서 국회의 동의 절차가 생략되었기 때문에 위법임을 내세우며 정치 쟁점화 했다. 그리하여 '52년 7월 '정부 보유불 및 중석불에 의한 수입 양곡 비료 기타 물자 취급 사항 조사에 관한 건'을 가결하고, 12명으로 특별조사위원회를 구성했다.

조사 결과 영동기업 등 4개 무역회사가 중석불로 비료와 밀가루를 들여와 이미 대부분 자유 처분을 하여 수백억 원의 폭리를 취한 사실이 밝혀졌다. 아울러 이 안건을 다룬 국무회의가 3차에 걸쳐 결의를 번복하는 등 여러 부당한 처사가 있었다는 것도 밝혀내면서 정부 불신임안까지 제출하기에 이르렀다.

그러나 이승만 정부는 달러 배정에서 주도적인 역할을 했던 재무부는 가만 내버려둔 채 애꿎은 농림부만 희생양으로 삼았다. 또한 민간업자들의 폭리 행위에 대해서만 기소하는 선에서 이 사건을 일단락 지으려 들었다.

때문에 검찰은 마지못해 손을 대긴 했다. 미진상사 사장 이연재와 상무 김원평, 남선무역 사장 김원규와 무역부장 김광규, 영동기업 사장 최점석과 전무 박문수, 그리고 신한산업 사장 강한욱 등을 기소하고 나섰으나, 무슨 이유에서인지 담당 검사조차 재판정에 입회하지 않으면서 공판이 연기되는 해프닝까지 벌어지기조차 했다.

그 뿐 아니었다. 검찰은 기소 내용에서 이미 4개 기업이 40억원의 폭리를 누렸다고 밝히고 있으면서도, 따라서 당시로선 초유의 사건이었음에도 모두 불구속으로 기소하면서 세간에 의혹을 뿌렸다.

겉으로 보기엔 법원도 자기 할 바를 다한 것처럼 보였다. 증거 인멸의 우려가 있다고 피고인들에게 구속영장을 발부했다. 하지만 구속영장이 집행된 것은 단 한 건도 없었다.

당시 부산지검 검사장은 무슨 수를 써서라도 이들을 당장 구속 수사하라며 경남도경 수사과에 엄중 시달했다고 밝혔으나, 경남도

경 수사과는 눈감고 아옹이었다. 그럴 때 피고인들은 부산 인근의 바닷가에서 한가로이 바다낚시를 즐기고 있었다니. 가히 권력의 힘이 어느 정도였는지 짐작할 수 있다.

그런가하면 정부의 후속 조치 또한 제 마음대로였다. 민간 기업에 중석불을 은밀히 불하한 주무 부처는 재무부였고, 농림부는 그저 식량 부족 문제를 해결하기 위해 중석불로 밀가루와 비료 등을 수입하도록 추천했을 따름이다.

한데도 인사태풍은 재무부가 아닌 농림부로 향했다. 농림부장관 함인섭, 차관 원용석, 양정국장 박 아무개 등에게 중석불 사건의 책임을 물어 줄줄이 경질되었다. 반면에 주무 부처의 재무부장관 백두진, 차관 박희현, 이재국장 최도용, 이재과장 황호영 등은 초유의 파동 속에서도 거뜬히 살아남았을 뿐더러, 곧이어 줄줄이 승진하는 기쁨(?)을 누렸다. 재무부장관 백두진은 일약 국무총리로 발탁되었다.

그러나 수백억씩이나 배불렸다는 중석불의 정경유착은 그들 모두에게 횡재를 안겨준 것만은 아니었다. 사건의 불똥이 엉뚱한 곳으로 떨어지면서 그들 내부에서도 일부 상처가 없지만은 않았다. 중석불 사건이 들통나 법정으로 비화하기 전에 밀가루와 비료를 재빨리 수입하여 처분한 기업들은 돈방석에 앉았으나, 어쩌다 한발 늦었던 미진상사와 고려흥업 같은 경우에는 그만 큰 타격을 입어야만 했다.

중석불을 은밀히 불하받으면서 정치자금으로 뭉칫돈이 빠져나간데 이어, 중석불로 수입한 물자를 미처 처분하지도 못한 채 압류당하고 말면서, 이미 선납한 정치자금과 불하금만 몽땅 날리고야만 셈이었다. 한발 늦었던 미진상사와 고려홍업은 이 중석불 사건의 후유증을 이기지 못해 결국 몰락의 수순을 밟게 되었던 것이다.

특히 중석불의 주역이자 당대 무역업계를 이끌었던 미진상사 사장 이연재는, 일찍이 양산洋傘을 시작으로 무역업계에선 꽤 성공한 입지전적인 인물이었다. 그가 일본 오사카에서 삼양양산(주)을 설립하고 양산제조 수출입을 하다, 부산으로 거점을 옮겨온 건 해방 전이었다.

한데 국내 양산을 독점해오고 있던 일본 기업들이 가만있지를 않았다. 반대가 거세어지자 국내 판매는 하지 않고 해외 수출을 조건으로 간신히 자리를 잡았다.

하지만 다행히 양산 수출은 순탄했다. 태평양전쟁이 한창 진행 중이어서 통제가 엄한 때인데도 연간 50만 달러의 수출 실적을 올릴 정도였다.

그러나 일제가 패망하면서 양산시장마저 무너지고 말자 이연재는 변신을 서둘렀다. 성공의 길을 걷게 해주었던 양산 제조를 미련 없이 접는 대신, 미진상사라는 무역회사를 설립했다. 당시 대일 수출품목으로 인기를 끌었던 천초(한천의 원료)를 비롯하여 수산물 따위를 취급했는데, 한국전쟁이 터졌을 땐 이미 무역업으로 상당한 기반을 다진 뒤였다.

정부가 부산으로 피난을 내려오면서 군수물자 취급 기관으로 승리공사를 발족하자 그가 건물 한 동을 선뜻 기증하고 나서면서 힘을 보탰는가하면, 자신의 사무실 일부를 피난 내려온 무역협회에

내어주기도 했다. 이같이 씩씩하기만 하던 미진상사가 중석불 90만 달러를 은밀히 불하받으면서부터 몰락의 길을 피할 수 없게 되고 만 것이다.

이연재는 홍아타이어 재건에 마지막 희망을 걸고 재기에 몸부림 쳤다. 하지만 과다한 부채 때문에 기울어가는 사세를 되돌리지 못했다. 운도 지지리 따라주지 않았다. 재기에 성공할 수 있는 절호의 기회, 예컨대 ICA(국제협조처)로부터 자금 48만 달러를 확보해 놓았건만 중석불 사건이 발목을 잡았다.

이연재는 5·16 군사쿠데타 이후 한때 숨통이 트이는가 싶었다. 하지만 끝내 은행 부채에서 헤어나지 못했다. 홍아타이어는 은행 관리 기업으로 전락하고야 말았던 것이다.

어쨌든 중석불 사건은 당시 수백억의 폭리가 오간, 정부 수립 이후 첫 번째 정경유착 사건이었다. 더욱이 그 다음달 8월에 실시된 대통령 선거를 앞두고 정치자금 조성과 결코 무관치 않았다는 게, 후일 드러난 자유당의 정치자금 조달 방식에도 그대로 드러났다. 하지만 전쟁 중인 상황에서 그걸 직접 다 밝혀내기는 어려웠을 것으로 보인다.

한국기업성장100년史

새벽 전파를 타고 알려진 통화개혁 날벼락

6·25 한국전쟁 중에 경제계는 다른 무엇보다 살인적인 인플레이션에 시달려야 했다. 산업 시설은 초토화되고 생산이 마비된 상태에서 물자 구하기가 하늘의 별 따기만큼 어려워지면서 물가가 천정부지로 치솟았다. 해방 직후에 비해 무려 18배나 폭등을 했다.

그런데 전쟁 비용이 무한정 투입되면서 통화량마저 폭발적으로 증가하고 있었다. 전쟁이 발발하기 전날인 '50년 6월 24일 559억원에 달하던 화폐 발행고는 '52년 말에 1조원을 간단히 돌파했다. 정부의 노력에도 불구하고 수요와 공급, 통화량 등 모든 측면에서 악성 인플레는 불가피한 상황이었다. 당시 한국은행 총재 김유택은 어찌나 인플레가 극심했던지, 시장에선 돈을 가마니로 싣고 다녀야만 거래가 이루어질 정도로 화폐가치가 땅에 떨어져 있었다고 말할 지경이었다.

더구나 3년 넘게 치러진 전쟁은 38선을 사이에 둔 채 교착상태였다. 그런 가운데 휴전 회담이 한창 진행 중이었다. 결국 전쟁이 끝나는 것도 시간문제였다. 이젠 전후 복구와 산업 부흥 방안이 시급히 마련돼야 할 시점이었다.

이런 분위기 속에서 1951년 가을, 재무부장관 백두진과 한은 총재 김유택(당시는 수석 부총재)이 머리를 맞댔다. 전쟁으로 누적된 인플레를 청산하고 아울러 전쟁 복구와 산업 부흥에 필요한 자금을 조달할 수 있는 유일한 방법으로 통화개혁을 논의하기 시작했다.

이윽고 한은 내부에서도 통화개혁에 따른 실무자가 낙점되었다. 일본 육군예비사관학교와 미국 클라크대학에서 경제학을 공부하고 돌아온 27살의 젊은 조사과장 김정렴(훗날 재무부장관)이었다. 김정렴은 제2차 세계대전 이후 세계 각국의 통화개혁 사례를 수집하고, 그 가운데 독일·네덜란드·일본 등의 성공 사례를 정리한 대외비 조사 자료를 만들었다.

이듬해 9월, 김정렴은 난데없이 재무부장관 백두진의 호출을 받았다. 장관실에는 이미 한은 총재 김유택과 부총재 송인상이 배석해 있었다. 백두진은 통화개혁이 불가피한데 해낼 수 있을지 김정렴에게 물었다. 김정렴은 자신이 있다고 대답한 뒤, '비밀을 누설하면 총살한다'는 서약서에 서명을 했다.

김정렴은 함께 작업할 동료로 같은 과의 배수곤(훗날 상업은행장) 대리를 점찍었다. 두 사람은 부산 해운대와 송도의 가정집, 호텔 등지를 옮겨 다니며 극비리에 통화개혁안을 만들었다. 두 사람의 직속상관인 조사부장 이상덕에게는 '두 사람을 특별히 쓸 데가 있으니 아무 간섭하지 말라'는 총재의 엄명만 내려졌을 따름이다.

작업이 어느 정도 진척을 보이자, 조사부장 이상덕과 발권부장 김병옥도 비밀작업에 합류시켰다. 이때까지도 통화개혁이 은밀히 추진되고 있다는 비밀을 아는 이는 극소수에 불과했다. 백두진과 김유택, 송인상, 이상덕과 김병옥, 김정렴과 배수곤, 그리고 대통령 이승만 등 고작 8명이 전부였다.

마침내 그 이듬해 정월, 통화개혁안이 최종 마무리되었다. 백두진과 김유택, 송인상 등이 확정된 안을 재가받기 위해 대통령의 임시 집무실이었던 경남도지사 관사로 향했다.

한데 세 사람을 맞이하는 이승만의 심기가 결코 편치만은 않아 보였다. 전부터 백두진은 이승만에게 통화개혁의 필요성을 여러 차례 역설했으나, 그 때마다 별로 달가워하지 않는 얼굴이었다. 더구나 그 취지에 대해서는 이해를 한다면서도 100대 1로 절하하겠다는 통화 단위에 대해서 왜 1대 1로 하면 안 되는지 반문했다. 또한 일정 한도를 초과하는 금액은 2~3년간 사용을 동결한다는 대목에 대해서도 납득할 수 없어 했다. 정부가 국민의 재산을 함부로 제한할 수 없다고 제동을 건 것이다.

재무부장관과 한은 총재는 진땀을 빼야 했다. 통화개혁을 성공하려면 일정액의 통화를 유통 과정에서 흡수해 통화량을 줄여야만 한다는 설득과 함께 입씨름이 장시간 오간 끝에야 마지못해 이승만이 입을 열었다.

"장관의 소신이 정 그렇다면 할 수 없습네다."

이승만은 재가 란에 '가만可晩' 이라고 사인을 해주었다. 그동안 비밀리에 추진해오던 통화개혁이 무산될 위기를 가까스로 넘기는 순간이었다.

한데 막상 이승만의 재가를 받아내는 데는 성공했으나, 남은 문제는 한두 가지가 아니었다. 새로이 발행하게 될 지폐의 제조에서 부터 보관, 운송 등 문제가 산적했다. 시간이며 비용은 그렇다 손치더라도 무엇보다 보안유지가 힘들었다.

결국 이런 문제들을 놓고 숙의한 결과 'US프린트' 를 지폐종이로 활용하자는 아이디어가 나왔다. 해방 직후 미군정 시절 조선은행은 경제 혼란과 치솟는 인플레를 막기 위해 통화개혁을 실시할 작정이었다. 그러나 충격적인 대형 정책은 새로이 들어설 한국 정부에 넘긴다는 입장으로 정리되었다.

하지만 만일에 대비하여 미국에서 예비은행권인 US프린트를 만들어 이미 들여다 놓은 터였다. 군정청은 이 예비은행권이 도착하자 포장된 상태 그대로 봉인하여, 조선은행 지하 금고에 보관시켜 두었다. 그러다 전쟁이 발발하자 부산으로 옮겨와 조선방직 창고 안에 보관하고 있었다.

송인상은 백두진의 전화를 받고 김병옥과 함께 급히 조방 창고로 달려갔다. 창고 안에는 US프린트가 산더미처럼 쌓여 있었다. 상자 하나를 열자 돈 다발이 가득했다. 두 사람은 액수를 확인한 뒤 이상이 없자, 다시금 봉인한 다음 창고를 나섰다.

그러나 남은 문제는 또 있었다. 통화개혁에 따른 대통령의 담화

———————————————— 한국기업성장100년史

한국전쟁으로 말미암아 극심한 물자 부족 사태에다 살인적인 인플레에 시달려야만 했다. 전쟁 비용이 무한정 투입되면서 통화량마저 폭발적으로 증가했다. 인플레가 어찌나 심했던지 시장에선 돈을 가마니로 싣고 다녀야만 거래가 이루어질 정도였다. 이쯤 되자 정부가 비밀리에 통화개혁을 단행케 되는데, 일정 한도를 초과하는 금액은 2~3년간 유예시켜 통화량을 줄인다는 당초 목표가 정치 논쟁으로 비화되고 말면서 1953년 1차 통화개혁은 소기의 목적을 달성치 못하면서 무질서 속에 실패로 돌아가고 만다. 사진은 해방 직후 조흥은행 본점 건물의 풍경이다.

문과 긴급 통화조치 포고문 등의 인쇄물을 과연 어디서 찍을 것인가 하는 점이었다.

그 때 김유택의 머리를 스쳐지나가는 생각이 있었다. 조폐공사 동래공장이었다.

그는 국방장관 신태영에게 부탁해 헌병 50여명을 차출했다. 헌병들은 동래공장을 물샐 틈 없이 에워쌌다. 헌병들에겐 '이 시간 이후 외출하는 자는 무조건 체포 구금하고, 찾아오는 이는 즉시 돌려보내라'는 별도의 지시가 떨어졌다.

그런 다음에야 백두진과 김유택은 조폐공사 사장 나정호를 불러들였다. 영문을 몰라 하는 나정호에게 백두진은 주머니 속에서 돌연 권총을 꺼냈다. 나정호의 얼굴이 단박 하얗게 질렸다.

"나 사장, 지금부터 내가 하는 얘긴 곧 국가의 지상명령이오. 만일 누설되는 날엔 각오하시오."

그 날 이후 동래공장 300여 명의 임직원들은 사흘 동안 완전히 구금된 상태에 들어갔다. 예의 담화문이며 포고문, 서식 등의 비밀 인쇄 작업에만 매달려야 했다.

드디어 디데이 하루 전날인 '53년 2월 14일 저녁, 김유택은 한은 남자직원 전원에게 송도에 자리한 미진장호텔로 집결하라고 지시를 내렸다. 명목상으론 한은 총재가 마련한 (구정)설날 축하연이라고 둘러댔다. 김유택은 호텔에 모인 한은 임직원들에게 비로소 그동안 비밀리에 추진해온 통화개혁 단행을 알리면서, 명예를 걸고 부여된 과업을 책임지고 완수하자고 다짐했다.

이때부터 한은에 통화개혁대책본부가 설치되었다. 동시에 수송과 교환을 담당할 요원들이 한밤중에 새 지폐 다발을 싣고서 각 지방으로 출발했다.

몇 시간 뒤인 15일 0시를 기해 전격적으로 단행된 통화개혁은, 새벽 라디오 전파를 타고서 전 국민에게 비로소 알려졌다. 김유택은 아침 6시 KBS방송에 출연하여 통화개혁의 취지와 내용을 설명하고 협조를 당부했다.

이날 발표한 재무부장관과 한은총재의 공동 담화문에 따르면, '전쟁 피해로 인한 생산력의 저하와 전쟁비용 증대로 인한 통화의 팽창 때문에 물가 사정은 악화되고, 일정한 화폐 소득자의 실질 소득은 다달이 저하되고, 부익부 빈익빈 징후는 농후해가고, 원재료와 제품은 사장되고, 생산 의욕은 떨어지고, 반면에 고리대금업자만 발호하며, 일면 돈의 가치를 제대로 한 장 한 장 세어보지도 않고 돈의 분량을 대충 달아서 주고받고 하는 따위의 천금賤金 사상이 만연되고, 지폐의 홍수 속에서 거래의 단위만 터무니없이 불어나 유통과 결제 상에 많은 불편만 끼치는 형편'이었다.

따라서 정부는 화폐개혁을 단행하여 구권의 통용을 일체 금지시키고, 구권 100원에 신권 1환의 비율로 교환해주되, 일정 한도액을 초과하는 금액은 구권과 수표 등을 모두 금융기관에 2~3년간 강제 예입시킨 다음 생활비조로 1인당 500환 한도 내에서 신권으로 교환해주도록 한다는 것이었다.

이러한 통화개혁은 실로 일반 국민의 경제생활과 재산권에 엄청난 영향을 미치는 초헌법적인 조치였다. 더구나 일반 국민들은 모든 게 어리둥절하고 불안해서 정부의 통화개혁을 불신의 눈으로 바라볼 수밖엔 없었다.

　제아무리 전쟁을 치루고 있는 도중이라지만, 새벽에 날아든 뜬금없는 통화개혁 뉴스는 마른하늘에 날벼락이 다름 아니었다. 통화개혁이라는 긴급 사태를 처음 겪어보는 일반 국민들은 이 같은 날벼락에 도대체 무엇을 어떻게 해야 할지 몰라 혼란스러워했다. 때마침 음력 설날을 끼고 있는 바람에 이틀 동안의 공백은 일반 국민을 더욱 조바심치게 만들었다.

　이윽고 날이 밝아오자 곳곳에서 우왕좌왕하기 시작했다. 갖가지 루머가 난무하는 가운데 매점매석과 싹쓸이 사재기와 물자 은닉 등으로 시장은 일시에 혼란 속으로 빠져들었다. "이건 공산당보다 더 악랄한 수법"이라고 목청을 돋우는 사람이 있는가 하면, "재무부와 한국은행 사람들은 서울에 미리 집을 사놨다"더라 "모 고위층이 소금을 몇 십만 가마니나 사놨다"더라 등 별의별 소문이 떠돌았다.

　그런 가운데 일정 한도를 초과하는 금액은 2~3년간 사용을 동결시켜 유통 과정에서 흡수하여 통화량을 줄여나간다는 당초의 정부 목표는 처음부터 어긋나고 말았다. 거액을 쥔 구권 소지자들이 되도록 많은 신권을 확보하기 위해 교묘한 방법으로 구권을 농촌에 밀반출시켜 불법 교환을 일삼은 탓이었다.

　작가 홍성원은 신문연재소설「남과 북」에서 정부의 갑작스런 통화개혁은 경제 전체를 일대 혼란 속으로 빠뜨리고 말았으며, 일반 국민들에게는 크나큰 고통이었다고 말하고 있다. '극심한 인플레를 경험해본 그들은 단순한 통화개혁만으로는 화폐 가치를 인정하려 들지 않는다. 화폐의 액면만 달라졌을 뿐 신화인 한화 역시 조만

간 폭락할 것을 예측하고 있었다. 따라서 화폐개혁이 발표되자 나라 안은 전에 볼 수 없던 큰 혼란만 찾아왔을 뿐이다. 화폐 가치를 신용할 수 없는 국민은 현금을 쥐고 있기보다는 다투어 물건을 사들였다. 구화를 신화로 바꾸기 위해서는 깊이 숨겨놓았던 비상금까지도 모두 풀려나오기 마련이었다. 가뜩이나 물자가 부족했던 시장에는 구화가 홍수처럼 쏟아져 나와 물건 값이 하루 사이에 4배에서 15배까지 미친 듯이 치솟았다. 여기에 부채질을 더한 것은 신화와 달러와의 환율이 60대 1로 절하된 데 있었다. 화폐의 홍수가 시장으로 밀어닥치자 상인들의 태도 역시 급속도로 달라졌다. 그들은 물건을 창고 속에 숨겨둔 채 어지간한 값으로는 물건을 팔려고도 하지 않았다. 어차피 바꿔야 될 화폐이기 때문에 구화는 그들에게도 달갑지 않은 돈이었던 것이다.'

그러나 정작 넘어야 할 산은 따로 있었다. 긴급금융조치 법안에 대한 국회 심의에서 동의를 얻어내야만 했던 것이다.

국회는 당장 격론이 벌어졌다. 본회의에서 의원들은 "국민의 재산권을 침해했다"면서 통화개혁을 문제 삼고 나섰다. 백두진과 김유택, 상공부장관 이재형이 나서 의원들을 설득해보려 하였지만, 의원들은 예금 동결 비율을 한사코 완화하려 들었다. 정부에 힘을 실어주어야 할 여당조차 한 목소리를 내면서 정부를 곤욕스럽게 만들었다.

당시 여권에서는 이렇다 할 주도 세력이 없이 다만 족청계, 비족청계, 신라회 및 친여 무소속 등의 파벌이 서로 힘을 겨루고 있었다. 한데 백두진은 과거 조선은행 이사 시절 민족청년단 재정담당

이사를 맡은 적이 있어 족청계로 분류되었다. 비족청계의 중진 배은희 의원과 신라회 총수인 국회의장 장택상은 "정부 원안대로 해주면 백두진만 영웅이 된다"며 자파 의원들을 독려했다.

결국 여권에서조차 협조를 이끌어내지 못한 정부는 울며 겨자 먹기로 예금 동결 비율을 75%나 삭감시켜 주지 않으면 안 되었다. 사실상 백지화된 수정안이 통과된 것이었다.

통화개혁을 주도했던 백두진과 김유택은 훗날 '전쟁에서 참패를 당한 기분이었다'고 술회했다. '십년 동안의 공든 탑이 한순간에 와르르 무너지는 듯한 참담한 심정이었다'고 밝혔다.

그러나 이재형은 국무회의에서 딴 목소리를 냈다. '이번 통화개혁은 금융인들만의 생각으로 입안을 했기 때문에 이런 결과를 초래한 것이다. 보다 광범위하게 실업인과 상공인들을 참여시켰더라면 더 좋은 안이 나왔을 것'이라고 따끔한 일침을 가했다.

한국기업성장100년史

4대 업종 4대 광맥에서 '재벌' 탄생하다

부산 피난살이에서 볼 수 있듯이 한국전쟁은 인구의 대이동을 불러왔다. 전쟁 이전인 1949년과 전쟁 이후인 '55년도 3대 도시의 인구를 비교해보면, 서울은 144만여 명에서 156만여 명으로 겨우 12만 명 정도가 늘었을 뿐이다. 그에 반해 부산은 47만여 명이 104만여 명으로 곱절 이상 늘었으며, 대구는 31만여 명이 45만여 명으로 50% 가까운 인구의 증가세를 보였다.

그러나 이후 서울 인구는 부산과 대구를 따돌리고 급속도로 늘어나면서 권력과 경제의 집중도가 가속화된다. 이미 '52년 말 전체 법조인 858명 가운데 서울에만 440명(51.3%)이 몰려 있었고, 이들은 6대 도시에서 활동한 것으로 나타났다. 또한 의사의 43.9% 약사의 65.9%가 서울에 몰려 있었는데, '54년 말 읍·면 인구가 전체의 79.3%나 되었지만 읍·면 전체의 52.6%에는 의사가 전혀 없었다. '55년 말 9만 명 수준의 대학생 중 절반에 해당하는 4만2,666명이 서울에 집중되어 있었다.

이같이 전쟁이 끝난 50년대 중엽부터 급격한 도시화와 서울 집중이 가속화되었던 배경에는 정치 경제적인 이유가 컸으나, 심리적인 이유도 없지 않았다. 도시전문가 손정목에 따르면 '50년대 전반기 때 이 땅의 도시 인구 집중에 미친 영향 가운데 가장 큰 요인은 시골에서 많은 사람들이 대구나 부산 등지로 피난을 떠남으로써 자기 고향 이외의 터전에서도 살 수 있다는 경험, 도시에서는 보다 더 잘 살 수 있다는 가능성을 발견했다'는 사실을 들었다. 아울러 '많은 시골사람들이 서울을 비롯한 도시로 피난을 떠났다 돌아온 피난민들을 맞아 서울 사람도 별 수 없더라, 자기도 서울만 가면 서울사람이 될 수 있다는 자신을 체득했다는 점과, 곧 그러한 체험이 그 후의 급격한 도시화를 초래한 심리적인 원동력이 된 것이다'고 주장하고 있다.

그러나 이와 같은 도시화와 인구의 이동이 가속화되면서 무엇보다 시급해진 것이 운송 수단에 대한 수요였다. 그러면서 '55년 9월 한국에서 처음으로 생산된 국산 자동차가 '시발始發'이었다. 미국 지프의 4기통 엔진을 재생하고 실린더헤드만 국산화한 이 자동차는, 광복 10주년 기념 산업박람회에서 최고상을 수상하며 2,700여 대 가량이 생산되었다.

택시는 그 이듬해부터 국내에서 조립 공급되어 점차 대중화되었다. '56년에는 서울에만 모두 5,335대의 자동차가 굴러다녔는데, 그 중 승용차는 1,439대, 트럭 1,248대, 지프 1,031대, 버스 810대 등이었다.

이처럼 자동차가 늘어나기 시작하면서 교통사고 또한 잇따랐다. '59년 전국에서 발생한 교통사고는 총 6,319건으로 2,215명이 사망하고 7,066명이 부상을 당했다. 이 가운데 자동차에 의한 사고는 85.3%를 차지했다. 같은 해 서울 시내에는 처음으로 교통신호등이 등장했으며, '운전사의 날' 도 처음으로 제정되어 무사고 운전자에 대한 표창을 실시했다. 전쟁이 남긴 상흔도 점차 그렇게 아물어가고 있었던 것이다.

그렇다하더라도 대부분의 산업 시설이 전쟁으로 파괴된 채 아직은 불능 상태에 빠져있었다. 한국전쟁 이후 경제는 처음으로 돌아가 다시 원점에서 시작하지 않으면 안 되었다. 한데 때마침 미국의 원조가 단비처럼 쏟아졌다. 한국경제의 재건과 더불어 경제계의 자본 축적에 결정적인 역할을 하게 것이다.

그렇다면 당시 미국의 대한 원조 규모는 과연 어느 정도나 되었던 것일까. 미국의 대한 원조는 해방 이후 '61년까지 약 16년 동안 경제원조만 30억 달러 이상에 이르렀다. 이밖에도 연간 2.5억 내지 3억 달러의 군사 원조가 공여되고 있었다. 이렇듯 미국의 원조가 근본적으론 군사 원조이고 냉전체제와 관련된 것이기는 하였으나, 그렇대도 당시 한국의 경제 규모에 비추어볼 때 미국의 원조가 한국경제에 미친 영향은 절대적이었다고 말할 수 있다.

그리고 이 같은 미국의 원조가 경제계의 자본 축적에 결정적인 역할을 하게 된 것은 다음 두 가지 방식에 의해서였다. 우선 직접적인 방식으로, 기업이 원조 자금이나 원조 물자를 배당받거나 혹은 경매 입찰을 통해 매입하는 경우였다. 물론 배당이나 입찰 모두 무상은 아니었다. 하지만 당시 공정 환율과 실세 환율의 차가 워낙 컸기 때문에 형식과 상관없이 기업은 많은 이득을 남길 수 있었다. 또 이러한 원조 방식을 통해 당장 생산 활동에 필요한 원료나 시설재 따위를 구할 수도 있었다.

나머지 방식은 원조에 의해 형성된 대충자금을 통한 것이었다. 이 대충자금은 정부의 재정투융자의 주요 재원으로 활용되어 그 일부가 은행을 통해 대출되어 나감으로써 기업이 자본을 형성하는데 주요 기반이 될 수 있었다.

또 그 같은 원조 자본은 이 땅에 서서히 소비문명을 심어가기 시작했다. 미국 원조의 주종이 소비재가 대부분이었던 터라 달러를 얻어보았자 소비재 부문이 아니면 달리 갈 데라곤 없었다. 더구나 당시 기술의 수준이나 기업의 체질로 보더라도 소비재의 유통이나 단순한 가공의 소비재산업이 아니고선 딴은 또 투자할 대상조차 없는 실정이었다.

한데 당시 소비재산업의 대표 업종은 제분, 제당, 시멘트와 같은 3분三粉산업이었다. 여기에다 일제 강점기부터 학습과 단련으로 다져온 방직업을 더한 4개 업종이 당시 우리 산업의 전부라고 말할 수 있었으며, 이른바 '4대 광맥'으로까지 불렸다. 오늘날 내놓으라는 대기업의 대부분이 바로 이 4대 광맥 속에서 기업의 근육을 키워냈던 것이다.

한국기업성장100년史

전후 소비재산업의 대표 업종은 제분, 제당, 시멘트와 같은 3분三粉산업이었다. 여기에다 일제시대부터 학습과 단련으로 다져온 방직을 더한 4대 업종이 당시 우리 산업의 전부라고 볼 수 있었다. 아울러 지금까지의 상업자본에서 산업자본으로 진화하는, 새로운 지평이 열리는 중요한 시기이기도 했다. 이러한 전환점에서 기존의 상업자본에 안주하며 그 안에서 변화를 모색하던 기업들은 대부분 경쟁에서 밀리고 말았다. 반면에 시대의 흐름을 쫓아 재빨리 산업자본으로 체질을 바꾼 기업들은 그만큼 성장 속도가 빨랐다. 사진은 삼성재벌의 제일제당 부산공장 전경이다.

439

따라서 이 시기야말로 한국기업성장史에서 매우 중요한 전환점이었다고 볼 수 있다. 일제 강점기의 식민 지배 속에서 뒤늦게야 출발한 한국자본주의가, 비로소 상업자본에서 산업자본으로 새로운 지평을 열어나가기 시작한 시대이기도 하였던 것이다.

또 이러한 전환점은 결국 기업의 운명마저 바꾸어 놓게 된다. 기존의 상업자본에 안주하며 그 안에서 변화를 모색하던 기업들은 대부분 경쟁에서 밀려나고 말았다. 반면에 시대의 흐름을 쫓아 재빨리 산업자본으로 체질을 바꾸고 호흡했던 기업들은 그만큼 성장 속도를 더 올릴 수 있었다.

더구나 산업자본을 둘러싸고 있는 환경 또한 우호적이었다. 상업자본에 머물지 아니하고 과감히 산업자본으로 체질을 바꾸었던 기업들은 무엇보다 생산적인 부분이 용이했다. 대부분 원조 물자에 기반을 두고 있었던 만큼 당시 구하기 어려운 원자재 확보가 상대적으로 손쉬웠다. 그런데다 한창 물자 부족으로 저마다 아우성을 치던 시절이라 공장에서 생산하기 바쁘게 불티나게 팔려나가, 별반 어렵지 않게 짧은 기간 안에 자본을 축적해나갈 수 있었다.

실제로 이때 자본을 축적해서 크게 성장한 재벌 가운데 경성방직의 김연수와 화신백화점의 박흥식을 제외하면, 그 이전부터 대자본의 기업가는 전무한 상태였다. 모두가 이때 비로소 새로이 거대자본을 형성한 기업들이었다.

다음의 〈표〉에서도 볼 수 있는 것처럼 50년대 들어 재벌로 크게 발돋움한 기업가 중엔 해방 이후 미군정기와 한국전쟁 시기에는 무역업이 대부분이었음을 알 수 있다. 삼성 이병철, 삼호 정재호, 개

1950년대 주요 재벌들의 업종 변화 과정

	일제시대 주업종	해방 이후 미군정	한국전쟁 전후	50년대 중반
이병철 (삼성)	상업 및 양조장	상업 및 양조장	무역업	제당, 모직, 금융
정재호 (삼호)	양말공장	양말공장 및 기계제작	방적, 무역	방적, 금융
이정림 (개풍)	상업	고무공장의 중역	무역	시멘트
설경동 (대한산업)	곡물상 및 수산업	무역	무역	방직, 제당, 전선제조
구인회 (락희)	포목상 및 어류상	상업 및 무역	화장품업	합성수지, 치약, 라디오
이양구 (동양)	식료품 도매상	상업(제과)	설탕, 밀가루(도매)	제과, 시멘트
남궁련 (극동)	미상	미상	해운업	해운, 무역, 흄관제조
백낙승 (태창)	직물 및 무역	직물 및 무역	직물 및 무역	방직, 기계, 홍삼 전매
이한원 (동아)	정미소	무역	무역	제분, 제당, 방직
김지태 (한국생사)	농장 및 기계공장	적산기업 관리인	견직, 제사	견직, 제사, 고무공업
박흥식 (화신)	지류 판매, 백화점	백화점, 무역	백화점, 무역	백화점, 무역, 방직
김연수 (삼양)	농장, 방직	농장, 방직	방직, 염전	방직, 염전, 제당
김용주 (전방)	무역, 운수	무역 및 적산 관리인	무역, 방직	방직, 제분
전택보 (천우사)	농장, 상업, 정미소	미군정청 관리, 무역	무역	목재, 피혁
김종희 (한국화약)	회사원	적산기업 관리인	적산기업 관리인	화약공업

출처 ; 공제욱 〈한국전쟁과 재벌의 형성〉 중에서

풍 이정림, 대한산업 설경동, 락희 구인회, 태창 백낙승, 동아 이한원, 화신 박흥식, 전방 김용주, 천우사 전택보 등이 그들이다. 이밖에도 주력 업종이 아니긴 하였으나 삼홍실업 최태섭, 동양 이양구, 금성산업 김성곤, 한국생사 김지태, 삼양사 김연수, 극동통상 남궁련, 중앙산업 조성철 등도 한국전쟁 전후 부분적으로 무역업에 뛰어들었었다.

그도 그럴 것이 해방 이후 미군정기와 한국전쟁을 치른 8년여 동안에는 생필품 등 물자가 극도로 부족했던 터라 일본이나 홍콩 등을 통한 무역은 이들에게 막대한 이익을 안겨다주었다. 특히 미군정기에는 공산화되기 이전의 중국 대륙이나 마카오·홍콩과의 무역이 활발했다. 주로 수산물과 광산물을 수출하고 생고무·종이·면사·화공약품·의약품 따위를 수입했다. 한국전쟁기에는 중국 대신 일본과의 무역이 활기를 띠었는데, 광산물이나 고철 또는 탄피를 녹인 놋쇠를 주로 수출하고 의복·화장품·직물류·장식품 따위를 들여왔다. 이같이 1950년대의 기업들이 재벌로 크게 발돋움하는데 필요한 자금은 주로 미군정기와 한국전쟁을 치른 8년여 동안 대부분 무역으로 축적된 것이었다.

한편 상업자본에서 산업자본으로 전환하는 과정에서의 매우 중요한 축재 수단은 한 가지가 더 있었다. 갖은 역량(?)을 발휘해서 은행 대출을 끌어오기만 하면 가만 앉아서도 금고를 늘릴 수 있었다. 당시 은행 금리가 13~17% 수준인데 반해 물가는 해마다 30~40%까지 치솟은 때였던 만큼, 은행 대출은 인플레가 스스로 알아서 갚아주고도 남았다.

따라서 당시 은행 대출은 곧 특혜나 다름없는 것이었다. 어떻게든 은행에서 돈만 끌어오면 돈놀이를 하든, 부족한 물자를 만들든 간에 금고를 늘려나갈 수 있는 건 시간문제였기 때문에 은행 창구는 늘 문전성시였다.

하지만 그것도 '빽'이 있을 때나 가능한 얘기였다. 그렇지 못할 경우에는 은행 근처에도 얼씬할 수가 없었다.

흔히 현대경영에선 부채도 자산 구실을 한다고 일컫는다. 빚이 늘어나면 자산이 그만큼 감소하는 것이 아니라 더 늘어나는 마술을 부린다. 복식부기에 따르면 부채가 늘어나면貸邊 그만큼 자산이 증가하기 마련이다借邊. 비록 빚을 얻어 쓴다 하더라도 그것은 곧 설비시설이나 원자재 운영자금과 같은 자산의 형태로 변신을 하면서 더욱 많은 이득을 창출케 된다. 한데 그 당시만 하여도 이 같은 회계상의 마술을, 자산의 속살까지도 속속들이 이해하는 기업가가 그리 많지 않았었다.

이밖에도 미군정기와 한국전쟁을 치르면서 50년대 재벌이 탄생하는데 빼놓을 수 없는 '절호의 기회'는 이미 앞서 얘기한 바 있는 적산기업의 불하였다. 〈표〉에서도 볼 수 있듯이 적산기업과 줄이 닿으면서 불하받게 된 재벌만 하여도 여럿이었다. 한국생사 김지태, 전방 김용주, 한국화약 김종희 말고도 동립산업 함창희, 동양방직 서정익, 동양맥주 박두병이 적산기업의 관리인으로 있다 불하받으면서 일약 재벌로 성장하게 되었다는 사실이다.

마지막으로 전쟁 복구 건설경기 또한 한몫했다는 평가를 받고 있다. 그 대표적인 기업이 현대건설 정주영, 대동공업 이용범, 중앙산업 조성철, 홍아공작소 양춘선, 대림건설 이재준, 극동건설 김용산 등이었다. 이들은 모두 전쟁 복구 건설경기의 붐을 타면서 재벌의 반열에 합류할 수 있었다.

요컨대 1950년대는 한국자본주의가 상업자본에서 산업자본으로 전환해가면서, 동시에 재벌을 탄생시킨 태동기였다. 이후 전개될 한국의 산업혁명(?)을 위한 체질을 강화시킨 시기였다고 볼 수 있다.

그리고 그 동력은 대부분 무역에서 얻어진 막대한 이익이었다. 여기에 다시 미국의 원조가 우호적으로 집중되면서부터였다.

따라서 이 시기의 재벌 형성은 경제적 원리보다는 그 바깥 요인이 지배적이었다. 때문에 당시의 재벌들은 자본을 형성하는 과정에서 파행성을 띨 수밖에 없었고, 그에 따른 사회적 비판이 뒤따르게 되는 단초가 되었다.

한국기업성장100년史

재벌로 가는 마지막 열차는 전후 복구였다

해방 직후 미군정기와 한국전쟁을 치르는 격동기 속에서 한국 자본주의가 상업자본에서 산업자본으로 전환되어 갈 때, 다시 말해 경제적 원리보다는 시대 상황에 따른 그 바깥 요인이 지배적이었을 때 재벌로 가는 마지막 열차는 미국의 원조 자금으로 시작된 전후 복구사업에 따른 건설이었다. 그 대표적인 기업이 대동공업, 조흥토건, 삼부토건, 극동건설, 흥아공작소, 대림건설, 현대건설 등이었다. 이들은 대부분 1953년 휴전 이후 전재 복구 건설 경기의 붐을 타면서 마지막으로 재벌의 반열에 합류한 기업이었다.

이들 가운데 정주영의 현대건설은 앞서 언급한 것처럼 부산 피난 시절 미군 10만 명의 임시 숙소 건설을 한 달 만에 뚝딱 만들어 낸데 이어, 한겨울에 부산 UN군 묘지를 푸른 잔디로 단장하라는 난제를 청보리 싹으로 또다시 뚝딱 해치우면서 신임을 얻어 줄곧 미군 군용건설사업 주변에서 맴돌았다. 그러면서 휴전이 성립되었을 땐 이미 사업 기반을 다져 국내 유수의 건설업체로 부상한 터였다.

그러나 부산 피난 시절 미군 군용건설 사업으로 기반을 다져나갈 수 있었다면, 한국전쟁 때 우리가 폭파시킨 한강 인도교 복구 사업을 하면서 마침내 건설업계 선두 그룹에 낄 수 있게 되었다. 그럴 만도 했던 게 '57년 당시 한강 인도교 복구 사업비는 2억3,000만환이었다. 단일 공사로는 전후 최대 규모였기 때문에 건설업계가 놀랐던 것도 무리가 아니었다.

애초에 이 공사를 내무부 장관은 조흥토건에 주려했다. 공사 승인권을 가지고 있던 재무부 장관은 홍화공작소를 밀었다. 이때까지만 하여도 현대건설은 그저 아무 공사 수주 경쟁에나 무조건 뛰어들어 끝까지 용을 써보는 후보군이었을 따름이다.

하지만 예산 집행이 1년이나 연기되도록 누구도 양보를 않고 끝내 타협점이 찾아지지 않자 결국에는 경쟁 입찰에 부치게 되었다. 아무데나 머리를 들이밀고 보는 현대건설 또한 이때 다른 경쟁 업체들 사이에 끼어 응찰했다.

한데 홍화공작소가 단돈 '1천원'에 응찰하면서 기부 공사를 하겠다고 나섰다. 당시 1,000원은 한강 공사 현장에서 남대문까지 시발택시 왕복 요금에 불과한 액수였다. 경쟁 업체들은 모두가 쓴웃음을 지었다. 어떻게든 공사를 따서 돈을 벌어보겠다고 나선 마당에 단돈 '1천원'에 기부 공사를 하겠다는 데야 딴은 할 말도 없었다.

그러나 입찰서를 뜯어본 주무 장관이 '1천원'에 응찰을 한 홍화공작소는 입찰 의사가 없는 것으로 보고, 정부가 기부 공사를 받을 수 없다는 공식 입장을 내놓았다. 아울러 응찰 가격 두 번째였던 현대건설에 한강 인도교 복구공사가 자동 낙찰되었다. 이때부터 대동공업, 조흥토건, 삼부토건, 극동건설, 대림건설, 현대건설 등을 일컬어 흔히 '건설 5인조'니 '6인조'니 하며, 세인들의 입에 오르내리기 시작하면서 1천여 대소 건설업체들 가운데 단연 선두 그룹에 이름을 올릴 수 있었다.

당시 건설업계 1, 2위를 다툰다는 이재준의 대림건설 또한 현대건설과 같은 노정을 걸었다. 다만 현대건설이 부산 피난 시절 미군 군용 건설사업 주변에서 맴돌았다면, 대림건설은 주로 정부가 발주한 관급 공사를 도맡다시피 했다. 사회부가 발주한 피난민 집단수용소를 비롯하여 국방부의 조병창, 진해 해군본부의 천막 병사 보수공사, 산업은행 제주지점 사택 신축공사, 부산금융조합 중앙지소 화재 복구공사 등을 잇달아 시행하면서 고달프기만 한 피난살이 속에서 나름대로 기반을 닦아나갔다.

특히 대한금융조합연합회가 발주한 전남 여수금융조합 건물 신축공사는 천운이었다. 가뜩이나 어려웠던 부산 피난 시절에 이 공사 대금을 받았는데, 이 돈은 서울 수복 후 대림건설이 움직이는데 효자 노릇을 한 것이다.

다시 서울로 올라온 대림건설이 가장 먼저 한 일은 서울역 앞 용산구 동자동에 위치한 옛 부림상회(대림건설의 옛 사명) 서울지점 자리에 당시 서울 시내에서는 고층 빌딩에 속하는 4층짜리 사옥을 지어 입주한 것이었다. 이 건물은 1937년에 신축된 화신백화점을 사옥이 아닌 사업장으로 분류했을 때 〈한국기업성장사〉에서 최초의 사옥다운 사옥으로 기록되고 있다.

건물의 설계는 일찍이 경성고등공업학교를 나와 서울의대 병동 등을 설계한 바 있는 원로 건축가 장연채가 맡았는데, 당시로서는 꽤 모던하다는 평판을 듣기에 모자람이 없었다. 자유당 시절 대통령 이승만이 그 앞을 지나가다 "누가 저렇게 크고 멋진 건물을 지었느냐?"고 감탄했다는 일화가 전할 정도였다.

이같이 대림건설은 당시 업계에선 보기 드물게 번듯한 사옥까지 지어 입주하면서 전후 복구공사에 본격적으로 뛰어들 만반의 채비를 마쳤다. 실제로 국가 기간 시설물과 공공건물 등 전재 복구공사를 통해서 어느 정도 체제 정비와 경영의 발판을 마련한 것도 사실이었다.

더욱이 전후 건설업계는 자고나면 영웅이 탄생하는 춘추전국시대였다. 먹잇감인 토건 현장도 해마다 큰 폭으로 늘어났을 뿐더러, 공사의 유형도 단순한 토목·건축에서 플랜트 건설 등 국가 기간산업 건설로 점차 확대되어 나가는 추세였다.

그러나 대림건설은 현대건설이 전후 한강 인도교 복구공사를 낙찰 받으면서 순조로운 출발을 보인 반면에 된통 한차례 홍역을 치러야 했다. 이른바 '미도파백화점 강탈사건'이 그것이다.

1953년 서울로 다시 환도한 정부는 '도시 건물 복구령'이라는

한국전쟁 이후 전후 복구사업은 재벌로 가는 마지막 열차였다. 이때부터 조흥토건, 대동공업, 삼부토건, 극동건설, 대림건설, 현대건설 등이 '건설 5인조'니 '6인조'니 하며 세간의 입에 오르내리면서 크고 작은 1천여 건설사 가운데 단연 두각을 나타내기 시작했다. 사진은 현대건설을 중소업체에서 상위 대기업으로 도약시킨 전후 미군 공사 계약 현장에서 정주영 명예회장(오른쪽)이 사인을 하고 있다.

각령을 내렸다. 민간인이 자기 자금으로 서울 시내의 대형 건물을 복구·수리하는 사람에게 얼마 동안 점유권을 인정해주는 법령이다. 전쟁이 끝나면서 재정 상태가 거의 파탄지경에 이르렀던 정부로서는 전재 복구를 위한 궁여지책이었던 셈이다.

대림건설은 이러한 정부 방침에 따라 환도 이듬해에 자본금 50만환으로 서울부동산(주)를 설립하고, 명동 입구에 자리한 정자옥丁子屋을 관재청으로부터 임대받았다. 이 건물은 일제시대에 일본인이 창설한 백화점으로 해방 후 민간인에게 불하되어 관리되어 오던 중에, 전쟁을 만나 불타고 무너져 내려 흉측한 몰골로 그 뼈대만이 앙상하게 남아 있었다. 대림건설은 전국 각처에서 최고급 자재들을 구해다가 내 외부를 말끔히 수리하고 단장한 뒤, '미도파'란 이름을 붙여 다시금 백화점으로 개업했다.

미도파美都波란 이름은 '전쟁으로 폐허가 된 시내의 중심지를 아름답게 가꾸고 꾸며서 도시미를 되살려 냈으며, 또 이러한 백화점에 화려하게 성장한 신사 숙녀들이 마치 물결을 치듯이 몰려든다'는 뜻으로, 당시 거액의 현상금을 내걸고 응모한 결과 당선된 사명이었다. 실제로 美都波를 그냥 한글로 미도파라고 표기해도 받침이 없어서 읽고 쓰기에 편할 뿐더러, 기억하기도 쉬워서 세련미를 갖춘 상호라는 평판을 들었다.

한데 그 같이 다시 개업한지 얼마 되지도 않아 그만 엉뚱한 데서 말썽이 일어났다. 당시 국회 부의장을 역임했던 자유당의 최 아무개가 한국무역협회장으로 취임하면서 역시 자유당의 2인자였던 이기붕을 움직여 대통령 이승만에게 이렇게 간청했다고 한다. '미도파는 외국의 사치품만을 전시하고 판매함으로써 국민의 위화감을 부채질하고 사치 풍조를 조성하고 있는 만큼 국산품 장려를 위해서라도 무역협회로 이관해 달라'고 한 것이다. 물론 지금의 상식으로 본다면 어림 반 푼도 없는 애기였다.

그도 그럴 것이 당시만 하여도 시장경제를 지배하고 있는 것은 외국의 구호물자와 밀수품이 전부다 하여도 과언이 아니었다. 국산품이라야 어디 내놓을 만한 것이 없던 시절이다. 더구나 다른 기관도 아닌 무역협회에서 국산품 애용 운운하는 것은 이치에도 맞지 않는 억지였다.

하지만 권좌에 너무 오래 앉아 있었던 이승만은 귀가 얇았다. 엄연히 '도시 건물 복구령'에 따라 대림건설이 합법적으로 임대한 건물의 운영권을 무역협회에 넘기도록 하는 어처구니없는 지시를 내리고 만 것이다. 결국 서울부동산의 미도파백화점은 내 외부를 말끔히 수리하고 단장해서 개업한지 불과 1년여 만에, 그 운영권을 무역협회에게 강탈당하면서 백화점 사업을 그만 포기하지 않으면 안되었다.

흔히 역사에서 가정이란 있을 수 없다고 말한다. 그러나 만약 이때 대림건설이 미도파백화점을 계속해서 경영하였더라면 그 결과는 과연 어떻게 되었을까. 분명 이후 대림의 체질이 많이 바뀌어졌을 것으로 보여진다. 또 그 같이 바뀌어진 체질을 부단히 학습·단련하고 거듭 진화시켜 나가는 가운데 오늘날 대림의 모습은 크게 달라져 있을 것으로 믿어진다. 그리하여 주력 기업이 건설이 아닌 유통으로 옮겨가면서, 어쩌면 지금쯤 롯데와 양보할 수 없는 치열한 각축전을 벌이고 있을지도 모를 일이다. 또한 그렇게 되었을 때 오늘날 대림의 위치가 어디쯤에 서있을지도 궁금한 일이다.

이밖에도 전후 재벌로 탄생케 되는 마지막 열차는 운송이었다. 그 가운데서도 조중훈의 한진상사는 가히 눈부신 비상을 보여주었다.

조중훈 역시 전쟁 통에 부산으로 피난을 떠났다가 휴전 이후 다시 돌아왔으나, 인천은 이미 잿더미였다. 남아 있는 거라곤 폐허로 변한 한진상사의 부지와 은행 부채 뿐이었다. 무엇보다 재기를 위해서는 자금의 융통이 가장 큰 문제였는데, 전쟁 전의 신용을 인정받아 무담보로 대출을 받을 수 있었다. 옛 단골들의 도움도 기꺼이 이끌어내게 되었다.

같은 시기 경인 지역에는 한진상사와 엇비슷한 규모의 운수업체가 어림잡아 50개쯤은 되었다. 특히 인천에는 전후 복구를 위한 물자 하역으로 생각보다 흥청대는 분위기였다. 그 중에서도 미군이 인천항으로 직접 반입하여 전국 각처로 운반하는 보급물자 수송이 운송업자라면 누구나 관심이 갔다. 하지만 군인들이 직접 수송하는 군수물자를 겨우 트럭 몇 대만을 보유한 민간인 업체가 해보겠다는 것 자체가 그림의 떡이요, 우스운 발상이었다.

게다가 당시 미군은 한국 업체의 수송 능력은 고사하고, 근본적으로 한국인 자체를 신용하지 않았다. 유감스럽게도 인천 부두에서는 군수품 도난 사건이 심심찮게 발생했고, 심지어 달리는 트럭에까지 뛰어올라서 군수품을 탈취해 달아나는 경우조차 빈번했던 것이다. 모두가 없는 가난이 죄였다.

그러나 하늘은 스스로 돕는 자를 돕는다고 그는 스스로 기회를 만들어냈다. 미군이 직접 수송하던 캔 맥주를 시험적으로 대리 수송해볼 기회를 만든 것이다. 본격적인 용역 형태의 계약이 아니라, 부두에서 지정된 부대까지 옮기는 대리 수송에 불과했지만, 차량에 대한 사전심사와 운전기사에 대한 신원보증까지 거친 뒤에야 성사된 대리 시험 수송이었다. 그러면서 경계의 눈빛으로 바라보던 그들도 점차 신뢰를 갖는 듯했고, 교류도 깊어져 갔다.

또 다른 한편으로는 매사에 자본주의적 합리성에 준하여 처리하는 그들의 심리 등을 곰곰이 헤아려, 한진상사가 믿을만한 계약 당사자임을 깨닫게 하는 일이 무엇보다 중요하다는 판단이 섰다. 따라서 미군을 대할 때면 우리 특유의 인간적인 면모와 함께 동등한 계약 당사자로서의 의연함을 지키려 애썼다. 미군과의 계약은 일방적이 아니라 쌍무계약이었기 때문에 업자 측의 입장도 상당 부분 존중되었다. 그들은 땀 흘려 정당하게 재산을 형성한 부자를 오히려 존경했다. 때문에 불필요한 저자세로 굽실거리기보다는 원하는 바를 반드시 생산할 수 있는 기업가라는 걸 보여줄 필요성이 있었던 것이다.

그런 생각에 조중훈은 일부러 지프차를 이용치 않았다. 당시 내놓으라하는 기업가들이 다투어 지프차를 이용했지만, 대개 그 출처가 불분명해 오해받기 쉬웠기 때문이다. 대신 당시엔 구경하기조차 힘들다던 벤츠 승용차를 타고 다니면서 기업인으로서의 확실한 신뢰감을 심어가며 교류의 폭도 넓혀나갔다.

특히 한번 알게 된 미군이 임기를 끝내고 돌아갈 적에도 집에까지 초대하여 송별연을 베풀어주곤 했다. 미국에서도 쉽지 않다는 풀코스의 식사도 정성을 다해 대접하면서 인간적으로 신뢰할 수 있는 관계를 맺고자 했다. 그러면서도 접대 석상에선 업무에 관한 사항은 일체 입 밖에 꺼내지 않았다.

그런 끈질긴 노력 끝에야 비로소 미군의 구매계약 담당관이 나와서 한진상사의 차고를 비롯하여 정비 시설 등 현장 조사를 실시했다. 당시 수송 업체로서는 유일하게 자체 정비공장을 운영하고 있었던 사실이 미군의 마음을 얻는 결정적인 요인이었다.

마침내 1956년 가을, 미8군 군수참모 부장실에서 첫 계약이 이뤄졌다. 6개월 잠정 계약으로, 수송 도중의 사고로 인한 손해는 한진상사가 전액 배상하되 수송에 따른 유류는 미군이 별도로 현물 지급하는 것을 골자로 하는 계약서에 서명한 것이다. 기름 구하기가 무척이나 어렵던 시절에 이런 조건은 다른 업체들보다 원가를 줄이는데 도움이 컸다. 이렇듯 조중훈의 한진상사는 당시 1인당 국민소득 100달러도 안 되는 시절에 7만 달러에 달하는 계약서에 서명을 하면서 50년대 재벌로 가는 마지막 열차에 합류할 수 있게 되었던 것이다.

한국기업성장100년史

첫 국산차 '시발' 서울 거리를 내달리다

한국에 최초로 자동차가 등장한 것은 1903년이다. 고종 황제 즉위 40주년을 맞아 미국 공사 알렌이 들여온 포드였다. 당시에는 국내에 운전기사가 없어 일본인이 이 자동차를 운전했다. 하지만 이듬해 벌어진 러·일전쟁 이후 이 최초의 자동차는 감쪽같이 사라지고 말았다.

그러나 자동차 도입이 이보다 이른 1901년이라는 설도 있다. 버튼과 홈즈라는 두 미국인이 최초로 자동차를 들여왔다고 한다. 버튼과 홈즈는 자신들의 여행기를 1906년 뉴욕에서 출판했는데, 그 여행기 마지막 편에 조선의 한성이 기록되어 있다. 한성을 여행하는 중에 자신들의 자동차와 소달구지가 충돌한 사진을 싣고 있는

455

것이다.

이어 1911년 영국산 다임러 1대와 미국산 GM 캐딜락 1대가 들어왔다. 고종과 순종이 궁궐 안에서 타고 다니기 위한 황실용 리무진이었다. 지금도 경복궁 고궁박물관에 가보면 만나볼 수 있다.

일반 백성들이 자동차를 처음으로 볼 수 있었던 건 1908년이었다. 같은 해 프랑스 공사가 들여온 빨강색 르노였다. 민간인으로 자동차를 맨 먼저 소유한 이는 천도교 제3대 교주인 손병희였다.

최초의 시내버스는 1928년 운행을 시작한 경성의 부영버스였다고 한다. 진하면서도 산뜻한 남색 버스 10대였는데, 버스 노선은 경성역을 기점으로 남대문·조선은행·경성부청·조선총독부·창덕궁·초동·필동·남학동·저동·황금정(을지로)·조선은행·경성역으로 돌아오는 단일 노선이었다. 버스 요금 7전(지금 돈 약 8천4백원)으로 비싼 편이었으나, 늘 많은 승객들로 붐볐다.

택시사업은 그보다 이른 1913년 이봉래가 일본 동업자와 2대의 승용차를 들여와 시간제 임대 형식으로 영업을 시작하면서부터였다. 주요 고객은 고관이거나 기생이었다고 한다.

최초의 택시회사는 1919년 영업을 시작한 일본인 노무라 겐조의 경성택시였다. 이 택시 역시 미터기가 없이 시간당 요금제로 1시간에 6원(지금 돈 약 70만원)을 받거나, 경성 시내를 한 바퀴 도는데 3원(40만원)을 받았다.

그리하여 이때쯤엔 경성 시내를 누비고 다니는 자동차 대수가 50대 안팎을 헤아렸다. 1930년대 중반에 이르면 500대까지 늘어난다.

그러다 1950년대 중엽에 이르면 서울 시내에 5,000여 대가 굴러 다니게 된다. 전쟁 이후 급격하게 팽창한 도시화와 인구의 이동이 가속화되면서 무엇보다 운송 수단에 대한 수요가 시급해진 것이다.

그러면서 전쟁이 휩쓸고 지나간 잿더미 위에서 이제 막 전후 복구가 한창 시작되었을 때인 '55년 9월에는 처음으로 국산 자동차가 생산되기에 이른다. 처음으로 출발한다는 뜻으로 이름 붙여진 ' 시발' 자동차였다.

그렇다고 무슨 공장이 따로 있었던 것은 아니다. 그저 맨 땅 위에 천막을 둘러친 채 사람들이 한데 모여 망치로 드럼통을 두들겨 펴고 부품을 껴 맞춰 제작하는, 자동차 한 대를 만드는데 무려 4개월이 걸렸다고 한다. 요즘 식으로 말하자면 지구촌에서도 몇 대 안 되는 이른바 수제 차였던 셈이다.

하기는 전쟁을 치른 폐허 위에 무엇 하나 변변한 것이 있을 리 만무했다. 해방 이후 미국에서 들어온 거라면 무엇이든 가져다가 일상에 필요한 물건으로 대체해 쓰던 시절이었다. 물건을 담았던 골판지나 나무 박스는 판잣집의 벽체나 지붕으로 쓰였고, 통조림 깡통은 밥그릇에서 냄비, 등잔, 단추와 필통 등과 같은 다양한 물건으로 재생되었다.

한데 한국전쟁이 발발하자 전쟁 수행에 필요한 무기와 탄약, 식량 등의 물자를 수송하는 자동차와 함께 석유를 싣고 온 드럼통이 넘치도록 들어왔다. 그리고 그런 2.5톤 GMC 트럭 한 대의 차대로 우리는 버스를 만들어낼 수 있었다. 3/4톤 무기 수송 차량의 차대는 합승차를, 군용 드럼통은 승용차의 차체를 만드는데 사용되었다.

첫 국산차 시발 또한 이른바 '깡통문화'로 대변되는, 전후 남겨진 그런 물자들을 활용하여 탄생한 것이었다.

물론 군용 차량의 엔진과 차축만 가지면 망치로 드럼통을 두들겨 펴서 부품을 껴 맞춰 버스와 같은 차량으로 만들어내는 기술(?)은, 이미 일제 강점기인 1940년대 후반부터 쌓아온 우리만의 숨은 노하우였다. 그렇게 한두 대씩 맨손으로 차량을 만드는 작업을 '생산'이라 하지 않고 '꾸민다'고 일컬었다. 자동차를 한두 대씩 꾸며보는 작업은 '40년대의 정비업체들이라면 누구나 경험해본 일이었다. 지금의 글로벌 현대자동차로 성장한 정주영의 현대자동차공업사 역시 자동차 정비업을 하면서 트럭을 몇 대씩이나 꾸미곤 했던 것이다.

때문에 자동차 수리보다는 꾸미는 일에 재미를 붙여 전문적으로 하는 업체들이 생겨나면서, 기존 부품을 재생하여 다른 차종으로 변형한 차량들이 부쩍 늘기 시작했다. 이런 업체 중에는 당시 국제차량공업사, 신진공업사, 하동환자동차가 유명했다. 전쟁을 치른 직후여서 아직은 기계공업도 변변하지 못한 상태에서 이같이 재생 자동차 제작이 활발하게 이루어질 수 있었던 것은 순전히 미군이 가져온 차량들 때문이었다. 당시 미군 차량들을 수리할 때 버려진 폐품들이 다수 쏟아져 나온 데다, 또한 미군 창고에서 흘러나오는 부품도 결코 적지 않았다. 재생 자동차 제작은 이러한 부품들을 하나도 버리지 아니하고 활용하면서 가능케 된 것이다.

그 가운데서도 국제차량공업사의 최무성, 최혜성, 최순성 3형제가 단연 눈길을 끌었다. 이들 3형제는 이미 지난 산업박람회(1954)

———————————————— 한국기업성장100년史

1950년대 중엽 서울 시내에는 자동차 5천여 대 정도가 굴러다녔다. 그만큼 운송 수단에 대한 수요가 늘어난 셈이었다. 하지만 자동차가 생산되지 않고 있는 가운데 국산차 개발에 도전하고 나선 이가 있었다. 그는 미군들이 타다 버린 차량에서 폐품들을 주워 모아 엔진을 만들어내고, 군용 드럼통을 망치로 두들겨 펴 첫 국산차 시발을 만들어내면서 망치산업 시대를 열었다. 사진은 광복 10주년 기념 산업박람회에서 자신이 만든 시발 자동차를 출품하여 대통령을 수상한 최무성이 기쁨을 감추지 못하고 있다.

에서 재생 지프로 장려상을 받았을 만큼 당시로서는 최고의 재생 자동차 기술을 보유하고 있었다.

그렇다하더라도 당시의 형편으로 자동차를 만들어낸다는 것은 정녕 꿈만 같았다. 당장 필요한 부품만 해도 1만여 개나 헤아린다는, 그야말로 달걀로 바위를 치는 것과 같은 무모한 도전일 따름이었다.

한데도 국제차량공업의 3형제는 용감했다. 미군 부대에서 흘러나온 부품을 알뜰히 활용하고, 없는 부품은 비슷하게 모방하여 직접 만들어내면서 해결점을 찾아나가기로 한 것이다.

당시 미군정은 운행이 가능한 차량일지라도 심한 고장이나 하자가 발생했을 땐 그냥 고철로 불하했다. 고철로 불하한다는 건 다시는 재생하지 못하도록 차대는 절단하고, 엔진 등의 부품도 재생이 불가능하도록 해체해버린 뒤에야 내놓은 것이었다.

따라서 차량 제작에서 가장 기본이 되는 차대부터 다시 손을 봐야 했다. 미군정에서 불하받은 것을 가져다가 용접해서 붙이고 망치로 두들겨 새로이 맞추어야 했다.

하지만 엔진은 단순치 않았다. 부분적으로 깡그리 파손되어 있어 재생이 어려운데다, 수량 확보도 여의치 않아 가장 어려운 난제였다. 때문에 재생이 가능한 부품은 최대한 살려 쓰되, 일부 부품의 자체 제작을 시도해 조립해나가지 않으면 안 되었다. 다시 말해 엔진의 국산화(?)에 돌입하지 않으면 안 되었는데, 그런 문제를 해결해나가기 위해 당시 업계에서 '함경도 아바이'라 불리는 기술자를 모셔왔다.

함경도 아바이라 불리는 사람은 정규 교육도, 그렇다고 엔진 전문가도 아니었다. 일찍이 원산에서 선박의 수리와 정비를 하면서 오랫동안 기계 부품을 해체하고 수리해온 경험이 전부였다. 오로지 자신의 경험과 어떤 감만을 가지고서 엔진의 국산화에 뛰어든 것이다.

때문에 쉽지만은 않았다. 엔진 부품의 형틀을 만들고, 쇳물을 부어 주조하고, 또 가공하는 과정을 수많이 되풀이하면서 적잖은 시행착오를 거쳐야 했다. 그런 시련 끝에 만들어져 나온 엔진은 미군 지프의 망가진 엔진을 들어내고 그 자리에 얹어 실시한 시험 주행에서 다행히 시동이 걸리고 잘 달려주었다. 미군 지프의 4기통 엔진을 모델로 한 국산 엔진의 국산차가 처음으로 내갈리는 감격스러운 순간이었다.

국제차량공업의 3형제는 그렇게 만든 시발 자동차를 광복 10주년 기념 산업박람회(1955)에 출품했고, 당당히 대통령상을 받아냈다. 망치산업시대라고 불렸던 열악한 공업 수준에서 순전히 수작업으로 태어난, 하지만 우리 나라에서 만든 최초의 자동차로 한국자동차공업의 탄생을 알리는 첫 출발점이었다는 점에서 자못 의미가 컸다.

그러나 시발 자동차의 의미는 비단 거기에 그치지 않았다. 그 어떤 기계공업도 전연 구축되어 있지 않은 척박하기 이를 데 없는 토양 위에서, 우리가 동원할 수 있는 모든 재료와 형태의 가공법을 찾아내어 만들어진 순수 '한국산 디자인'이었다는 점도 빼놓을 수 없다.

예를 들면 이렇다. 재료 면에서 철판을 따로 공급해 줄만한 제철소가 없던 시절에 당시 미군부대에서 흘러나온 군용 드럼통은 가장 쉽고 저렴하게 구할 수 있는 철판이었다. 또한 철판이 두꺼워서 자동차 사고에도 안전했으며, 고치기도 쉬운 최적의 재료였다는 점이다.

더욱이 시발 자동차의 3형제는 드럼통을 잘라 망치로 두들겨 펴는 수공 작업에서 보다 효율적인 제조 공정을 계발해내지 않으면 안 되었다. 산업박람회 수상 이후 본격적인 양산 체제에 들어가면서, 모든 직원들이 달라붙어도 시발 자동차 한 대를 만들어내는데 꼬박 이틀씩이 소요되자 당장 문제가 불거졌다. 도저히 주문에 따라가지 못할 만큼 제작 분량이 많아지면서 드럼통을 일일이 망치로 두들겨 펴는 것조차 어려워졌던 것이다.

그래서 생각해낸 것이 철판의 가공 공정을 줄이기 위한 기발한 아이디어였다. 드럼통을 절반으로 잘라내어 대충 편 다음에 한밤중이 되면 공장 앞 을지로 길거리에다 내다놓았다. 그러면 밤새 육중한 GMC 트럭들이 그 위를 지나다니면서 마치 손으로 반듯이 편 듯 납작하게 만들어 주었다. 그렇게 반듯하게 펴진 철판을 손으로 정교하게 다듬어서 보다 세련되게 다듬어 나갈 수 있었다.

시발 자동차는 그 위에 다시금 미적 감각을 한껏 발휘했다. 사실 한국전쟁 때 쏟아져 들어오기 시작한 미군 지프는 군용이었다. 자동차에 필요한 최소한의 기계 부품만으로 구성되어 있을 뿐더러, 전쟁 임무를 수행할 수 있는 기능만을 반영한 디자인이었기 때문에 아무래도 승용차로는 어울리지 않았다.

한데 시발 자동차는 그러한 지프를 모방했지만 결코 답습하지만은 않았다. 다소 어려웠음에도 불구하고 아무래도 승용차로서의 기능과 미감을 고려해서 다시금 디자인 되었다. 하드 탑의 지붕을 얹어 객실을 만들고, 도로 주행이 적합하도록 세부 형태를 계획하고 장식적인 미감도 반영했다. 시발의 라디에이터 그릴은 지프의 평평한 모양에서 V형으로 돌출되도록 했는데, 이 모양이 당시로서는 세련되게 보여 반응이 좋았다. 이처럼 지프의 차대와 부품을 고스란히 이용하여 시발 자동차가 만들어지긴 하였으나, 결과적으로 소비자의 요구와 함께 미감을 반영하려는 노력이 덧붙여지면서 자연스럽게 시발의 디자인은 지프와 크게 달라질 수 있었다.

이렇게 만들어진 시발 자동차는 차를 만들 수 있는 그 어떠한 토양도 마련되어 있지 않은 환경 속에서 오직 주어진 조건을 최대한 활용한 의지의 결과였다. 이러한 작업은 시발 자동차 3형제의 경험적 지식과 시대의 감수성을 바탕으로 한 미적 감각의 실현이었으며, 당대의 삶과도 밀착된 디자인이었다. 시발 자동차는 그렇게 한국 최초의 자동차 디자인이 될 수 있었던 것이다.

그러면서 시발 자동차의 인기는 가히 폭발적이었다. 자가용과 택시 수요에 대응하면서 을지로 공장에서 생산되어 나오자마자 불티나게 팔려나갔다. 특히 상류층의 부인들 사이에서 '시발계契' 가 생겨날 만큼 인기를 독차지했다.

당시 시발 자동차의 한 대 값이 30만원이었다는데, 너도나도 구입하겠다고 예치한 계약금만 1억원에 달할 정도였다.

이러한 수요에 힘입어 시발 자동차는 지속적으로 기술력을 계발하여 생산을 늘려나갔다. 한 달에 겨우 1대 제작하기도 어려웠던 시발 자동차를 설비와 제작 과정, 인력을 체계화하면서 이듬해부터는 한 달 평균 15대까지 생산해냈다. 이후에도 폭증하는 주문량에 맞추어 설비와 인력을 대폭 늘려 월 100대 생산까지 늘려나가며 승승장구했다.

그러던 중 '57년 들어 시발 자동차는 그만 날벼락을 맞고 만다. 전후 자동차가 많아지면서 휘발유 수요가 증가하자 정부가 나서 자동차 구입에 제한을 가한 것이다. 자동차 한 대를 폐차하면 노란 스티커 한 장을 발부하고, 자동차회사는 노란 스티커를 보유한 사람에게만 스티커 숫자만큼 자동차를 판매할 수 있게 하는 장치였다.

게다가 5·16 군사쿠데타 이후 강력한 새 경쟁자가 등장했다. 일본 닛산자동차의 부품을 수입, 조립한 대우자동차(지금의 쉐보레)의 전신인 '새나라' 자동차가 소형차 부문의 사업자로 전격 선정되면서, 판매량이 거의 멈추다시피 하고 말았다. 시발 자동차가 가격 경쟁에서 살아남기 위해 30만원의 찻값을 12만원, 나중에는 5만원까지 낮춰보았지만 역부족이었다. 결국 '63년 시발 자동차의 생산이 중단되면서 그 명맥이 끊기고 말았다.

구경도 못한 참치 잡으러
첫 원양어업에 나서다

한국전쟁이 휩쓸고 지나간 잿더미 속에서 바다의 개척 또한 시급한 과제 중의 하나였다. 그리고 그 바다 개척에 처음으로 주목을 한 자는 화신백화점의 박흥식이었다. 한국전쟁 때 일본으로 피난을 가 잠시 체류하고 있을 때 다각도로 검토하고 짜낸 그의 신규 사업 계획안이기도 했다.

그 내용을 들여다보면, 일본에서 대규모 선단을 들여와 근해 어업을 크게 벌인다는 것이었다. 당시만 하여도 우리의 어선 보유량이나 어업 기술은 너무도 보잘 것이 없었다. 국토의 3면이 바다로 둘러싸여 있으면서도 어업 경쟁력에서는 일본에 한참이나 뒤져있었다. 더구나 전쟁이 휩쓸고 지나간 잿더미 속에서도 어업은 비교적 손쉽게 할 수 있다는 생각에, 이미 일본에서 중고선 약 600여 척을 들여올 수순을 밟던 중이었다.

그러나 박흥식의 이런 꿈은 끝내 물거품이 되고 말았다. "일본이 박 아무개를 통해 경제침략을 하고자 하는 숨은 뜻이 있습네다." 하는 대통령 이승만의 말 한마디 때문이었다.

근해를 벗어나 대양으로 나간 원양어업의 첫 시작점은 1957년 지남指南호에 의해서였다. 해방 이후 원조 자금 32만6천 달러를 주고 미국에서 들여온 선박으로, 냉장실은 물론 방향과 수심, 어군 탐지기 등 각종 첨단 장비를 고루 탑재하고 있는 250톤급 강선이었다. 지남호의 선박명은 '남쪽으로 뱃머리를 돌려 거기서 부를 건져오라' 는 뜻으로 이승만이 그렇게 지었다고 한다.

지남호는 도입 직후 해무청의 관리 아래 주로 연근해 시험 조업에 이용되고 있었다. 그러다 이후 설립된 제동산업(주)으로 넘겨졌다. 제동산업의 심상준 사장은 처음부터 원양어업을 염두에 두고 인수한 것이었다.

심 사장은 곧바로 미 국무성에 줄을 댔다. 파트너는 윔스였다. 해방 이후 미 군정장관 더치의 특별보좌관을 역임할 때부터 알고 지낸 사이였다.

심 사장의 연락을 받은 윔스는 사모아의 밴 캠프사에 한국 어선이 잡은 참치를 사줄 수 있느냐고 문의했다. 그러나 대답은 신통치 않았다. 한국이 그동안 참치를 어획한 경험과 실적이 없는데다, 이미 계약을 맺고 있는 일본 어선들의 어획만으로도 안정적인 통조림 생산이 가능하다는 것이었다.

심 사장은 단념하지 않았다. 윔스에게 재차 전문을 띄웠다. '전후 일본 경제는 대단히 빠른 속도로 성장하고 있다. 따라서 인건비의 상승 폭도 하루가 다르게 높아가고 있다. 또한 경제 성장에 따른 국민소득 증대는 젊은이들로 하여금 힘든 작업을 기피하게 만든다. 이렇게 될 때 과연 일본이 앞으로도 밴 캠프사가 원하는 대로 어로 활동을 계속할 것으로 보는가?'

윔스는 이 전문을 들고 밴 캠프사를 다시 찾았다. 밴 캠프사의 안정적이고 지속적인 가동을 위해선 '제2의 일본'이 필요하다고 설득했고, 결국 한국 어선에 기회를 줘보자는 대답을 이끌어냈다. 역사적인 인도양 시험 조업에 나설 수 있게 되는 순간이었다.

마침내 '57년 6월 26일 부산항 제1부두 해양경찰대 강당에서 해경 악대의 주악이 울려 퍼지는 가운데 성대한 출어식이 열렸다. 이날 출어식에는 상공부장관 김일환, 해무청장 홍진기, 수산업중앙회장 이한창 등이 참석하여 '이번 출어가 수산한국의 미래를 여는 첫 걸음이 될 것'이라며 장도를 축하해주었다.

그리고 사흘 뒤 지남호는 두 달여 동안의 조업 중에 223M/T의 참치(다랑어)를 어획하여, 15만 달러어치를 수출한다는 부푼 꿈을 안고서 뱃고동 소리도 요란하게 부산항을 출항했다. 우리 나라 원양어업사에 첫발을 내딛는 인도양 참치연승(긴 낚시 줄에 여러 개의 낚시를 달아 바다 속에 늘어뜨려 물고기를 잡는 방식) 첫 시험 조업을 위해 거친 파도를 헤쳐 나가기 시작한 것이다.

그러나 단 한 번도 나가본 적이라곤 없는 대양이었다. 참치가 어떻게 생겼는지조차 알지 못한 상태에서 참치를 잡으러 나선 머나먼 항해였다. 그날 지남호에 승선한 윤정구(훗날 오양수산 사장) 선장과 김재철(동원그룹 회장, 무역협회장) 보조 항해사를 비롯한 27명의 선원들은 일찍이 신대륙을 찾아 파로스항구를 떠나던 콜럼버스의 심정과 조금도 다르지 않았으리라.

부산항을 출항한 지남호는 다음날 일본 시모노세키에 입항했다. 그곳에서 7월 10일까지 급유 및 보급과 수리를 마친 뒤 11일 다시 출항해, 17일 첫 어업 기지인 대만에 닻을 내렸다.

그리고 이튿날 대만 동쪽 먼 해역에서 어장 탐색을 위한 첫 투망을 실시했다. 선원들은 혹시나 하는 기대감에 부풀었다. 참치는 아니더라도 상어라도 잡혔으면 하는 심정으로 그물을 끌어올렸으나, 실망스럽게도 결과는 허탕이었다. 우여곡절 끝에 필리핀 근해와 싱가포르 근해로 조업지를 옮겨 시험 투망을 계속했지만 결과는 역시 참담했다.

더구나 연료마저 바닥나고 있었다. 이제는 참치를 잡으러 인도양으로 나갈 수도 그렇다고 부산항으로 귀항할 수도 없는, 실로 난감한 처지에 놓이고 말았다.

다행히 싱가포르에 한국인이 살고 있었다. 천연고무를 수입하던 한국무역진흥회사였다. 지남호는 거기서 2,500달러를 빌려 급유를 하고 선원들의 식량과 함께 선수품을 보충한 뒤, 8월 11일 최종 목적지인 인도양을 향해 다시금 출항했다.

그리고 사흘 뒤인 8월 14일, 마침내 인도양 니코발아일랜드 해역에 도착하여 광복절이기도 한 이튿날 새벽 5시에 역사적인 첫 투승

참치가 어떻게 생겼는지조차 알지 못한 채 인도양까지 원양어업을 나가, 지남호가 어획해 온 참치 옆에서 기념 촬영을 한 이승만 대통령과 주한 외교사절. 경무대 뜰로 주한 외교사절을 부른 건 우리 나라도 참치를 잡을 수 있는 국가라는 걸 자랑하기 위한 이 대통령의 생각이었던 것 같다.

을 시작했다. 선원들은 선장의 지시에 따라 일제히 낚시를 던졌다. 하지만 경험이 있는 자라고는 아무도 없었다. 몇몇은 상어연승 조업이나마 경험을 했다지만, 대개는 연승의 원리도 모른 채 배를 탄 초보자들이기 일쑤였다.

따라서 조업은 서투르고 어설프기 짝이 없었다. 선원들은 자료를 일일이 들여다보며 거기에 적혀있는 그대로 투승을 따라했으나 그야말로 흉내를 내는 수준일 따름이었다.

이윽고 투승 이후 4~5시간이 지나자 조바심 속에 낚시를 건져 올리기 시작했다. 그러나 빈 낚시 줄만 하염없이 올라왔다. 선원들의 실망감은 이만저만이 아니었다. 그렇게 저마다 말을 잃어가고 있을 즈음 어디에선가 와, 하는 함성소리가 들렸다. 선원들은 함성소리에 일제히 시선을 빼앗겼고, 누군가는 자신이 잡고 있던 줄을 내팽개친 채 소리나는 쪽으로 냅다 뛰어갔다.

다음 순간 그들은 낚시 줄을 따라 수면 위로 펄떡거리며 올라오고 있는 거대한 어체를 발견하곤 또다시 함성을 내질렀다. 누군가는 두 팔을 번쩍 들어 올려 만세를 부르기도 했다. 그동안 말로만 들어왔던, 흑백 사진 속에서 보기만 했던 바로 그 참치였던 것이다(실제는 새치였다).

선원들은 자신의 키만 한 참치를 보고 입을 다물지 못했다. 그저 신기해서 한동안 눈길을 떼지 못할 정도였다. 서둘러 손질한 다음 냉동실에 보관해야 하는데도 저마다 다음 작업을 어떻게 할지 몰라 우왕좌왕해야 했다.

선원들의 함성 속에 진행된 이 날 조업은 당시로선 가히 성공적이었다. 어획량은 0.5톤으로 그리 많진 않았으나, 순수 우리 기술과 우리 선원들에 의해 얻어진 첫 결실이라는데 자못 의미가 컸다.

그럭저럭 첫날 조업이 모두 끝난 직후 지남호 선장은 본국으로 무전 연락을 취했다. 광복절인 이 날 한국원양어업사의 첫 장을 연 뜻 깊은 낭보를 어서 고국에 전하고 싶었다. 소식을 접한 제동산업은 말할 것도 없거니와 휴일 당직근무 중이던 해무청에서도 쾌재를 불렀다.

지남호는 그 날 이후에도 인도양에서 보름여 동안이나 조업을 계속했다. 어획량은 하루 평균 0.5톤 안팎으로 꾸준히 잡아 올렸으나, 점차 시간이 흘러가면서 마실 물이 문제였다.

선장은 하루라도 더 조업할 요량으로 마실 물을 제한시켰다. 양치질과 식용 이외에는 식수 사용을 금했다. 선원들의 고통은 말이 아니었다. 목이 말라붙고 얼굴마다 흰 소금으로 뒤덮여갔다.

드디어 8월 30일, 이제는 밥 지을 물 밖에는 남지 않았다. 싱가포르로 귀항을 서둘러야만 했던 것이다.

결국 지남호는 싱가포르에서 급유와 함께 식료품을 보충한 뒤 부산항으로 돌아왔다. 뱃고동을 울리며 대양으로 떠난 지 108일 만인 10월 3일이었다.

지남호가 인도양에서 건져 올린 참치 어획량은 총 50여 톤 남짓이었다. 전체 어획량의 80% 이상이 고가로 수출할 수 있는 황다랑어였으며, 일부 눈다랑어와 새치도 섞여 있었다. 이 참치들은 노스웨스트 항공편으로 전량 미국으로 보내졌다. 참치의 대미 수출길이 처음으로 열린 것이었다.

지남호의 이런 성공적인 첫 시험 조업은 외신으로 먼저 국내에 전해졌다. 대통령 이승만도 싱가포르에서 발행되고 있는 영자신문을 통해 알았다.

이 신문은 한국의 지남호가 처음으로 인도양까지 출어하여 참치를 잡아올린 뒤, 본국으로 귀항 길에 급유를 받기 위해 싱가포르에 잠시 입항했다 떠났다고 전했다. 이 신문은 또 지남호의 성공적인 시험 조업으로 한국도 이제는 본격적인 원양어업에 진출케 되었다며 지남호의 사진까지 곁들여 실었다.

이승만은 신문을 본 즉시 비서관 박찬일을 불러 자세한 경위를 알아보라고 지시했다. 지남호가 부산항에 도착한 이틀 뒤였다.

박찬일은 해무청 수산국장 지철근과 시험 조업단장으로 지남호에 승선했던 어로과장 남상규를 경무대로 불러들였다. 이승만은 이들로부터 출어 경위를 보고받고 제동산업의 심 사장을 만나보겠다고 했다.

그러나 연락을 받은 심 사장은 좌불안석이었다. 전쟁을 치른 지 얼마 되지도 않아 아직은 어려운 지경에서 헤어나지 못하고 있는데, 금싸라기 같은 외화를 들여가며 무모하게 먼 인도양까지 나갔다가 자칫 선원 사고라도 발생했으면 어떡할 셈이었느냐고 당장 불호령이 떨어질 것만 같았던 것이다.

심 사장은 궁리 끝에 참치를 직접 선보인다면 상황이 달라질 수도 있겠다는 생각으로, 부산에 급히 연락을 취해 잡아온 참치 가운데 가장 큰 놈을 골라 공수케 했다. 연락을 받은 지남호는 새치도 넓은 의미로 참치라고 불렀기 때문에 가장 큰 새치를 골랐다. 심 사장은 대한항공의 전신인 KNA편으로 공수해온 참치(새치)를 냉동차에 싣고 경무대로 들어갔다. 한데 자신을 대하는 이승만의 태도가 예상과 다르다는 것을 느꼈다.

"심 사장, 자네가 정말로 인도양에 나가 참치를 잡아 미국에 수출했나?"

심 사장은 그렇다고 대답한 뒤 자초지종을 설명했다. 설명을 듣고 난 이승만은 매우 흡족한 표정을 지었다.

"잘 했어, 아주 잘 했어. 그렇지만 너무 알려지지 않도록 각별히 주의해야될 거야. 특히 일본이 알면 훼방을 놓으려고 할 거야."

미국에서 오랫동안 망명생활을 하면서 '바다의 닭고기'라는 참치를 익히 알고 있었던 이승만은, 우리의 힘으로 참치를 잡았다는 데 만족해하면서도 한편으론 일본의 방해로 일을 그르칠까봐 걱정했다. 힐책 대신 격려의 소리에 배석했던 사람들은 그제야 비로소 안도했다.

"언제쯤이나 우리 손으로 참치를 잡아보나 했는데 드디어 해냈구먼. 그러나 조용조용히 일을 추진하라구."

이승만의 이 같은 심신당부에 따라 참치 시험조업의 결과는 한동안 보도 통제에 묶여야 했다. 국내에서는 일체 기사화되지 못한 뒷얘기를 남겼다.

한편 이날 경무대 뒤뜰에는 비행기를 타고 올라온 참치 한 마리가 선을 보였다. 180cm에 이르는 거대한 어체를 처음으로 보는 순간 참석자들은 그만 입이 딱 벌어지고 말았다.

이 자리에는 이승만을 비롯하여 재무부장관 김현철, 복흥부장관 송인상, 주한 미국 대사 다우링, 해무청 수산국장 지철근, 제동산업 심 사장 등이 참석하여 참치를 배경으로 기념촬영까지 했다.

이승만은 참치를 보고 또 보면서 직접 손으로 만져보기까지 했다고 한다. 그러면서 대견스러운 듯 심 사장에게 이렇게 부탁했다.

"이 튜나(참치) 나줄 수 없나? 토막 내서 친구들에게 줘야겠어. 우리 나라 사람이 잡은 것이라고 하면서 말이야."

이튿날 영부인 프란체스카 여사는 토막 낸 참치를 주한 외교관들에게 선물했다. 이승만은 며칠 뒤에 있은 국무회의 석상에서 우리의 힘으로 참치를 잡았다고 털어났다.

그러나 한국원양어업50년사의 시작점은, 엄밀히 말해 본격적인 상업조업으로의 원양어업이 이뤄졌던 것은 그 이듬해 이뤄진 남태평양의 사모아에서였다. 인도양에서 돌아온 지 두 달여 뒤인 '58년 1월 윤정구 선장 등은 다시금 지남호를 이끌고 부산항을 출항하여 남태평양 사모아 근해에서 1년3개월여 동안 조업을 했는데, 첫 항차에서만 날개다랑어와 눈다랑어, 황다랑어 등 100톤가량의 어획고를 올렸다. 이에 자신감을 얻어 제2지남호와 제3지남호가 잇달아 조업에 나서면서 본격적인 원양어업이 시작되었던 것이다.

한국기업성장100년史

시중은행 민영화 특혜로
줄줄이 재벌 손에 넘어가

기업가란 시대에 따라 그 정의가 매번 달라지는 것일까. 달라진다면 시대가 그렇게 요청해서일까. 아니면 기업가가 그렇듯 달라져야 했던 것일까.

1950년대 말 기업가의 정의란 '공장을 건설하는 이권을 따내어 은행에서 대부를 잘 받는 사람'이었다. 당시 유행하던 말이 그랬다. 그만큼 정치권력의 입김이 당시 경제계에 거세게 불었다는 얘기다.

그 대표적인 사건이 이른바 은행의 민영화 특혜였다. 시중은행들이 민영화 특혜로 줄줄이 재벌 손에 넘어가는 초유의 사태가 발생한 것이다. 이것은 일찍이 대한제국의 황실과 한성의 조선 상인들이 협력하여 조선은행을 탄생(1896)시키면서 한국기업성장史 100년의 금융사를 열어나가기 시작한 이래 처음 있는 사건일 뿐더러, 시중의 은행들이 재벌 손에 지배당한 것 또한 이때가 처음이었다.

물론 저간 사정이 전연 없었던 건 아니다. 이승만 정권은 출범 초기부터 한국은행과 더불어 은행법을 제정하여 진즉 금융 자율화를 추진코자 해왔었다. 더구나 앞에서 살펴본 것처럼 6.25전쟁을 치르면서 물가와 시중 금리가 걷잡을 수 없을 만큼 뛰어올랐다. 정부로서는 발등에 떨어진 불부터 끄기 위해서라도 당장 긴축정책을 펴나가지 않으면 안 되었기 때문에 은행 대출을 규제할 수밖에는 다른 방도가 없었다.

그러나 대출을 제한하자 이번에는 은행이 문제였다. 일제시대에 일본인 기업체에 대출해주었던 수십억에 달하는 거금을 모조리 떼이고 말면서, 자기자본이 턱없이 부족해진 일반 시중은행들은 그동안 예금 동원을 통한 대출로 겨우 연명해오고 있었다. 한데 정부의 대출 제한 규제로 말미암아 영업 이익이 감소하자 견딜 수가 없게 되었다. 저마다 심각한 경영난에 봉착케 된 것이다.

물론 방법은 있었다. 은행의 대형화였다. 정부가 출자하는 은행 증자로 은행의 몸집을 불리는 거였다.

그러자 전후 복구에 막대한 지원을 아끼지 않고 있던 미국이 제동을 걸고 나섰다. 이제 남은 방법이라곤 한 가지 뿐이었다. 금융의 민주화, 곧 은행의 민영화에 일제히 힘이 실리기 시작한 것이다.

하지만 언론인 박병윤은 전연 다른 분석을 내놓고 있다. 그것은 어디까지나 표면상의 이유일 뿐 진짜 속내는 정작 따로 있었다는 것이다. 당시 이승만의 자유당 정권은 친여 재벌들로 하여금 은행을 주축으로 하는 근대적 콘체른konzem을 형성하여, 영구 집권을 가능케 하는 세력 기반으로 이용하려 했다고 말한다.

하기는 재벌이라고 하면 생산업체와 무역상사, 여기에 은행을 한데 묶는 콘체른 형태의 독점자본을 일컫는다. 한데 이때의 재벌은 재벌을 형성하는데 있어 핵심적 역할을 하는 은행이 빠져있었기 때문에 지반이 매우 취약한 상태에 있었다. 그래서 이승만 자유당 정권은 정부가 귀속 재산 형태로 보유하고 있는 은행 주식을 불하하여 재벌의 기초를 다지게 하고, 나아가 영구 집권을 위한 돈줄까지 확보하려 했다는 것이다.

아무렇든 1957년 시중은행 민명화 사냥에 뛰어든 예비 재벌은 제일제당의 이병철, 조선방직의 정재호, 대한방직의 설경동, 대한제분의 이한원, 조선제분의 윤석준, 대한양회의 이정림, 조선맥주의 민덕기 등이었다. 당시 다섯 손가락 안에 든다는 재계의 영수들이 죄다 출사표를 던지고 나섰다.

먼저 저축은행(지금의 SC제일은행)의 입찰에는 정재호, 윤석준, 설경동, 강일우 등이 나섰다. 결과는 윤석준에게로 돌아갔다. 윤석준이 주당 3만3,232환의 최고 가격을 써내면서 저축은행을 낙찰 받았다. 게임은 그렇게 끝나는가 싶었다.

한데 어떻게 된 영문인지 윤석준은 미적거리기만 했다. 한 해가 다 지나도록 매수계약을 체결하지 못한 채 눈치만 보고 있었다. 겉으로 보기에는 30억환에 이르는 막대한 자금 부담 때문인 것처럼 보였으나, 실은 '서대문 경무대'로 통하던 부통령 이기붕과 밀착되어 있는 입찰 4순위의 정재호에게 저축은행 낙찰권을 넘기라는 정부 당국의 외압이 그치지 않았던 것이다.

정부 당국의 이유는 이랬다. 한 사람이 두 개 이상의 귀속재산을 갖는 것은 곤란하다는 거였다. 윤석준에게는 이미 조선제분의 귀속재산이 넘어가 있는 만큼 저축은행을 포기하라고 종용했다. 말도 안 되는 소리였다. 그런 논리대로라면 은행 입찰사냥에 나선 어느 누구도 자유로울 수가 없었다.

그러자 이번에는 재무부 장관 인태식과 전 재무부 이재국장 이열모가 조정에 나섰다. 저축은행을 그만 단념하고 조흥은행(지금의 신한은행)으로 눈길을 돌리는 것이 좋겠다고 권했다. 더 이상 버티지 못한 윤석준은 조흥은행의 낙찰자였으나 경영 위기에 빠진 조선맥주의 민덕기로부터 조흥은행 주식 5만2,000주를 매입하면서 저축은행을 사실상 단념해야 했다.

결국 저축은행은 입찰자 가운데 가장 낮은 주당 2만7,610환을 써낸 정재호의 손에 넘어갔다. 하지만 정재호는 그 가격에도 인수 자금이 모자라 다 대지를 못했다. 그러자 저축은행 인수에 미련을 버리지 못한 윤석준이 인수 주식을 절반씩 나눠가져 공동으로 운영하자고 정중히 청해보았으나 정재호는 단호히 뿌리쳤다. 부족한 인수 자금은 저축은행 매수를 전제로 8억환의 특별 융자를 받아내어 간단히 해결하는 남다른(?) 솜씨를 뽐냈다.

반면에 윤석준은 다시 한 번 땅을 쳐야 했다. 저축은행에 이어 이번에는 조흥은행조차 다시금 내놓지 않으면 안 되었다. 저축은행

———————————— 한국기업성장100년史

전쟁을 치르면서 시중 물가와 금리가 멈출 줄 모르고 뛰어오르자 정부는 발등에 떨어진 불부터 끄기 위해 은행 대출을 줄이는 등 긴축 정책을 펴나갔다. 하지만 긴축 정책을 펴나가자 이번에는 예금 동원을 통한 대출로 겨우 연명을 하던 은행들이 당장 대출을 하지 못하게 되면서 울상을 지었다. 결국 정부로선 은행 민영화를 들고 나오게 되고, 금융까지 한데 묶어 독점자본을 형성하려는 경제계 실력자들이 저마다 출사표를 던진 가운데, 정상적인 불하 과정보다는 과도한 정치권력의 개입이 뒤따랐었다.

을 단념하는 조건으로 조선맥주의 민덕기로부터 조흥은행 주식을 넘겨받았음에도 임자는 따로 정해져 있었다. 권력의 핵심이 이미 이병철에게 기울어져 있었던 것이다.

아니나 다를까. 얼마 뒤 이병철은 조흥은행 주식 55%를 매입하면서 경영권을 장악하고 나섰다. 다잡은 저축은행을 정재호에게 빼앗기고 만 윤석준은 이번에도 속절없이 조흥은행마저 이병철에게 그냥 넘겨주지 않으면 안 되었다.

물론 윤석준 역시 아무런 투자(?)도 없이 은행을 거저 차지할 생각은 하지 않았던 것 같다. 그 역시 적잖은 돈을 여기저기 물 쓰듯 뿌리고 다녔던 게 사실이다. 그래서 재무부 장관 김현철이라는 제법 그럴싸한 줄도 잡고 있었다. 하지만 뛰는 놈 위에 나는 놈 앞에 서는 어쩔 도리가 없었다.

그와 동업했던 조선제분 부사장 전화순은 조선제분이 몰락하는 과정을 다음과 같이 술회한 적이 있다.

'우리는 너무 쉽게 돈을 벌었다. 그러다보니 쓰는 솜씨 또한 너무 헤펐다. 돈이란 한 푼 두 푼 애써 모은 거라야 생명이 있는 법이다. 그런데 내일도 모레도 호경기가 약속되어 있는 것처럼 자만하고 있었다. 나는 그와 일제 때 사리원 고향에서 같은 기관에 근무했으며, 8·15 이후 조선제분 영등포공장을 맡아 심한 고생을 했고, (전쟁 이후)수복 후에도 또한 그랬다. 윤 사장은 공장 부지에다 바라크를 짓고 살림을 하면서 공장을 재건했다. 거금을 재투입해서 부산공장을 새로이 일으키고 우리의 꿈이 실현되었다고 한숨 놓았을 때 윤 사장이 은행을 사서 자식들에게 남기겠다고 말했다. 이때

나는 마음이 내키지 않았다. 은행 불하를 생각하는 사람의 재력이 야 그리 무서운 게 아니었지만 (우린)정치 배경이 없었다. 황해도 출신의 국회의원들이 있었지만 그들은 모두 야당에 가담하고 있는 인사들이었다. 은행주 불하는 정치 배경 싸움인데 우리는 승산이 없었던 것이다. 그리고 사업가에겐 정치자금도 장사라는 걸 몰랐다. 1천만환의 정치자금을 내라고 하면 3백만환으로 깎고 그래서 안 되면 5백만환으로 깎아줄 줄 알아야 되는데, 승산없는 도박을 걸어 정치자금을 썼으니 망할 수밖에 없었다. 대기업과 정치자금은 불가분의 관계가 있다. 정상政商들이 판단을 그르쳤을 때 오는 보답은 패가망신 뿐이다.'

결국 윤석준은 이때의 낭패가 회근이 되어 시름시름 앓다가 조선제분마저 몰락해가는 가운데 2년 뒤 그만 세상을 뜨고 말았다. 은행을 사서 자식들에게 남기겠다는 그의 꿈은 끝내 수포로 돌아가고 말았던 것이다.

이처럼 온갖 의혹이 난무하고 말썽을 일으키기는 흥업은행(나중에 한일은행→한빛은행→우리은행)이나 조흥은행, 상업은행(한일은행과 합병하여 한빛은행→우리은행)의 불하 과정 또한 다르지 않았다. 공정한 입찰 결과가 존중되기보다는 권력 실세의 의중에 따라 은행 소유권이 순식간에 뒤바뀌고 마는 정치재벌 간의 진흙탕싸움이 되고 말았다.

흥업은행의 경우 설경동, 윤석준, 정재호, 강일우, 이병철 등 18명이 나서 치열한 경합이 벌어졌다. 한데 이번에는 아예 재무부가 노골적으로 총대를 멨다. 그러면서 주당 4,400환을 써낸 1위와

3,300환을 써낸 2위를 제쳐두고, 응찰 가격 3위에 그친 이병철이 홍업은행의 주식 83%에 해당하는 36만3,500주를 차지하여 경영권을 지배케 되었다.

이때 이병철이 써낸 응찰 가격은 고작 2,866환에 불과했다. 하지만 재무부는 1, 2위 응찰자의 매입 희망 주식수가 50주와 100주인 점을 트집 잡아 '시중은행 주식을 대량으로 매각함에 있어 역량 있는 기업가가 불하받아야 한다'는 얼토당토 않는 방침을 내세워 이병철의 손을 들어주고 말았다.

훗날 이병철은 자신이 쓴 〈호암자전〉에서 당시의 상황을 이렇게 말하고 있다. '(1, 2위 응찰자의 행위는) 다른 응찰자에 대한 짓궂은 행동으로밖에 생각할 수 없었다. 은행주가 분산되면 금융시장의 정비를 기할 수 없으므로 묶어서 불하하려는 것이 정부의 의도인 것 같았다. …입찰 가격 2위인 주당 3,300환으로 사주기를 바란다는 정부의 요청이 있어 낙찰에서 빠진 잔여 주까지 합해서 그 가격으로 사들이게 됐다. 총액 11억9,000만환 상당의 규모였다.'

조흥은행의 경우는 입찰하기 이전부터 이미 새 은행주가 정해진 듯이 보였다. 호남은행과 동래은행을 차례대로 합병시켜 몸집을 더욱 불리면서 일제 말까지 유일하게 살아남은 한국계 은행이었던 민대식의 동일은행은, 그러나 이후에도 살아남기 위해 합병을 계속해야 했다. 그리하여 1943년 다시금 대구은행과 합병하면서 조흥은행이 되었다. 때문에 조흥은행의 새 은행주는 양대 주주인 동일은행계의 민씨 집안 아니면, 대구은행계의 정씨 집안 가운데 어느 한쪽으로 판가름 날 것 같았다.

입찰 당시만 하여도 동일은행계의 민씨 집안은 조선맥주의 민덕기와 영보합명회사의 민병도 등의 지분을 합쳐 전체 지분의 40%가 넘는 7만8,000주를 보유하면서, 정씨 집안이 보유한 4만6,000주를 크게 앞질렀다. 한데 민씨 집안은 이러한 우세를 끝까지 지켜내지 못했다. 민덕기의 조선맥주가 자금 압박 속에 그만 경영 위기에 놓여 있었던 것이다.

결국 민덕기는 자신이 보유한 조흥은행 주식을 매각하지 않으면 안 되었다. 다 잡은 저축은행을 정재호에게 빼앗긴 뒤 재무부 장관 인태식 등의 권유에 따라 조흥은행 인수에 뛰어든 윤석준에게 주당 8,000환이라는 헐값에 5만7,000주를 넘기고 말았다. 이제 조흥은행의 새 은행주는 민씨 집안이 아닌 윤석준과 정씨 집안과의 사이에서 판가름 나게 되었다. 아니 경쟁자인 정씨 집안을 간단히 따돌리고 윤석준이 차지할 것처럼 보였다.

그러나 앞서 애기한대로 윤석준은 조흥은행마저 차지하지 못했다. 조흥은행의 새 주인은 그도 정씨 집안도 아닌 전연 새로운 인물에게 돌아갔다. 말할 나위도 없이 권력 실세의 의중은 그들이 아니었던 것이다.

김칫국부터 마시고 있던 윤석준은 얼마 뒤 이병철이 등장하여 조흥은행 주식 55%를 사들이면서 경영권을 장악하고 만 것을 속절없이 지켜볼 수밖엔 없었다. 이번에도 그는 뛰는 놈 위에 나는 놈을 뼈저리게 절감하면서 조흥은행의 인수전마저 손을 떼야 했다.

마지막으로 남은 건 상업은행이었다. 상업은행 또한 당초에는 이한원이 유력하게 점쳐졌었다. 상업은행의 대주주였던 그가 합동

증권 사장 진영득을 내세워 낙착권을 간단히 선점하는가 싶었다.

하지만 그의 예상은 여지없이 빗나갔다. 강력한 경쟁자인 설경동을 당장 물리치지 않으면 안 되었다.

더구나 설경동은 자유당의 재정부장을 지낸 정계 실력자였다. 시간이 흐를수록 상업은행은 이한원에서 설경동 쪽으로 기울어갔다. 정부가 재력 부족의 이유를 들어 최고 낙찰자인 진영득이 아닌 설경동에게 상업은행을 넘겨주려 한 것이다.

한데 그럴 때 내각이 갈렸다. 인 장관이 물러나고 김현철 장관으로 교체되면서 상업은행의 새 은행주 찾기에도 변수가 생겼다. 원래의 낙찰 결과대로 진영득에게 낙찰권이 돌아가 이한원이 최대 주주가 될 수 있었다.

그러나 겉보기와는 달리 이한원은 상업은행의 경영권을 독점 지배하지 못했다. 홍업은행의 상업은행 지분이 33%나 되었기 때문이다. 따라서 홍업은행의 최대 주주인 이병철의 영향력이 더 클 수밖에 없었다. 이병철은 이같이 저축은행, 홍업은행, 조흥은행, 상업은행 등 4대 시중은행 가운데 정재호가 차지한 저축은행을 제외한 3개 은행을 사실상 장악 소유케 되었다.

이렇듯 이승만의 자유당 말기 시중은행 민영화는 재계 유력자들이 모두 다 나섰으나 결국 이병철과 정재호에게 돌아갔다. 저축은행은 정재호에게, 홍업은행·조흥은행·상업은행은 이병철의 품에 안겼다.

그리하여 삼호의 정재호는 이른바 생산업체와 무역상사, 여기에 저축은행을 한데 묶을 수 있었다. 삼성의 이병철 역시 홍업은행·

조흥은행·상업은행을 한데 묶으면서 이른바 콘체른 형태의 독점 자본, 곧 재벌財閥로 발돋움할 수가 있게 되었다. 다시 말해 한국기업성장사 100년에서 처음으로 명실상부한 삼성재벌, 삼호재벌이 탄생케 된 것이다.

하지만 멈추지 않는 바람이란 없다. 소망하던 은행을 손에 넣으면서 마침내 경쟁자들을 물리치고 재벌로 발돋움할 수 있었던 정재호와 이병철의 들뜬 승리감은, 그러나 곧바로 이어진 4·19혁명으로 자유당 정권이 붕괴하면서 두 사람 또한 기댈 언덕이 무너지고 말았다.

더욱이 5·16군사쿠데타 이후 들어선 박정희 정권에 의해 자유당 시절의 부정축재자로 내몰리기에 이르렀다. 그러면서 삼호재벌의 정재호는 저축은행과 함께 3억5,000만원의 벌과금을 아무소리 못하고 내놓지 않으면 안 되었다. 뒤늦게 군사 정권으로 줄을 대기 위해 안간힘을 다했으나 실패한데 이어, 경제 개발 과정에서조차 소외되고 말면서 정재호의 삼호재벌은 서서히 몰락의 길을 걸어야만 했다.

삼성재벌의 이병철이라고 해서 예외는 아니었다. 자유당 시절의 부정축재자로 지목된 재계 영수 11명 가운데 제1호로 지목되었던 이병철 또한 군사쿠데타의 주역인 박정희 소장을 면담한 뒤, 흥업은행·조흥은행·상업은행은 물론이고 전체 부정축재자 추징 벌과금 378억 가운데 27%에 해당하는 103억400만원을 강제로 환수당한 뒤에라야 풀려날 수 있었다. 다만 삼성재벌의 이병철은 삼호재벌의 정재호와 다르게 이후 박정희 공화당 정권이 주도한 경제 개발에 적극 참여할 수 있게 되면서, 전경련 초대 회장 등 단연 재계의 주역으로 떠올랐다.

한국기업성장100년史

1960년대 10대 재벌 삼성, 삼호, 개풍, 대한, 락희, 동양, 극동, 한국유리, 동립산업, 태창방직

기업의 사옥이란 기업의 조직원들이 들어가 일만을 하는 곳일까. 틀에 박힌 한정된 공간 안에서 단순히 성과를 내기 위하여 일만을 장려하는 곳일까. 그도 아니라면 사옥은 기업의 역사와 철학, 아이덴티티에서부터 조직문화까지를 담고 있는 그러한 존재일까.

우리 나라 대표 기업 삼성그룹의 사옥은 서울 강남에 자리하고 있다. 서초동 1320번지 일대 7만5,000여 평의 대지 위에 지상 34층 높이의 A동, 지상 32층 높이의 B동, 그룹의 주력사인 삼성전자가 입주해 있는 지상 44층 높이의 C동이 저마다 하늘을 찌를 듯 우뚝

솟은 눈부신 유리 건물이 퍽이나 인상적이다. 1976년 이래 삼성의 역사를 써나갔던 태평로 사옥을 청산하고, 지난 2008년부터 새로운 강남 사옥의 시대를 열어나가고 있다.

그러나 삼성그룹을 오늘날 세계 초일류 기업으로 성장시킨 오랜 둥지이자 실질적인 사령부로 오랫동안 각인되어온 탓일까. 옛 삼성그룹의 태평로 사옥을 기억하는 이는 아직도 많다.

선대 회장 이병철이 건물의 입지 선정에서부터 설계와 색상에 이르기까지 일일이 관여한 것으로 알려져 있는 이 빌딩은, 상아색의 외관이 돋보이는 정사각 입방체의 안정된 건물이다. 무엇보다 삼성제국의 돈(재무)과 사람(인사)과 두뇌(기획)를 장악한 구조조정본부가 이 빌딩의 맨 꼭대기인 26~28층에서 막강한 파워를 발휘했었다. 그런가하면 오늘날 그룹의 주력사가 된 삼성전자가 바로 이 건물에서 처음 태동하여 후발 메이커의 한계를 딛고 일어나 지구촌으로 영토를 확장시켜 나갔으며, 또한 그 모든 것을 이끌었던 선대 회장 이병철의 집무실이 5층 505호실에 자리했던, 삼성그룹의 반세기 역사가 고스란히 간직되어 있는 26층 높이의 빌딩이다.

한데 이 빌딩의 엘리베이터 층수 버튼은 모두 28층까지 되어 있다. 동양 사상에 심취한 선대 회장 이병철이 동서양에서 꺼리는 4자와 13자가 들어간 건물 4층과 13층을 아예 지워버린 탓이다.

태평로 삼성 본관과 마찬가지로 추억으로 남은 역사적인 사옥 건물 하나가 더 있다. 서울 지하철 3, 4호선 충무로역 사거리로 나오다보면 매일경제신문사 신·구 사옥 맞은편에 눈길이 가는 건물이 있다. 주변의 고층 빌딩숲에 둘러싸여 볼품이라곤 없는 5층짜리 낡은 빌딩이 그것이다.

 필자 역시 이곳에 나갈 때면 이 건물 1층 카페에 종종 들리곤 하지만, 이 동화빌딩이 지난 1950~1960년대 초 삼성재벌에 이어 재계 순위 2위 삼호재벌의 본사 사옥이었다는 사실을 아는 이는 그리 많지 않다. 덧없이 흐르고 만 세월 앞에 그 날의 영광이나 시끌벅적함이란 그 어디에서도 찾아볼 수 없기 때문이다.

 그러나 1950~1960년대 초 재계를 호령하며 일세를 풍미하던 대재벌은 다름 아닌 바로 이들 삼성과 삼호였다. 앞서 시중은행의 민영화 쟁탈전에서도 볼 수 있었듯이 누구도 넘볼 수 없는 철옹성을 쌓아올리면서 재계를 양분했다.

 지난 백여 년 동안의 고난과 시련, 학습과 단련 끝에, 다시 말해 상업자본에서 산업자본으로 진화를 거듭하면서 재계의 구도 역시 이제 서서히 그 윤곽을 드러내고 있었다. 1950년대 중반에 이르면 그동안 엎치락뒤치락 하던 재계의 순위도 어느 정도 고정될 만큼 안정되어 갔던 것이다.

 그리하여 4·19혁명 이후 부정축재자 처리 문제가 연일 신문 지상에 오르내리고 있을 때, 사법당국이 재계 순위에 따라 23명의 명단을 발표한 일이 있었다. 삼성물산 이병철, 삼호방직 정재호, 개풍상사 이정림, 대한전선 설경동, 락희화학 구인회, 동양시멘트 이양구, 극동해운 남궁련, 한국유리 최태섭, 동립산업 함창희, 태창방직 김남일 등이었다.

 조선상계 육의전의 마지막 후예이자 한국기업성장사韓國企業成長史 100년에서 최초로 재벌의 반열에 올라 1950년대 재계의 정상에서 호령하던,

태창재벌 백낙승의 후계자 백남일이 가까스로 순위 10위를 마크하고 있음을 볼 수 있다. 또한 부산 피난 시절 미8군의 건설 수주를 독점하면서 일약 태풍의 눈으로 부상한 현대의 정주영이, 그러나 아직은 10위권 안에 들지 못하고 있는 건 눈여겨볼 대목이 아닐 수 없다.

아무렇든 1950~1960년대 초 10대 재벌 가운데 순위 1위는 이병철의 삼성이었다. 앞서 얘기한대로 그는 부산 피난 시절 물자가 절대 부족하다는데 착안하여 국내에서 고철 등을 수집하여 일본에 수출하는 대신, 홍콩으로부터 설탕과 비료 따위를 수입하면서 상업자본에서 산업자본으로 변화를 꾀하는데 성공했다.

그러나 이병철은 거기에 머물지 아니하고 다시 한 번 변화를 시도한다. 사업의 다각화가 그것이다. 당시 정부는 원조자금과 물자를 민생안정과 전후복구에 우선적으로 배정하고 있었는데, 이병철은 이 점을 놓치지 않았다. 공장 설립에 필요한 외화 18만 달러를 정부 협조로 특별 대부받고, 나머지 2천만환은 상공은행으로부터 대출을 받아 사업자금을 간단히 확보하면서 1953년 첫 번째 공장인 제일제당을 창업할 수 있었다.

이후 그는 식품 중심으로 영역을 확대하여 동성물산의 통조림공장을 인수한데 이어, 1957년에는 제분공장을 건설하고 제분업에도 새로이 진입했다. 뿐만 아니라 전쟁 이후 긴급한 의류 수요를 충족시키기 위해 정부와 원조당국의 지원을 받아 제일모직까지 창업하고 나서면서, 기존의 삼성물산(무역)과 제일제당, 제일모직의 트로이카 체제를 구축하여 향후 도약을 위한 기반을 다져나갔다.

———————————————————————— 한국기업성장100년史

삼성그룹 창업주 이병철의 체취가 아직까지도 짙게 남아 있는 태평로의 삼성 본관 사옥. 삼성 본관이 선대 회장 이병철의 시대를 열었던 역사의 현장이었다면, 지금의 서초동 삼성 본사는 2대 회장 이건희의 시대를 열어가고 있는 삼성의 철옹성이자 풍경이 되고 있다.

더욱이 시중은행의 민영화 쟁탈전에서 거둔 승전은 무엇보다 컸다. 이른바 금융콘체른을 완결 지으면서 단연 재계 정상에 올라설 수 있었다. 흥업은행, 조흥은행, 상업은행 등 3개 시중은행의 최대주주가 됨으로서 은행의 자금을 활용하여 본격적인 사업을 다각화 할 수 있게 되었던 것이다.

재계 2위는 정재호의 삼호재벌이었다. 일찍이 초등학교를 마치자마자 대구 시내로 나와 봇짐장수를 시작으로, 1950년 전쟁 직전에는 3,600추 규모의 보잘 것 없는 삼호방직을 창업할 수 있었다.

그러나 전쟁은 그에게 뜻밖의 행운을 가져다주었다. 전쟁의 참화 속에 대부분의 방직공장들이 파괴되었으나 대구에 있던 그의 삼호방직만은 무사했다. 따라서 다른 방직공장들이 가동을 할 수 없는 사이 삼호방직은 때 아닌 호황을 누릴 수 있었다.

더구나 정계의 실력자들이 대구로, 부산으로 줄줄이 피난을 내려왔다. 그러면서 정재호는 알게 모르게 권력과 가까워졌고, 마침내 자유당의 2인자 이기붕에게 줄이 닿았다.

이때부터 정재호에게 거칠 것이라곤 없었다. 삼호방직에 이어 삼호무역을 창업하면서 떼돈을 벌었다. 그 기세를 몰아 이번에는 경성방직과 더불어 양대 산맥을 이루고 있던 부산의 조선방직을 인수한데 이어, 대전방직을 북구하고 삼호방직을 크게 확장시켰다. 순식간에 정재호는 방직왕이 된 것이다.

뿐만 아니라 전후 시중은행 민영화 때 저축은행(지금의 SC제일은행)까지 손에 넣는데 성공하기도 한다. 이른바 금융콘체른까지 완성시킴으로써 삼호제국을 이룩케 된 것이다.

재계 3위는 이정림의 개풍재벌이었다. 그는 개성상인 출신으로 전라도 여수에서 천일고무를 경영하던 김영준의 대리인이었다. 한데 여순반란사건 때 그가 학살되어 죽자 동향 후배인 이회림과 합자하여 개풍상사를 창업(1949)하고 무역업에 뛰어들었다. 중석의 부산물인 창연을 일본에 수출하고, 모자란 생필품 따위를 수입하면서 자본을 축적할 수 있었다.

서울 수복 이후에는 제빙공장인 호양산업과 대한탄광을 창업한 데 이어, 전후 원조자금으로 건설하던 문경 시멘트공장을 인수하여 대한양회를 설립했다. 뿐만 아니라 한국유리의 최태섭, 동양시멘트의 이양구, 동양맥주의 박두병, 건설실업의 김광균 등의 지원을 얻어 서울은행을 창업하면서 자력으로 금융콘체른을 완결 지어 이병철, 정재호에 이어 3위의 자리에 자신의 이름을 올렸다.

재계 4위는 대한재벌의 설경동이었다. 설경동은 부산 피난 시절 서울에서 벌이던 사업을 그대로 지속했다. 대한산업과 원동흥업을 경영하면서 일본에 중석 따위를 수출하고, 밀가루와 비료와 같은 모자란 생필품을 들여와 역시 재미를 보았다.

그러다 전후 원조자금이 쏟아져 나올 때 설경동은 재빨리 상업자본에서 산업자본으로의 진화를 꾀하는데 성공했다. 1953년 대한방직을 창업한데 이어, 적산기업이었으나 경영 위기에 몰린 조선방직 대구공장을 인수하여 대단위 공장으로 확장시켰다. 또한 대동증권을 창업하면서 금융업에 진출하는가 하면, 역시 적산기업이었던 조선전선을 인수하여 대한전선으로 재출범시킨데 이어 대동제당까지 창업하면서 순위 4위에 이름을 올렸다.

재계 5위는 락희재벌의 구인회였다. 구인회는 락희(樂喜 ; 럭키의 한문 표기)라는 기업명에서도 알 수 있듯이 누구보다 행운이 따른 기업가였다. 경상도 진주에서 비단 상점을 시작으로 상계에 투신하여, 해방이 되자 서울이 아닌 부산으로 무대를 옮겼다. 부산에서 수산업과 목탄 수입 등을 하였으나 별 재미를 보지 못하다, 우연히 화장품에 손을 댄 것이 럭키였다. 이어 화장품 용기를 만들기 위해 다시 손을 댄 플라스틱 사업 역시 연이은 럭키였다.

서울에서 기업을 하던 숱한 기업가들이 6·25전쟁으로 말미암아 하루아침에 모든 것을 잃은 채 빈털터리로 피난을 내려와 하루의 호구지책을 마련하기 위해 국제시장의 골목길을 기웃거리고 있을 때, 그는 플라스틱 사출기 2대를 들여놓고 한창 성업 중이었다. 그만큼 구인회에게는 시간과 공간의 행운이 한꺼번에 따라주고 있었다. 구인회의 락희재벌이 탄생되어가는 순간이었다.

구인회는 플라스틱 사출기로 화장품 용기에서부터 머리빗, 비누곽, 바가지 등 각종 생활용품을 만들어내면서 눈 깜짝할 사이 떼돈을 벌어들였다. 떼돈을 벌어들이자 전쟁으로 물자가 부족해진 틈을 타 이번에는 반도상사를 창업하여 무역으로 영역을 확장해나갔다. 다른 기업가들이 저마다 무역업으로 자본을 축적하여 제조업에 손을 댄 것과는 달리, 그는 제조업에서 자본을 축적하여 무역업으로 진출한 케이스였다.

그러나 구인회의 럭키는 거기서 끝나지 않았다. 플라스틱으로 이미 큰 성공을 거둔 락희화학이 뒤이어 치약 제조에 나섰는데, 이 치약산업 역시 공전의 히트였다. 락희화학의 치약산업은 기존의 경쟁자들은 물론 외제까지 깡그리 몰아내는 기념비적인 성과를 거두면서, 단숨에 반석 위로 올라서는 기염을 토했다.

이처럼 플라스틱과 럭키치약으로 이미 광범위한 내수시장을 석권한 구인회는, 그러한 성공을 발판삼아 영역을 더욱 넓혀나갔다. 다시금 비누 메이커인 락희유지를 설립한데 이어, 최초로 전자산업(1959)에까지 손을 뻗쳤다. 그리하여 금성사에서 라디오를 만들어내기 시작하였을 때 구인회의 락희재벌은 어느새 재계에서 다섯 손가락 안에 드는 재벌의 강자로 성큼 발돋움해 있었다.

재계 6위는 동양재벌의 이양구였다. 그가 재벌의 반석 위에 오르기까지는 그야말로 난세를 헤쳐 온 파란만장의 연속이었다.

해방 이후 이양구는 단신 홀로 월남했다. 갖은 고생 끝에 서울에서 설탕과 밀가루 도매업을 전문으로 하는 동양식품으로 가까스로 기반을 잡는가 싶었다.

그러나 뜻하지 않은 6·25전쟁이 발발하고 말았다. 속절없이 모든 것을 읽은 채 피난길에 올라야 했다.

하지만 서울에서의 경험은 밑천이 되어주었다. 피난지 부산에서 다시금 억척스레 장사를 시작한 것이다. 동양식품에서 삼양물산으로 간판을 바꿔 달고, 국제시장을 무대로 설탕과 밀가루 장사에 나섰다.

물론 장벽도 없지 않았다. 둘째가라면 서러워할 그 지역의 텃세부터 맞서 이겨야만 했다. 그러나 뚝심 있고 배짱 좋은 함경도 억척으로 이양구는 억세기로 소문난 그 지역의 텃세를 누르면서 국제시장의 설탕상권을 장악할 수 있게 되었다.

그럴 때 마침 이병철이 제일제당을 창업하고 나섰다. 범람하고 있는 외제 수입설탕과 대결하려면 국제시장의 설탕상권을 장악하고 있는 이양구의 도움이 당장 필요할 수밖에 없었다.

결국 두 사람은 의기투합하여 제일제당과 삼양물산의 합작으로 동양제당을 세웠다. 설탕의 판매를 이양구가 맡으면서 공존의 기틀을 마련한 것이다.

하지만 단신 홀로 월남하여 억척으로 난세를 헤쳐 온 이양구가 누구 밑에 고분고분 있으면서 작은 이익에나 안주하고 있을 그런 위인이 아니었다. 스스로 또 다른 길을 개척해나가기 시작했다.

전쟁이 끝나자 제일제당이 인수한 판매권을 이용하여 동양제과를 인수하고 나섰다. 동양제과가 어느 정도 정상화되자 이번에는 제일실업을 창업하여 무역업으로 영역을 확장했다. 제일실업마저 자리를 잡아나가자 다시 동양시멘트(1957)마저 인수하면서 몸집을 크게 불려나갔다.

동양시멘트는 원래 일본 소노다시멘트 삼척공장으로 건립되었던 것으로, 해방 이후 체신부 차관을 지냈던 강직순이 경영하고 있었다. 한데 경영이 부실하여 동양제당의 이름으로 이병철, 이양구, 배동항 등이 합자 인수하였으나, 이양구가 제일실업을 정리하면서 단독으로 인수하게 되면서 마침내 재벌의 대열에 합류할 수 있게 되었다.

재계 7위에는 극동재벌의 남궁련이 이름을 올렸다. 남궁련은 불과 십여 년이라는 짧은 기간 동안에 해운과 무역으로 급성장한 재벌이었다.

그밖에도 8위에 이름을 올린 최태섭은 한국유리와 동화산업을, 9위에는 적산기업을 불하받아 몸집을 키워낸 함창희의 동립산업이 각기 이름을 올렸다. 10위 자리에는 백남일의 태창재벌이 차지하였으나, 이미 내리막길을 걷고 있을 때였다. 그리하여 1950~1960년대 초까지의 국내 10대 재벌은 다음과 같았다.

이병철 삼성재벌 – 삼성물산, 제일제당, 제일모직, 한국타이어, 안국화재, 근영물산, 한국기계, 풍국주정, 조선양조, 천일증권, 동양방직, 한일은행, 흥업은행, 조흥은행, 상업은행

정재호 삼호재벌 – 저축은행, 삼호무역, 삼호방직, 조선방직, 대전방직, 삼양흥업, 제일화재

이정림 개풍재벌 – 서울은행, 대한양회, 호양산업, 배아산업, 개풍상사, 대한 탄광, 삼화제철, 동방화재, 대한철강

설경동 대한재벌 – 대한전선, 대한방직, 대동제당, 원동흥업, 대동증권

구인회 락희재벌 · 금성사, 반도상사, 락희화학, 락희유지

이양구 동양그룹 · 동양시멘트, 동양제과, 동양제당,

남궁련 극동그룹 · 극동해운, 극동통상, 한국정유, 한국흄관

최태섭 한국유리 · 한국유리, 동화산업

함창희 동립산업 · 동립산업, 신진흥업, 동립염업

백남일 태창방직 · 태창방직, 태창직물, 동서해상, 협동섬유

이밖에도 훗날의 쌍용그룹을 꿈꾸는 금성방직의 김성곤, 현대건설의 정주영, 동양맥주의 박두병, 한국생사의 김지태, 동신화학의 현수덕, 해성산업의 단사천 등이 그 뒤를 잇고 있었다.

그러나 여기서 다시금 눈여겨 보아야할 대목은 한국기업성장史 100년의 제1세대이면서, 해방 전까지만 하여도 국내 최대 기업 집단을 형성하고 있었던 경성방직의 김연수와 화신백화점의 박흥식이 멀찌감치 뒷전으로 밀려나고 말았다는 사실이다. 반면에 일제 말기나 해방 이후 새로이 창업한 새롭고 젊은 기업과 기업가들이 대거 두각을 나타내고 있다는 점이다.

그렇다면 이들은 과연 어떻게 그토록 짧은 기간 안에 거대 기업을 거느린 재벌로의 발돋움이 가능했던 것일까. 여기에 대해 경제 관료 사공일과 경영학자 조동성은 각기 다음과 같은 흥미로운 해석을 덧붙이고 있다.

'어떻게 해서 소수의 개인이 한국경제 전체보다 훨씬 더 빠른 속도로 부를 축적할 수 있었을까? 이러한 질문에 대한 해답으로서 학계 및 언론계에서 광범위하게 일치되는 견해는 '정치적 유대political connection' 라는 것이다. 이러한 견해의 대표적인 예로서 김경동 교수에 의하면 재벌 총수는 "주로 투기, 가격 조작, 탈세 및 누적된 인플레이션의 이용 등과 같은 비합리적 과정을 통하여 자본을 축적한 '정치적 자본가political capitalists' 이며, 이러한 과정에서 더욱 중요한 것은 그들이 정치적 기부의 대가로

경제적 특혜를 얻기 위해 정치적 유대를 이용했다"라고 보고 있다.'

'이 무렵에 급부상한 재벌기업들은 기업 환경의 변화에 능동적으로 대처하여 정권의 힘을 적절히 이용함으로써 도약의 계기를 마련하였다. 따라서 이들은 기업 내부적인 자본 축적을 통한 성장이라기보다는 외부 의존적이고, 상업자본주의적인 유통상의 이익을 통해서 자본 축적이 이루어졌다. 또한 기업의 경영 관리 풍토가 혁신이나 기술개발보다는 경영 외적인 능력에 좌우된다고 생각하는 경영 풍토가 조성되었다. 정치와 유착된 상태에서 기업이 운영됨으로써 폐쇄적인 가족경영 체제가 확립되어 배타성을 띠게 되었고, 기업의 사회적 책임 수행이나 국민 경제적 기능은 도외시 되었다.'

그러나 이것이 전부는 아니었다. 거듭 말하지만, 해방 이후 거저 줍다시피 한 적산기업의 불하로 단숨에 몸집을 키우고 나자, 전쟁 이후 외국의 원조자금으로 건설한 수입대체산업 중심의 공업화로 다시금 몸집을 크게 불린데 이어, 또다시 몸집을 거대하게 불려나갈 수 있는 절호의 기회가 바야흐로 목전에 기다리고 있었다. 이승만의 자유당 정권이 4·19혁명(1960)으로 무너지고 장면 민주당 정권이 들어섰으나, 곧바로 이듬해 5·16군사쿠데타가 일어나 육군소장 박정희가 정권을 잡게 되면서 또 다른 격변기를 맞이하게 된 것이다. 그렇잖아도 이미 상당한 수준의 '정치적 유대'와 '상업자본주의적인 유통 이윤에 주력' 했던 자신들의 성공적 경험을 의기투합 하여, 이제는 본격적인 고공으로 비상할 수 있는 도약의 그 날을 저마다 준비하고 있었다. 우리 모두가 그런 도저한 시대를 통과해온 것이라고 말할 수 있다.

| 한국기업성장 100년史를 마치며 |

학습과 단련의 종횡무진 한 세기, 마침내 '미러클 코리아'를 꿈꾸다

다시 말하지만 한국기업성장 100년史가 처음 열리기 시작하는 왕조 말기, 이 땅의 상계는 종로 육의전과 개성상인이 나란히 양분하고 있었다. 국가로부터 허락받은 공상公商인 종로 육의전과 일찍이 고려왕조의 유신들이 조선왕조에 출사치 않고 생존의 수단으로 상인의 길로 들어선 사상私商인 개성상인, 곧 송상松商이 지배하고 있었다. 이들 두 집단에 의해 전국의 상권을 중앙은 종로 육의전이, 지방은 송상이 장악하면서 조선상계가 오랫동안 영위되어 왔다.

하지만 왕조 말기 자연스러운 인구의 증가가 변곡점이었다. 인구의 증가와 그에 따른 생산력의 증대, 신분제의 변동과 같은 누적된 요인으로 말미암아 그동안 철옹성으로 불리던 종로 육의전과 송상의 양분 체제에 균열이 일기 시작한 것이다. 이들 두 집단 말고도 한강을 중심으로 한 경강상인들과 같은 새로운 사상이 출현케 되었다. 또 이러한 사상의 증가로 조선상계는 비로소 경쟁 관계에 들어가게 되었고, 결국 종로 육의전이나 송상은 경강상인들과 같은 또 다른 사상들로부터 거센 도전을 받기에 이르렀다.

그러나 이러한 거센 도전도 찻잔 속의 폭풍에 불과한 것이었다. 일본의 강압에 의해 빗장을 열어주고 만 개항(1883)은 일찍이 우리가 겪어보지 못한 물질문명의 쓰나미tsunami였다. 개항장을 통하여 쏟아져 들어오기 시작한 개화 물품은 지금껏 유교적 정신주의 생활 풍조 속에서만 호흡해 왔던 이 땅의 뭇 백성들에게 경이적인 신천지를 보여주었다. 눈앞에서 펼쳐지는 근대의 물결이 거침없이 휘몰고 들어오는 것을 속절없이 바라보아야 했던 것이다.

그와 함께 조선상계는 지배력을 상실하고 말았으며, 그렇다고 새로운 주도 세력이 나타나지도 못했다. 뒤늦게 왕실을 비롯한 지배계급이 실력양성을 부르짖고 나섰으나 대규모 자본을 앞세운 그들의 적수가 될 수는 없었다. 결국 한일병합(1910)으로 나라마저 빼앗기고 만 채 우리 경제는 식민종주국의 예속경제로 반세기 동안이나 신음하지 않으면 안 되었다.

물론 앞선 일본 문명을 따라잡으려는catch-up 근대화의 의지가 우리에게도 없었던 것은 아니다. 극히 일부이긴 해도 상업에서 화신백화점이, 산업에서 경성방직이 그 산 예였다. 비록 미완의 의지에 그치고 말았다하더라도 이들이 품었던 근대화 이념은 곧 한국

자본주의의 원석이자 출발점이었다.

　우리는 그렇게 8·15해방을 맞았다. 그러나 해방 공간은 혼란과 혼돈의 연속이었다. 어렵사리 구심점을 찾아내어 마침내 기지개를 펴고 일어날 즈음, 이번에는 6·25전쟁이 일어났다. 전쟁은 모든 것을 잿더미로 만들어 버렸고, 그런 폐허와 공허 위에서 다시 시작하지 않으면 안 되었다.

　한데 다시 4·19혁명과 5·16군사쿠데타가 거푸 일어났다. 또 그 때마다 경제계는 세찬 변혁으로 몸살을 앓았다. 경제개발이라는 개발경기가 출항을 시작한 가운데 재계의 영토 또한 요동쳤다. 정치적, 경제적 변동에 따른 재계의 판도 또한 크게 바뀌어져나갔던 것이다.

　한국기업성장 100년史 맨 앞장으로 돌아가면 한일병합 이후 일본자본에 대항하여 새로운 민족자본을 형성하자는 기운이 촉구되었다. 이런 분위기 속에서 탄생한 것이 경성방직이었다. 조선총독부에 제출한 회사 설립 인가 신청서에서부터 경성방직은 '조선에 있어서의 면포 수용은, 통계가 제시하는 바에 의하면 연액 4천2백만원(지금돈 약 5조300억원)이며, 그 중 2천7백만원(지금 돈 약 3조2,400억원)은 (일본)수입품에 의존하고 있는 현상이니 이의 자급을 기도함은 조선경제 독립상 급무….' 라고 민족주의 냄새가 물씬 묻어나고 있음을 볼 수 있다. 또한 실제로 이 회사 설립에 참여했던 발기인들의 면면을 보면 전국의 재계인사가 총망라된 토착자본의 집결체였다.

　이같이 조선 재계의 인사들을 한자리에 모이게 한 인물은 인촌

仁村 김성수였다. 그리고 그의 뒤를 이어 경성방직을 이끈 김연수 형제는 일제의 억압 속에서 조선의 경제계를 이끌어나간 리더였다. 자본으로만 보았을 땐 그와 맞먹는 이도 적잖았다. 동일은행과 영보재벌의 민영휘, 금광왕 최창학, 화신백화점의 박흥식 등과 같은 인사들이 명성을 날렸으나, 이들은 재계의 리더로 활약치는 못했다.

결국 일제 식민지배 아래에서 싹튼 조선 재계의 주도권은 호남 출신 기업가들이 주도하게 되었다. 토지자본은 원래부터 호남 출신들이 주류를 이루고 있는 가운데, 산업자본으로는 경성방직의 김연수를 비롯하여 대륙고무의 김상섭, 천일고무의 김영준 등이 전국적인 조직망을 갖추었다. 금융자본으로는 조선상업은행의 박영철, 한일은행의 백인기가 있었고, 호남은행의 현준호는 영남지역으로까지 진출하고 있었다. 그밖에도 문재철, 김성규, 정영철, 차남진, 김원희 등 호남 출신의 거부들이 근대기업을 이끌었다.

8·15 해방은 이러한 재계 판도에 일대 변화를 일으킨다. 해방과 더불어 경제계를 이끌어왔던 호남 출신들이 중앙 무대에서 그만 영향력을 상실한 것이다. 이때 서울 출신으로는 영보재벌의 민대식·민규식 형제와 태창재벌의 백낙승 등이 있었으나 재계를 이끌어가기에는 덕망이나 역량이 부족한 처지였다. 개성 출신으로는 전항섭, 김익균, 이세현 등이 서울로 상경해서 활동하고 있었지만, 자본이나 지명도에 있어서 재계를 이끌 정도는 아니었다. 영남 출신으로는 적산기업 조선우선을 불하받은 대한해운공사와 전방의 김용주·김용성 형제를 제외하면 중앙 무대에서 이름 석 자 알려진 이

가 없었다.

　해방 이후 중앙 무대는 이같이 리더가 따로 없는 군웅할거의 시대였다. 이런 가운데 수적 우세를 앞세워 새로운 주도 세력으로 등장한 것이 북한 출신의 기업가들이었다. 이들은 해방 이후 북한이 공산화되자 대거 서울로 몰려들었다. 대한재벌의 설경동, 한국유리의 최태섭, 대한제분의 이한원, 유한양행의 유일한, 천우사의 전택보, 제동산업의 심상준 등이었다. 그리고 이들의 뒤에는 일제시대 때부터 재계를 주름잡아오던 박흥식, 최창학 등이 든든한 버팀목이 되어주고 있었다.

　그러나 6·25전쟁은 재계의 판도를 또다시 송두리째 뒤흔들어놓았다. 전쟁은 모든 것을 잿더미로 만들어 원점으로 되돌려놓으면서 다시금 새로운 출발을 강제했다.

　무엇보다 전쟁 중이던 3년여 동안 경제 활동의 무대는 오로지 부산이었다. 이 기간 동안 락희화학 구인회의 예에서도 볼 수 있듯이 영남 기업가들은 전화의 피해를 모면할 수 있었을 뿐더러, 홈구장의 이점을 최대한 극대화할 수 있었다.

　그뿐만이 아니었다. 이승만의 자유당 정권은 기존 재벌을 멀리하고 신진 재벌을 가까이 했다. 이에 따라 재계를 주도해왔던 북한 출신 기업가들이 뒤로 밀려나는 대신 영남 출신 기업가들이 놀라운 성장세를 나타냈다.

　그리하여 자유당 말기에 접어들 때쯤이면 경제계는 삼성재벌의 이병철, 삼호재벌의 정재호, 금성방직의 김성곤, 중앙산업의 조성철 등 영남 출신 기업가들을 주축으로 한 친자유당계와 화신재벌의 박흥식, 천우사의 전택보, 한국유리의 최태섭, 대한제분의 이한원, 제동산업의 심상준 등 북한 출신을 주축으로 한 반자유당계로 갈라져 대립하는 양상을 띠기에 이르렀다.

이런 상태에서 5·16군사쿠데타가 일어났고, 부정축재 처리 과정에서 두 세력이 다시금 첨예하게 대립케 되었다. 부정축재 처리 과정에서 부정조사를 했다는 혐의로 부정축재 조사위원이 구속된 사건이 벌어졌는데, 이것은 북한 출신의 기업가들과 영남 출신 기업가들 사이의 불화 때문에 불거진 일이었다.

그러나 양대 세력 간의 주도권 다툼은 결국 영남 세력의 승리로 끝이 났다. 부정축재 처리로 한창 세간이 떠들썩했을 때 북한 출신의 재벌 아무개가 영남 출신의 재벌 아무개를 가리켜 "나는 일제시대에 1천만원(지금 돈 약 1조원)을 가진 갑부였다. 내가 현재 영남 출신 아무개와 같이 부정축재자에 끼이는 자체가 억울하다. 영남 출신 아무개는 해방 후 구리동전 한 푼 없었던 사람인데도 현재는…"라며 한탄하기도 했으나, 이미 엎질러지고만 물을 도로 그릇에 담을 수는 없는 일이었다.

마침내 부정축재 처리를 계기로 자유당 말기에서부터 서서히 기울기 시작한 세력 균형이 완전히 한쪽으로 기울고야 말았다. 이때부터 경제계는 이병철, 구인회, 정재호, 김성곤, 김한수(한일합섬), 이원만(코오롱), 신격호(롯데), 조홍제(효성), 김인득(벽산), 김용주 등 영남 출신 기업가들이 주도하고 나섰다. 이들이 경제계를 주도하는 가운데 1960년대 이후 박정희 정권이 이끈 이른바 '한강의 기적'으로 불리는 경제 개발시대가 열리기 시작한 것이다.

돌아보면 〈한국기업성장 100년史〉는 참으로 어느 하루 살아남아 역사가 되지 않은 날이 없었다고 할 만큼 격동으로 점철된 시공이었다. 학습과 단련으로 다져온 종횡무진의 한 세기가 아닐 수 없었다. 이때까지만 하여도 역사와 경제 점쟁이의 제자들마저 놀라게 할 오늘의 '미러클 코리아'를 점쳤던 이는 그리 많지 않았었다.

|출전을 밝혀주는 참고 문헌|

강만길, 〈한국 자본주의의 역사〉, 역사비평, 2000
이존희, 〈조선시대의 한양과 경기〉, 혜안, 2001
일본 아세아협회編 발췌, 〈향토 서울〉 제1호, 1957
고동환, 〈조선후기 서울상업발달사 연구〉, 지식산업사, 1998
서울특별시사편차위원회, 〈서울六百年史〉, 1978
서울특별시사편찬위원회, 〈서울의 시장〉, 2007
안병직, 〈한국경제성장사〉, 서울대 출판부, 1997
변광석, 〈朝鮮後期 市廛商人 硏究〉, 혜안, 2001
서울시 중구 문화원, 〈명동변천사〉, 2003
김양수, 〈인천개화백경〉, 화인재, 1998
김대길, 〈시장을 열지 못하게 하라〉, 가람기획, 2000
정승모, 〈시장으로 보는 우리 문화 이야기〉, 웅진씽크빅, 2000
박기주, 〈농촌의 재화 가격과 물가의 추이 1834?1937〉, 일조각, 2001
박섭, 〈한국 근대의 농업 변동〉, 일조각, 1997
장시원, 〈일제하 대지주의 존재 형태에 관한 연구〉, 서울대 대학원

박사 논문, 1989

김동명, 〈지배와 저항, 그리고 협력〉, 경인문화사, 2006

이기준, 〈한말 서구 경제학 도입사 연구〉, 일조각, 1985

이용선, 〈거부실록〉, 양우당, 1983

이용선, 〈조선거상〉, 동서문화사, 2005

일본 외무성, 〈공사관급영사관보고公使館及領事館報告〉, 1893

김경옥, 〈黎明八十年〉, 창조사, 1964

예종석, 〈활명수 100년 성장의 비밀〉, 리더스북, 2009

박승돈, 〈한국고무공업50년 소사〉, 1970

김태수, 〈꽃가치 피어 매혹케 하라〉, 황소자리, 2005

서형실, 〈식민지시대 여성 노동운동에 관한 연구 : 1930년대 전반기 고무제품 제조업과 제사업을 중심으로〉, 이화여대 대학원 석사논문, 1990

고승제, 〈한국 고무공업의 전개와 대륙고무공업회사의 지위〉, 1973

이규태, 〈고무신공장〉, 조선일보, 1996

시대일보, 〈만화로 본 경성〉, 시대일보, 1925

이순우, 〈손탁호텔〉, 하늘재, 2012

배성준, 〈일제하 경성지역 공업 연구〉, 서울대 대학원 박사 논문, 1998

조희문, 〈무성영화의 해설자, 변사연구〉, 1997

조희문, 〈영미연초회사와 한성전기회사의 영화 상영에 관한 고찰〉, 2002

조희문, 〈초창기 한국영화사 연구 : 영화의 전래와 수용(1896·

1923)〉, 중앙대 대학원 박사논문, 1992

안종화, 〈한국영화측면비사〉, 현대미학사, 1998

임종국, 〈한국인의 생활과 풍속-상〉, 아세아문화사, 1995

조풍연, 〈서울잡학사전〉, 정동출판사, 1989

서길수, 〈개항 후 대차관계 및 이자에 관한 연구〉, 국제대학 출판부, 1982

서길수, 〈개항 후 이자부 자본의 사적 고찰〉, 단국대 대학원 박사 논문, 1978

김희중, 〈한말 식민지 금융체제의 전개 과정에 관한 연구〉, 조선대 대학원 석사 노문, 1981

탁지부 건축소, 〈건축소 사업개요〉, 1909

조성용, 〈일제강점기 경성부 도시계획〉, 1993

정재정 외, 〈서울 근현대 역사기행〉, 혜안 2000

금복현, 〈옛 안경과 안경집〉, 대원사. 1997

이규태, 〈재미있는 우리의 집 이야기〉, 기린원, 1991

김영근, 〈일제하 서울의 근대적 대중교통수단〉, 한국학보, 2000

전봉관, 〈황금광시대〉, 살림, 2005

리태영, 〈조선광업사〉, 백산자료원, 1998

호리 가즈오, 주익종譯, 〈한국 근대의 공업화〉, 전통과 현대, 2003

〈和信五十年史〉

하야시 히로시게, 김성호譯, 〈미나카이백화점〉, 논형, 2007

하쓰다 토오루, 이태문譯, 〈백화점(도시문화의 근대)〉, 2003

연세대국학연구원, 〈일제의 식민지배와 일상생활〉, 혜안, 2004

두산그룹, 〈두산그룹사〉 1989

두산 전략기획본부, 〈배오개에서 세계로〉, 1996

고바야시 히데오, 임성모譯, 〈滿鐵〉, 산처럼, 2004

정재정, 〈일제 침략과 한국철도〉, 서울대 출판부, 1999

안병직 외, 〈近代朝鮮工業化의 硏究〉, 일조각, 1993

전유용, 〈19世末末?20世紀初 韓人 會社 硏究〉, 서울대 대학원 박사 논문, 1997

와세다대학 한국유학생회, 〈와세다의 한국인〉

〈한국화폐전사〉, 한국조폐공사, 1992

오두환, 〈한국 근대 화폐사〉, 한국연구원, 1991

이영훈, 〈수량경제사로 다시 본 조선후기〉, 서울대 출판부, 2004

송규진 외, 〈통계로 본 한국 근현대사〉, 아연출판, 2004

임종국, 〈밤의 일제 침략사〉, 한빛문화사, 2004

건축운동연구회, 〈건축운동4〉, 대건사, 2004

문제안 외, 〈8.15의 기억〉, 한길사, 2005

송건호 외, 〈해방전후사의 인식〉, 한길사, 1989

한배호 편, 〈한국현대정치론 ; 제1공화국의 국가형성, 정치과정, 정책〉. 나남, 1990

이대근, 〈해방 후 · 1950년대 경제 : 공업화의 사적 연구〉, 삼성경제연구소, 2002

홍성원, 〈남과 북〉, 문학과 지성, 2000

부산상공회의소, 〈부산경제사〉, 부산상공회의소, 1989

김태현, 〈부산기업사〉, 부산발전연구원, 2004

공제욱, 〈한국전쟁과 재벌의 형성〉, 한울아카데미, 2000

김학준, 〈북한 50년사 : 우리가 떠안아야 할 반쪽의 우리 역사〉, 동아출판, 1990

김두한, 〈김두한 자서전〉, 메트로신문, 2002

김영호, 〈한국전쟁의 기원과 전개과정〉, 두레, 1998

노정팔, 〈한국방송과 50년〉, 나남, 1995

한국일보 출판국, 〈財界回顧〉, 한국일보 출판국, 1981

황명수, 〈한국기업가사 연구〉, 단국대 출판부, 1999

오미일, 〈한국근대자본가연구〉, 한울, 2002

이종재, 〈재벌이력서〉, 한국일보 출판국, 1993

대한경제연감사 편, 〈회사연감〉, 1955

공창석, 〈한국상인〉, 박영사, 2006

박병윤, 〈財閥과 政治〉, 한국양서. 1982

유원동, 〈한국근대경제사연구〉, 일지사, 1977

권태억, 〈한국근대면업사연구〉, 일조각, 1989

오호성, 〈조선시대의 미곡유통시스템〉, 국학자료원, 2007

김기원, 〈미군정기의 경제구조 ; 귀속기업체 처리와 노동자 자주관리를 중심으로〉, 푸른산,　　1990

강준만, 〈한국현대사산책〉, 인물과 사상사, 2004

김송달, 〈한국 근현대 100년사〉, 거름, 1998

채명신, 〈사선을 넘고 넘어〉, 매일경제, 1994

한국자동차공업협회, 〈한국자동차산업 50년사〉, 한국자동차공업협회, 2005

전영선, 〈고종 캐딜락을 타다〉, 인물과 사상사, 2010

손정목, 〈한국 현대도시의 발자취〉, 일지사, 1988

강인철, 〈한국전쟁과 사회의식 및 문화의 변화〉, 백산서당, 1999

유승주, 〈朝鮮時代 鑛業史硏究〉, 고려대 출판부, 1993

〈仁村 金性洙傳〉, 인촌기념회, 1976

〈경성방직 50년〉, 1969

〈한국 근대기업의 선구자 - 수당 김연수 선생 일대기〉, 삼양사, 1996

동아그룹, 〈개척하는 자만이 역사를 창조한다〉, 동아그룹, 1995

조동성 외, 〈한국 자본주의의 개척자들〉, 월간조선, 2000

허종, 〈반민특위의 조직과 활동〉, 선인, 2003

최광식 외, 〈한구무역의 역사〉, 청아출판사, 2010

한국무역협회, 〈한국무역사〉, 한국무역협회, 2006

전경련 40년사 편찬위원회, 〈全經聯四十年史〉, 전경련, 2001

이원태, 〈대한통운 80년사〉, 대한통운, 2010

윤광원, 〈금융잔혹사〉, 비전코리아, 2008

천금성, 〈불타는 오대양〉, 현대해양, 2010

한국원어업협회, 〈원양어업 30년사〉, 한국원양어업협회, 1997

김병석, 〈인물은행사〉, 은행계, 1982

고승제, 〈한국금융사연구〉, 일조각, 1970

서광운, 〈한국금융백년〉, 창조사, 1972

배영옥, 〈한국금융사〉, 개신, 2002

김홍기, 〈비사 경제기획원 33년, 영욕의 한국경제〉, 매일경제 출판부, 1999

삼성문화사 편집부, 〈韓國財閥〉, 삼성문화사, 1992

이병철, 〈湖巖自傳〉, 중앙일보사, 1986

정주영, 〈이 땅에 태어나서〉, 솔, 1998

설봉식 외, 〈구인회 구자경 연구〉, 수서원, 2000

유인학, 〈한국 재벌의 해부〉, 풀빛, 1991

조동성, 〈한국재벌〉, 매일경제출판, 1997

이해주, 〈한국경제발전론 : 한일비교경제사적 접근〉, 부산대 출판부, 1996

김경순, 〈관료기구의 형성과 저치적 역할〉, 나남, 1990

오원철, 〈박정희는 어떻게 경제강국 만들었나〉, 동서문화사, 2006

이한구, 〈한국재벌형성사〉, 비봉출판, 1999,

사공일 외, 〈경제개발과 정부 및 기업가의 역할 : 한국경제의 근대화 과정연구〉, 한국개발연구원, 1981

윤능선, 〈경제단체인생 40년〉, 삶과 꿈, 1997

공병호, 〈한국기업흥망사〉, 명진출판, 1993

한국일보 경제부, 〈한국의 50대 재벌〉, 경영능률연구소, 1983

한국은행 편집실, 〈한국은행 40년사〉, 한국은행, 1990

한규훈, 〈실록 한국은행〉, 매일경제 출판부, 1986

조흥은행 편집실, 〈조흥 100년 숨은 이야기〉, 조흥은행, 1997

이기을, 〈민족문화와 한국적 경영학〉, 법문사, 1988

전범성, 〈실록소설 이병철〉, 서문다, 1985

전범성, 〈실록소설 최종건〉, 서문당, 1987

서진모, 〈청년 신격호〉, 이지출판, 2010

〈三養五十年〉, 1974

〈삼성50년사〉, 1988

〈현대그룹50년사〉, 1997

선경그룹 홍보실, 〈선경40년사〉, 1993

〈大林60年史〉, 1999

전경련, 〈기업문화백서〉, 1993

황성신문, 매일신보, 시대일보, 동아일보, 조선일보

월간 〈삼천리〉, 월간 〈東光〉, 월간 〈신동아〉, 월간 〈자동차〉, 한국경영사학회〈경영사학〉

대한경제연감사 편, 〈회사연감, 1955

□ 사진 출처

한국역사정보통합시스템

역사편찬위원회

한국학중앙연구원

한국영상자료원

서울역사박물관

서울중구문화원

아시아경제신문사

한국원양어업협회

기업사사 및 인터넷 블로그

(일부 사진 출처의 소유자를 찾지 못한 부분이 있습니다. 먼저 양해를 구하지 못한 채 실은 점이 있음을 밝힙니다.)

한국 기업 성장
100년 史

2013년 5월 13일 초판 1쇄 인쇄
2013년 5월 16일 초판 1쇄 발행

발행처 | 경영자료사
지은이 | 박상하
발행인 | 마복남
등   록 · 1967. 9. 14(제311-2012-000058호)
주   소 서울시 은평구 증산로 403-2
전   화 (02) 735-3512, 338-6165 | 팩스(02)352-5707

www.kybook.kr / E-mail :bba666@naver.com

ISBN 978-89-88922-65-1

※ 책값은 표지 뒷면에 표시되어 있습니다.
※ 잘못 만들어진 책은 바꿔 드립니다.

「한국기업성장 100년史」 강연 안내

■ 강연 내용

　한국기업성장 100년史는 우리 경제계의 선사시대와 역사시대의 경계점에서부터 출발을 하게 됩니다. 그러니까 드라마와도 같은 흥망성쇠의 재계가 엄연히 존재했던 5백년 조선 상계의 몰락에서부터, 가혹한 일제 식민지배와 함께 우리가 요청하지 않았음에도 물밀 듯이 밀려들어온 근대화의 경이, 그리고 해방 이후 동족상잔의 한국전쟁을 치르면서 철저히 파괴된 폐허와 공허 속에서 오늘날의 '미러클 코리아'를 꿈꾸기까지의 지난 한 세기 동안을 일목요원하게 관통할 수 있게 될 것입니다. 더욱이 기업성장史는 과거와 현재와의 끊임없는 대화이며, 나아가 기업의 미래에 대한 통찰력을 길러가는 유일한 고백이라는 점에서 또 다른 지평을 경험케 될 것입니다.

■ 무료 강연 안내

　「한국기업성장 100년史」의 도서 100권 이상 단체 구입 시 저자가 출강하여 무료 강연을 해드립니다.

■ 자세한 문의는 아래로 해주시기 바랍니다.

경영자료사 TEL.(02) 735-3512, 338-6165 FAX (02)352-5707
www.kybook.kr / E-mail :bba666@naver.com